# イギリス国立公園の
# 現状と未来

進化する自然公園制度の確立に向けて

畠山武道・土屋俊幸・八巻一成［編著］

北海道大学出版会

ご覧なさい，小さくなった森と牧草地を。あそこの深淵の大きさといったら。
ご覧なさい，あの雲と，厳粛な影と，明るく輝くところを。
──天国のように美しいでしょう。
ウィリアム・ワーズワス(小田友弥訳)『湖水地方案内』(法政大学出版局，2010年)。

イングランドの最良の風景には，他の国の風景が決して持つことのできない品位がある。大切なのはその美しさのもつ静けさと慎ましさである。土地は，あたかも自身の美しさと偉大さを知るかのように，それを大声で言う必要を感じていないのである。
Kazuo Ishiguro, "The Remains of the Day."

ワーズワースは，湖水地方の自然と静寂さが無遠慮な観光客に荒らされることを嫌い，ケンドルとウインダミアを結ぶ鉄道の建設に反対した。現在を見て，彼は，なにを想うだろうか。

レイクディストリクト国立公園の中心地ウインダミア。同公園はイギリスで最も訪問客の多い国立公園であり，その数は年間1600万人に達する。

レイクディストリクトの荒々しい山塊を縫うようにホニスターパス（B5289）が走っている。途中にイングランド最後といわれる小規模のスレート採石場があり，今も操業を続けている。

ウェールズには3つの国立公園があり，ウェールズの国土面積の20%を占める。スノウドニア国立公園は1951年に設置された。年間の訪問者は約400万人で，観光は農業と並ぶ地域の基幹産業となっている。

経済力の乏しいスコットランドでは，国立公園設置に対する反発が強く，最初の国立公園が設置されたのは2002年である。ケアンゴーム国立公園はスコットランド2番目の(そして最後の)国立公園として，翌2003年に設置された。

イタリア，グラン・パラディーソ国立公園
イタリア初の国立公園として王室猟場の上に指定された公園。

ドイツ，南シュバルツバルト自然公園
自然保護とともに地域の持続的発展もまた，自然公園の重要な使命である。

まえがき

　本書は，地域との協働を重視し，持続可能な社会の形成，生物多様性保全，地球温暖化への対応などの今日的課題と公園管理の統合をめざすイギリス国立公園の現況を詳述するとともに，近年同様の課題を掲げ多面的な展開を見せているヨーロッパ諸国の自然公園(国立公園を含む。以下同じ)政策を合わせて検討し，今後のあるべき自然公園像を描こうとするものである。
　以下，本書の特徴を述べてみよう。
　第一に，本書は，従来，本格的な学問研究がされることのなかったイギリス国立公園やヨーロッパの自然公園を正面から取りあげ，その特色，構造，課題などを，比較法的な観点から包括的に明らかにしたことである。諸外国の国立公園については，アメリカ国立公園を中心に若干の先行業績があったが，イギリス国立公園について討究を深めた学問的業績は極めて少なく，本書は，従来の研究の空隙を埋めるという役割を有する。
　第二に，本書は，従来の国立公園・自然公園の管理が大きな転換を迫られているという認識にたち，その将来像を追求したことである。従来の自然公園管理は，アメリカや日本の国立公園管理のように，自然景観等の保全と利用の促進という自然公園が課せられた２つの課題について，両者を相反するものとしてとらえ，その矛盾・軋轢を最小限にすることをめざすものであった。しかし，最近のヨーロッパ諸国は，両者を個別に分離して追求するのではなく，両者を統合し，さらに地球温暖化への対応，生物多様性の保全などの目標をも包摂した統合的な公園管理の方向に進みつつある。本書は，とくにイギリス国立公園，イタリア，スウェーデン，ドイツ，フランスの自然公園について，その転換の内容を詳述した。
　第三に，日本では，国立公園管理に対する住民関与や住民参加の欠如が指

摘されて久しい。そこで本書は，長年の都市農村計画の伝統のうえに協議・協定などの独自の手法を発達させてきたイギリスの国立公園管理を中心に，公園管理者と住民とのパートナーシップや住民参加のしくみを，法制度のみならず，その運用の実際にまで立ち入り，つぶさに明らかにした。

　第四に，このような自然公園制度の包括的研究は，法律研究者のみの参加によって可能となるものではない。そこで，本研究においては，法律研究者のみならず，森林政策学，農村計画学，環境社会学，造園学などの専門研究者で研究チームを構成し，イギリスおよび主要ヨーロッパ諸国の自然公園の現状を，多面的に解明することをめざした。本研究に参加した研究者は，国立公園の研究や現地の活動に関与してきた第一線の研究者であり，おそらく現在望みうる最高の研究チームを組織できたものと自負している。

　最後に，本書は，編者らが科学研究費補助金(基盤研究(B))「地域環境管理手法としての地域制自然公園制度の構築と管理に関する国際比較研究」(研究代表者・畠山武道，2006年〜2008年)を得て実施した調査研究の成果を世に問うものである。研究の遂行にあたり，イギリス環境・食糧・農業省(DEFRA)，コッツウォルズAONB保全委員会，ナチュラルイングランド，グロスタシァカウンティ議会，ピークディストリクト国立公園庁，レイクディストリクト国立公園庁，パリッシュ議会，ナショナルトラスト，採石業者，観光協会などを訪問し，担当者，評議会・委員会の委員，責任者などから歓迎を受けるとともに，有益な情報・資料を得ることができた。お世話になった皆さんに心より感謝申し上げる。とりわけピークディストリクト国立公園庁のJim Dixon事務局長，コッツウォルズAONB保全委員会のMartine Lane事務局長には深甚の感謝を申し上げたい。また，シェフィールドハラン大学のLynn Crowe教授およびSuzanne Leckie主任講師とは現地調査および両氏の訪日を通して，将来の研究に向けたパートナーシップを築くことができた。これらの方々のご好意に対し，本書の出版をもって報いることにしたい。

　なお，今回の出版は，2011年度科学研究費補助金(研究成果公開促進費)の交付をうることで可能になった。そのために，数年のブランクが生じてしまったが，とにもかくにも出版にこぎつけることができたことは，望外のよろこ

びである。関係各位および北海道大学出版会の皆さんに感謝申し上げる。
　なお，本書の執筆者の多くは，『生物多様性保全と環境政策――先進国の政策と事例に学ぶ』（畠山武道・柿澤宏明編著，北海道大学出版会，2006年）の執筆に参加したが，同書は幸いにも好評をもって迎えられた。本書と合わせて参照されることをお願いしたい。

　　2011年10月

畠　山　武　道

# 目　　次

まえがき

## 序章　なぜイギリス国立公園か
　　　——イギリス国立公園制度の特徴—— ……………………………… 1

0.1. イギリス国立公園制度の特徴 ……………………………………………… 1
 0.1.1. 農村景観，田園景観の保護と利用　1
 0.1.2. 国立公園制度の成長　3
 0.1.3. 土地利用計画との連動　3
0.2. 国立公園のパラダイム転換 ………………………………………………… 4
 0.2.1. ヨーロッパにおける自然公園の再発見　4
 0.2.2. アメリカ国立公園の変容　5
 0.2.3. 新たなモデルの模索　7
0.3. 新たな目標への挑戦 ………………………………………………………… 8
0.4. 本書の構成，各章のねらい ………………………………………………… 9

## 1. イギリス国立公園制度の成立 …………………………………………… 19

1.1. イギリス国立公園設置運動の源流 ………………………………………… 19
 1.1.1. イギリスにおける自然保護の始まり　19
 1.1.2. 国立公園設置運動の源流　20
1.2. 第1次大戦後の国立公園設置運動 ………………………………………… 25
 1.2.1. 国立公園設置運動の始まり　25
 1.2.2. 戦後の国家体制整備に向けた動き　29
1.3. 国立公園の設立 ……………………………………………………………… 30
 1.3.1. ダワー・レポートと国立公園　30
 1.3.2. ホブハウス委員会の設置　33
 1.3.3. ホブハウス・レポート　34
 1.3.4. ハックスレー・レポート　36
 1.3.5. 国立公園・カントリーサイドアクセス法(1949年)　37
1.4. 国立公園の展開と成果 ……………………………………………………… 38
 1.4.1. 国立公園制度の展開　38
 1.4.2. 1972年地方政府法による管理体制の改善　40
 1.4.3. サンドフォード・レポートとサンドフォード原則　41
 1.4.4. 1995年環境法による抜本的改正　42
 1.4.5. 国立公園制度の実績・評価　43

1.5. 特別自然景勝地域（AONB） ……………………………………… 45
　1.5.1. AONBの起源　45
　1.5.2. AONBの発展　47
1.6. その他の自然保護区 ……………………………………………… 48
　1.6.1. 自然保護区（NR）　48
　1.6.2. 学術上特に重要な保護地域（SSSI）　51

# 2. イギリス（イングランド）国立公園制度の現状 …………… 61

2.1. 国立公園等の管理に関与する行政機関 ……………………… 61
　2.1.1. 国（中央政府）の機関　61
　2.1.2. 地方自治制度　63
　　2.1.2.1. 1972年地方政府法による改正　63
　　2.1.2.2. 1985年地方政府法による1層制の導入　64
　　2.1.2.3. パリッシュの役割　66
2.2. 国立公園等の保全と管理 ………………………………………… 68
　2.2.1. 国立公園　68
　　2.2.1.1. 国立公園の目的，管理目標，指定手続　68
　　2.2.1.2. その他の国立公園　71
　　2.2.1.3. スコットランドの国立公園　72
　　2.2.1.4. 国立公園管理組織　75
　　2.2.1.5. 国立公園における開発規制　78
　　2.2.1.6. 公衆アクセス　80
　2.2.2. 特別自然景勝地域（AONB）　84
　　2.2.2.1. 目的，指定手続　84
　　2.2.2.2. 管理組織　85
　2.2.3. 国指定自然保護区（NNR）　86
　　2.2.3.1. 目的，指定手続　87
　　2.2.3.2. 管理組織，規制方法　88
　2.2.4. 学術上特に重要な保護地域（SSSI）　89
　　2.2.4.1. 目的，選定基準，通告手続　89
　　2.2.4.2. 土地所有・占有者の義務，異議申立　90
　　2.2.4.3. 管理協定，補償，強制収用　92
2.3. 都市農村計画と国立公園 ………………………………………… 94
　2.3.1. 都市計画法制の発展　94
　　2.3.1.1. 都市計画制度の創設　94
　　2.3.1.2. 都市計画法制の変貌　95
　2.3.2. 現在の都市計画制度　98
　　2.3.2.1. 計画の2層構造　98
　　2.3.2.2. 地方計画行政機関　99

        2.3.2.3. ディベロップメントプランと開発許可制度　101
        2.3.2.4. 許可が必要な「開発」　102
        2.3.2.5. 許可が不要な「開発」　103
    2.3.3. 都市農村計画法と農林業　104
        2.3.3.1. 農業・林業に対する規制の限界　104
        2.3.3.2. ま　と　め　106
  2.4. 自然保護区制度の現況 ･････････････････････････････････････････････････ 108
    2.4.1. 国　立　公　園　108
    2.4.2. 特別自然景勝地域(AONB)　109
    2.4.3. 国指定自然保護区(NNR)，学術上特に重要な保護地域(SSSI)　112

# 3. ピークディストリクト国立公園の管理とパートナーシップ ････････ 123

  3.1. ピークディストリクト国立公園の概要 ･･････････････････････････････ 123
    3.1.1. 地域の概要　123
    3.1.2. 管　理　組　織　127
  3.2. ピークディストリクト国立公園の管理・計画のしくみ ････････････ 130
    3.2.1. ピークディストリクト国立公園の計画体系　130
        3.2.1.1. 土地利用計画制度の改変と計画体系の概要　130
        3.2.1.2. 国立公園管理計画の概要　132
        3.2.1.3. 土地利用計画　138
    3.2.2. 公園全体の計画体系とその具体化に向けた手法　146
        3.2.2.1. 公園全体の計画体系　146
        コラム　アルポート管理計画(Alport Management Plan)　149
        3.2.2.2. 計画具体化の手法　151
    3.2.3. 小　　　括　153
  3.3. 景観保全，生物多様性保全とパートナーシップ ･････････････････････ 154
    3.3.1. 景観保全とパートナーシップ　154
        3.3.1.1. は じ め に　154
        3.3.1.2. ピークディストリクト国立公園における景観政策の概観　156
        3.3.1.3. 管理計画における景観保全の課題と対策　158
        3.3.1.4. 景観特性評価(LCA)　160
        3.3.1.5. 景観戦略と行動計画　161
        3.3.1.6. 利害関係者との協議　162
    3.3.2. 生物多様性保全とパートナーシップ　163
        3.3.2.1. 生物多様性保全の計画体系　163
        3.3.2.2. PDBAP の実行状況　169
        3.3.2.3. 生物多様性保全に関わる具体的なプロジェクト　171
        コラム　スタネッジ・フォーラム(Stanage Forum)　175

3.4. 地域振興とパートナーシップ……………………………………… 176
　　3.4.1. はじめに　176
　　3.4.2. 農業振興　177
　　　3.4.2.1. 国立公園における農業振興の背景　177
　　　3.4.2.2. EQM 認証制度　178
　　　3.4.2.3. アドバイス　180
　　　3.4.2.4. 資金助成　182
　　　3.4.2.5. ファーマーズ・マーケット　184
　　3.4.3. 住宅対策　184
　　3.4.4. 交通対策　186
　　3.4.5. コミュニティとの協働　187
　　　コラム　ハサーセイジ・アウトシージ集落プラン
　　　　　　（Hathersage and Outseats Village Plan）　188

# 4. コッツウォルズ特別自然景勝地域……………………………… 193
　4.1. コッツウォルズ特別自然景勝地域の概要 ……………………… 193
　　4.1.1. コッツウォルズ地域の概要　193
　　4.1.2. 管理組織　197
　4.2. コッツウォルズ AONB の管理計画と自治体との関係 ………… 200
　　4.2.1. はじめに　200
　　4.2.2. コッツウォルズ AONB の管理計画　200
　　4.2.3. 計画実行のためのしくみ　207
　　　コラム　持続的発展基金による地域支援　208
　　4.2.4. 土地利用計画・開発許可申請をめぐる自治体との関係　212
　　　4.2.4.1. 自治体と保全委員会の土地利用計画に関わる基本的な関係　212
　　　4.2.4.2. 自治体の土地利用計画と AONB　214
　　　4.2.4.3. 開発許可申請審査に対する保全委員会の活動　219
　　4.2.5. 都市農村計画制度の改革への対応
　　　　　　──新たな計画策定に対する保全委員会の働きかけ　222
　　　4.2.5.1. 住宅・開発ポジションステートメント　223
　　　4.2.5.2. 生物多様性計画ポジションステートメント　225
　4.3. 景観保全とパートナーシップ …………………………………… 227
　　4.3.1. はじめに　227
　　4.3.2. コッツウォルズの景観の特徴　227
　　4.3.3. 景観戦略とガイドライン　229
　4.4. 地域振興とパートナーシップ …………………………………… 230
　　4.4.1. はじめに　230
　　4.4.2. 農業振興　231

        4.4.2.1．管理計画(2008-2013)における位置づけ　231
        4.4.2.2．助成金に関する情報提供　232
        4.4.2.3．環境管理スキームにおける上流レベル管理(HLS)への切り替え　233
        4.4.2.4．地場産品，ファーマーズ・マーケット　233
        4.4.2.5．コッツウォルズ・グリーンツーリズム・プロジェクト　234

5．歴史の中の国立公園……………………………………………………237
  5.1．はじめに ………………………………………………………………237
  5.2．自然保護前史——野生動物保護区の誕生 …………………………237
  5.3．林学の発達と森林保護区(国有林)管理 ……………………………239
  5.4．世界最初の国立公園 …………………………………………………240
  5.5．国立公園制度の「新世界」への拡大 ………………………………243
    5.5.1．カナダ国立公園の展開　243
    5.5.2．ニュージーランド国立公園の成立　245
    5.5.3．オーストラリアの国立公園　246
    5.5.4．アフリカ諸国の国立公園　248
  5.6．国立公園制度のヨーロッパにおける受容 …………………………251
    5.6.1．ヨーロッパにおける自然保護運動の進展　251
    5.6.2．イギリスにおける自然保護区導入の挫折　253
    5.6.3．ドイツにおける天然記念物制度の確立　256
      5.6.3.1．工業化の進展と環境破壊　256
      5.6.3.2．自然保護運動のうねり　256
      5.6.3.3．自然保護団体の結成　259
      5.6.3.4．天然記念物制度の確立　260
      5.6.3.5．リューネブルク保護区の設置　262
    5.6.4．スイス国立公園の成立と特徴　263
    5.6.5．南欧・北欧諸国への伝搬　265
  5.7．ま　と　め ……………………………………………………………269

6．比較の中の国立公園
    ——ヨーロッパ諸国の自然公園制度——　　　　　　　　　289
  6.1．イタリアにおける自然公園制度と管理の実態……………………289
    6.1.1．自然公園制度の歴史　290
    6.1.2．自然公園制度の概要　292
    6.1.3．公園管理の実例　296
      6.1.3.1．アブルッツォ国立公園　296
      6.1.3.2．ドロミティ・ベルネッジ国立公園　302

## 6.2. スウェーデンの自然保護地域制度 ……………………………………………… 307
### 6.2.1. 国立公園と自然保護地域の役割分担　307
### 6.2.2. 自然保護地域の制度的特色　307
#### 6.2.2.1. 指定の状況　307
#### 6.2.2.2. 指定の手続の特色　308
#### 6.2.2.3. 管理面での特色　310
### 6.2.3. 文化保護地域について　310
## 6.3. ドイツの自然公園制度 ……………………………………………………………… 311
### 6.3.1. ドイツの保護地域　311
#### 6.3.1.1. は じ め に　311
#### 6.3.1.2. 保護地域のカテゴリー　314
#### 6.3.1.3. 保護地域の指定状況　317
### 6.3.2. 国 立 公 園　321
#### 6.3.2.1. 国立公園の概要　321
#### 6.3.2.2. バイエリッシャー・ヴァルト国立公園　324
### 6.3.3. 自 然 公 園　327
#### 6.3.3.1. 連邦自然保護法の改正と自然公園　327
#### 6.3.3.2. 自然公園の運営形態　328
#### 6.3.3.3. 自然公園の運営組織　329
#### 6.3.3.4. ドイツの自然公園運営の特色　331
#### 6.3.3.5. 自然公園の運営事例　333
### 6.3.4. お わ り に　336
## 6.4. フランスの地域自然公園（PNR）制度 …………………………………………… 337
### 6.4.1. フランスPNRとは　337
### 6.4.2. 歴史的背景　337
### 6.4.3. 使命・活動と指定基準　343
### 6.4.4. 公園創設の手続および指定更新　343
### 6.4.5. ゾーニング(圏域設定)　345
### 6.4.6. 国土整備における位置づけ　346
### 6.4.7. PNRの組織と運営　347
### 6.4.8. 全国組織の概要　348
### 6.4.9. 森林憲章――森林政策への制度上の応用　349

# 7. 自然公園の将来展望 ……………………………………………………………………… 357
## 7.1. 日本の自然公園をとりまく状況の変化 …………………………………………… 357
## 7.2. 自然公園に関する日本とヨーロッパの共通点 …………………………………… 358
## 7.3. 自然公園とゾーニング ……………………………………………………………… 363
### 7.3.1. 自然公園と土地所有　363

7.3.2. 公園区域内におけるゾーニング　364
　　　7.3.3. 自然公園の「内」と「外」　365
　　　7.3.4. 自然公園というゾーニングの性格　365
　　7.4. ヨーロッパにおける自然公園政策の変遷 …………………………………… 367
　　　7.4.1. 保護地域パラダイムの転換　367
　　　7.4.2. 内部制御的ゾーニングとしての自然公園　369
　　　7.4.3. 自然公園への地域の関わり方　371
　　7.5. 日本の国立公園が進む道 …………………………………………………… 376

8. 座談会──国立公園・自然公園の可能性を求めて ………………………… 383
　　　（ヨーロッパから日本へ）
　　　参加者：柿澤宏昭，交告尚史，土屋俊幸，畠山武道，広田純一，八巻一成
　　　　　　（50音順）

あとがき　411

略語・訳語一覧　415

索　引　418

# 序章　なぜイギリス国立公園か
## ——イギリス国立公園制度の特徴——

　本書は，イギリス国立公園の沿革，現状，当面する課題などを明らかにしつつ，今日，国立公園に代表される自然公園が，公園を取り巻く経済的・社会的状況の変化の中で，様々な課題をどう解決してきたのかを，イギリスやヨーロッパ諸国について明らかにすることを通して，日本の国立公園管理の将来像を構想しようとするものである。

　では，なぜ国立公園の将来像を構想するにあたり，世界に誇りうる国立公園制度を発達させたアメリカ合衆国ではなく，第2次大戦後になってようやく国立公園制度が成立したイギリスを取りあげるのか。ここでは，ヨーロッパ諸国において国立公園を取り巻く状況が大きく変化しつつあることを簡潔に指摘し，その中で，イギリス国立公園がどのようなモデルを提示しうるのかを明らかにしたい。

## 0.1. イギリス国立公園制度の特徴

### 0.1.1. 農村景観，田園景観の保護と利用

　イギリス国立公園を支えているのが，イギリス国民の農村景観，田園景観に対する強い愛着である。先祖や自らの出自を育んだ故郷の農村景観を愛する感情は世界各国の国民一般に共通するものであるが，イギリス国民の場合は特にそれが強い。というより，自らの故郷を愛でるという感情を超え，農村地域で休日や老後を過ごすのは，イギリス国民のライフスタイルそのものである。多くの国民が「仕事は都市(都会)で，退職後は農村で」という願望

をもっている。こうした願望をもつのは，おそらく世界中でイギリス人(および英国連邦の一員であるニュージーランド国民)のみである。風光明媚な農村景観を保全し，そこを散策するためのアクセスを確保することは，単なる余暇やレジャーではなく，国民生活に直結する問題である。

　こうした国民性を反映し，イギリスの自然公園は，第一義的に景観保全地域である。国際自然保護連合(International Union for Conservation of Nature：IUCN)の保護地域カテゴリーについては，後に第7章で詳細を検討するが，結論を述べると，現在イギリスにある15の国立公園は，すべて景観保護地域(カテゴリーV)に区分されており，国立公園(カテゴリーII)に区分されるものは見あたらない。これは，イギリスの国立公園が，すでに農耕，放牧，森林伐採，鉱山採掘などの人手の入った地域を対象とし，また土地所有権等が国にはなく，大部分が，貴族などの私人，企業，自治体，組合などによって所有されていることを反映している。

　もうひとつの自然公園である特別自然景勝地域(Areas of Outstanding Natural Beauty：AONB)に至っては，地域の大部分が，居住，農耕，林業，鉱業などの日常生活や日常業務が営まれる地域に設けられている。

　第二に，以上のような事情を反映し，イギリスの国立公園およびAONBの設立目的として，当該地域の自然の美，野生生物，および文化遺産の保全・向上とともに，公衆が当該地域の特性を理解し，楽しむ機会を推進することがあげられている。イギリス国立公園が，自然の美や野生生物を保全するだけではなく，国民が積極的にそれに接することを奨励し，その機会を確保していることは，国立公園の基本法である1949年国立公園・カントリーサイドアクセス法(National Parks and Access to the Countryside Act 1949：以下，NPACA 1949または単に国立公園法と言う)から明らかである。

　このように国立公園設置の目的として自然資源や景観の「保護と利用」を掲げるのは世界各国に共通といえるが，「楽しむ機会の確保」を特に重視するところに，イギリス国立公園の特色がある。ただし，今日，「保護と利用が衝突するときは，保護が優先する」という原則が確認されている。

　第三に，諸外国の国立公園等の指定においては，景観的特性とともに，公

園資源の科学的・学術的価値が調査され，同時に評価されるのが一般的であるが，イギリスの国立公園の指定においては「美しい」という美的な評価が優先し，科学的・学術的な評価による自然資源の保護はまったく別の制度によってなされる。それが国指定自然保護区(National Nature Reserve：NNR)や学術上特に重要な保護地域(Sites of Special Scientific Interest：SSSI)である。

### 0.1.2. 国立公園制度の成長

イギリス，特にイングランドの国立公園の特徴は，それが第2次大戦後に創設されたにもかかわらず，その後の社会的事情の変化を反映し，その理念および制度の面で急速な発展を遂げたことである。たとえば国立公園制度の発足は日本に15年ほど遅れるが，今日，土地利用規制をベースとした国立公園としてはほぼ理想的な状態に達している。それを組織面から支えるのが，今日，すべての国立公園に管理機関として設置されている国立公園庁(National Park Authority：NPA)である。このNPAは，国の出先機関ではなく，公園毎に設置された機関であり，国が選任したメンバー，地方自治体が選任したメンバー，それに専任の行政スタッフからなる。そこで，NPAは国の直接の干渉を受けないが，国立公園が存在する地方自治体からも相対的に独立しているという独特の性格をもっている。このように独立性の高い機関が，土地利用計画策定権限および開発許可権限を保有し，国立公園全体を一体的に管理しているのが，現在のイギリス国立公園である。イギリスの国立公園は，発足当初より中央集権的というよりは，地方分権的であったといえるが，それに法的・制度的根拠をあたえ，整備してきたのが，その後の発展の経緯である。

なお，AONBについては，こうした制度的発展は見られず，規模の大きな少数のAONBに，土地利用計画や開発許可の権限を含まない管理権限を有する委員会(ボード)が設置されるにとどまる。

### 0.1.3. 土地利用計画との連動

土地利用規制をベースとする国立公園においては，土地利用規制を，どの

ような手法により，どのような手続を経て実施するのかが決定的に重要である。しかも，それが他の土地利用規制とかけ離れた国立公園に独自のものであってはならない。幸いなことに，イングランドでは，開発行為は，都市部・農村部を問わず，都市農村計画法（Town and Country Planning Act：TCPA）の包括的な規制を受ける。そこで，この都市計画法制において開発された協議，協定，補償，異議申立などの契約的手法や誘導的手法を，国立公園の管理手法として導入し，国立公園内の住民の了解を得ながら適用することが可能である。これらの手法には，誘導的なものから強権的なものまでが含まれるが，これらの手法を総合的に利用することによって，国立公園地域のみならず，周辺の地域を含めて全体的に望ましい土地利用を達成しようとしているのが，イングランドの特徴といえる。

## 0.2. 国立公園のパラダイム転換

### 0.2.1. ヨーロッパにおける自然公園の再発見

　ヨーロッパでは，この30年ほどの間に，自然公園に対する考え方が大きく変わったように思われる。それは大きく言えば，土地利用の緩やかな規制や誘導を内容とするゾーニング型自然公園の台頭である。たとえばフランスでは，「地域自然公園」のしくみが1967年に作られ，さらに1980年代以降の地方分権政策の中で，基礎自治体であるコミューンが複数集まって作られる地域振興単位としての「ペイ」が計画策定の単位となって，地域自然公園「憲章」を県，地域圏などと締結して運営する形となった。ドイツでは，「自然公園」制度が1950年代後半に作られたが，1989年のドイツ統一後，旧東ドイツ地域に多くの「自然公園」が設置されることになり，制度としての重要性が高まった。

　イギリス（イングランド・ウェールズ）の国立公園は，1960年代までは独立した管理組織が存在しない非常に弱い制度だった。しかし，その後，1970年代から急速に「制度の成長」を遂げ，1981年の都市農村計画法にもとづく土地利用計画策定と開発許可の権限の各公園管理組織への委譲，1995年の

独立した公園管理機関・NPA の各公園への設置などの画期を経て，地方分権的な強力な管理組織を擁する制度へと変貌している．さらに，日本の国立公園制度が 1931 年に作られたときに田村剛らが参考にしたといわれるイタリアの場合，最初の国立公園は 1922 年に設立されているが，その後長い低迷期間を経て，指定や制度の整備がされるようになったのは 1980 年代末であり，現在のような強力な制度へと最終的に転換したのは，1991 年の「保護地域に関する枠組み法」制定以降である．

また，アメリカン・スタンダードにもとづく国立公園をヨーロッパで初めて設立したことで知られるスウェーデンの場合も，1987 年の自然資源管理法にもとづく「自然保護地域」制度が作られている．この「地域」は，国有地において国が管理する国立公園とは異なり，「県域執行機関」が，地域の諸主体と協議のうえ，地域の事情にもとづいた規制・管理の取り決めを策定し，その取り決めにもとづいて私有地を含む地域を指定し，「地域」の運営を行っていくもので，ゾーニング型自然公園の枠組みに入れることができる．

## 0.2.2. アメリカ国立公園の変容

さらに言えば，ナショナル・パークの母国であるアメリカ合衆国においても，実は多くのゾーニング型自然公園が存在する．最も知られているのはニューヨーク州のアディロンダック州立公園だが，リトルは，中核を占める州有地とそれをとりまく私有地からなるこの公園において，公園の境界線がブルーライン(地図上で青い線で示された)だったことにちなんで，アメリカにおけるゾーニング型自然公園をグリーンラインパーク(Green-line Park)と名付けた．なお，リトルがこうした斬新な定義を行った場が，米国連邦議会上院の内務委員会公園レクリエーション小委員会であったことにも注目すべきだろう．リトルは，当時，議会調査局の環境政策専門家であり，大統領諮問の野外レクリエーション資源調査委員会(Outdoor Recreation Resources Review Commission)の設立(1958 年)以降の野外レクリエーション政策の展開を踏まえ，その新たな再構築を議論してきたこの小委員会の場で，人口が稠密で，土地所有が複雑な都市近郊における新たな自然環境の保全・利用策として，ゾー

ニング型自然公園制度の検討を提案したのである。

　メイソンは，1990年代初めの集約として全米で22の公園を現存するグリーンラインパークとしてあげているが，その中でアディロンダックと並んで知られているのは，マサチューセッツ州にあるケープコッド国立海岸だろう。この公園は，様々な議論の末に，1961年に連邦議会の承認を得て設立されたが，指定以前から著名な海岸保養地であり，公園区域内には多くの私有地を含んでいる。私有地における開発の規制・誘導は，ケープコッド委員会法(州法として1991年制定)にもとづいて，地域の各自治体の代表者に，郡長，アフリカ系住民などマイノリティグループの代表，先住民族の代表を加えた「ケープコッド委員会」が担う。さらに，各自治体の区域内を活動域とする小規模なランド・トラストを束ねるネットワーク組織 Compact of Cape Cod Land Trusts が，国有地外の私有地部分における自然地の確保・保全を戦略的に行っている。

　実は，岩手県をひと回り大きくした程度の広さのマサチューセッツ州には，連邦行政機関である国立公園局が管理・管轄する公園(必ずしもParkという名前がついているわけではない)が全部で20カ所あるのだが，邸宅等を買い取った小面積のものを除いては，ほとんどが「ゾーニング制」である。その典型例は1986年に設立されたブラックストーン川流域国立遺産回廊(Blackstone River Valley National Heritage Corridor)で，全長74キロのブラックストーン川流域の11万6000ヘクタールが公園区域であり，全部で24の自治体が関係する。アメリカにおける産業革命発祥の地における歴史・文化的遺産や独特の自然・文化景観を保全し，流域の活性化を図ろうとするこの公園では，国は土地を所有しておらず，かわりに国立公園局などの連邦機関，州政府機関，自治体，NPO，企業などが「遺産回廊委員会」を組織し，諸主体のパートナーシップで運営を行っている。

　内務省ないし国立公園局は，1970年代にグリーンラインパークの考え方，つまりゾーニング型自然公園のコンセプトがまとめられる以前から，ケープコッドなどで見られるように，事実上，その考え方にもとづく公園の設立を進めてきたが，70年代以降には，イギリスの自然公園制度にも強い興味を

示し，その研究なども踏まえながら，人口稠密で私有地が多数を占める中西部，南部，北東部で国立公園システムの展開を図ってきた。近年は，都市近郊地域での展開により適応した線型のグリーンウェイの考え方(ブラックストーンなどの国立遺産回廊はこの適用例)にシフトしてきている。ズーブによれば，国立公園局内部には，なお従来の営造物公園としての国立公園への固執も見られるとのことであるが，アメリカにおいても自然公園に対する考え方は確実に変わってきているといえる。

## 0.2.3. 新たなモデルの模索

これまで見てきたように，ゾーニング型自然公園のシステムを評価し，積極的にそうした地域を設立して行こうという考え方が，世界的に拡がってきているといえる。こうした現象を「ゾーニング型自然公園のルネッサンス」と呼ぶこともできるだろう。こうした現象については，ヨーロッパの研究者によって近年指摘されるようになってきた。プレブストルは，中部ヨーロッパでそうした自然公園の革新が同時並行的に起こっていることを近年指摘していたし，モーズらヨーロッパの地理学者を中心としたグループは，最近の著書において，ヨーロッパにおける自然公園を中心とした保護地域と地域開発の関係について積極的な議論を展開している。

1970年代頃から，ヨーロッパにおける保護地域の面積は急激に増加し，1950年代末から60年代初めには1000万ヘクタール未満だったものが，2000年に入ると7000万ヘクタールを超えるに至っている。モーズは，こうした面積の急増の原因としては，分離アプローチから統合アプローチへのパラダイム転換があるという。つまり，以前の伝統的な保護地域の考え方は，貴重な自然を人間による開発の脅威から引き離し，そのままの形でとっておくことにその主な目的があったのだが，1970年代以降，自然環境の保全と利用を保護地域という枠組みの中でともに達成しようという考え方が主流となってきたのである。さらにハマーは，1980年代から90年代にかけて，保護地域に関わる3重のパラダイム・シフトが起きたとする。ひとつは，持続可能な開発(sustainable development)の考え方が浸透し，人類の生存のために

は自然との共生が欠かせないことが広く理解されるようになったこと，2つには，保全は，小面積の限定的な区域について排他的に行うのではなく，大面積の地域について，農林業・水資源利用・観光や道路等の社会資本整備との調和に配慮しつつ行われるべきとする考え方が一般的になったこと，3つには，地域振興にあたって，内発性や地域性が重視されるようになり，それと関わって地域の自然環境が地域開発の重要な要素となったこと，である。総じて言えば，自然至上主義から人間と自然の関係性を重視する視点への転換である。

## 0.3. 新たな目標への挑戦

イギリスの国立公園制度の特徴は，国立公園を地域から孤立・隔離した自然保護区として管理するのではなく，地域の住民の意向に配慮し，地域の産業，経済などとの共存を模索してきたことにある。こうした管理姿勢は，ときに地元利益を優先させるあまり，公園内の自然資源の質の低下を招来するが，今日，ヨーロッパ諸国が，持続可能な地域社会の創造をめざす中で自然公園のあり方を見直し，さらに新たに生物多様性の確保，地球温暖化の防止などの課題にも連動させつつ，自然公園の将来像を模索していることは，すでに指摘したとおりである。イギリス国立公園においては，様々な手法を用いつつ，ほぼ理想に近い管理を実現してきたが，上記の課題に対応し，1995年，国立公園法に「NPAは，国立公園に関し本法の5条1項に掲げられた目的を遂行するにあたり，国立公園区域内の地域コミュニティの経済的および社会的福祉(well-being)の促進を追求し，……ならびにその目的のために，その役割が国立公園区域内における経済的または社会的発展の推進を含む地方行政機関および公的団体と協力するものとする」との規定を追加した。この規定を根拠に，イギリスの国立公園は，より完成度の高い自然公園の実現に向け，さらなる進歩をめざしているといえる[1]。

## 0.4. 本書の構成，各章のねらい

　本書の問題意識や近年のイギリスおよびヨーロッパ諸国の国立公園・自然公園の動向は，以上に述べたとおりであるが，本書は上記の問題意識をより鮮明に示すために，章立てにも工夫を試みた。以下，本書の構成と各章のねらいを説明し，必要に応じて各章の内容を要約してみよう[2]。

　さて，本書は全体を2つに分け，前半で，イギリス国立公園の歴史・制度・現状・将来をつぶさに検討し，後半では，検討の視野をヨーロッパおよびその他の主要国にまで拡大し，イギリス国立公園と諸外国の自然公園とを比較することによって，イギリス国立公園の特徴を一層明確にするという構成をとっている。すなわち，縦糸として，イギリス国立公園の成立の経緯を国立公園の設置をめぐる世界史的な動きの中に位置づけ，さらに横糸として，イギリス国立公園の現状を現在のヨーロッパ諸国の自然公園・国立公園の中におくことで，イギリス国立公園制度の成果と到達水準を，グローバルな視点から，客観的に公正に測定することが本書の終局のねらいである。その点で，本書はイギリス国立公園の解説書ではないことはもちろん，多数のイギリス田園訪問記やイギリス賛歌とは一線を画する。

　まず第1章では，イギリス国立公園の特異な成立過程を明らかにする。
　諸外国における国立公園の成立は，アメリカやニュージーランドに典型的なように，風光明媚な大自然や国民的記念碑を保護することが直接の動機となっている。イギリスの場合にも，これらロマン主義や自然科学者の運動が国立公園設置運動の原動力であったことについては疑いがないが，より切実であったのは，生活水準の向上に対する労働者階級の要求であった。イギリスにおいては，住宅難が他国にもまして切実で，住宅問題がしばしば政権を揺るがしてきた。この深刻な住宅問題が機縁となってイギリス独特の都市計画制度が発達したのである。また，土地の多くが貴族や新興地主階層に専有されていたことから，都市部においては貴族の所有地を公園（オープンスペース）として市民の日常生活や余暇利用に提供することが，農村部においては

広大な領地を都市労働者のレクリエーション利用に提供することが強く求められたのである。このことは，イギリス国立公園制度の本格的な検討が，第2次大戦の末期に，社会保障制度および都市計画制度の整備のための検討と同時開始されたことからも判明する。国立公園の設置は戦火に耐える国民の強い願望であり，戦後に訪れるはずの豊かな祖国のシンボルであった。かような国は，おそらくイギリス以外に見あたらない。

　かくして，イギリスの国立公園制度は1949年に成立したが(実際の指定は1951年)，問題は国立公園の管理組織にあった。というのは，制定が先行した都市農村計画法においては，地方自治体(カウンティ，ディストリクトなど)を計画行政団体として強力な計画策定権限を認め，中央組織として都市・農村計画省を設置することでようやく決着したが，その結果，国立公園を管理する中央・地方組織を新たに設置することが困難になったからである。結局，国立公園の管理は計画行政団体である地方自治体に丸投げされ，中央組織としては，権限も予算も有しない国立公園委員会(National Parks Commission：NPC)が設けられただけであった。この不十分な管理体制は国立公園管理に大きな禍根を残すことになり，その弱点の克服の経緯がイギリス国立公園の歩みであったといえる。

　他方で，学術的に重要な地域が多数の労働者の利用に供されることを嫌う科学者たちは，国立公園設置運動と袂を分かち，独自の制度の確立をめざした。かくして設置されたのが，国指定自然保護区(NNR)と学術上特に重要な保護地域(SSSI)であり，管理機関としてのネイチャーコンサーバンシー(Nature Conservancy：NC)である。NCの設置は，いわば偶然の所産であったが，NPCとは異なり適切な権限と予算をあたえられ，その後順調な発展をみる。

　第2章では，国立公園制度を中心に，現在のイギリス自然保護区制度の極めて特徴的な一面を明らかにする。特に重視したのは，次の2点である。

　第一は，国立公園の管理体制である。先に述べたように，各国立公園の管理は地元の自治体に任されたが，自治体は国立公園区域が複数の自治体にまたがる場合には，自身の領域内の国立公園区域を細切れに管理するだけであ

り，公園全体の統一的な管理は望むべくもなかった。しかも，大部分の自治体は公園資源を維持するための土地利用規制には気乗り薄であり，公園管理に必要な人員や予算を割くだけの余裕もなかった。このような管理体制の欠点は，1995年になり，すべての国立公園に単一の管理組織である国立公園庁(NPA)をおくこと，NPAに計画策定権限(開発許可権限を含む)を付与することで，ようやく改善された。

こうして国立公園の管理権限は，ようやく地元自治体から離れたのであるが，その経緯を反映して，NPAは中央政府組織(現在は，ナチュラルイングランド)からは完全に独立した機関とされ，しかも，地元市町村には強い発言権が認められている。すなわち，NPAメンバーは，①地方自治体が指名する者，②国務大臣が指名するパリッシュの代表者(イングランドの場合)，③国務大臣が指名するその他の者からなり，①は，②と③の合計より2名多く，②は，②と③の合計より1名少ない数とされている。メンバーの数は公園毎に異なるが，現在は15-30名である。かくして，NPAにおいては，地元自治体の意向が強く反映されるしくみがとられているが，それが国立公園管理のあり方として適切かどうかは別の問題であり，その功罪は公園ごとにさらに実態に即して判断されなければならない。

第二は，国立公園区域内における農業・林業の扱いである。まず，国立公園区域内の農地を含め，農村部における土地利用を一般的に規制するスキームが，都市農村計画法(TCPA)による計画許可である。国立公園区域内の農地については，さらに若干の規制が上乗せされ，NPAによって管理される。しかし，TCPAによって規制されるのは，建物・構造物の建築，道路の建設などであって，森林の伐採・植林，ヘッジローやストーンウォールの撤去，耕作，新種の穀物(油脂用アブラナ)の植栽などは景観に重大な影響をあたえる可能性があるにもかかわらず，規制されることがない。また「農業」活動は規制対象外とされており，集約畜養，魚類の養殖，園芸，放牧などもすべて「農業」に含まれる。さらに，都市部の未利用地の農地・林地への転換，農地と林地の間の種目の変更，ある農業・林業から別の種類の農業・林業への変更などは「用途の重大な変更」にあたらず，規制の対象外とされる。かく

して，国立公園区域内の農業・林業に対しては，NPAが，それぞれの公園毎の管理計画の作成，適切な協議と規制，助成措置などによって公園資源の保全を図るしか方法がないが，農業林業の規制には多くの困難を伴うのが実情であり，結局，規制よりは環境保全型農業への転換のための資金助成などが中心となっている。

第3章では，イギリス国立公園を代表するピークディストリクト国立公園について，その管理制度のしくみ，運用，公園管理の方針，実績などを詳しく分析する。特に，1995年環境法によって，現在の国立公園の管理は，(1)国立公園区域内の地方行政機関および公的団体と協力すること，(2)国立公園区域内の地方自治体の経済的および社会的福祉の促進を追求することが目標とされており，地方行政機関および公的団体との協力，公園管理と地方自治体の経済的・社会的発展との両立が必須の課題である。本章は，執筆者が数度にわたり同公園を訪問し，国立公園庁(NPA)，個別の委員，関係機関，住民団体などから得られた知見を整理したものである。

内容の詳細は本文に譲るが，(1)については，NPAが地域の持続可能性を重視し，公共交通を中心とする交通政策への転換，エネルギー使用の低減による気候変動対策等の先導的な取り組みを進める一方で，他の主体による生物多様性保全やムアランド保全事業などが積極的に展開されており，これらの取り組みの総体として国立公園の管理システムが形成されている。(2)については，農業振興のための資金支援，情報提供，技術的アドバイス，少額所得者用住宅の供給事業，公園を横断する幹線道路の交通対策などが，主要な政策課題となっている。

第4章では，日本でも観光地として人気の高いコッツウォルズ地方を取りあげ，同地において，自然景観の保全・レクリエーション利用と地域の発展(農業，林業，採石業，住民の日常生活など)との両立が，どのように図られているのかを分析した。コッツウォルズ地方を取りあげたのは，以下の理由による。

第一は，コッツウォルズの主要部分は，特別自然景勝地域(AONB)に指定されているが，AONBは国立公園制度と発足を同じくする伝統ある制度でありながら，そのしくみや実態が日本にはほとんど知られていない。そこで

AONBの中で最も管理体制が整っているとされるコッツウォルズAONBを事例に，AONBに関する正確な知見を紹介することにした。第二は，AONBは，国立公園と比較すると法律上の権限や予算が限られており，それゆえ，土地利用規制などの規制的アプローチよりは，協議，助成，啓発などを中心とする協働的アプローチをとらざるをえなかったが，逆にそこに新たな国立公園管理のモデルを探る可能性があると考えたことによる。

本章も，数回にわたり同地域を調査し，特にコッツウォルズAONB保全委員会(Conservation Board)事務局長マーチン・レーン氏のご好意で得られた多くの知見にもとづくものである。内容は多岐にわたるので本文をご覧いただきたいが，意思決定・実施機関である保全委員会は，限られた権限と予算の中で，土地利用計画権限をもつ自治体や省庁への働きかけ，環境保全型農業助成金に関する情報提供や資金の管理，外部資金の獲得や他の団体との協働によるプロジェクトの実行，ボランティア活動の組織化など多岐にわたる活動を展開している。特に保全委員会は権限や専従スタッフが少ないことから，別途，専門家を加えた各種のワーキンググループを設置し，保全委員会や関係自治体に対する助言・勧告に力を入れている。

AONBは，管理機関の土地利用規制権限が限られていることから，法制度として顕在化することは少ないが，それだけに柔軟で幅広い利害関係者を包摂することが可能なしくみであり，景観保全と地域社会の発展の両立を図るためのソフトな制度として地域に定着しているといえる。

第5章では，アメリカ合衆国に始まった国立公園制度が他の国に伝搬する中で枝分かれし，多様な発展をたどった経緯が示される。本章の意図は，単に各国の国立公園の歴史を回顧することではなく，国立公園制度の受容は，当該の国の政治的，経済的，社会的事情を反映して個別的で特殊な形をとるのが常態であることを明らかにし，国立公園制度の多様な発展形態の中にその展望を探ることにある。以下，結論のいくつかを記そう。

第一に，ヨーロッパ諸国で自然保護運動が高揚したのは，19世紀末から20世紀初頭にかけてであり，その動きの中で，アメリカの国立公園が理想とされたことは疑いがない。しかし，ヨーロッパ諸国には，(北欧を除き)す

でに人跡未踏の広大な土地は残されておらず，風光明媚な山岳地帯には慣習的入会権や放牧権が深く根を下ろしており，中央政府はこれらの伝来的土地利用を排除して公園を管理するだけの政治力も財源も有しなかった。そのため，ヨーロッパ諸国にはアメリカ型国立公園モデルを受容する条件がもともと存在しなかったのである。さらにヨーロッパは2回の世界大戦に巻き込まれ国情が安定しなかったことから，国立公園制度の導入も国威の発揚を主目的とした散発的なものにとどまった。ヨーロッパ諸国で国立公園の再評価と設置が加速するのは1970年代以降であるが，その例外が，1949年に国立公園制度を導入したイギリスである。

第二に，アメリカ型国立公園モデルを導入したとされるのが，カナダ，オーストラリア，ニュージーランド，スウェーデンなどであるが(これらは一般に営造物公園といわれる)，これらの国を比較しても，管理体制，予算，スタッフ，利用形態などが大きく異なり，(アメリカとニュージーランドの相似を除くと)そこに類似点を見出すのが困難である。アフリカの国立公園も，多くが国有地上に設置されているが，アフリカ国立公園は野生動物保護区から独自の発展を遂げたものであり，それをアメリカ型モデルに分類することはできない。

第三に，オーストラリア，カナダなどの一部の国を除き，国立公園の管理には，常に自然資源保全，レクリエーション利用，石油掘削やダム建設などの資源開発，観光・農林漁業等の地域経済，周辺住民の生活，さらに政治との軋轢や利害調整が伴い，それらの複雑な問題を解決するための住民参加や地域社会との協働が不可欠になりつつある。この点は，理想的な公園管理が実現されているやに見えるアメリカ合衆国においても同じである。今後，持続可能な地域社会の実現や生物多様性保全を視野に，中南米，アジア・アフリカ諸国の国立公園にも適用しうる公園管理モデルを探るためには，これら多様な発展を遂げた国立公園の中にヒントを求めるべきである。

第6章は，イギリス国立公園の特徴を外部(外側)から照射するために，ヨーロッパ主要国の自然公園・国立公園制度を取りあげ比較を試みた。ここで国立公園に限らず「自然公園」を検討対象に加えたのは，ヨーロッパ諸国

では自然景観保全のために，国立公園という名称にこだわらずに多様な公園が設置されており，それらがイギリス国立公園と同じく地域社会の持続的発展と公園管理を一体化し，公園管理者，地元自治体，多様な利害関係者が参画した協働型パートナーシップの実現をめざしているという点で共通性があるからである。

個々の国の検討は本文をご覧いただきたく，さらに第7章では再度ヨーロッパ自然公園・国立公園制度の特徴が摘示されているので，内容の要約は不要であろう。なお，本章もすべて数回の現地調査を踏まえた研究成果であり，文献資料の検索にもとづく単純な制度比較とはまったく異なることを，ご確認いただきたい。

第7章は，第5章(縦糸)と第6章(横糸)の検討を踏まえ，イギリス国立公園制度の特徴や現況をグローバルな視点から定位するとともに，自然公園・国立公園の将来を展望するものである。本序章で提起された視点や課題が，さらに詳細に分析，検討されている。本章(0.1.～0.3.)と論点や内容が重なる個所があるが，むしろ視点や力点の置き方の違いを比較し，楽しんでいただきたい。

第8章は，本書の執筆者が参加し，日本の国立公園の現状と展望を座談会形式で検討したものである。参加者らは，これまで日本の国立公園の研究や調査にあたってきたが，本書の執筆を終えて日本の国立公園制度を振り返ると，その将来は必ずしも明るいものではない。(畠山の)私見が加わるが，ここでは以下の2点を指摘しよう。

第一に，ヨーロッパ諸国は，公園管理と地域社会との間に生じる対立を解消するだけではなく，地域の持続性維持のために自然公園・国立公園が果たしうる役割を積極的に肯定し，両者を一体的に管理する方向をめざしている。しかし日本においては，国立公園制度は，公園の観光資源としての利用を除くと，国立公園制度は，地域の発展や日常生活とはほど遠い土地利用規制，開発規制のための制度としてしか受け止められていない。環境省は国立公園や国定公園の指定を増やしつつあるが，現在の自然公園制度を地域の特色に応じ，多様にかつ柔軟に運用するためには，まったく新しい国立公園のグラ

ンドデザインが必要である。

　第二は，イギリスに限らずヨーロッパ諸国では，公園管理に多様な利害関係者を参加させ，ときには公園管理者が他の行政機関や民間団体の事業と連携するなど，パートナーシップ型，協働型の公園管理がごく自然に実践されている。しかし，これらの協働的公園管理は一朝一夕になるものではなく，合意形成にも多くの時間を必要とする。イギリスなどでは，これらの制度が，時間と手間を惜しまない話し合いや説得によって維持されてきたことが分かる。アメリカ合衆国では，一見すると公園管理者が強い権限を有しているが，草の根民主主義が強い政治的伝統を反映し，公園管理者は住民や業者との協議に多大な時間を費やしているのが現状である。では，日本ではどうなっているのか。公園管理者と地元自治体，協議会，事業者団体，一部の環境団体などとの協議はなされているが，その成果が公園管理の質を高めているようには見えず，国立公園に関心をもつ大部分の者は，相変わらず蚊帳の外である。

　ヨーロッパ諸国の自然公園・国立公園において，以上の2つは公園管理のスタンダードとなりつつある。国立公園設立80年の伝統と，ヨーロッパ各国よりも多数の国立公園を有する日本が，この潮流から取り残されるようなことがあってはならない。

〈注〉
1) 本章0.1～0.3の記述は，以下の文献を参考に包括的な問題提起を試みたものである。(財)林業経済研究所第6回シンポジウム「国立公園と森林管理――その成立，理念と実際」特集号，林業経済59巻12号(2007年)(特に，第2報告・土屋俊幸「イギリスの国立公園における公園管理と関係主体の役割――湖水地方を事例として」およびコメント・源氏田尚子「国立公園管理制度におけるイギリスと欧州諸国の比較」など)，源氏田尚子「欧州の地域制国立公園の管理運営体制について――イギリス，イタリア，フランスの事例を通して」第10回環境法政策学会2006年度学術大会論文報告要旨集(2006年)35-39頁，畠山武道「日本と世界の国立公園制度」北海道の自然(北海道自然保護協会・会誌)43巻(2005年)2-5頁，Charles E. Little, Green-line Parks: An Approach to Preserving Recreational Landscapes in Urban Areas, Subcommittee of Parks and Recreation of the Committee on Interior and Insular

Affairs United States Senate (U. S. Government Printing Office, 1975); Robert Mason, Defining and Protecting Rural Environments in the US, in Bowler et al. eds., *Contemporary Rural Systems in Transition*, Volume 2 (CAB International, 1992); Ulrike Pröbstl, Nature Parks as an Instrument to Protect Mountainous Regions: A Comparison in Central Europe, in Ito Taichi and Tanaka Nobuhiko eds., *Social Roles of Forests for Urban Population* (Japan Society of Forest Planning Press, 2004); Ingo Mose ed., *Protected Areas and Regional Development in Europe: Towards a New Model for the 21st Century* (Ashgate, 2007); Ervin H. Zube, Greenways and US National Park System, in Fabos and Ahern eds., *Greenways: the Beginning of an International Movement* (Elsevier, 1995).

2) 以下の記述は，本書の読者の便宜を考慮して，編者のひとりである畠山が全体を再読し，とりまとめたものである。若干の私見が加わっており，各章の記述と本要約との間に齟齬がありうるが，その場合は，当然のことながら各章本文の記述を尊重されたい。

# 1. イギリス国立公園制度の成立

## 1.1. イギリス国立公園設置運動の源流

### 1.1.1. イギリスにおける自然保護の始まり

　さて，イギリスにおける自然保護運動の潮流は，19世紀後半に広がった3つの大衆的運動，すなわち，①コモンズ(commons：共有地や開放農地)の開放や公衆フットパス(public footpath：一般公衆が一定の条件のもとで，土地所有者の許可なくして通行することのできる小道)の確保を求める運動，②水鳥などの乱獲規制を求める運動，③景勝地の世俗化をさけ，風景や静謐さを保護するための土地保存運動に求められる[1]。①に該当するのがコモンズ保存協会の設立(1865年)，②に該当するのがイーストランディング海鳥保護協会(1867年)，鳥類保護協会(1889年。1904年に王立となる)などの設立，③に該当するのが有名なナショナルトラストの登録設立(1895年)である[2]。

　②と③は同じ方向をめざす運動と解することもできるが，②の王立鳥類保護協会が主に労働者階級を支持基盤としたのに対し，③のナショナルトラストは中流知識人の価値を反映した団体であって[3]，後者はその後独自色を強めることから，以下の文脈との関連で，両者を区別するのが妥当である。その他，宗教家，画家，哲学者，文学者，生物学者などの行動や思想を掲げることも可能であるが，本書では，以下に展開する国立公園設置運動との関連で，以上の3つの潮流を特に重視することにしよう。

## 1.1.2. 国立公園設置運動の源流

 以上の自然保護運動の潮流に鑑み,近代のイギリス国立公園設置運動には,次の3つの運動が寄与しているというのが一般的な見方である[4]。

 第一は,ロマンチストの系譜である。たとえばアメリカでは,エマーソン(Ralph Waldo Emerson [1803-1882]),ソロー(Henry David Thoreau [1817-1862]),ミューア(John Muir [1838-1914])の自然(保護)論や,ハドソン・リバー派,カトリン(George Catlin [1796-1872]),モラン(Thomas Moran [1837-1926])などの絵画が国立公園の設置に直接・間接の影響を及ぼしたが[5],イギリスについても同じ指摘が可能である。まず,イギリスのロマン主義運動は,少なくとも18世紀中葉にまで遡ることができるが,その絶頂期は,1790年代から1840年代である。このころ,来るべき工業化社会を予知し,巨大化する産業資本権力に対抗する個人の価値観,工業化・画一化された自然に対抗する美意識が人々の関心事となり,それがイギリス式風景庭園や,ビクトリア王朝期(1837-1901年)のカントリーサイド回帰(自然観察)ブーム,あるいはコンスタブル(John Constable [1776-1837])やターナ(Joseph Mallord William Turner [1775-1851])の風景画などに示されるような野生自然の再評価として現れた[6]。多数の者が,これまでおそれられ,忌避されてきたヒース荒地(heath),丘陵荒地(moors),山岳などを賛美したが,国立公園の設置に影響を及ぼしたという点では,ワーズワース(William Wordsworth [1770-1850])がその代表である。

 ワーズワースは,『湖水地方案内』(初版1810年)で,湖水地方を「そこでは感知(perceive)する目をもち,楽しむ心をもつすべての人が権利と利益を有する国民的財産のひとつである」と述べている。すべての人に愛され,共有され,守られる国民的財産という湖水地方に対する彼のビジョンは,約140年後の国立公園の設立を予期させるものであったとされている[7]。ただし,周知のようにワーズワースは湖水地方の「精神的価値」をひたすら重視し,多数の観光客,職人,労働者,店員などの「無遠慮な進入」(rash assault)による風景の荒廃にも批判の矛先を向けた[8]。1844年,ワーズワースが,ケンドル(Kendal:湖水地方への現在の入口)からウィンダミア(Windermere:湖水地方観

光の中心地)湖畔への鉄道建設計画に反対して立ち上がったのは，その主張の象徴的な現れであった[9]。ラスキン(John Ruskin [1819-1900])，モリス(William Morris [1834-1896])などの芸術家・社会運動家も，ロマン主義の視点から歴史的建造物や文化的景観の無遠慮な破壊に抗した者の系列に加えることができる。

その後，ロマンチストの運動は相互に影響し合いつつ様々の形をとることになるが，ロマンチストは，ナショナルトラストに典型的なように，概してカントリーサイドや建造物を保有し管理するという姿勢が強く，それを一般大衆に開放することには消極的であった。ワーズワースは，ロマンチストがカントリーサイドアクセスに対し共通して示す姿勢を最初に明確に述べた人物でもあったのである[10]。

第二が，自然科学者，植物学者(ナチュラリスト)の活動である。1859年，ダーヴィン(Charles Robert Darwin [1809-1882])の『種の起源』が刊行されたが，それ以後，イギリスでは人間と自然の関わりを長期的・総合的な視野から研究する博物学・自然史が発達し，それと相携え，自然保護をめざす新しい学問分野が発達した。代表的な学者が，ダーヴィンの番犬といわれたトマス・ハックスレー(Thomas Henry Huxley [1825-1895])，彼の孫息子ジュリアン・ハックスレー(Julian Sorell Huxley [1887-1975])，タンスレー(Arthur George Tansley [1871-1955])などである。彼らの関心は，研究が進むにつれて種の研究から種を取り巻くシステム(生態系)へと進み，さらに農業や宅地開発などの人間活動が生息地破壊を招来しているという認識から，自然保護区の設置を正当化する議論へと発展していったのである。1904年，タンスレーによりイギリス植物委員会が設立され，1913年には同じくタンスレーを会長としてイギリス生態学会が設立された。1912年には，ロスチャイルド(Nathaniel Charles Rothschild [1877-1923])によって自然保護区推進協会(Society for the Promotion of Nature Reserves：現在の王立野生生物トラスト協会)が設立されている。

ナチュラリストとロマンチストは自然景勝地および野生生物保護のための保護区の設置や，自然景勝地に一般大衆がむやみに接近することを規制する

という点では意見が一致した。しかし，第1次大戦後に両者の関係は悪化し，1923年に自然保護区推進協会のパトロンであったロスチャイルドが死亡すると，ナチュラリストは急速に影響力を失った。しかし，両者の分裂は，1949年国立公園・カントリーサイドアクセス法(National Parks and Access to the Countryside Act 1949：NPACA 1949)の制定をめぐって再び明らかになる[11]。

第三が，労働者階級と労働者団体が中心となったランブラー(ramblers：散策者，ハイカー)運動である。イギリス国立公園の特徴は，それが単なる保全主義者(ロマンチスト，ナチュラリスト)の運動のシンボルではなく，田園における余暇を求める広範囲な社会運動の成果であるということである。その経過を簡単にたどろう。

さて，イギリスには公有地がなく，土地は細かく分割され所有されてきたが，大多数の農民は自ら土地をもたず，小規模土地所有者の土地で放牧することで生活を維持してきた。しかし，農業が生活のための農業から輸出をめざす生産型農業に変化するにつれ，土地所有者が村内を開発し，さらに耕地，牧場，牧草地，荒地を管理する制度を確立して，農民の立入を規制した。いわゆる囲い込みである[12]。

広大な開放農地，牧草地，放牧地，湿地，丘陵荒地，ヒース荒地は石垣やヘッジロー(hedgerow：サンザシなどで造られた生垣で，設置，管理および保護について法的な規制がある)で細かく区切られた耕作地や牧草地に姿を変えてしまい，従来の農村景観は一変するとととともに，今日に見られるイギリスのカントリーサイド風景の原型が出現した[13]。しかし，囲い込みは，多数の農民を共有地やヒース荒地から締め出し，放牧，農耕および狩猟の機会を奪われた農民は，都市に流出して労働者となった[14]。こうして，イギリス社会は土地持ち貴族と土地なし都市労働者に分化し[15]，貴族達は広大な敷地にパーク(猟園)や庭園を整備することに精力を傾ける一方で，労働者は環境の劣悪な都市に閉じ込められ[16]，大都市郊外の田園に息抜きの場を求めざるをえなくなった。ランブラー運動は，こうした囲い込みとそれがもたらした不平等な土地所有や，都市の劣悪な労働環境・居住環境に対する労働者の抗議運動である。

図1-1 昔ながらのヘッジロー(コッツウォルズ)

図1-2 手入れの行き届いたヘッジロー(ブレコンビーコン国立公園近郊)

囲い込みに対する抗議は，農民が私有地における放牧権の確認を求める運動に始まり，すでに1826年までに，多数の慣習的フットパス協会，フットパス保存協会，それに通行権協会が，土地所有者による(しばしば違法な)通行慣習権の妨害に対抗するために組織された。すでに紹介があるように[17]，1865年には，南部の中産階級保守層を中心に，首都圏におけるコモンズの囲い込みを禁止し公共公園として保存することを定める「首都圏コモンズ法」の適用範囲の拡大をめざして，コモンズ・オープンスペース・フットパス保存協会(Commons, Open Spaces and Footpaths Preservation Society. 現在のOpen Spaces Society)が結成された。また1876年には，北部工業都市のより急進的な労働者を中心に，野生地やオープンスペースを逍遥する自由の確立をめざすヘイフィールド・キンダースカウト慣習的フットパス協会(Hayfield and Kinder Scout Ancient Footpaths Association)が形成された。20世紀に入ると，工業都市の劣悪な環境と喧噪からのがれて近郊の開放されたカントリーサイドや丘陵地帯などをウォークするのが，一層ポピュラーとなった。1920年代，30年代の長引く不況・失業者の増大に，鉄道，バス，車，自転車などの輸送手段の改善が重なり，ランブリングは都市の労働者が安価に楽しめる大衆スポーツとして，ブームを引き起こした。一説では，1930年頃には約50万人を超えるランブラーが存在したといわれる。しかしその結果，当然のことながら各地で土地所有者との衝突が発生した。

ランブリングが特に盛んであったのが，マンチェスタとシェフィールドという2つの大都市に挟まれたダービシァ(Derbyshire)地方で，夏の週末には1万人以上がダービシァピークに押し寄せたとされる[18]。しかし，当時ピークディストリクトに6万2000ヘクタールあったオープンなヒース荒地のうち，アクセスがあるのは1%にも満たなかった。こうした中で，1932年4月24日，土地の開放を求め，800人の労働者がデボンシャ公爵(Duke of Devonshire)の土地に違法侵入した。これが有名なキンダースカウト(Kinder Scout：ピークディストリクト中最高位[海抜636メートル]の山稜。ハイキングコースとして有名で，今日踏みつけによる土壌浸食が懸念されている)集団侵入事件である[19]。事件は，5名がダービ巡回裁判所において有罪とされることで終結したが，その後も

ランブラーは，オープンなカントリーサイド地域を散策する法律上の権利の保障を求めて運動を展開し，1935年には多数のランブラー団体が参加してランブラー協会(Ramblers' Association)が結成された。さらに1938年には長距離フットパスの設置を求めてペニン自然歩道協会(Pennine Way Association)が設立された。こうした中で政府も何らかの対応を示さざるをえなくなり，1939年にいわゆる山岳アクセス法(Greech Jones Access to Mountains Act)が制定された[20]。しかし，法律は特定の地域における限定的なアクセスを認めたものであり，しかもアクセスの承認のための複雑かつ過重な行政負担を農業大臣に課すものであった。また，2ポンドから5ポンドという当時の労働者にとっては決して軽くはない罰金が付された14以上の違法行為が列挙されていた。結局，この法律は議会における審議の過程で大幅に内容が薄められ，ランブラーよりは土地所有者保護のための法律となってしまい，法律が施行される前に破綻してしまった[20]。こうして，カントリーサイドにおける公衆アクセスを推進するイギリス最初の法律は，失敗に終わったのである[21]。

ランブラーが獲得をめざしたのは，ロマンチストの望んだ静謐で崇高な自然や孤独の中の佇まいではなく，ナチュラリストの望んだ学問的関心を満足させる複雑で貴重な自然(野生生物の生息・生育地)でもなかった。彼らが望んだのは，レクリエーションのためにカントリーサイドや丘陵を歩く権利であり，彼らは1949年，国立公園設置という形でようやくその一部を手にするのである。

## 1.2. 第1次大戦後の国立公園設置運動

### 1.2.1. 国立公園設置運動の始まり

第1次大戦後に生じた労働者および中産階級向け住宅の大量建設と[22]，他方で生じた景気後退による農作物価格の下落は，農地の売却を促すことになり，その結果，森林伐採や農村地域におけるスプロール化が著しく進行した。カントリーサイドの景観やアメニティ(amenity：心地よい眺め，運動や休憩

の場，公園・緑地，散策・娯楽の機会，交通・利便など，イギリス都市計画の基本概念）の破壊に対抗し，1926年，多数のアメニティ団体の窓口機関としてイングランド農村保存協議会(Council for the Preservation of Rural England(CPRE：今日のCampaign to Protect Rural England))が結成された(1928年にはウェールズに連携組織が設立)。これらの協議会は，その名称が示すように農村景観の保護を訴える強力な保全主義者の組織で，景観や野生生物生息地を保護するための方法として何らかの形式の保護区の設立を提唱したが，とりわけ彼らの心を強くとらえたのが，アメリカやアフリカに設置された国立公園であった。この頃から保全論者の間で「国立公園」の名称が使われるようになる[23]。

　CPREは，1929年，他の団体の支援を得て，国立公園制度設置の研究を進言する覚え書きを政府に送付した。そこで，同年10月，マクドナルド第2次労働党内閣は，農業大臣の議会担当次官であるアディソン(Christopher Addison [1869-1951])を議長に任命し，検討委員会を設置した。アディソン委員会の任務は，「動植物を含む自然的特色を保存し，人々のためにレクリエーション施設を改善するという観点から，イギリス国内に単数もしくは複数の国立公園を設置するのが望ましくかつ実現可能かどうかを検討し，報告すること，ならびにその目的のために最も適切な地域を(もし存在するなら)一般的および個別に勧告すること」というものであった。こうして，国立公園は，イギリスにおいて公式の呼び名となり，自然資源の保存と利用というアメリカの国立公園概念が導入されたのである。

　1931年，アディソン・レポートが公表されたが，注目すべきは，レポートが，アメリカとイギリスの地理的条件や土地所有制度を比較し，イギリスは国土が狭く，人口密度が高く，開発が進み経済的・生産的目的に利用されていない土地がほとんど存在しないことから，アメリカ型の大規模な国立公園の模倣をめざすことはできないと指摘していることである。また，上記の委員会の任務に，土地の取得もしくはそれに類似する表現が欠けていることからも明らかなように，国が国立公園の敷地を必ずしも所有する必要はないというのは，そもそも委員会設置のときから，暗黙の了解であったのである[24]。

図1-3 アディソン・レポート
(1931年)

　ではレポートは，国立公園における動植物の学術的保全やアメニティ保全を求めるグループの主張と，国立公園へのアクセス拡大を求めるグループの主張を，どのようにして折り合わせたのか。アメリカの国立公園(日本も同じ)は，自然・景観資源の保護と利用という相対立する目標をひとつの地域に包摂している。しかし，レポートは両者を切り離し，両者をそれぞれ別個の地域で保全することを提唱した。すなわち，レポートは，national reserve と regional reserve の 2 つの保護区の設置を提唱し，前者には傑出した景観や野生生物保存の役割を，後者(都市近郊に設置される)にはカントリーサイドにおける公衆アクセス確保の役割をあたえたのである[25]。報告書は，さらに管理機関として国立公園庁(National Park Authority：NPA)の設

置を提案した。

アディソン・レポートは，政府には好評であったが，具体的な措置は1932年都市農村計画法の可決まで延期され，さらにその後の経済不況・財政危機の中で，お蔵入りにされてしまった[26]。

政府の無作為に憤り，1935年，CPRE，その連携組織であるウェールズ農村保存協議会，湖水地方の友(Friends of the Lake District)，ランブラー協会などを中心に，国立公園常設委員会(Standing Committee on National Parks：SCNP)が結成された。彼らは国立公園創設立法の制定をめざし，翌1936年5月に最初の会合を開催するとともに，宣言文，パンフレットなどを配布し，政府の国立公園設置に向けた行動を促した。この常設委員会は，たとえばCPREや湖水地方の友が農村地域の土地所有者などに強い影響力を有し，ランブラー協会が都市の労働者階級や労働組合を基盤としていたことから判明するように，特定の価値観や主張に依拠した団体ではなく，国立公園の設置という一点に課題を絞って結成された組織であった。国立公園設置運動を成功させるためには，保全主義者とレクリエーション主義者が大同団結して運動を進めるしかないという危機感が，彼らをひとつの組織にまとめたのである。そこで，委員には，これまで農村景観，アメニティ，レクリエーション，フットパスなどの保全・拡大，ナショナルトラスト，ユースホステルの普及などに取り組んできた団体の有力メンバーや著名な学識経験者が選出された。そのため，この委員会は，当時の労働党政権に対して大きな影響力(圧力)を発揮することになった[27]。

1938年6月，常設委員会は「国立公園の提言」(The Case for National Park)を発表した。同提言は，国立公園を「その自然的側面が厳正に保存され，他方で伝統的な農業的利用を維持しながら公衆の楽しみおよび野外レクリエーション(とりわけクロスカントリー歩行を含む)のために広くアクセスできるよう維持し整備された美しい野生の(wilder)景観を有する広範囲の区域」と定義し，イギリスは国立公園の設置において他国に遅れをとり，公園候補地に対する脅威は日毎に増加していると述べている。保全主義者によれば，大多数の脅威は1932年都市農村計画法の外で発生しているのであって，同法が農

村景観の破壊の防止に役立たないことは明らかであった[28]。国立公園こそが，農村景観の破壊の進行を阻止する最後の手段であったのである。

しかし，政府は依然として国立公園の設置には及び腰であり，1932年都市農村計画法を全面的に運用することで高い価値のある景観を十分に保存することが可能であって，別個の保護区の指定は非生産的であると主張し，動こうとはしなかった[29]。

### 1.2.2. 戦後の国家体制整備に向けた動き

さて，イギリスは，戦後の労働党内閣のもとで画期的な都市計画法制の導入や国立公園の設置を実現することになるが，その準備は第2次大戦の最中にチャーチル連立内閣のもとで始まった。

なぜ第2次大戦の最中に，これら重要な問題の検討が始まったのか。背景として，以下のような事情が指摘されている。すなわち，イギリス国内は長引く不況と戦争によって疲弊しきっており，当時のチャーチル連立内閣が，戦後のイギリスを「よきイギリス」へと転換させるための改革に取り組む姿勢を積極的に示す必要があったこと，政府が農村景観の保存に真剣に取り組まないことに対する批判や不信が高まっていたこと，祖国が守るに値する景勝の地であることを示し国民の戦意を鼓舞する必要があったこと，などである[30]。結論を先取りすると，戦後に導入された強力な都市計画法制(後述)や国立公園制度は，主産業の一連の国有化，ベヴァリッジ計画を実現した国民保険制度の実施などとともに，戦争がもたらした直接の産物であり，中でも国立公園は，安上がりで，実現が容易で，議会にも受け入れられやすい制度であった[31]。国民の戦争は，平時であればほとんど実現不可能な政治的革命(「涙なき革命」といわれる)を可能にしたのである[32]。

本書から見て特に注目に値するのは，すでに枢軸国の敗戦が明らかになっていたとはいえ，戦意を鼓舞し，あるいは戦後の国民生活に希望をあたえるために，イギリス政府が戦争中に国立公園設置を国民に約束したという事実であろう。このことは，国立公園設置に対する世論が，いかに強いものであったのかを示している。

1940年，リース(John Reith [1889-1971])がチャーチル連立内閣の営繕・建造物大臣(Minister of Works and Building。1942年，Minister of Works and Planning に改名)に就任した。彼はすべての土地の適正な利用のための国家計画と，それを実行するための包括的計画制度の検討を省に指示した。その結果，工業人口の地理的偏在を引き起こす要因を指摘し，工場移転による人口分散を提言したバーロー・レポート(1940年)，②農村地域における土地利用を，経済・雇用の観点からだけではなく，農村地域の福祉・アメニティの観点を含めてバランスをとるべきことを提言したスコット・レポート(1942年)，③都市農村計画法による開発許可制と用途地域制度の導入による地価抑制および開発利益の公共還元を提言したアスワット・レポート(1942年)が公表された[33]。これらのレポートは，いずれも重要な内容を含むもので，戦後の都市計画法制の方向を定めることになったが，特に国立公園の設置にとって重要であったのは，②スコット・レポートであった。というのは，スコット・レポートは，国有林地域，国立公園，農地農村などの土地区分や，簡潔ながらもアクセス施設の整備を取りあげて議論し，さらに「イギリスにおける国立公園の設置は長い間延期(long overdue)されており」，「終戦後1年以内に，国立公園と自然保護区の境界設定が完了され，かつ国立公園庁(National Park Authority)が設置されるべきである」と勧告したからである[34]。

　スコット・レポートを受け，リースは，報告内容が大衆レクリエーション，自然保全，それに建造物保存にとって実際的なものかどうかを検討する委員会を立ち上げ，委員長に，建築家，ランブラー協会の会員で，「国立公園の提言」の起草者(執筆者)でもあったダワー(John Gordon Dower [1900-1947])を指名した[35]。

## 1.3. 国立公園の設立

### 1.3.1. ダワー・レポートと国立公園

　ドイツが無条件降伏した1945年5月，ダワー委員会レポート(Report on National Parks in England and Wales)が公表された。このレポートは，相当に

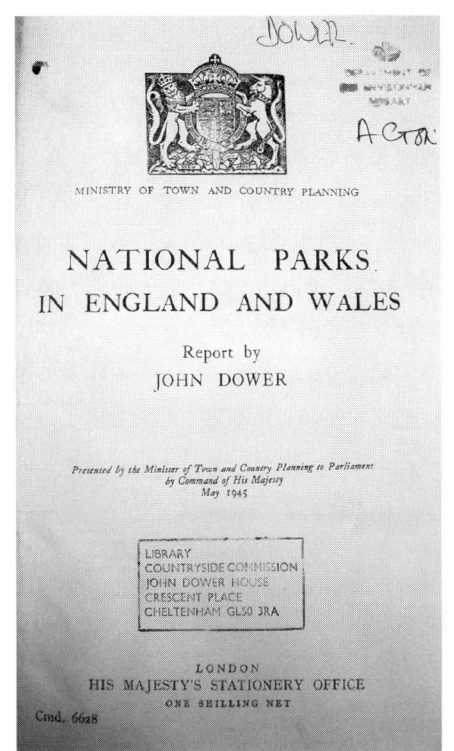

1. イギリス国立公園制度の成立　31

図1-4　ダワー・レポート(1945年)。上部にダワーの署名らしきものが見られる。

　大部かつ詳細に「国立公園の範囲と機能の定義，適地の提案，行政組織の概要の説明，問題点の検証を，想像力豊かに考察し，専門的観点から提示した熟達の文書」で，「今日，カントリーサイドにおけるレクリエーション計画の基本的青写真として認められている」ものである[36]。
　レポートは，第一に，イギリスに適用される国立公園の概念を「国の利益のために，および適切な国の決定と行為によって，(a)景観上の美しさが厳正に保存され，(b)公的な野外における楽しみのためのアクセスと施設が整備され，(c)野生生物と建築学的・歴史的な利益を有する建築物および場所が適切に保護され，(d)確立された農業的利用が効果的に維持されているところの，美しい，どちらかというと野生のカントリーからなる広範囲な地域(an

extensive area of beautiful and relatively wild country）」と定義した。

　この文言が，イギリス国立公園の試金石となるが，この定義の特徴は，アメリカの環境法学者が指摘するように[37]，①アメリカの国立公園の定義には決して見られない「美しい」という表現が用いられていること(アメリカでは，美しい，綺麗というだけで保護の対象になることはない)，②「どちらかというと野生」という不確定概念が用いられていること(アメリカでは，このような学術的ではない基準は用いられない)，③野生生物，建築物，自然的・歴史的価値など評価基準の異なるものが対等に列挙されていることなどである。

　第二に，ダワー・レポートは，保全主義者とレクリエーション主義者の妥協を図り，本来両立するはずのない「厳正な保存」と「アクセスと施設の整備」を国立公園の役割に押し込めている。彼は，アディソン・レポートとは異なり，レクリエーション地区と保全地区を区別することを拒否し，むしろ公衆アクセスの推進が野生生物や景観の保全を正当化すると考えたのである。

　第三に，ダワーは，国立公園を所管する中央組織として，1名の議長と6名の専門家からなる独立の行政機関(国立公園委員会，National Parks Commission：NPC)を設置し，地方管理組織として，国立公園委員会と地方団体が任命した同数のメンバーからなる委員会(committee)の設置を提案した。しかし，この前者の提案が多くの議論を招来することになる。

　第四に，ダワーは，国立公園の管理には地方団体の利益が反映されるべきであるとする一方で，「もし国立公園が国のために設置されるべきなら，公園は[全額を：畠山注]国庫から支出された費用により国によって整備されるべきである」ことを明確に主張した。ただし，ダワーは，「私は，国立公園内の土地のすべてまたは大部分を取得することを，とにかく不可欠であるとは考えない」とも言う。というのは，土地国有化の主張は，「確保されるべき公園の数と規模に実際上不自由な制限を課すことを意味」し，「計画策定および農業の広範囲な目的にとって，公的所有が望ましいかどうかは，この国の他の区域と国立公園とで異なるところはない」からである。彼は，アメリカ型の国立公園をイギリスに設置することは非現実的であるとし，それを理想化する考えを明確に否定したのである。

第五に，ダワーは，過剰なレクリエーション利用が規制されるべきことを認識しつつ，レクリエーション主義者の要求に配慮し，国立公園を利用する権利の拡大が必要なことを述べる。その背景には，1930 年当時と同じく，第 2 次大戦後も貴族などによる大土地所有が変化せず，新たな対策が講じられない限り，利用者が景勝地から閉め出され続けるという認識があったからである[38]。

### 1.3.2. ホブハウス委員会の設置

国立公園を管理するために独立した単一の行政委員会を設置すべきであるというダワーの提案は，包括的な都市農村計画制度の検討に着手しつつあった政府(チャーチル連立内閣)を困惑させ，とりわけ農業大臣とフォレストリーコミッション(Forestry Commission)の警戒心を高めた。彼らは，国立公園委員会が，都市農村計画法でさえ手の届かない彼らの縄張りに踏み込むことを警戒したのである。

しかし，事態は急転した。チャーチルが 1945 年 6 月の総選挙で敗北し，労働党のアトリー内閣が誕生したが，労働党政権の閣僚には，ランブラー運動と緊密な関係があった複数の者が含まれていたからである。最も重要な人物が，都市農村計画大臣のシルキン(Lewis Silkin［1889-1972］)であった。その結果，ダワー・レポートに対する閣内の警戒は解消された。シルキンは，着任の数日後，ダワー・レポートをさらに発展させるためには，別の委員会を設置するのが得策であると判断し，1945 年 7 月，カウンティ議会連合(County Council's Association)議長であったホブハウス(Arthur Lawrence Hobhouse［1886-1965］)を国立公園委員会(Committee on National Parks in England and Wales)の委員長に任命した。新しい委員会の任務は，イングランドとウェールズにおける国立公園候補地を選定し(スコットランドについては，別途ラムゼー(Douglas Ramsay)を座長とする委員会で検討することとされた)，その地域毎の特別の要件と適切な境界について勧告し，国立公園の目的を確保するために必要な措置を検討することであった。委員には，ハックスレー(Julian Huxley)，ダワーなど，国立公園常設委員会(1936 年)に参加したおなじみのメンバーが

加わった(ただし,ダワーは病気で十分な活動ができず,1947年に他界した)。

　しかし,このとき連立内閣が設置した自然保護区調査委員会(1942年)に参加していたイギリス生態学会と自然保護区推進協会が,自然保護区設置を検討するための別個の委員会の設置をホブハウスに強く働きかけた[39]。そのため,ホブハウス委員会とは別に,自然保護区の必要性やその要件を検討する野生生物保全特別委員会が設置されることになり,委員長にはハックスレーが,副委員長にはタンスレーが任命された。さらに,別途,カントリーサイド・フットパスおよびアクセス委員会が設置され,委員長にはホブハウス自身が就任した。

### 1.3.3. ホブハウス・レポート

　上記3つの委員会のレポートは1947年に完成したが,正式公表は1949年になされた。特にホブハウス・レポートとハックスレー・レポートは,アメニティのための景観保全と学術的調査のための生息地保全を明確に区分し,それぞれについて保護区を設置するというイギリス自然保護区制度の(今日にまで連なる)骨格を提示したという点で極めて重要な意義を有する。

　ホブハウス・レポートは,全体として,委員会メンバーであったダワーの認識と勧告をほぼそのまま採用し,支持したものであったが,ダワー・レポートが国立公園のビジョンについて多くを語っているのに対し,ホブハウス・レポートはその大部分を管理組織の説明に集中している。

　第一に,ホブハウス・レポートは,ダワーと同じように,国立公園を所管する中央組織として国立公園委員会(NPC)の設置を提案したが,ダワーのようにそれに高い独立性をもたせることはせず,大蔵大臣から資金を獲得し,都市農村計画大臣に対して責任をおうものとした。しかし,ホブハウスは,個々の国立公園の管理については,国立公園は国のものであり,その管理は地方的利害から切り離し,法定の地方計画行政機関でもある公園委員会(Park Committee:PC)が責任をもつべきであるとした。委員長と半数の委員は国が任命し,残りの半数の委員を地方政府が任命する。レポートは,国立公園は,国の指令(mandate)と基金によって支えられるが,地方の公園委員

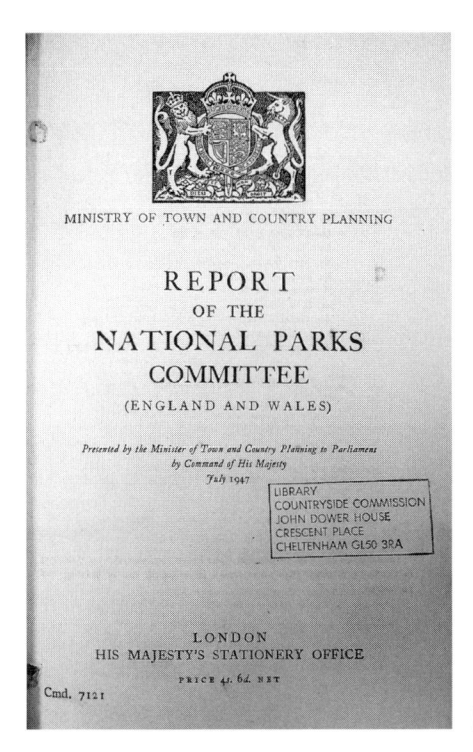

図 1-5 ホブハウス・レポート (1947 年)

会 (PC) が運営すべきであり, 国家的利害と地方的利害は委員の構成によってバランスをとるべきであるとしたのである。

　第二に, 国立公園の管理においては, 土地の取得よりは計画権の行使を主体とすべきであることを提言し, 土地利用計画と規制が適切に実施されれば, イングランドとウェールズの美しい野生のカントリーの広範囲な地域の少なくとも一部を国の遺産として特別に保護するのに十分であるという。

　しかし, 土地利用計画策定や開発規制に関する広範囲で強力な権限は, おりから可決された都市農村計画法により地方自治体であるカウンティ議会にあたえられていたのであり, その権限の一部が後発の(しかも非公選メンバーで構成される)中央機関に割譲されることはありえなかった。その結果, 中央の国立公園委員会 (NPC) は, 計画策定事項については権限を有せず, カウン

ティ議会に対して助言する役割しかあたえられなかったのである[40]。

　第三に，ホブハウス・レポートは，原野の草地への転換，ヘッジローや土手の破壊，ワイヤーフェンスの設置，樹木の撤去などの農耕作業が景観を破壊していることを指摘しつつも，農業的土地利用を公園計画に組み入れて規制すべきことを勧告に加えなかった。この結果，自然景観に最も大きな影響をあたえる農業と林業は，国立公園区域内にあっても，規制外とされたのである[41]。

　第四に，アクセス問題についてホブハウス・レポートは，ランブラーは不法侵入の告発や損害賠償の請求をおそれることなく渓谷の農地や若木の植林地を歩行し，あるいは山岳やヒース荒地に自由にアクセスできるべきであり，そのために公衆フットパスに関する明確な条文をおくべきであるとしている。

### 1.3.4. ハックスレー・レポート

　他方，ホブハウスによって設置されたハックスレー委員会は，1947年7月，「イングランドとウェールズにおける自然の保全」を公表した。同レポートは，自然保護区の選定方法とその当面の管理方法を検討した力強く刺激的な文書で，ひとつの文書としてはイギリスにおける自然保護の発展に最も重要な影響をあたえた文書であった[42]。

　ハックスレー・レポートは，イギリスのカントリーサイドと野生生物は完全に学術的な知見にもとづき保存されるべきであり，国立公園制度とは異なる制度が必要であるとして，国立公園(national parks)と国指定自然保護区(National Nature Reserve：NNR)の2本立ての制度を提案した。その理由は，カントリーサイドの破壊は，ゆっくりと長期にわたり外部には認識されずに微妙に進行するが，ホブハウスが勧告する地方の公園委員会は，それらの危険因子を同定できる専門家を欠いているというのである。国指定自然保護区においては，その天分，専門家，アマチュアを問わず真面目な学究が豊かな研究材料と無尽蔵の関心を発見できるのでなければならない。同時に，公衆の立ち入りについても，自然保護区では別個の扱いがなされる。すなわち，NNRは国により取得され，中央行政機関により統一的・画一的に管理され

るべきであり，公衆のアクセスは制限されなければならないのである。

ダワーは，2つの保護区を設置するのはコスト高で，煩雑で，実現の可能性がないと考え，両者の統合に腐心した。だが，ナチュラリスト達は，ダワーとは別の道を選択したのである。その結果，イギリスは制度の発足当初から，国立公園と国指定自然保護区の2本立て(しばしば分水嶺 great divide と称される)という世界に例を見ない不思議な法制度をもつことになった[43]。しかし，このことは逆にホブハウスの提唱する国立公園の役割を，アメニティとレクリエーションの確保に純化することになり，国立公園の設置をより現実的で実現可能なものにしたのである。

### 1.3.5. 国立公園・カントリーサイドアクセス法(1949年)

さて，NPACA 1949 法案の提出は，画期的な都市農村計画法案の上程や審議が平行して進んだことから，複雑な経緯をたどることになった。というのは，議会では，NPACA 1949 の上程に先行して都市農村計画法案が審議の最中にあり，都市計画権限の所在については，結局，地方自治体を計画行政機関として計画策定権限を認め，中央組織として都市農村計画省を設置することで決着した。そこで，ダワーの提言するように，国立公園管理のための独立した法律執行権限を有する中央機関を新たに設置することは，地方計画行政機関の権限と重複するのみならず，経費の増大を招くことから，都市農村計画省，大蔵省などの猛反対を被ったのである[43]。この問題は，法律執行権限を有せず，主として勧告的な権限だけを有するNPCを設置し，それを都市農村計画省(後の住宅・地方政府省)のもとにおくことで決着した。

国立公園委員会の帰属の調整にとまどったことから，法案は，都市農村計画大臣シルキンから，1949年3月17日になってようやく下院に上程され，12月16日に可決制定された。法案を上程したシルキンは，この法律を，「野外のための，ハイカーとランブラーのための，そして野外へと出かけ，カントリーサイドを楽しむすべての人のための人民憲章(people's charter)」と表現している[44]。

可決された NPACA 1949 の内容は，ホブハウスとハックスレーの提案に

ほぼ沿ったもので，国立公園，特別自然景勝地域(Areas of Outstanding Natural Beauty：AONB)，国指定自然保護区(NNR)などの設置を定め，国立公園(およびAONB地域)において，「イングランドとウェールズにおける自然の美を保存し，高めるため」に，および「国立公園を訪れる人のために，その地域を享受し，および野外のレクリエーションとその地域が提供する自然の学習の機会を享受するための施設の設置または改善を推進する」ために，国立公園委員会(NPC)の設置を定めた。委員会には，地域の自然の美を保存し，高めるために，および公衆による楽しみを促進するために，所管の大臣と協議し国立公園を設置する権限があたえられ，さらに国立公園区域内の土地利用規制および計画策定に関わる地方計画行政機関に勧告をする権限(のみ)があたえられた。

次に，国立公園毎に設置される国立公園庁(NPA)は，国立公園毎に特別に定められた目的を追求するにあたり，国立公園区域内の地方自治体の経済的・社会的福祉の推進を(しかしその実施にあたり重大な支出の増加を招くことなく)めざすものとされ，さらにその目的のために，国立公園区域内の経済的・社会的発展の推進を受けもつ権能を有する地方行政機関および公的機関と協力しなければならないものとされた。

## 1.4. 国立公園の展開と成果

### 1.4.1. 国立公園制度の展開

国立公園の指定は土地所有者や利用者にほとんど負担をあたえるおそれがないという事実が，おそらくイギリスにおける国立公園の指定を容易なものにした。2年後の1951年，ピークディストリクト(Peak District)とレイクディストリクト(Lake District)が最初の国立公園に指定された。その後，1957年までに8つの国立公園が設立されたが，これらの地域の大部分は，質の悪い高原の農地，個人の所有地などである。その後指定が途絶え，断続的に指定がなされている。

その後の国立公園政策の展開を簡単に見ておこう。さて，NPCは全国の

国立公園を統括する中央組織としてひとまず発足したが，政府が予算を削減したために予算不足や人員不足に悩まされ，満足な活動ができなかった。事情は各地の国立公園に設置されたNPAにおいても同様であった。すなわち，NPAは，景観を保全するために土地所有者と協定を締結し土地を取得することが認められたが，ダワーやホブハウスが計画によるコントロールによって保全目的およびレクリエーション目的を達成することが困難なときには躊躇なく行使できる不可欠な手段であると考えた土地の強制収用権限は認められず[45]，わずかにオープンな土地に至る公衆アクセスを確保するための土地の強制収用が認められただけであった。その結果，NPCは，戦後に到来した国立公園区域内における水資源開発，送電線，石油施設，原子力発電所，それにレジャー施設など，国立公園設置前の規模をはるかに上回る巨大な開発事業に対して何ら有効な対策を講じることができなかった[46]。

　他方で，1960年代に入ると，自動車の普及によってレクリエーション人口が大幅に拡大し，農村地域における動植物やアメニティの保護とその商業的利用，アクセスや施設の整備などが大きな課題となってきた。こうした中で，各地で結成された土地トラストが活発な土地保護運動を開始し，1963年からは保護団体から商業的団体まで広範囲の団体を集めた「1970年カントリーサイド会議(Countryside in 1970 Conference)」が開催された。この動きを受けて制定されたのが1968年カントリーサイド法(Countryside Act 1968：CA 1968)である。同法は，身近な農村地域におけるレクリエーション需要に対応するとともに，カントリーサイドの保全と管理に新たな扉を開いた画期的な法律であった。

　同法は，NPCを廃止し，より権限が強化されたカントリーサイドコミッション(Countryside Commission：CC)を設置した。CCには，農村地域におけるレクリエーションを全体的に支援するために，自治体や私人がカントリーパークやピクニック地域を設置した際に，土地取得，駐車場，トイレその他の施設整備費用の75％の補助金を受給する資格があるかどうかを審査し勧告する権限があたえられた。この措置は大成功をおさめ，1988年までの20年間で，全国に220のカントリーパーク，264のピクニック地域が設置され

た[47]）。

　しかし，CA 1968 は，国立公園にはほとんど何の恩恵ももたらさなかった。同法は，すべての大臣，政府機関，公的組織に「カントリーサイドの自然の美およびアメニティを保全することの望ましさを考慮しなければならない」(第11条)という崇高な義務を課したが，同時にその権能を行使するにあたり「農業および林業の諸要求，ならびに農村地域の経済的および社会的利益を適切に考慮する」(第37条)ことを求め，バランスをとった。その結果，国立公園区域内の農林業活動を規制することが，一層困難になったのである。また，この法律によって National Parks と名のついた国の機関が姿を消したことも，国立公園の将来にとっては痛手であった。

### 1.4.2. 1972年地方政府法による管理体制の改善

　1970年代に入ると，カントリーサイドへの関心がさらに高まってきたが，それは，移民の増加，ヨーロッパ共同体への加盟，アメリカ文化の影響などによってイングランドらしさが失われる中で，イングランド人のルーツを求めたいという国民的関心とも結びついていた[48]）。こうした中で，国立公園制度自体に大きな変更を加える必要はなかったものの，制度のはしばしに多くの欠陥があることは明白であった。そこで，1971年，教育者・登山家として知られたロングランド(Jack Longland［1905-1993］)から CC に提出された「国立公園の管理に関する報告」は，すべての国立公園についてボード(委員会)を設置し，ボードに全面的に計画策定権限をあたえること，ボードは独自のスタッフと指示権限を保有すべきこと，中央政府が国立公園管理費用を負担すべきことなどを要求した。しかし，この提案は，カウンティが計画策定権限の一部を奪われることから，カウンティ議会連合の強い反対にあい，国立公園管理予算の若干の増額を除き進展はなかった[49]）。

　こうした中で，国立公園の内包する問題が，①レクリエーションと保全の調整，および②国立公園管理機関と他の国・地方組織との(権限配分)関係にあることが明らかになった。とくに，1972年，当時のヒース保守党政府が地方制度改革に着手したことから，新しい地方制度と国立公園管理をどのよ

うに組み合わせるのかが，大きな課題となったのである[50]。

　まず，緊急の焦点であった②公園管理機関と地方組織の関係については，現状維持を望むカウンティ議会連合と，ひとつの公園にひとつのボードを設置すべきことを強く主張する国立公園検討委員会およびCCとの間で綱引きが繰り返され，結局，1972年地方政府法は，ひとつの国立公園はひとつの独立したボードが管理し，ボードは独自のスタッフを保有し，公園管理計画を作成することを定めた。しかし同法は，ピークとレイクの2つの国立公園については単一のボードの設立を認め，公園計画策定権限と開発許可権限を付与したが，残りの8つの国立公園については，単一または複数のカウンティ議会の中に国立公園委員会を設置し，カウンティの国立公園委員会に公園管理計画の策定権限を認めただけで，開発許可権限は従来どおりディストリクト（開発許可権限は，通常，カウンティではなくディストリクトが行使していた）などに保留した[51]。

### 1.4.3. サンドフォード・レポートとサンドフォード原則

　他方，①については，若干の進展があった。すなわち政府は，1971年から1974年の間の国立公園の現況を評価するために，サンドフォード（John Cyril Edmondson Sandford [1920-2009]）を座長とする委員会を設置し，1974年に「国立公園政策のレビュー」(サンドフォード・レポート)を得た。同報告は，1949年以降の国立公園政策の失敗の原因を幅広く徹底的に洗い出し，CCに対して，国立公園の地理的偏在を解決し，最高の質を備えた多様な景観の保全に取り組むことを求めるともに[52]，「NPAは，賢明な計画と管理によって公衆の楽しみと自然の美の保存を一致させるために多くのことができる。そして，可能な場合は常にこのアプローチに力点がおかれなければならない。しかし，その場合においても，2つの目的が一致しない状況が将来ありうる。こうした場合には，自然の美の保全に優先順位があたえられなければならない」との考えを明らかにした。これが今日，サンドフォード原則として知られる国立公園管理の基本原則である[53]。

　ウィルソン労働党政権は，この報告を受け政府支出を増額したが，その額

は，期待をはるかに下回るものであった。また，サンドフォード原則について，政府はその旨を周知するために若干の通知を発したが[54]，それを明文化し法的拘束力をもたせることには反対した。結局，サンドフォード・レポートの主要部分は，ほとんど実現されなかったのである[55]。

### 1.4.4. 1995年環境法による抜本的改正

その後のサッチャー保守党政権のもとで，国立公園制度には見るべき改善が加えられず，国立公園に対する人々の関心も途絶えがちであった。たとえば1984年のCCの世論調査によると，回答者の半数は，ヒントなしではひとつの国立公園名もあげることができなかった。この調査結果にショックを受けたCCは，翌1985年，国立公園に対する認知度を高めるために，民間団体と協力し「国立公園を見よう」(Watch over the National Parks)なるキャンペーンをスタートさせた[56]。

1989年，CCは，ウェールズ大学名誉教授エドワーズ(Ronald Walter Edwards [1930-2007])を座長とする国立公園レビューパネルを設置し，40年以上にわたる国立公園の歴史，特質，および将来に向けた課題を多面的に議論することを諮問し，2年後の1991年に多数の提言を含むレポートを得た[57]。当時のメイジャー保守党政権は，提言の多くを受け入れ，それを1995年環境法(Environmental Act 1995：EA 1995)の中に組み入れたが，最も重要なのは，国立公園の目標や管理組織を抜本的に改正したことである。すなわち，同法は，国立公園の目的に，「野生生物および文化遺産の」を保全し，高めることおよび「公園の特別の質を公衆が理解し楽しむため」を加えたこと，国立公園の保全と利用が対立する場合には保全が優先すること(サンドフォード原則)を法律に明記したこと，国立公園の管理義務に「地域コミュニティの経済的および社会的福祉の促進の追求」を加えたこと，各国立公園にディストリクトから独立したひとつの管理機関(ボード)をおき，この機関にこれまでディストリクトなどが有していたディベロプメントプランの作成権限および計画許可権限を付与したことなどの点で，画期的な内容を有するものであった[58]。また，1997年，ブレア労働党政権は再び法律を改正し，唯一の公園

管理機関となった NPA に，国立公園内の経済・産業等を含め，より包括的な公園管理計画を作成する権限を認めた[59]。

さらに 2004 年，後述するようにブレア改革によって新たな都市計画制度が導入されたことにより，国立公園管理計画は，広域的な地域管理計画や多種多様なコミュニティ戦略との調整を求められることになった。

### 1.4.5. 国立公園制度の実績・評価

以上，2000 年頃までのイギリスの国立公園の沿革を追ってきたが，イギリス国立公園の実績・成果は長期的・歴史的な観点からいかに評価されるべきか。ここでは，4 名の論者の評価を紹介しておく。

まず浩瀚なイギリス環境史を著したエバンスは，法の現実は，失望を際だたせただけであったとして，国立公園は過度に利用されているために，どれも国際的基準に達しておらず，法律制定後の 40 年間にアクセスが可能になった公園面積は，わずか 350 平方キロメートル(そのうち 200 平方キロメートルはピークディストリクト国立公園内にある)にすぎない現実を指摘する。彼は，その原因として，イギリスの国立公園は名前は「国立公園」であるが，地方的なスケール以上の視野から国立公園を管理するしくみが存在せず，日常の運営が，3 分の 2 が地方により指名され，3 分の 1 が国から指名されたメンバーからなる国立公園機関(committee)により(NPC の指導を受けながら)なされていること，すべてのカウンティ議会が国の利益よりも地方の利益を考慮するであろうことは，国立公園の発足当初から明らかであったこと，また国立公園にあたえられた性質は極めて特異なもので，住宅建設や雇用という地方の要求と，レクリエーション，アメニティ，静寂の楽しみという国立公園の要求との間のバランスをとるのは，不可能な曲芸的行為であること，中央組織である事態を改善させるために寄せ集めの努力がなされたが，ほとんど成功しなかったこと，国立公園委員会(NPC。その後 Council for National Parks となる)は牙(teeth)をもたない諮問機関にすぎず，その勧告は地方における都市計画策定をめぐる論議において無視されたこと，NPC は人気のある発想に対する政治的甘言であり，資金も執行権限も有しないことなどをあげ，イギ

リスの国立公園は実際には地方公園であり，公園の管理やレクリエーション施設の整備は極めて不十分であり，人々は努力しているが，政府の支援は及び腰でしみったれたものである，との結論を述べる[60]。

同じく国立公園の通史を著したマケビンも，NPACA 1949 制定後の状況を，「国立公園支持者の失望と NPACA 1949 を執行した公務員のシニシズムの理由は理解するに難くない。それらは，権能の欠如，多額の予算不足，それに混乱し分割された権限に要約できる。国立公園にあたえられたいわゆる"権限"は，景観の保護またはレクリエーションの推進のために協定によって土地を取得することができるというものである。それはオープンなカントリーに対する公衆のアクセスを確保するという目的のためにのみ強制的に行使できる。彼らは有害な農業・林業活動を防止するために命令し，"自然の美"を保存し，高めるという第一義的目的のために土地を取得する最終的な権限を有しない」，「すでに国立公園への指定が見込まれる地域の計画行政機関となっていたカウンティ議会は，彼らの新しい権能の放棄を決めこんだ。中央政府は彼らとのいかなる論争も回避し，NPACA 1949 はカウンティ議会を国立公園行政機関とした。しかし，カウンティ議会は法律が可決された後も抵抗し続けた」と述べ，「イングランドとウェールズの国立公園は，地方政府によって運営される国家資産である。この1949年に確立した制度は，中央政府とカウンティ議会の間の妥協の産物であった。それは，保全とレクリエーションという国家的利益と雇用と所得(特に農民と土地所有者のそれ)という地方的利益との間の正しいバランスを生み出すものと予想された。しかし，理論と現実はまったく別物であった」という[61]。

また，国立公園管理の現場からも，次のような指摘がなされている(ただし1993年当時の現況による)。すなわち国立公園のうち，ピークディストリクト，レイクディストリクトおよびブローズ(The Broads：イングランド東部の湖沼地帯に設置された国立公園で，NPACAとは別の法律によって管理される)を除くその他のすべての国立公園は地方行政組織の委員会によって運営されている。その場合，委員の3分の1は指名メンバーである。しかし，これらのNPAは，より大きな自治体組織の一部であり，独立に活動することができない。国立公

園機関は，他に比較し僅かな予算しか有しない小さな重要でない機関としかみなされず(高速道路，社会福祉，教育および消防などのカウンティの他の重要な機関と比較すれば良く分かる)，委員会自身の予算，人事，契約の執行または財産管理などを自由に決定することができない。国立公園は，中央政府と地方政府の両方から歳入を得ている。毎年，歳入を得るための事業計画と金額が認可を得るために環境省(Department of Environment：DOE)に提出される。これらの申請に対し，国立公園支援基金(National Park Supplementary Grant)を通して 75％が交付される。地方行政機関が残りの 25％以下を交付する。しかし，国立公園の目的にとって不可欠な歳入額は，しばしば親組織であるカウンティ議会の歳出政策および優先順位によって制限されると[62]。

　最後に，アメリカの環境法学者の評価にも耳を傾けよう。すなわち，評者によれば，イギリスの国立公園は，1950 年代，60 年代を通し，説得と道徳に訴える指導によって何とか保護されてきたが，驚くべき「失敗」もあった。1958 年，政府は，ペンブルックシァ(Pembrokeshire)国立公園内のミルフォードヘブン(Milford Haven)における石油精製施設と，スノウドニア(Snowdonia)国立公園内のトラウスバニズ(Trawsfynydd)原子力発電所の建設を許可した。ピークディストリクトを通過する地上高圧電線については同意がされなかった。より微視的に見ると，状況はさらに悲惨であった。農業耕作に対するコントロールの欠如は，景観の劇的な変遷をもたらした。森林に対するコントロールの欠如は，木材生産(再植林)のための密集地における何万エーカーにも及ぶ外来種(大部分が北アメリカからのベイマツ)の植林を導いた。1949 年法は NPA にアクセス協定を認める権限を授権したが，がっかりさせられたことに，ほとんど成果を生まなかった[63]。

## 1.5. 特別自然景勝地域(AONB)

### 1.5.1. AONB の起源

　特別自然景勝地域(Areas of Outstanding Natural Beauty：AONB)は，NPACA 1949 に当初より定められた古い自然公園制度である。

ところで，ダワーは国立公園の設置に情熱を燃やし，12の地域を国立公園候補地にあげたが，さらに保存とアメニティにとって重要な「その他のアメニティ地域」として，サウスダウンズやコッツウォルズなどの有名な地域および全国的または地域的に重要な魅力ある景勝地の2種類を列挙した。しかし，ダワーは国立公園の設置に情熱を集中し，これらの地域については特に法制度の設立を提言することはなかった。

　しかし，ホブハウス・レポートはダワーの提言をいれ，同時に設置された野生生物保全特別委員会(ハックスレー委員長)から学術的助言を得ながら，国立公園に匹敵する景観的質を有するカントリーサイドを「保全地域(conservation area)」とすることを提言し，52の候補地を掲げた。ホブハウスは，この保全地域は，地方政府が諮問委員会に諮りつつ計画策定権限を用いて管理すべきであり，国庫から国立公園の3分の1の予算が支払われるべきであるとしている[64]。

　NPACA 1949法案の議会における審議においては，議論が国立公園の管理組織，とりわけ国立公園委員会の設置をめぐって議論が白熱したこともあり，「保全地域」に関する条項については，ほとんど議員の関心を引かなかった。可決された法律では，「保全地域」という名称が消え，委員会は，国立公園に属さない地域であって，「優れた自然美(outstanding natural beauty)を表していることから，当該地域に関連する本法の規定を適用するのが望ましい地域を，本法の目的のために，特別自然景勝地域に指定する」(87条1項)と定めているだけである。

　この規定からは，「保全地域」の構想が当初もっていた学術的利益とレクリエーション上の価値において優れた地域という複合的なニュアンスが消え，単に風景美のみがAONBの指定基準とされている。また，AONBの多くが実際には人口の多い都市に接近しており，国立公園と同様にレクリエーション需要が高いにもかかわらず，国立公園のような管理組織や独自の財政措置は定められず，管理は地方の計画行政機関(planning authority)，すなわちカウンティ議会に委ねられた[65]。

　AONBが，法律上重要な意義をあたえられなかった理由として，農業が

伝統的景観を維持しているという基本的理解，国立公園の設置が急務であってAONBは二の次とされたこと，主要な開発を抑制するには通常の計画的規制で十分であると考えられたこと，レクリエーションはAONBにおいて積極的に推進すべき活動とは考えられなかったこと，などが指摘されている[66]。その結果，ガワー(Gower：サウスウェールズの景勝海岸)が最初のAONBに指定されたのは，1956年であった。AONBは，景観的には国立公園と同等の価値を有するものとされたが，実態は，国立公園よりは明らかに格下であり，財政も低額かつ不安定で，国立公園とはほとんど無関係の存在とされたのである[67]。

要約すると，ホブハウス・レポートが提唱した学術的利益とレクリエーション上の価値を併せもつ「保全地域」という理想は格下げされ，AONBはもっぱら自然の美しさを考慮して指定する地域とされてしまった。また，AONB区域内の景観やその他の自然資源の保護のためには，すでに自治体に付与された計画権限があれば十分であり，さらに新たな権限を追加する必要があるとは考えられなかったのである。その結果，AONBの管理は，その発足当初から，地方計画行政機関だけではなく，中央官庁，土地所有者，ボランティア団体などを意思形成過程に参加させる協働的アプローチをとらざるをえなかったのである[68]。

### 1.5.2. AONBの発展

さて，イギリスの農村地域は，国立公園などの景勝地を除き，グリーンベルト，良好な農地，あるいは学術的価値のある地域として以上には国民の関心を引かなかったのであるが，すでに述べたように，1960年代になると農村地域を訪問する人が爆発的に増加し，農村地域は，一大レクリエーション地域として，あるいは観光地として注目をあびることになった。その結果，増大するレクリエーションとそれによりもたらされる自然の価値の劣化(低下)を，旧来の都市農村計画制度の範囲を超えて，どのように調整するのかが，識者の関心事となった[69]。また，1965年にナショナルトラストの海岸買い取り運動(ネプチューン運動)が開始され，海岸保護への関心が高まり，

1972年には国民遺産海岸(Heritage Coasts)の指定が開始されたが，その大部分がAONB区域内にあったことから，AONBに対する関心も自ずと高まることになったのである。

その結果，CA 1968が制定され，NPCを改組したCCが，農村地域全般におけるレクリエーション政策を担当することになった。この経緯は，すでに述べたとおりである。しかし，CA 1968により組織改変されたCCが，AONB制度の強化に向け，具体的に多数のAONB候補地の個別審査に着手したのは，1971・72年になってからである。このとき，AONBの選定基準として，①国家的重要性のある景観の質，自然の美，損なわれていない，もしくは特別の質(辺鄙さなど)，②地域全体および持続性の両面から見た重要な範囲，また小規模な地域は，新たな指定のためよりは地域の拡大のために認められる，③特異(ユニーク)な特徴を有する，または現在指定された地域および国民遺産海岸の中で十分に顕示されていない景観型式をもつなど，通常ではない特徴(低地河谷景観，砂岩，分水嶺，孤島，汽水域など)などの基準が示され，ようやく学術的な知見をもとにAONBを，自然保護区体系のファミリーとして評価する体制が整った[70]。

## 1.6. その他の自然保護区

### 1.6.1. 自然保護区(NR)

イギリスの生態学研究は，トマス・ハックスレー，ダーヴィンに始まり，さらに遡り，レイ(John Ray [1627-1705])，ホワイト(Gilbert White [1720-1793])を加えると，確固とした伝統を形成している。そして，その偉大な後継者が，イギリス生態学会の創設(1913年)に関わり，初代会長に就任したタンスレーである。イギリス生態学会は，農業や工業化によって危機に瀕した生息・生育地や自然システムの同定に着手し，生息・生育地保護のために自然保護区(Nature Reserves：NR)を設立するという着想を固める。ナショナルトラストに対して専門的見地から勧告をする組織として1912年に創設された自然保護区推進協会(Society for the Promotion of Nature Reserves)はこの提言に同調

し，候補地リストの作成や自然保存に関する大会決議を政府に提出するなどの活動をした[71]。これらの活動に呼応し，1942年，戦時連合政権は，国立公園区域の内外における自然保護区候補地を選定するために自然保護区調査委員会(Nature Reserves Investigation Committee)を設置し，自然保護区推進協会に参加を要請した。さらに，1943年，イギリス生態学会と自然保護区推進協会は覚書を公表し，学術的研究と教育のための自然保護区(国指定，地方指定の両者を含む)制度の設置と，それを運営するための生物局(Biological Service)の創設を提言し，政府の活動を後押しした[72]。

ナチュラリストは，生物種の保存のために自然保護区への一般人の立ち入りを制限することを主張したが，こうした主張は国立公園運動を進める労働者や一般大衆からはまったく支持されなかった。ダワーは，国立公園設置運動を糾合するために，国立公園に自然保護とレクリエーション機会の確保という複合的機能をもたせることを主張したが，ナチュラリストは，ダワーの主張とは袂を分かち，国立公園区域の外部に独自の保護区を設置し，公衆のアクセスを制限するという方法を選択したのである。

また，彼らは，多種雑多な地方自治体の組織ではなく，中央政府が統一的な組織によって保護区を管理することを主張し，さらに国が野生生物保護のための公的な生物調査・研究機関を設置すべきことを主張した。というのは，保護区の設置は好評をもって迎えられたが，保護区を管理するための専門家や経験者はほとんど皆無であったからである[73]。

ホブハウスは，これらの主張におれ，委員会の下に野生生物保全特別委員会を設置することを決定し，委員長にジュリアン・ハックスレーを任命した。また，このハックスレー特別委員会には，副委員長としてタンスレーが参加し，さらに著名な生物学者エルトン(Charles Sutherland Elton [1900-1991])もメンバーに加わった。1947年に公表された報告書「イングランドとウェールズにおける自然の保全」は，イギリスの自然保全政策が依拠すべき根拠と，生態研究組織の設置を勧告し，さらに自然保護区の選定方法とその管理までをも検討した雄弁で効果的な文書であった[74]。

すでに述べたように，NPACA 1949の審議をめぐっては，国立公園およ

び国立公園委員会(NPC)の設置の是非をめぐって議論が紛糾したが，他方でネイチャーコンサーバンシー(Nature Conservancy：NC)の設置については，それが幅広い調査権限・勧告権限を有するにもかかわらず，ほとんど反対がなかった。というのは，報告書では，2万8000ヘクタールの自然保護区の設置と，50万ポンドの土地取得費用が見込まれていたが，土地の大部分はほとんど経済的価値がなく，また NC は基本的に研究機関であって，既存の組織，とりわけ地方計画行政機関の権限と衝突するおそれがないとされたからである[75]。

　1949年，NC が「イギリスの動植物に関する事項およびその生息・生育する物理的条件，ならびに当該地域の特に重要な地理学的・物理地理学的特徴を研究・調査し，保存するための特別の機会を確保する」ために創設された。NC は，国王勅許状によって創設され，省庁の下ではなく枢密院の管轄に服することとされた。また NC は，枢密院より，イングランドとウェールズに 150 の自然保護区(NR)を選定し，土地所有者から権原(所有権，賃借権)を取得し，所有者と管理協定を結ぶという任務をあたえられた[76]。地方の国立公園の管理を個別に監督するはずであった NPC にほとんど権限があたえられなかったのに対し，偶然が幸いしたとはいえ，全国の NR を管理する NC に，はるかに強力な権限があたえられたのである。その結果，NPC が弱体で不十分な機関にとどまる一方で，NC は，その後国内外における名声を勝ち取ることになった[77]。

　なお，NPACA 1949 第15条は，NR を，「(a)適切な条件およびコントロールのもとで，イギリスの動植物およびそれらが生息・生育する物理的諸条件に関する研究および調査，および当該地域における特に重要な地理学上および物理地理学上の特徴の研究のための特別の機会を提供するという目的のために，ならびに(b)当該地域の動植物もしくは当該地域における特に重要な地理学上および物理地理学上の特徴を保存するという目的のために，管理されている土地」と定義している。

## 1.6.2. 学術上特に重要な保護地域(SSSI)

(1) ところで，ネイチャーコンサーバンシー(NC)の任務が希少で価値のある動植物種だけではなく，様々のタイプの自然または半自然の植生を(動物とともに)保護することにあったとすると，その任務を，ある程度の規模と組織が必要な自然保護区(NR)の設置や管理のみによって達成することは困難である。というのは，より小規模であっても，生物学的，地理学的，物理地理学的な観点から学術的価値のある地域を，より積極的に保護する必要があるからである。また，多数の地域を調査し，NR を指定するまでには長期の期間を要することから，NR を指定するまでの暫定的・中間的保護を図るための「地域」が必要であるとも考えられたのである[78]。

そこで，NPACA 1949 第23条は，NC は，自然保護区(NR)として管理している土地以外の土地について，動植物群，地質学的，地形学的特徴の理由から「特に重要であると判断する場合，その旨を当該地域の計画行政機関に通告する義務を有する」と規定し，地方の計画行政機関に学術上特に重要(special scientific interest)な地域や場所を通報する任務を NC に課した。これが学術上特に重要な保護地域(Sites of Special Scientific Interest：SSSI)の始まりである。この通告は，拘束力のあるものではなく，またすべての開発行為を禁止する目的を有するものでもなく，地方計画行政機関に学術的知見を重視した判断を要求し，また NC に学術的知見にもとづく説得と保全対策を強化する機会を提供することを目的とするものである。また SSSI の多くが国立公園や AONB，さらには農地，国有林などに含まれることから，SSSI は，これらの地域を所管する諸機関と専門家の組織である NC との連携の強化にも連なるものとして，多くの者から歓迎されたのである。

NC は，早速調査に取りかかり，地方計画行政機関に多くの情報を提供した(土地所有者に通告する法的義務は 1981 年までなかったが，当初より土地所有者への通知がされている)が，この情報提供は，地方計画行政機関からも歓迎され，1942 年の調査で NR の候補地とされた地域が，その後の土地の改変によって大きな損害を受けるのを防止することになった。

(2) こうして SSSI は発足したが，NPACA 1949 第23条は，学術的に価

値のある地区を地方計画行政機関に通告し,地方計画行政機関による配慮を求めただけであって,NC は独自の規制権限を有するわけではなかった。しかし,最終の判断権限を,地方的な利害に左右される地方計画行政機関に委ねることで学術的に貴重な地区を保護することは困難である。そこで,1968年カントリーサイド法(Countryside Act 1968：CA 1968)は,制度の改善を図ることになり,NC に SSSI 区域内の土地所有者・占有者と保全のための管理協定を締結する権限をあたえた。しかし,同法も,NC は SSSI 区域の指定を地方計画行政機関に通知することを定めるのみで,土地所有者・占有者に対する通知義務までは定めなかった。

1981年野生生物・カントリーサイド法(Wildlife and Countryside Act 1981：WCA 1981)は,こうした中途半端な制度の抜本的改正を図ったもので,NPACA 1949 第23条を廃止し,同法28条以下に新たな規定を設けた。同法は,土地所有者・占有者に対する通告義務を NC に課すとともに,SSSI 地区内の農業者が環境破壊的農業をする場合に届出義務を定め,さらに NC に,環境破壊の影響があると判断した場合に管理協定を締結し,自然保護指令,強制収用命令などを発する権限を付与した。こうして,NC には,SSSI を管理するのに必要な規制権限が,一応あたえられたのである[79]。

しかし,SSSI に対しては,NC には規制権限がなく,管理協定の締結という農業者の自主的協力と善意に依存したもので,環境破壊を防止する効果がなく,しかも大部分の農業活動を野放しにしたたまで,その中のごく一部の場所を保護するものにすぎないという批判がたえなかった[80]。さらに WCA 1981 による SSSI の再指定がその後急速に進んだことから,これまで学術的な知識を有せず,十分な管理責任を果たしてこなかった新参の土地所有者(アウトサイダー)からの不満を新たに引き起こすことになった[81]。

これら多くの批判は,ようやく 2000 年カントリーサイド・歩く権利法(Countryside and Rights of Way Act 2000：CROWA 2000)によって制度の強化が図られたことで,幾分解消されることになった。同法により改正された現在のしくみについては,後に説明する。

〈注〉
1) イギリス自然保護史としては，L. Dudley Stamp, *Nature Conservation in Britain* (Collins, 1969); Victor Bonham-Carter, *The Survival of the English Countryside* (Country Book Club, 1972); John Sheail, *Nature in Trust: The History of Nature Conservation in Britain* (Blackie, 1976); Marion Shoard, *This Land Is Our Land: The Struggle for Britain's Countryside* (Paladin, 1987); David Evans, *A History of Nature Conservation in Britain*, 2d ed. (Routledge, 1997); Ian G. Simmons, *An Environmental History of Great Britain: From 10,000 Years Ago to the Present* (Edinburgh University Press, 2001); Peter Marren, *Nature Conservation: A Review of the Conservation of Wildlife in Britain 1950-2001* (Harpercollins, 2002); W. M. Adams, *Future Nature: A Vision for Conservation*, 2d ed. (Earthscan, 2003)などがスタンダードな通史である。また，邦語文献では，平松紘『イギリス環境法の基礎研究——コモンズの史的変容とオープンスペースの展開』(敬文堂，1995年)，平松紘『イギリス緑の庶民物語——もうひとつの自然環境保全史』(明石書店，1999年)，遠山茂樹『森と庭園の英国史』(文藝春秋，2002年)，ジョン・マコーミック(石弘之・山口裕司訳)『地球環境運動全史』(岩波書店，1998年)を主に参照した。W・G・ホスキンズ(柴田忠作訳)『景観の歴史学』(東海大学出版会，2008年)も，景観の変遷を中心にイギリス環境史を展開する秀逸な著作である。
2) 詳しくは，Sheail, supra note 1, pp. 1-16, 22-29; Evans, supra note 1, pp. 33-40 を見よ。
3) イギリスの労働者階級は，後に述べる土地の囲い込み反対運動だけではなく，道徳的・倫理的な観点から鳥類や野生生物の保護運動に積極的に取り組んだことでも知られる。世界最初の自然保護団体としてしばしば言及されるのが Royal Society for the Protection of Birds (1889年)であるが，この団体は明らかに労働者が中心の団体であった。それに対し，ナショナルトラスト運動に参加したのは，中流階級の知識人であった。John Blunden and Nigel Curry, *A People's Charter? 40 Years of the National Parks and Access to the Countryside Act, 1949* (HMSO, 1990) pp. 13-15.
4) イギリス国立公園の公認の通史とされているのが，Blunden and Curry, supra note 3 である。本章の記述の大部分は，同書に負っている。Ann and Malcolm MacEwen, *National Parks: Conservation or Cosmetics?* (Allen & Unwin, 1982); Ann and Malcolm MacEwen, *Greenprints for the Countryside?: The Story of Britain's National Parks* (Allen & Unwin, 1987)も，現状分析の部分は古くなったが，国立公園に関する包括的な研究である。また，Evans, supra note 1; Sheail, supra note 1 にも国立公園に関する明晰な分析がある。その他，Federico Cheever, British National Parks for North Americans: What We Can Learn From a More Crowded Nation Proud of Its Countryside, *Stan. Envtl. L. J.*, Vol. 26, No. 2 (2007)

p. 247 をしばしば参照したことをお断りしておく。

　また、イギリスの国立公園制度に関する邦語文献としては、稲本洋之助・戒能通厚・田山輝明・原田純孝編著『ヨーロッパの土地法制——フランス・イギリス・西ドイツ』(東京大学出版会、1983年)307頁〔礒野弥生執筆〕、渡辺洋三・稲本洋之助編『現代土地法の研究(下)』(岩波書店、1983年)375頁〔礒野弥生執筆〕、水谷知生「イギリスのカントリーサイドの保全(1)——国立公園制度の展開」国立公園571号(1999年)26頁、坂口洋一「イギリスの自然保護法」『生物多様性の保全と復元』(上智大学出版会、2005年)第8章、土屋俊幸「イギリスの国立公園における公園管理と関係主体の役割——湖水地方を事例として」林業経済701号(2007年)9頁がある。

5) Hans Huth, *Nature and the American: Three Centuries of Changing Attitudes*, New ed. (University of Nebraska Press, 1990) pp. 30-53, 148-156.
6) 遠山・前掲(注1)27-30頁、Simmons, supra note 1, p. 184.
7) Blunden and Curry, supra note 3, p. 9.　ワーズワースの国民的財産論については、村串仁三郎「イギリスにおける国立公園思想の形成(1)——自然・風景の保護とレジャー的利用の確執に関する考察」経済志林72巻1・2号(2004年)105頁が詳細な分析を試みている。その他、並河亮『ワーズワースとラスキン——湖水地方とヴェニスの石』(原書房、1982年)、ジョナサン・ベイト(小田友弥・石幡直樹訳)『ロマン派のエコロジー ——ワーズワースと環境保護の伝統』(松柏社、2000年)なども参考になる。
8) Blunden and Curry, supra note 3, p. 9; Ann and Malcolm MacEwen, *Greenprints*, supra note 4, p. 5.
9) ホスキンズ・前掲(注1)281-282頁、Ann and Malcolm MacEwen, *Greenprints*, supra note 4, p. 6; Ann and Malcolm MacEwen, *National Parks*, supra note 4, p. 9.
10) Cheever, supra note 4, pp. 261-262.
11) Blunden and Curry, supra note 3, pp. 16, 20; Cheever, supra note 4, p. 264.
12) 囲い込みの起源については諸説があるが、最盛期は1750年頃から1850年頃までであったとされている。ホスキンズ・前掲(注1)35-36頁、183-184頁、190頁。
13) 囲い込みは、社会的には多くの問題を引き起こしたが、今日のイギリスの原風景を彩る緩やかなヘッジローで大小に区画された田園景観を生み出すことになった。Evans, supra note 1, p. 28.
14) Blunden and Curry, supra note 3, p. 23.
15) 1700年頃、人口の80％は土地から収入を得ていたが、100年後には、その割合が40％以下に激減した。離農した農民の都市への人口の移動がさらに囲い込みを助長し、土地所有権の集中がさらに進行した。グラハム・ピースの「The Great Robbery」(1933年)によると、イギリス人口の1％以下(4万人)が国土全体の約4分の3を所有し、2％が残りの4分の1の国土を所有し、残り97％はまったく土地を所有しない。

今日も貴族が国土の3分の1を所有している。Cheever, supra note 4, p. 267. 国立公園に限ると，現在の国立公園の70%が私有地である。国立公園庁（NPA）が2%を所有し，残りをフォレストリーコミッションなどの公的・半公的団体，国防省，ナショナルトラストなどが所有している。Ibid., p. 249. なお，水谷・前掲（注4）27頁参照。

16) 19世紀末には，全住民の80%が都市住民となった。Evans, supra note 1, p. 22.

17) 平松『イギリス環境法の基礎研究』，同『イギリス緑の庶民物語』（いずれも前掲（注1））に詳しい。

18) 当時，この地域から半径50マイル以内の地域にイングランド総人口の半分が居住していた。また，ピークディストリクトには6万2000ヘクタールのオープンなヒース荒地があったが，アクセスが設置されたのは，その1%にも満たなかった。Blunden and Curry, supra note 3, p. 32.

19) 本事件は多くの著書で言及されているが，最も詳しい説明は，Tom Stephenson, *Forbidden Land: The Struggle for Access to Mountain and Moorland* (Manchester University Press, 1989) に見られる。

20) Ann and Malcolm MacEwen, *Greenprints*, supra note 4, p. 7. なお，最初の山岳アクセス法案は，1884年にブライス（James Bryce [1838-1922]）が提出したスコットランド山岳アクセス法案（Access to Mountain Bill）であったが，土地所有貴族の反対にあい，不成功に終わった。その後，1939年までに6度にわたり同じ趣旨の法案が議会に提案されたが，いずれも土地所有者が多数を占める議会に阻止され，法律とはならなかった。Blunden and Curry, supra note 3, pp. 25-28.

21) Evans, supra note 1, p. 59; Blunden and Curry, supra note 3, pp. 27-28.

22) 村岡健次・川北稔『イギリス近代史――宗教改革から現代まで（改訂版）』（ミネルヴァ書房，2003年）242頁，254-255頁。

23) Blunden and Curry, supra note 3, p. 18.

24) Sheail, supra note 1, pp. 72-75; Cheever, supra note 4, p. 270.

25) Blunden and Curry, supra note 3, p. 38; Sheail, supra note 1, pp. 74-78. アディソン・レポートの2分類は，後にNPACA 1949の採用した国立公園・国指定自然保護区という2分論とは異なる。今日的視点からあえてあてはめると，前者が国立公園，後者が特別自然景勝地域（Areas of Outstanding Natural Beauty：AONB）に該当する。

26) Blunden and Curry, supra note 3, pp. 18, 38-39.

27) Sheail, supra note 1, p. 14; Blunden and Curry, supra note 3, pp. 18-20; Ann and Malcolm MacEwen, *Greenprints*, supra note 4, pp. 5-6. なお，SCNPは1977年にCouncil for National Parks（CNP）となり，2008年にCampaign for National Parksとなった。

28) Evans, supra note 1, p. 63; Sheail, supra note 1, p. 81.
29) Sheail, supra note 1, pp. 78-81; Blunden and Curry, supra note 3, pp. 38-39.
30) Ann and Malcolm MacEwen, *Greenprints*, supra note 4, p. 6.「「戦争に勝利する」ことで頭がいっぱいだったチャーチルは，未来の計画にはあまり乗り気ではなかったが，大衆の高い関心を無視するわけにはいかなかった」，「保険から都市計画にいたるまで，およそ社会政策の名のつくものはすべてこの時期に検討されていた」(エイザ・ブリッグズ(今井宏・中野春夫・中野香織訳)『イングランド社会史』(筑摩書房, 2004年)425頁)。
31) Evans, supra note 1, p. 60; Ann and Malcolm MacEwen, *Greenprints*, supra note 4, p. 7；ブリッグズ(今井・中野・中野訳)・前掲(注30)459-460頁。
32) Ann and Malcolm MacEwen, *Greenprints*, supra note 4, p. 7；村岡・川北・前掲(注22)264-265頁。
33) イギリス都市計画法の沿革は，第2章でやや詳しく議論する。ここでは，さしあたり，稲本・戒能・田山・原田・前掲(注4)169-174頁〔戒能通厚執筆〕，渡辺・稲本・前掲(注1)217-222頁〔戒能通厚執筆〕を参照。
34) Sheail, supra note 1, pp. 98-99; Cheever, supra note 4, p. 273.
35) ダワーの功績や歴史的評価については，多くの文献が触れているが，ここでは，John Sheail, John Dower, National Parks, and Town and Country Planning in Britain, *Planning Perspectives*, Vol. 10, No. 1 (1995) pp. 1-16を参照。
36) Bonham-Carter, supra note 1, p. 114.
37) Cheever, supra note 4, p. 275.
38) しかし，ダワーは，必要なアクセスは現在のフットパスを明確にし，維持することで達成されるとも述べている。Cheever, supra note 4, pp. 276-277.
39) ホブハウス委員会の中に野生生物保全特別委員会が設置された経緯については，様々のことが語られている。ここでは，John Sheail, Nature Reserves, National Parks, and Post-war Reconstruction, in Britain, *Environmental Conservation*, Vol. 11, No. 1 (1984) pp. 30-33; Blunden and Curry, supra note 3, p. 49 の説明を利用した。その他，Sheail, supra note 1, pp. 110-111; Ann and Malcolm MacEwen, *National Parks*, supra note 4, pp. 16-17 にも，やや詳しい説明がある。
40) Evans, supra note 1, p. 78. Blunden and Curry, supra note 3, pp. 96, 100 によれば，権限なき弱体な管理機関の設置は，地方(議員)に対する中央政府の行きすぎた妥協であった。
41) Evans, supra note 1, p. 71; Ann and Malcolm MacEwen, *National Parks*, supra note 4, pp. 9-12 は，スコット・レポートこそ，農村疲弊の現状を冷静に分析し，戦後の農村景観保護の見取り図を示した発展可能性のある報告書であったという。
42) Evans, supra note 1, p. 67; Sheail, supra note 1, pp. 110-111; Ann and Malcolm

MacEwen, *Greenprints*, supra note 4, pp. 14-16.
43) Blunden and Curry, supra note 3, pp. 65-68; Sheail, supra note 39, pp. 32-33.
44) Evans, supra note 1, p. 77; Sheail, supra note 1, pp. 200-205; Blunden and Curry, supra note 3, p. 63. 法案審議の経過と可決に向けたシルキンの奮闘ぶりは，Blunden and Curry, supra note 3, pp. 62-90 に詳細に描かれている。
45) そのための資金も，1979年までビタ一文あたえられなかった。Ann and Malcolm MacEwen, *Greenprints*, supra note 4, pp. 12-13.
46) Ibid., pp. 16-17.
47) Blunden and Curry, supra note 3, p. 169.
48) ブリッグズ（今井・中野・中野訳）・前掲（注30）485頁。
49) Blunden and Curry, supra note 3, p. 109; Ann and Malcolm MacEwen, *National Parks*, supra note 4, p. 25. AONB については変更がなかったが，新たに国民遺産海岸(Heritage Coasts)に関する予算が増額され，その地域の大部分が AONB の区域内にあったことから，そのおこぼれにあずかることができた。Edward Holdaway and Gerald Smart, *Landscapes at Risk?: The Future for Areas of Outstanding Natural Beauty* (Spon Press, 2001) p. 17.
50) Cheever, supra note 4, p. 291. また，親泊素子「英国の国立公園に関する研究——72年法の特色を中心にして」造園雑誌41巻2号(1978年)11頁も参照。
51) Ann and Malcolm MacEwen, *Greenprints*, supra note 4, pp. 17-20 に詳しい。
52) サンドフォード委員会は，国立公園区域における開発の激化，交通網の発達によるレクリエーションの増大，カウンティによる国立公園の管理が不十分であることなどに直面し，NPACA 1949 の実施状況をレビューし，国立公園の立法と管理のあり方について提言するために設置されたものである。委員会は1974年に報告書(National Park Policy)を公表し，カウンティ議会の管理下にあった国立公園の管理について，独立した管理行政機関を設けることなどを提言した。Blunden and Curry, supra note 3, pp. 109-111; Ann and Malcolm MacEwen, *National Parks*, supra note 4, pp. 26-29.
53) サンドフォード原則は，「国立公園区域において提案された目的または活動が，保全とたとえば経済発展のようなその他の目的との間の鋭い利害の衝突を提示しているときは，国立公園の美と生態的質が維持されるために，保全の要請が優先しなければならない」というものである。また同報告書は，農業は必然的に環境目的に適合するものではないことを初めて肯定し，公園におけるレクリエーション圧力の増大についても注意を喚起した。

しかし，サンドフォード原則は，カウンティや NPA 内に環境保全意識が高まっていることから，実際に適用されることはごく希であり，深刻な利害対立が生じた場合の安全弁としての役割が期待されているものとされている。

54) Ann and Malcolm MacEwen, *Greenprints*, supra note 4, pp. 20-21.
55) Ibid., pp. 19-21.
56) Campaign for National Parks, *The History of National Parks in the UK*, http://www.cnp.org.uk/sites/default/files/History%20of%20National%20Parks.pdf (2011年10月10日アクセス).
57) Nancy Stedman, Conservation in National Parks, in F. B. Goldsmith and A. Warren eds., *Conservation in Progress* (John Wiley and Sons, 1993) pp. 230-231.
58) Colin T. Reid, *Nature Conservation Law*, 3d ed. (W. Green, 2009) p. 240; Holdaway and Smart, supra note 49, p. 17.
59) Barry Cullingworth and Vincent Nadin, *Town and Country Planning in the UK*, 14th ed. (Routledge, 2006) p. 324.
60) Evans, supra note 1, pp. 77-78.
61) Ann and Malcolm MacEwen, *Greenprints*, supra note 4, pp. 12-13, 104.
62) Stedman, supra note 57, p. 213.
63) Cheever, supra note 4, p. 291. 1978年の最終評価によれば，イングランドとウェールズにおいてわずか8万6625エーカーが公衆のアクセスに解放されただけであり，国立公園の中にその80%があった。Ann and Malcolm MacEwen, *Greenprints*, supra note 4, p. 16. ただし，Cheever, supra note 4, p. 291 n. 198 は，2000年カントリーサイド・歩く権利法が可決される前に，大部分の指定共有地はアクセスのために公開されていたという。
64) Blunden and Curry, supra note 3, p. 156.
65) Ibid., pp. 158-159.
66) Holdaway and Smart, supra note 49, pp. 14-15.
67) Ibid., p. 16.
68) Ibid., p. 15.
69) Blunden and Curry, supra note 3, p. 169; Holdaway and Smart, supra note 49, p. 16.
70) Holdaway and Smart, supra note 49, p. 13 Box1. 1.
71) Blunden and Curry, supra note 3, p. 16.
72) Ibid., pp. 16, 48-49, 191.
73) Evans, supra note 1, p. 70.
74) Ibid., p. 72.
75) Blunden and Curry, supra note 3, p. 192.
76) これは，自然保護区調査委員会(本章本文49頁)が，1942年にNRもしくは自然記念物に含められるべき数百の候補地を勧告し，それがハックスレー・レポートにおいても提言されたことを法制度化したものである。Blunden and Curry, supra note 3,

pp. 195-196.
77) Ann and Malcolm MacEwen, *Greenprints*, supra note 4, pp. 14-15, 194. Nature Conservancy (NC) は, 1965 年に Natural Environmental Research Council に編入され, 1973 年には Nature Conservancy Council (NCC) と Institute of Terrestrial Ecology (陸域生態学研究所) の 2 本立て組織となった。その結果, 後者はむしろ研究機関としての地位を強化することになった。それに対し, 前者の NCC は 2000 年にはイングリッシュネーチャー (English Nature：EN) に改組され, 生物多様性保全を任務とされたが, EN は 2006 年にはナチュラルイングランド (Natural England：NE) に吸収された。そこで, 現在の SSSI の管理は NE が担っている。
78) Blunden and Curry, supra note 3, pp. 205-208.
79) SSSI の沿革や WCA 1981 による法改正の内容については, 福士正博『環境保護とイギリス農業』(日本経済評論社, 1995 年) 135-136 頁, 140-152 頁に詳しい。また, Cullingworth and Nadin, supra note 59, p. 324 も参照。
80) 福士・前掲(注 79) 147-150 頁, Ann and Malcolm MacEwen, *Greenprints*, supra note 4, pp. 143-146 に詳しい。
81) Reid, supra note 58, p. 8.

# 2. イギリス(イングランド)国立公園制度の現状

## 2.1. 国立公園等の管理に関与する行政機関

　イギリスの行政組織は極めて複雑で，日本の国家行政組織法や地方自治法などのように，行政組織を統一的に定めた法律は存在せず，さらに政権交代の度に行政組織の統合改廃が繰り返されている。従って，外国人研究者がイギリスの行政組織の現況を理解するのがもともと困難なところに，近時，執行行政機関，非政府公共機関などの政府団体がつぎつぎと設立され，その理解が一層困難になっている。さらに地方自治組織も頻繁に改廃がなされ，現在は改正の過渡期ともいえる時期にある。そこで，本第2章および第3章以下の正確な理解を促すために，イギリスの国立公園制度や都市計画制度に関連する行政組織の現況を，簡単に説明することにしたい[1]。個別の組織の設置改廃については，それぞれの箇所でふれる。

### 2.1.1. 国(中央政府)の機関

　イギリスで，環境，農村景観，都市計画などを所管する中央官庁は，環境・食糧・農村省(Department for Environment, Food and Rural Affairs：DEFRA)と，コミュニティ・地方政府省(Department for Communities and Local Government：DCLG)とである。そこで，この2つの機関(DEFRAとDCLG)について，ごく簡単に説明しよう。なお，2つの組織の沿革を図2-1に示しておく。
　まず，DEFRAは，2001年，伝統的官庁である農業・漁業・食糧省(Ministry of Agriculture, Fisheries and Food：MAFF)と環境・運輸・地域省(Depart-

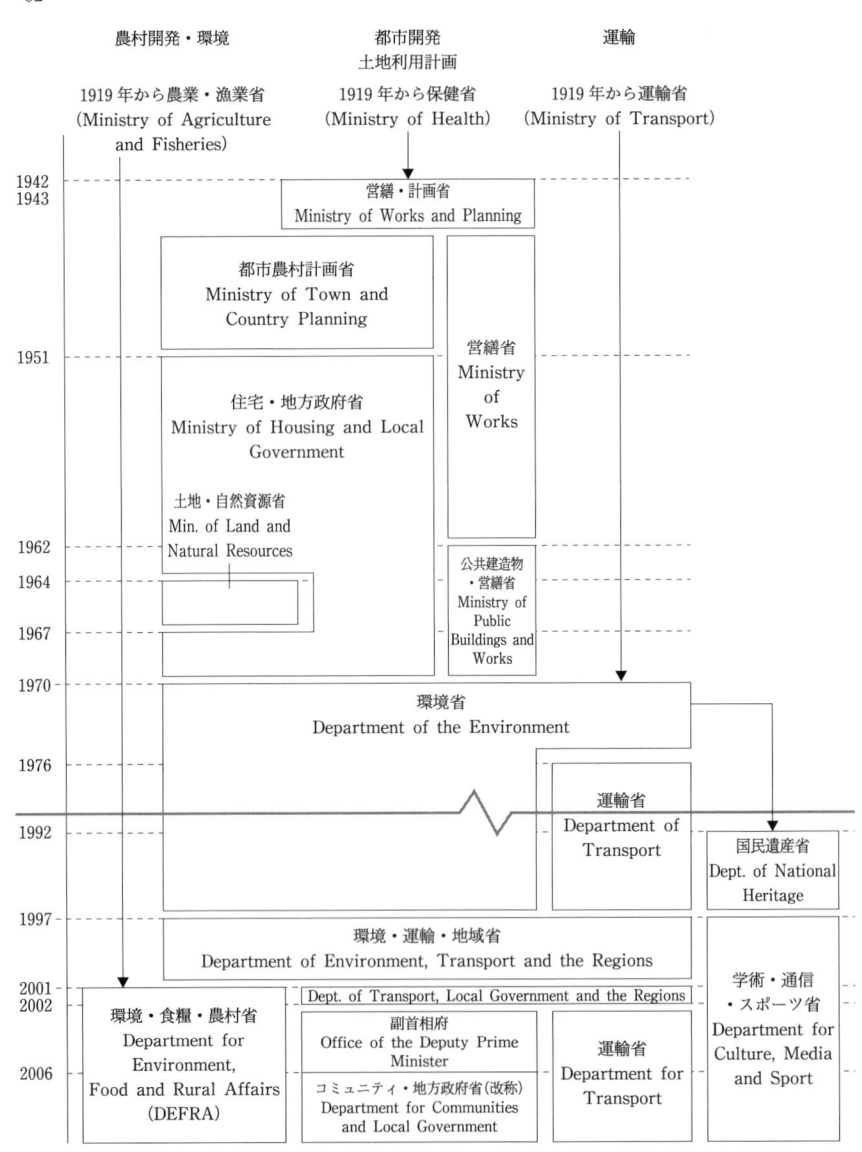

図 2-1 都市計画・農村景観保全行政機関（イングランド）

出典：Barry Cullingworth and Vincent Nadin, *Town and Country Planning in the UK*, 14th ed. (Routledge, 2006) p. 45 に一部加筆。

ment of Environment, Transport and the Regions：DETR)の一部などが統合再編されて設置された巨大行政機関である。同年，カントリーサイドの環境保全，自然資源の持続的利用などの業務が追加され，現在はイギリス持続的発展戦略の推進が最大の任務となっている。2008年，DEFRAの気候変動部門と事業・規制改革省(Department for Business Enterprise and Regulatory Reform：BERR)のエネルギー部門が統合され，新たにエネルギー・気候変動省(Department of Energy and Climate Change)が設置された。

　DEFRAは7つの「執行行政機関」(エージェンシー)と68の「非政府公共機関」(non-departmental public bodies：NDPB)を所管しているが，本書にとって重要なのは，2つの法執行型NDPB，すなわち，ナチュラルイングランド(Natural England：NE)と環境庁(Environment Agency：EA)である[2]。

　つぎに，DCLGは，2002年の組織再編により設置された副首相府(Office of the Deputy Prime Minister)が，2006年に改称されたもので，建築規制，消防，ホームレス，住宅，都市計画，地域再生，貧困，その他の「住宅および計画」，および地方自治全般を所管する。4つのエージェンシーが設置されているが，その中で本書に関連するのは，計画審査庁(Planning Inspectorate)である。同組織は，計画許可に関する不服審査，コールイン申請の審査，アクセスやフットパスに関する不服審査などを所管する。計画審査庁の職員数は700名である。さらにエージェンシーとは別に，18のNDPBがおかれているが，その性質は，諮問機関，法執行機関，監査機関，紛争裁定機関など，様々である。本書に関連するのは，Building Regulation Advisory Committee, Home and Communities Agency, Housing Action Trust, Urban Development Corporationなどである。

## 2.1.2. 地方自治制度

### 2.1.2.1. 1972年地方政府法による改正

　イギリスでは，地方制度改革が長年の課題であったが[3]，1963年にロンドンにおいて，1973年にはスコットランドにおいて2層制の地方制度が導入され，さらに1972年地方政府法(Local Government Act 1972)により，イング

ランドとウェールズのほぼ全域で(大ロンドンとシリー諸島は除く), カウンティとディストリクトからなる2層制が採用された。これにより, イングランドは6つの大都市圏カウンティ(metropolitan county)と39の非大都市圏カウンティ(non-metropolitan county)に区分され, さらに前者は大都市圏ディストリクトに, また後者は非大都市圏ディストリクトに区分された。大都市圏ディストリクトの数は30で人口は18万人から110万人, 他方, 非大都市圏ディストリクトの方は総数が333で人口は6万5000人から12万人であった。また, ウェールズでは, 8つのカウンティが40のディストリクトに区分されたという。

ディストリクトおよびカウンティ等は, それぞれ議会(カウンシル)を設置し, カウンシルが行政を執行する。日本では, 自治体の担当部局で策定した計画や施策を議会で承認するというしくみがとられることはあるけれども, 議会自体が計画や施策を策定するという話は聞かない。それゆえ読者は「カウンシルが行政を執行する」という表現に違和感を覚えられるかもしれないが, これはイギリスの地方制度の伝統を踏まえて理解する必要がある。1990年代以降, イギリスでも自治体において議会と執行機関の分離を図る動きが顕著になっているものの, 伝統的に, 議会に設けられた各種の委員会の下で実際の行政活動を行う方式がとられてきた。筆者の知る限り, 政治家である地方議員が行政活動を主導するのはスウェーデンやデンマークでも同様であり[4], 北ヨーロッパに共通する文化のひとつであるようにも思われる。

### 2.1.2.2. 1985年地方政府法による1層制の導入

しかし, 1980年代に入ると, サッチャー政権は, 大都市圏の上部組織(カウンティ)が行政改革の妨げになっているという認識にたち, これらの組織を解体し, 下部自治組織(ディストリクト)に1層化する改革に取りかかる。

まず, 1985年地方政府法により, 大ロンドン議会と6つの大都市圏カウンティが廃止され, そこでは(大ロンドンを除き)大都市圏ディストリクトによる1層の地方政府が実現した。この1層制は, その後, イングランドの非大都市圏にも拡大する。

1992年地方政府法により, シァ・カウンティ(Hampshireのように最後に

## 2. イギリス(イングランド)国立公園制度の現状　65

| 区分 | イングランド ||||
|---|---|---|---|---|
| | ロンドン | 大都市圏〈一層制〉 | 〈二層制〉 | 非大都市圏〈一層制〉 |
| 地域政府 | Greater London Authority | metropolitan county (6) ※議会を有せず、地理的名称にとどまる | | |
| 県機能 | London borough (32) | City of London Corporation | metropolitan district (36) | shire county (27) | unitary authority (単一自治体) (55) |
| 市町村機能 | | | | district (201) | |
| より小さい自治体機能 | | | parish (パリッシュ) (ごく少数) | parish (パリッシュ) (約10,000) | |

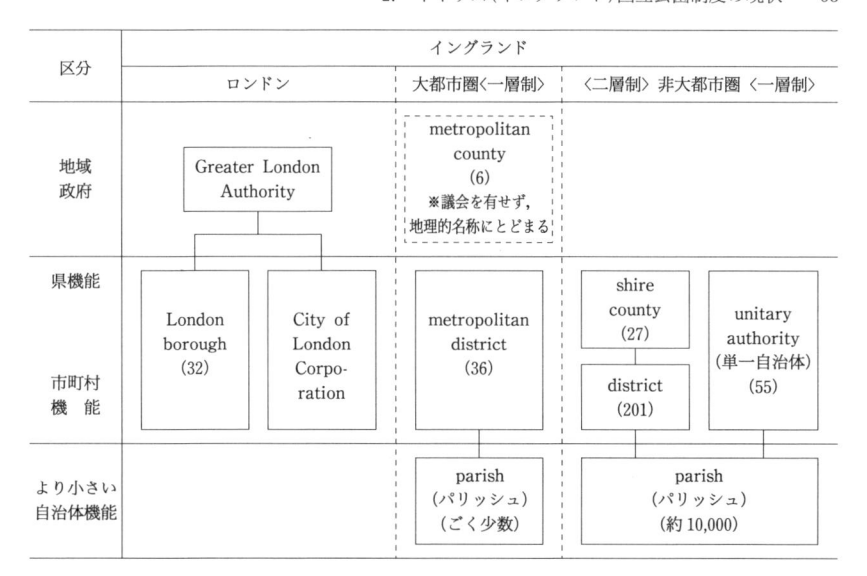

図 2-2　イングランドの地方政府

出典：内貴滋『英国行政大改革と日本』(ぎょうせい，2009年)31頁の数値を一部訂正。

shire のつくカウンティ)における地方政府の見直しを検討するために，地方政府委員会が設けられたのであるが，同委員会は，44の単一自治体(unitary authorities)の創設を大臣に提言した。これを受けて非大都市圏でも少しずつ1層化が進行しているが，シァ・カウンティにおいては，大部分の地域で今も2層制がとられている。そのため，非大都市圏の現況は単一自治体と伝統的な2層制のパッチワーク状態である。現状を図2-2に記す。

　他方，ウェールズでは，1994年地方政府(ウェールズ)法により2層制が廃止され，1996年4月1日以降，いち早く22の単一自治体に移行したが，現在は，12に再編されている。ただし，単一自治体の名称は，歴史的事情等を反映して，カウンティバラ，シティ，カウンティ議会，カウンシルなど，様々である[5]。北アイルランドは，26のディストリクトに区分されているが，ディストリクトは住民サービスの一部を分掌するにとどまり，地方政府というよりは，行政区というイメージに近い。また，スコットランドでは，1973

年以後，9の地域(Regional Authority)と53のディストリクト(+3つの島嶼議会)からなる2層制がとられてきたが，1994年地方政府(スコットランド)法により2層制が廃止され，29の単一自治体(+3つの島嶼議会)に移行した。

### 2.1.2.3. パリッシュの役割

　先にイギリスの地方制度について2層制という語を用いたが，それはカウンティとディストリクトの組み合わせを意味するものであった。しかし，この組み合わせのみに着目していたのでは，イギリスの地方自治の実相を正しくとらえたことにはならないという指摘[6]がある。その理由とされるのが，ディストリクトの下に位置するパリッシュ(parish)という基礎自治体の存在である。正確には，パリッシュは区域をさす概念であり，法人格を有するのは，カウンシル議長とカウンシル議員とからなるパリッシュカウンシルである[7]。ウェールズでは，歴史的事情[8]により，パリッシュではなくコミュニティという名称が用いられる。

　parishを英和辞典で引くと「教区」という訳語が見られるが，歴史的にはともかく，今日ではパリッシュは教会とは関係がないと説明されている[9]。しかし，2008年の6月に筆者がミドルズバラ(Middlesborough イングランド北部の町。このディストリクトは公選首長制を採用している)のスティントン・アンド・ソーントン(Stainton & Thornton)というパリッシュを訪問した際の印象では，少なくとも空間を占める存在としては，教会を中心に形成された小さな集落であった。ロンドンからミドルズバラに向かう列車の車窓から，そのようなパリッシュがあちらこちらに千切れた形で存在している有様を眺めることができた。

　パリッシュは，小さいところでは人口数十人から数百人，大きいところでもせいぜい2万人といった小規模な自治体であるにもかかわらず，独自の議会をもっている。議会をおかずに住民総会で意思決定を行うパリッシュもあるが，議会をおく方が格が上がると認識されているようである。筆者が訪問したスティントン・アンド・ソーントンにも議会があり，議員は7名ということであった。それはもちろん住民の直接選挙で選ばれるのである。国立公園庁(National Park Authority：NPA)のメンバーに選ばれるパリッシュの「メ

ンバー」というのはパリッシュ議会の議員(議会を置かないパリッシュでは住民総会の議長)のことである[10]。

パリッシュの役割は、一般には、ニューズレターを作る、ベンチや案内板を設置する、子供の遊び場を管理する、ヘッジロー(イングランドらしい景観の創出に貢献する生垣)の造成といった事柄である[11]。これらの活動のための費用は税金として住民から徴収するのであるが、その事務はディストリクトに依頼して、ディストリクトの税と合わせて徴収してもらっている。

本書の関心事である土地の利用との関係では、ディストリクトが開発許可案件を審査する際にパリッシュの意見を求めることになっていることが注目に値する。その意見要求に対するパリッシュの反応はどうかというと、「他に何もしていないパリッシュでも、これだけは実行している」[12]とすら言われており、その結果として、地域の景観が守られている面があるという評価[13]がある。しかし、パリッシュの意見には法的拘束力は認められないので、ディストリクトとしては、パリッシュの意見に反した決定を行うこともできないわけではない。この構造をとらえて、ディストリクトとパリッシュの間に対立が生じやすくなっていると指摘する向きもある[14]。もっとも、パリッシュの意見に法的拘束力がないとはいえ、ディストリクトの側でパリッシュの意見を考慮に入れることは当然許される道理である。現にひとつの考慮要素としてパリッシュの意見が尊重されているようであり[15]、乱開発に対する抑止力になっているものと推測される。

歴史的に見ると、中央政府は度々パリッシュ廃止の意向を示してきた。しかし、その都度、パリッシュの全国組織である全国パリッシュ協会が力を発揮して、その流れを押し返してきた[16]。NPAのメンバーにパリッシュのメンバーが相当数加わることになったのも、全国パリッシュ協会の政治力が相当なものであることの証左であるように思われる。

なお、従来、国立公園の計画策定は、わずかな例外を除いて、カウンティの地方計画行政機関(カウンティ議会または共同計画策定委員会)によって行われていた。それが、1995年環境法(Environmental Act 1995: EA 1995)によりNPAが計画策定の機能を果たすこととなった。NPAの構成は、イングランドに

関していえば，総数の2分の1に1を加えた人数のメンバーが，公園内に土地を有する自治体によって任命される。残りは大臣によって任命されるが，残数の2分の1から1を引いた数の人員はパリッシュのメンバーで埋めなければならない。このことから，1995年環境法にもとづく任命制度は，それ以前に比してパリッシュに大きな役割をあたえたと評価されている[17]。

## 2.2. 国立公園等の保全と管理

### 2.2.1. 国立公園

現在の国立公園制度は，1949年国立公園・カントリーサイドアクセス法(National Parks and Access to the Countryside Act 1949：NPACA 1949)にその基礎をおいているが，NPACA 1949は，その後何度か改正が加えられた。そこで本節では，現行法にもとづき現在の国立公園制度の概要を説明することとし，改正の経緯は必要に応じて言及する。

#### 2.2.1.1. 国立公園の目的，管理目標，指定手続

(1) 国立公園の目的

NPACA 1949第5条1項(1995年環境法(Environment Act 1995: EA 1995)第61条1項による改正後のもの)は，国立公園の目的を明示し，「(a)本法本部の条項は，次項によって特定された地域[国立公園地域をさす。畠山]における自然の美，野生生物および文化遺産を保全し，高めること，(b)これらの地域の特別の質を公衆が理解し，楽しむための機会を推進すること，という2つの目的のために効力を有する」と定める。

簡単にコメントしよう。まずNPACA 1949は，(a)として「自然の美」のみを掲げていたが，EA 1995は(a)に「野生生物および文化遺産」を追加し，また「保存」を「保全」に改正した。(b)は，従来の「国立公園を訪れる人のために，その地域を享受し，および野外のレクリエーションとその地域が提供する自然の学習の機会を享受するための施設の設置または改善を推進すること」という規定がより簡潔な表現に改められたものである。

さらにEA 1995は，第11A条1項を新設し，「国立公園庁(NPA)は，国立

公園に関し本法の第5条1項に掲げられた目的を遂行するにあたり，国立公園区域内の地域コミュニティの経済的および社会的福祉(well-being)の促進を追求し(しかしそれをするにあたり重大な支出を発生させることなく)，ならびにその目的のために，その役割が国立公園区域内における経済的または社会的発展の推進を含む地方行政機関および公的団体と協力するものとする」と定めた。

さらに EA 1995 で新設された第 11A 条2項は，「国立公園区域内の土地に関連し，または土地に影響をあたえるために何らかの権能を行使しもしくは遂行するにあたり，すべての関係行政機関は本法第5条1項に掲げる目的を考慮するものとし，ならびにもしこれらの目的が衝突すると見られるときは，国立公園区域に含まれる地域の自然の美，野生生物および文化的遺産を保全し，高めるという目的に，より多くの比重をおくものとする」と定める。この自然美保全優先規定は，1974年にサンドフォード(Sandford)委員会が公表した国立公園政策のレビュー(National Park Policies)に掲げられた原則(サンドフォード原則)に制定法上の根拠をあたえるとともに，すべての行政機関に国立公園内の土地に影響をあたえる権限を行使するにあたり，この2つの目的を考慮することを義務付けるものである[18]。

(2) 国立公園の選定基準(クライテリア)

次に NPACA 1949 第5条2項は，国立公園の指定要件として，「(a)その自然の美，(b)その特徴および人口密集地域に関連する場所の両者を考慮しつつ，それが野外レクリエーションのために提供する機会」の2つを掲げる。これが法文に明記された国立公園選定基準のすべてである。

この選定基準については，2つの事柄を指摘しておく。第一に，国立公園設置や管理の目的が，「自然の美，野生生物および文化遺産を保全し，高めること」を掲げているにもかかわらず，選定基準は「自然の美」のみを掲げていることである。しかも，「自然の美」について，まったく定義がなされていない。第二に，「それが野外レクリエーションのために提供する機会」についても何ら定義がなく，それが現在提供している機会をさすのか，将来予想される機会の提供も含むのかも不明である。

この規定のあいまいさが原因して，国(DEFRA)は，ニューフォレスト国立

図2-3 サウスウェスト・ハンプシァに2005年に設置されたニューフォレスト国立公園。人口密集地域に位置する国立公園でもあり，大変に混雑している。

公園を設置するにあたり，ある社有地を公園区域に含めることができるかどうかをめぐる訴訟において敗北することになった。そこで，2006年自然環境・農村コミュニティ法(Natural Environment and Rural Communities Act 2006：NERCA 2006)第59条は，国立公園の選定基準自体には変更を加えなかったが，新たに第5(2A)条に解釈規定をおき，「ナチュラルイングランドは，(a)当該地域に2項a号を適用するにあたり，その野生生物および文化的遺産を考慮し，(b)当該地域に2項b号を適用するにあたり，公衆による公園の特別の質の学習と楽しみのための機会を推進することが可能な程度を考慮することができる」と定め，問題の立法的解決を図った[19]。

さらに，NERCA 2006第99条は，裁判において別の争点となった事項についても，「イングランドおよびウェールズ内の地域が，(a)農業もしくは林地のために使用され，(b)パーク(園圃，庭園)として使用され，または(c)植物・動物もしくは自然地理学的特徴が部分的に景観に対する人為的介入の結果であるその他のすべての地域から構成され，または包摂するという事実は，当該地域を，自然美(もしくは特別自然景勝(Area of Outstanding Natural Beauty：

AONB))地域として扱うことを禁止するものではない」と定め，農地・林地，パークであっても国立公園に指定しうることを明確にした。

(3) 指定手続

国立公園の指定について，NPACA 1949 第5条3項は，「ナチュラルイングランドにより発せられた命令(order)によって指定され，および DEFRA 大臣に提出され，承認(confirm)される」との規定をおくだけである。従って，候補地の選定はナチュラルイングランドがするが，指定の最終的な判断(承認)は，公園指定案の公示，関係自治体への通告などを実施した後，DEFRA がすることになる[20]。指定案に対して，異議申立や地方行政機関から意見陳述の告知があった場合，DEFRA は，地方審問または公聴会を開催しなければならず(NPACA 1949 Sch. 1 para. 2.)，さらに大臣が指定案の修正を求めたときには，再度の協議が実施されることになる[21]。

2.2.1.2. その他の国立公園

ブローズは，NPACA 1949 とは別の法律，すなわち 1988 年ノーフォーク・サフォーク・ブローズ法(Norfolk and Suffolk Broads Act 1988)によって国立公園に指定されている。ブローズ行政庁の権能は，①ブローズの自然の美，野生生物，および文化的遺産を保全し，高めること，②公衆によるブローズの特別の質を理解し楽しむ機会を推進すること，③船舶航行の利益を保護することである(同法第2条)。ブローズ国立公園は船舶航行などに頻繁に利用されており，管轄行政機関が複雑であって，NPACA 1949 の枠内に収まりきらないことから，特別法が制定されたものである。NERCA 2006 第64条は，ブローズにおいても①②の目的を他の国立公園と同様に追求し，相互に調整することを求めている。

北アイルランドの国立公園は，イングランドおよびウェールズと同じくNPACA 1949 によって指定および管理がされるが，現在まで国立公園は指定されておらず，8 カ所の地域が AONB に指定されたのにとどまる。現在，ムールネマウンテン(Mourne Mountains)を国立公園に指定すべきかどうかをめぐって議論が続いている。

## 2.2.1.3. スコットランドの国立公園

スコットランド国立公園はスコットランドの傑出した自然および文化的遺産に恵まれた特別な地域のより良い管理を確立するために設立されたもので，2000年国立公園(スコットランド)法(National Parks (Scotland) Act 2000)に根拠がある。スコットランド国立公園については，これまでふれる機会がなかったので，ここで，その歴史・沿革を含め，やや詳しく説明しよう。

(1) スコットランド国立公園制度の沿革

スコットランドの国立公園については，1945年，ホブハウス委員会が設置されたのと同時に，ラムゼー(Douglas Ramsay)のもとに検討委員会が設置され，1945年には「国立公園・スコットランド調査」(National parks: a Scottish survey)の，1947年には「スコットランドにおける国立公園および自然の保全」(National parks and the conservation of nature in Scotland)の提出をみた[22]。このラムゼー・レポートは，ダワー・レポートやホブハウス・レポートとは大きく異なり，「国によって所有され，規制される」アメリカ型の国立公園を提唱し，オープンなヒース荒地を含む国立公園のための土地は自由なアクセス権利のために指定され，国立公園用地は協定によって取得され，それが不可能な場合には強制的に収用されるべきことを提案した。しかし，このラジカルな提案は，土地所有者の強硬な反対にあい，もろくも崩れ去り，結局，NPACA 1949はイングランドとウェールズにのみ適用され，スコットランドは，国立公園の指定要件や手続について，独自の法律を制定することになった。ラムゼー・レポートが国立公園候補地として掲げたロックローモンド・トゥロサックス(Loch Lomond and the Trossachs)を含む5カ所は「国立公園指定地域」に格下げされ，地域内における開発申請をスコットランド大臣に届け出る措置がとられるにとどまった。

1980年，スコットランド大臣は国立公園指定地域を正式に廃止し，それらの地域に40の国指定景観地域(National Scenic Areas)を設置した。この国指定景観地域はラムゼーの理想とは異なり，景観および意匠の保全という1940年代のアイデアを復活させたものであり，自然保護や野生生物保全は対象外であった。これらの地域は，僅かな規制と大臣の介入の可能性[23]を

除き管理や法執行のための協定もなく，開発規制の責任は地域の議会(カウンシル)に委ねられた。しかし当然のことながら，長引く不況と人口減少に悩むスコットランドにおいて，地域自治体の関心は雇用増大や観光開発にあり，国立公園にふさわしい規制はまったくなされなかった。

(2) スコットランド国立公園制度の成立

1990年代になると，ようやく世界遺産を含む自然地域の管理を整備すべきであるとの声が高まり，1991年にはスコットランドカントリーサイドコミッションを改組し，スコットランド自然遺産庁(Scottish Natural Heritage)が設置された。1997年になって，新政府から自然遺産庁に対して，ロックローモンド・トゥロサックスの国立公園指定を前提に，国立公園設置法制定のための協議を開始するよう指示があり，長時間の意見聴取，地元説明会，利害関係者との協議などを経て，2000年，国立公園設置の要件と手続を定める国立公園(スコットランド)法(National Parks (Scotland) Act 2000)が制定された。こうして，イングランドおよびウェールズから50年近く遅れ，スコットランドにようやく国立公園が誕生したのである[24]。なお，散策のためのアクセスについては，別途，土地改正法(Land Reform Bill)で対応することとされている[25]。

スコットランド国立公園の目的は，①自然的および文化的遺産を保全し，高めること，②地域の自然資源の持続的利用を推進すること，③公衆による地域の特別の質の理解と楽しみ(レクリエーション形式の楽しみを含む)を推進すること，④地域のコミュニティの持続的な経済的および社会的発展を推進することが明記されており，特に②④を掲げている点が，NPACA 1949とは大きく異なっている(同法第1条)。

スコットランド国立公園の設立手続は，同法2条から6条に詳細に定められているが，概要は，スコットランド大臣は，(1)国立公園区域の指定および管理機関の設置と権限に関するプロポーザル(国立公園案)を提示し，必要に応じて自然遺産庁，その他関係機関にレポートの作成と提出を求める，(2)プロポーザルを関係自治体に送付し，住民の意見を求めた後，上記レポートおよび住民意見などを考慮し，声明(statement)を作成する，(3)関係自治体，コ

ミュニティ議会，利害関係者，その他の者の意見を聴取した後，指定命令(designation orders)案を作成し，スコットランド議会の同意を求める，(4)スコットランド議会は決議手続(affirmative resolution procedure)によって指定命令案を審議し，同意または拒否するというものである。

　国立公園案の要件は，①当該地域が，その自然遺産または自然遺産および文化遺産の複合体として傑出した国家的重要性を有すること，②当該地域が明確な特徴および顕著な同定性(distinctive and a coherent identity)を有し，および③国立公園の指定が地域の特別の要求に適合し，国立公園の目的を調和させ，当該地域に関して一体として達成されるのを確保する最善の手段であること，というものである(同法第2条2項)。

(3)　スコットランド国立公園の管理

　なお，ここでスコットランド国立公園管理機関にもふれておこう。個々の国立公園を管理するのは，イングランドおよびウェールズの国立公園と同じく国立公園庁(National Park Authority：NPA)であり，その権限内容もほぼ同じである(同法第9条2項，第11条，第15条)。ただし，イングランド・ウェールズのNPAのように，計画策定や開発許可の権限が自動的に付与されるのではなく，NPAの具体的権限，規模，構成などは公園毎に個別に指定命令によって定められ，スコットランド議会の同意を得る必要がある。しかし，これまでNPAのメンバーを何名にするか，どのような権限をあたえるのかなどをめぐって議論がたえない[26]。そのため，現在は法律によって，メンバーは25名以下に制限され，スコットランド議会と関係自治体が同等数のメンバーを指名するが，その20%以上は地元住民，自治体またはカウンシルから選出することとされている。ロックローモンド・トゥロサックス国立公園のNPAメンバーは17名で構成され，6名がスコットランド大臣の指名，6名が地方行政機関の推薦によるスコットランド大臣指名，5名が有権者名簿による直接選挙で選出されている。ケアンゴーム国立公園のNPAメンバーは19名で構成され，7名がスコットランド大臣の指名，7名が地方計画行政機関の推薦によるスコットランド大臣指名，5名が有権者名簿による直接選挙で選出されることになっている[27]。

NPAは，同法第1条に示された前述①から④の目的に同等の評価をあたえ，それらを調和させ，一体として(collectively...in a co-ordinated way)達成するという一般的責務をおうが(同法第9条1項)，①の目的とその他の目的が衝突する場合には，①により多くの比重(ウエイト)をおかなければならない(同条6項)。これは，NPACA 1949よりさらに明確に，国立公園の管理にあたり①から④の4つの目的が同時に追求されるべきことを強調し，それが相互に衝突する場合に(限って)サンドフォード原則が適用されるべきことを明らかにしたものである。

### 2.2.1.4. 国立公園管理組織

(1) 中央組織——ナチュラルイングランド(NE)

国立公園を所管する中央行政組織をどのような組織にするのか(どの程度の独立性をもたせるのか)，どのような権限をあたえるのか(計画策定・規制権限をあたえるのか，勧告権限にとどめるのか)は，NPACA 1949の審議において，最も激しく議論された問題であったが，結局，この問題は，都市農村計画省(後の住宅・地方政府省)のもとに国立公園委員会(National Parks Commission：NPC)を設置し，イングランド・ウェールズ内の国立公園の設置に関する大臣への勧告，公園内の土地利用規制と計画に関する地方計画行政機関への助言，AONBおよび長距離フットパスの指定，およびカントリーサイド訪問者の行動準則(コード)の制定などの権限を付与することで決着した。

しかし，この非力なNPCは，すでに述べたようにCA 1968により，より規模の大きなカントリーサイドコミッション(Countryside Commission：CC)に改組され，増大するレジャーへの要求に対応することになった。CCは，既存の組織を整理・統合し，機能を拡大したもので，従来の国立公園に関連するすべての権能はそのまま移管された。これにより，CCの権限と財政基盤は若干強化されたが，国立公園指定の勧告等はCCが所掌する事務の一部でしかなく，国立公園を専門に所管する中央官庁は存在しなくなった。それ以上に，国の組織から国立公園という名称が消失してしまったダメージは大きいとされる[28]。

また，同法は，すべての国の機関に対して「カントリーサイドの自然の美

およびアメニティを保全することの望ましさを考慮する」と同時に「農業および林業の諸要求，ならびに農村地域の経済的・社会的利益を適切に考慮する」という相矛盾するかに見える指示をあたえており，結局，CC の役割もあいまいなままであった。

　1999年4月1日，CC は農村振興委員会(Rural Development Commission)と合併してカントリーサイドエージェンシー(Countryside Agency：CA)となった。CA の設置目的は「カントリーサイド地域の風景・環境保全と国民のアクセスおよびレクリエーション活動の推進」とされ，より景観保全に力点をおいたものとなった。CC の権限(すなわち当初の NPC の権限を含む)はすべて CA に移管された。

　さらに 2006 年には，NERCA 2006 によって，CA の国立公園・景観保全関連業務，イングリッシュネーチャー(English Nature：EN)の全業務[29] および DEFRA の一部局である農村振興局(Rural Development Service)の大部分の業務を一括して所掌することを意図してナチュラルイングランド(Natural England：NE)が設置された。NE は，「現在および将来の世代の利益のために自然環境が保全され，高められ，および管理されることが確保され，それによって持続的発展に寄与すること」を目的に設置され，国立公園，AONB，学術上特に重要な保護地域(Sites of Special Scientific Interest：SSSI)の指定ないしは指定の助言，資金供与の権限を有し，次に述べる国指定自然保護区(National Nature Reserve：NNR)については管理などの権能を有している[30]。

　このように国立公園を所掌する中央行政組織はめまぐるしく改変されたが，現在は，NERCA 2006 に根拠をおくナチュラルイングランド(NE)が所管行政機関となっている。ウェールズでは，事情がやや異なり，1991年，ウェールズに配分されたすべての機能は，ウェールズカントリーサイド評議会(Countryside Council for Wales：CCW)に移管され，同議会が NE と同様の権限や義務を継承した。スコットランドでは，前述のように，1991年にスコットランドカントリーサイドコミッションがスコットランド自然遺産庁に改組され，ほぼ同じ任務を所掌している。

(2) 地方組織——国立公園庁(NPA)

イギリスの国立公園は、すでに指摘したように、発足当時から地方によって管理され、国立公園を一元的に管理するための中央集権的な行政機関が設けられたことは一度もない。重要な決定は法律に従い公園ごとに個別になされるのであり、しかも当初は管理組織の態様も様々であった。ある論者の表現をかりると、イギリスのレンジャーは(アメリカ合衆国のような)統一した制服をもっていないのである[31]。また、中央組織が改組を繰り返したのに対し、国立公園を直接に管理する組織に大きな変更はない。

国立公園の発足当時、国立公園は地方の計画行政機関、すなわちカウンティ議会(カウンシル)のもとにおかれた公園管理委員会によって管理されてきた。たとえば、国立公園が複数のカウンティにまたがる場合には、カウンティごとに公園管理委員会がおかれ、ひとつの国立公園内に複数の公園管理委員会が存在したのである。その結果、個別の公園管理委員会においては、環境保全よりはレクリエーションや地域開発を優先させる傾向が強かった。ただし、レイクディストリクト国立公園とピークディストリクト国立公園については、カウンティから独立した単独の(ひとつの)管理組織がおかれた。

1972年地方政府法によって、ようやく各国立公園区域に単独の国立公園委員会(National Park Committee)を(大臣が)設置することが可能になり、この機関に国立公園内の行政区画に関係なく、公園区域全体について、ひとつの管理のための計画を作成する権限があたえられた。これは、レイクディストリクト国立公園とピークディストリクト国立公園に従来設置されていた国立公園委員会の組織形態をその他の国立公園にも拡大できるようにしたものである。ただし、レイクディストリクト国立公園とピークディストリクト国立公園については、より独立性の高い国立公園計画策定委員会(National Park Planning Board)の設置が認められた。

しかし、より一層明確にカテゴリー別に、イングランド・ウェールズにおける国立公園の組織形態と権限を定め、今日の国立公園管理の礎を築いたのがEA 1995である。同法第63-69条は、法律に定められた権能を行使するための機関をそれぞれの国立公園に設置する権限を大臣にあたえ、その結果、

NPAが唯一の(鉱物採取を含む)計画策定機関であることが明確になった。1997年4月1日，大臣はすべての国立公園について，NPAの設置を承認した。

EA 1995スケジュール7によれば，NPAメンバーは，①地方自治体が指名する者，②国務大臣が指名するパリッシュの代表者(イングランドの場合)，③国務大臣が指名するその他の者からなり，①は，②と③の合計より2名多く，②は，②と③の合計の半数より1名少ない数とされている。メンバーの数は公園毎に異なるが，現在は15-30名である。たとえばピークディストリクト国立公園の場合，メンバー数は30名で，16名が自治体指名，14名が大臣指名(6名がパリッシュカウンセラー，8名が学識経験者)である。ウェールズについては，ウェールズ議会がCCWと協議して半数を指名し，地方行政組織が半数を指名する。

また，1972年以降，国立公園に常勤職員をおくことが可能になった。職員数も公園毎に異なるが，常勤職員は，レンジャー，道路・建物等の維持管理，プランナー，教育・啓発，DEFRAが交付する「持続的発展基金」(本書第4章コラム)の管理，地理情報システムの管理など，多様な職務に従事している。

### 2.2.1.5. 国立公園における開発規制

すでに述べたように，今日，NPAは国立公園区域全体について公園計画の策定および開発許可権限をあたえられた唯一の機関であり(EA 1995により追加された1990年都市農村計画法(Town and Country Planning Act 1990：TCPA 1990)第4A条)，当該の国立公園をカウンティの境界を越えて一体的に管理する権限を有する。NPAは，国立公園区域の管理について，地方計画行政機関と同等の権限を有し，カウンティ議会などからのコントロールを受けることはない。管理にあたっては，先述のように，自然の美などの保全，レクリエーション機会の確保のみならず，地方団体の経済的・社会的福祉を考慮する必要があるが，これらが対立するときは，サンドフォード原則にもとづき，自然美等の保全に優先順位があたえられる。

(1) 土地利用規制権限

　NPA は，公園管理計画を策定し，その中のディベロプメントプランにもとづいて各種の開発行為を許可する権限を有している。しかし，このディベロプメントプランは都市農村計画の法的枠内にあり，NPA の計画許可権限等も TCPA 1990 に法的根拠がある。つまり，国立公園区域内の土地利用を規制しているのは NPACA 1949 ではなく TCPA 1990 であり，国立公園区域においては NPA が地方計画行政機関として，TCPA 1990 にもとづき他の地域に比べてより一層厳しい規制を実施している，といえるのである。ただし，樹木保存については例外的にディストリクト議会と NPA が共管することになっている。しかし，NPA の権限は不可侵のものではなく，国益優先を理由にした大臣の介入が認められる。その結果，中央政府によって，国立公園区域内に石油精製施設や原発の建設，おびただしい数の採石場の採掘許可(ピークディストリクト国立公園)などが政治的に許可されている。

(2) 国立公園区域内の農業・林業

　自然の美・景観を保護するうえで，農業・林業をどう扱うのかは，国立公園管理のみならず，都市農村計画における最大の難問である。農業と林業は，スコット・レポートでは，景観を維持するための基本的な産業として位置づけられており，都市農村計画において，最大限に近い配慮があたえられている。国立公園区域内の農業・林業の施業も，まずは都市農村計画によって規制されるのであるが，上記の理由から，現実にはノーチェックに等しい[32]。ここでは，まず国立公園区域内の農業・林業規制にふれることとし，都市農村計画による農業・林業活動の規制については，後にまとめて取りあげる(後述 3.5. 参照)。

　さて，1974 年のサンドフォード・レポートは，国立公園区域に対するレクリエーション圧力や開発圧力を緩和するために，土地利用規制の強化を提言した。しかし，農業については，任意の協定に依拠し続けることを選択し，農業に対する規制強化を勧告するのを差し控えたために，事態は進展しなかった。

　1981 年野生生物・カントリーサイド法(Wildlife and Countryside Act：WCA

1981)第42条は，国立公園区域内の土地であって丘陵荒地(ムア)もしくはヒース荒地から構成される(または含む)すべての土地について，「過去20年間のいかなる時期においても農地でなかった一切の土地を耕作し，または農地に転換し」，または「農地の性質や外形に影響をあたえる可能性のあるその他の農業活動や林業活動を遂行すること」を違法行為とし，地方計画行政機関に対し「それが適切であると確信できる場合」には，私的土地所有者と協定を締結する権限を付与した。さらに，農業活動のうち国の補助金交付の対象となる行為については，補助金を交付する機関が事前に地方計画行政機関に通知し協議して合意を得ることが必要とされた[33]。しかし，この改正は都市計画の伝統的な手法である協定締結権限を農業・林業に拡大したもので，規制の強化につながるものではなかった。

　農業・林業の規制は，都市計画制度の抜本的改革をめざした2004年計画・強制収用法(Planning and Compulsory Purchase Act 2004：PCPA 2004)においても，規制の対象外とされた。ただしDEFRAがWCA 1981によって保護区等に指定した地域(国立公園，AONB，その他の特定の地域)では，DEFRAの開発許可基準規則(SI 1995/418)にもとづき，開発許可基準が強化されている。しかし，より厳しい規制を受けるのは，国立公園区域等における住宅・構造物などであって，農業活動そのものが規制を受けるのではない。また，その規制の程度もさほど強いものではないとされている[34]。

2.2.1.6. 公衆アクセス

(1) アクセス問題の経緯

　景勝地や農村地域を自由に散策する楽しみはイギリス人の生活や文化であり，オープンな地域への公衆アクセスを確保することが，イギリス国立公園設置の最も重要な動機のひとつであった。その点は，「国立公園・カントリーサイドアクセス法」という法律名にも如実に示されている。ではNPACA 1949の施行以後，アクセス問題には顕著な進展があったのであろうか。

　ところで，ホブハウス・レポートは，公衆アクセスの重要性を強調し，公衆は(一定の条件や例外に服しつつ)すべてのオープンな土地または未耕作地の上

図2-4 公衆アクセスの整備は進んではいるが，いまだ十分とはいえない。

を歩く法的な権利を有するべきであると明確に述べていた。それに対してNPACA 1949 は，公衆は，土地所有者とアクセス協定が締結されたオープンカントリーについて，または協定が履行されない場合は，地方計画行政機関により決定され，国務大臣の承認を得たアクセス命令が発せられたオープンカントリーについてのみ，アクセスする権利を有すると定めていた[35]。地方計画行政機関(カウンティ議会)は，これらの候補地を審査し，地図の案(これは利害関係者の異議申立を経た後に法的な詳細地図となる)を作成し，公衆アクセスを確保するために必要な活動を勧告する義務を課された。しかし，カウンティ議会の報告の大部分は，「そうした個所はほとんど存在せず，何らの活動も必要がない」というものであった。アクセス協定は，ピークディストリクト国立公園を除きほとんど締結されず，アクセス命令もほとんど発せられなかった。1973年の調査によれば，イングランドおよびウェールズ全体で3万5270ヘクタールをカバーする98のアクセス地区が設置されたが，国

立公園内にその80％があり，ピークにその56％以下があった[36]。要するに，ピークディストリクト国立公園を除くと，公衆アクセスの伸張は微々たるものであったのである。

また，サンドフォード・レポート(1974年)によれば，NPACA 1949の制定から25年を経過した当時においても，国立公園区域内の3つのカウンティ議会が，現存する通行権の所在を記した詳細地図を完成していなかった。法律の手続は土地所有者を保護するために過度に複雑で，カウンティ議会には，あたえられた任務を遂行する意思も人員などの資源もなかったのである。

その後の法改正により，地方計画行政機関およびNPAは，景観を保護し，レクリエーションを推進するために協定にもとづき土地を取得することが可能となった。しかし，土地の取得はもっぱらオープンなカントリーサイドへの公衆のアクセスを確保する場合にのみ認められ，景観保護のための(協定による)土地取得は認められることがなかった。しかも，資金不足によって上記の機関が土地を取得する権限は，大きく制約されていた[37]。

(2) 現在のアクセス法制

そうした中で，2000年カントリーサイド・歩く権利法(Countryside and Rights of Way Act 2000：CROWA 2000)は，アクセス保護のための私有財産権の規制に関して，長足の進歩を示した，極めて重要な意義を有する法律とされている。

まず同法2条1項は，「アクセスランドに関する公衆の権利」と題し，「何人も，(a)すべての壁面，フェンス，ヘッジ，踏み越し段(stile：家畜は通れず，人だけが通れるように工夫した牧柵)もしくは門を破壊し，または損傷することなく行動し，および(b)一般的制限および土地に関して課されたすべての制限を遵守する(observes)場合およびその限度で，野外レクリエーションのために，すべてのアクセスランドに立ち入り，およびとどまることができる」(any person is entitled to enter and remain on any access land)と定める[38]。「アクセスランド」とは，NPAまたは地方道路機関によって地図上に最終的に「オープンカントリー」と記載された区域，地図上に「登録コモンランド」と示された区域，および地図が存在しない地域の海抜600メートル以上の区域，も

しくは本法の目的のための献地をさし，さらに「オープンカントリー」とは，「全体または主要部分が山地，丘陵荒地，ヒース荒地または丘原(mountain, moor, heath or down)からなる地域」を，「登録コモンランド」とは，1965年コモンズ登録法にコモンランドとして登録され，当該登録が最終的となった土地等を意味する(同法第1条1項-3項)。登録コモンランドおよびオープンカントリーを記載した地図を作成する義務は，イングランドについてはカントリーサイドエージェンシー(CA：現在はナチュラルイングランド)に，ウェールズについてはCCWにあるが，登録コモンランドやオープンカントリーの現況調査，評価，境界の確定，変更などによって地図案を作成する義務は，NPAおよび地方道路機関にある(同法第4条，第5条)。地図案は公開され，一定期間内に提出された意見を検討し，必要な修正を加えた後に認証され，地図として公示される。認証された地図に対しては，何人もイングランドの場合は国務大臣に，ウェールズの場合はウェールズ議会(National Assembly)に異議申立をすることができる。この行政決定に対する異議申立手続はイギリスに特有のもので，法律には異議申立のできる事項および手続について詳細な定めがおかれている(同法第6条-8条)。異議申立に対する審判等が終了すると，CAまたはCCWは，最終的形式の地図を発行する。

　最終的形式で地図が発行されると，何人であれ，アクセスランド内，周辺地，およびそこに至る通路に，公衆が2条1項で確認された権利の行使を躊躇させるような誤ったもしくは誤解をあたえるような掲示をすることは違法行為(offence)とされ，裁判所は違反者に対して罰金を科し，掲示の撤去等を命令することができる(同法第14条)。

　ただし，公衆アクセスは，土地所有者・占有者に対して相当の受忍義務を課すことから，土地所有者・占有者の責任を軽減するために，様々な規定がおかれている。たとえば，公衆アクセスの行使は，アクセスランドおよび隣接地の利害関係人の現在の法的責任を増大させるものではないことが法律に明記されており(同法第12条1項)，私有地内においてランブラーに生じた事故責任についても，占有者不法行為責任法(1957年)の規定の大部分が適用除外とされている(同法13条)。なお，所有地にアクセス権が認定された場合の

補償については，規定がない。ただし，すでにアクセスが認められた地域へ到達するために新たにアクセスが設置された場合や，法律に定められた権限の行使によって損害を被った場合には補償が認められる。

こうしてみると，CROWA 2000 は，公衆のアクセス権を明記した点では評価できるが，基本的しくみは NPACA 1949 と同じであって，その範囲を飛躍的に拡大したものとはいえない。むしろ，遅々として進まないアクセス地図の確定に向けて，NPA や自治体を後押しすることにねらいがあるように思える。しかし同法はこれまでの法律以上に土地所有者の利益に配慮し，多数の例外を明記している。そのため法律の構成は複雑で，従来の複雑な法体系をさらに複雑にしたものと評されている[39]。

### 2.2.2. 特別自然景勝地域(AONB)
#### 2.2.2.1. 目的，指定手続

AONB は，NPACA 1949 にそもそもの根拠を有するが，CROWA 2000 による大幅な改正がされ，今日，CROWA 2000 第82条以下に詳細な規定がある。なお，AONB の目的・管理については，本書第4章においてコッツウォルズを事例に詳細な検討がされるので，ここでは法制度のあらましを説明する。

まず，CROWA 2000 は，AONB について，「カントリーサイドエージェンシー(現在はナチュラルイングランド：NE)は，国立公園を除く地域が，本章のもとで指定された地域に関連する条文を適用するのが望ましい優れた自然美の地域であると認めたときは，地域の自然美を保全し，高める目的のために，当該地域を本節の目的のために，命令により特別自然景勝地域(Area of Outstanding Natural Beauty：AONB)に指定することができる」(第82条1項)，「本節において AONB とは，本条によって優れた自然美の地域として指定された地域を意味する」(同条3項)という味気ない規定をおくだけである。

管理組織である保全委員会(Conservation Board：内容は後述)は，その権能を行使するにあたり，「(a) AONB 地域の自然の美を保全し，高めるという目的，および(b)公衆による AONB の特別の質の理解と楽しみを増進させると

いう目的を考慮」しなければならず，上記の目的が衝突するときは(a)により多くの比重をおかなければならない(第87条1項)。さらにボードは，目的の遂行にあたりAONB区域内の地域コミュニティの経済的および社会的福祉を追求しなければならない。これらの規定は，国立公園の場合とほぼ同文である。

ついでCROWA 2000は，指定手続について，「カントリーサイドエージェンシーは，第82条のもとで命令を発するときは，当該の地域にその区域の一部が含まれるすべての地方機関(自治体)と協議するものとする」(第83条1項)と定めたのち，地域の告示方法，設置から公用開始までの手続を詳細に定めている。指定にあたっては，大臣の承認が必要であり，異議申立，意見書提出等の手続は，国立公園の指定の場合と同じである。

なお，AONBの指定においては，生態系・社会・経済の持続性，環境の全体性，幅広い問題に対応した管理活動，パートナーシップによる協働からなる「統合された活動の必要性」が強調されており，国立公園と比較すると，規制よりはパートナーシップなどを活用した協働的管理が重視される[40]。

### 2.2.2.2. 管理組織

AONBを所管する中央省庁は，CROWA 2000ではカントリーサイドエージェンシー(CA)とされているが，2006年以降は，Nature Conservancy Council(NCC)がこれに該当する。NCCは組織の総称で，それぞれの地域ごとに，ナチュラルイングランド(NE)，ウェールズカントリーサイド評議会，スコットランド自然遺産庁が，これに該当する。NEは，AONBについては，指定，文書の作成，地方計画行政機関の指導，地域への啓発活動や管理業務などの任務を有している。

個々のAONBの管理は，AONBボードが管理計画を作成し，実施する。ボードの設置はCROWA 2000によって定められたもので，それ以前は，管理機関について特別の定めがなかった。そのため，大きなAONBでは管理機関が事実上設置されていたが，大部分の小規模なAONBでは，管理が地方自治体によって代行されるか，管理が放置されるかしたのである。CROWA 2000は，大臣にAONBボードを設置する権限を付与し(第86条1

項，第88条），さらにボードの権限を明記している(第87条)。しかし，ボードの設立は規模の大きなAONBのみが想定されているといわれる[41]。ボードのメンバーは，それぞれのAONBごとに大臣命令によって定められるが，自治体の代表，パリッシュ議会，大臣任命者などからなる(Sch. 13 paras. 3-5)。

ボードの権限(義務)としてとくに重要なのが管理の方針を定式化した管理計画の作成である(第89条1項)。ボードが設立されないAONBについては，関係地方計画行政機関が管理計画を作成する(第89条2項)。管理計画は，関係機関や関係自治体に送付され，意見を聴取して必要な修正をした後，大臣の承認を得なければならない(第90条)。

なお，ボードが設立され，従ってボードが管理計画を作成する場合であっても，最も重要なAONB区域内の土地利用計画策定，計画許可，法執行などの権限は地方計画行政機関に留保されており，それらがボードに移譲され，もしくは分掌されることはない(第86条3項，4項)[42]。そこでボードは，CROWA 2000によって規制的権限が強化されたとはいえ[43]法律による規制よりは，自治体，組織，関連団体などとの連絡・協議・活動支援などにより目的の実現をめざすことが前提とされている。

### 2.2.3. 国指定自然保護区(NNR)

イギリスには，近時，EC指令などに照応して，様々な保護区が設置されているが，現在の法制度のうえで重要なのは，国指定自然保護区(National Nature Reserve：NNR)と学術上特に重要な保護地域(Sites of Special Scientific Interest：SSSI)である。この2つは，ハックスレー・レポートに起源を有し，NPACA 1949に当初から含まれていたものである。しかし，NNRに関する行政機関の権限が当初とほとんど変わらないのに対し，SSSIに関する条文には，すでに概略を記したように，WCA 1981やCROWA 2000などによって大きな変更が加えられ，行政機関の権限は格段に強化されている。NNR(および国立公園，AONB)には実際にはSSSIを含む地域が指定され，従って，NNRの管理とSSSIの管理は大部分が重複する[44]。そこで，NNRは簡単に説明し，SSSIでより詳細な検討を加えることにする。

## 2.2.3.1. 目的，指定手続

　NPACA 1949 第 15 条(NERCA 2006, Sch. 11 para. 12 による改正後のもの)は，自然保護区(Nature Reserve：NR)を，「(a)適切な条件およびコントロールのもとで，英国の動植物およびそれらが生息・生育する物理的諸条件に関する研究および調査，および当該地域における特別の関心のある地理学上および物理地理学上の特徴の研究のための特別の機会を提供するという目的のために，ならびに(b)当該地域の動植物もしくは当該地域における特に重要な地理学上および物理地理学上の特徴を保存するという目的のために，管理されている土地」と定義する。この規定は NR に関するもので，とくに NNR という区分を定めていない。

　他方で，WCA 1981 第 35 条は，「NCC は，(a) NCC との協定のもとで自然保護区として管理されており，(b) NCC によって保有され，および同機関によって自然保護区(nature reserve)として管理され，または(c)承認を得た機関によって保有され，および同機関によって自然保護区として管理されているいかなる土地であれ，それが国家的に重要であると認定したときは，その土地を国指定自然保護区(National Nature Reserve)として宣言することができる」と定めており，ここに初めて National Nature Reserve という概念が登場する。

　そこで，厳密に言うと，NPACA 1949 が定めるのは NR であり，WCA 1981 によって指定されたものだけが NNR であって，NNR に指定されなかった NR には，WCA 1981 の適用がないということになる。しかし，一般に前者も NNR として扱われているともいわれる[45]。

　NNR は，NPACA の文言からも明らかなように，本来，動植物やその生息生育地の地理学上・物理地理学上の特徴の調査研究や保存を目的としており，レクリエーション的利用などは排除されるのが当初の趣旨であった。しかし NERCA 2006 により，NNR は，これらの研究・保全だけでなく，当該地域をレクリエーション目的のために管理することが保全目的のための管理を弱める(compromise)ことがない場合には，レクリエーション目的で管理することが認められることになった(105 (1) and Sch. 11, para. 12)[46]。

先に見たように，WCA 1981 第35条は，NCC が当該地区を NNR である旨を宣言(告示)すると定めるだけで，それ以上の要件を明示していない。そこで NNR の指定は，NPACA 1949 の定める手続によってなされる。すなわち，同法第16条以下によれば，NCC(イングランドでは NE)は，土地の購入，賃借，または土地所有者との自然保護区協定(agreement)によって，地区を管理するのに必要な権限(権原)を取得しておかなければならない。そのため，保存が必要な区域を必ずしも NNR に指定できるとは限らず，土地の私的財産権との調整が，NNR 管理上の最大の課題である[47]。

### 2.2.3.2. 管理組織，規制方法

　現在，イングランドの NNR と SSSI を所管するのは，NCC に該当する NE である。NNR の土地の保有と管理は，NE が実施するのが原則である。しかし，WCA 1981 第35条から明らかなように，NNR の保有と管理は，承認を得た団体がすることもできる。現在，NNR の3分の1は，野生生物トラスト(wildlife trust)などの民間団体によって保有されているとされる。NCC は，この方法によって，土地の権原を取得する費用を負担することなく NNR を拡大することができることになり，極めて有用性の高い方法となっている[48]。

　NNR と SSSI の違いは，NNR が NCC(イングランドでは NE)によって権原を取得され，積極的に規制され，管理される地域であるのに対し，SSSI は，土地の所有者・占有者が NCC の指示した多数の制限に従いつつも，土地を自主的にコントロールする権限を基本的に保有していることである[49]。ハックスレー・レポートでは，NNR は土地の経済的発展を単一または複数の理由で上回る土地から指定されるべきであるとされ，土地の研究と保全という観点からは NNR の方が SSSI より重視されていた。しかし，今日，すべての NNR は SSSI として通告されていることや，NNR の実際の管理においても農業的・経済的発展との調整が不可欠であることから，NNR は実際には SSSI による規制によって管理されており，NNR に SSSI 以上の追加的規制が及ぶことはない。

## 2.2.4. 学術上特に重要な保護地域(SSSI)
### 2.2.4.1. 目的，選定基準，通告手続

　SSSI は，イギリスの生物生息・生育地や，地形・地質の代表的な標本を保存するための地域である。設置目的は「イギリスの野生動物および植物の多様性を維持すること」で，純粋に学術的な観点から，動植物，地質学，または自然地理学上の特色をもつ特に重要な地域が指定される。SSSI の当初の根拠は NPACA 1949 第 23 条にあったが，同条は WCA 1981 第 28 条により廃止され，現在は，WCA 1981 第 28 条以下に詳細な規定がある。また，WCA 1981 第 28 条は，CROWA 2000 のスケジュール 9 によって大幅に改正されている(以下断らない限り，条文は CROWA 2000 により改正された CWA 1981 の条文を指す)。

　さて，WCA 1981 は，「NCC は，土地のいかなる地域であれ，それが動物・植物または地理学的・物理地理学的特徴により特に重要であるとの見解(opinion)に至った場合に，以下の者にその事実を通告するのは NCC の義務である。(a)土地が所在する地域の地方計画行政機関，(b)土地のすべての所有者および占有者，および(c)国務大臣(Secretary of State)」と定めている(第 28 条 1 項)。この通知は，その事実を広く一般にも知らしめるために，公示される(第 28 条 2 項)。通告には，その土地が特に重要である理由とされた動植物または地質学的・地形学的特徴と，これらに損害をあたえる可能性があると NCC が判断するすべての活動を記さなければならない(第 28 条 4 項)。

　ここで注意しなければならないのは，特に重要である地域の通告が，NCC の裁量ではなく，義務とされていることである。また，指定の理由と損傷行為の通知は，農業者の不安を取り除くとともに，農業者自身による積極的保全活動を誘導するために NCC の見解を通知するもので，CROWA 2000 によって定められたものである。

　サイトの選択は，もっぱら学術的見地からなされ，アメニティの向上やレクリエーション機会の確保などは考慮されない。SSSI は，生物学的 SSSI と地理学的 SSSI に区分され，まず，生物学的サイトは，希少な生息地や種を提供するサイトについて，その自然度，多様性，典型性，規模などを基準

に判定された(自然的，半自然的または人工的景観を含む)多様な生息地タイプの最善のサンプルが選択される。地理学的サイトは，地球科学の研究と教育の継続的活動に不可欠な地域を保存するために指定される。

　通告には，通告内容に対する意見の提出または異議申立の期間(通告の日から3カ月を越える期間)および方法を明記しなければならず，土地所有・占有者や他の機関から異議が申し立てられた場合，NCCは遅滞なくすべての意見および異議を考慮しなければならない(第28条3項)。

### 2.2.4.2. 土地所有・占有者の義務，異議申立

　SSSIが含まれる土地の所有・占有者は，通告が効力を有する間は，NCCに工事の実施(carry out the operation)の性質と場所を特定した申請通告(notice of a proposal)をするか，書面による許可に付加された条件が充足された場合を除き，通告に記載された一切の工事を当該の土地において実施し，実施させ，または実施を認めてはならない(第28E条1項・3項)。活動の申請通告があると，NCCは，申請を条件付き・期限付きで許可(consent)するか，申請を拒否するのかを決定しなければならない(第28E条4項・5項)。

　ところで，WCA 1981によれば，NCCは土地所有・占有者から許可申請があった場合には，申請を許可するか，不許可にした場合は4カ月以内に後述の管理協定を締結するかの判断をしなければならず，土地所有・占有者は，その期間を経過した場合は活動に着手することができた。そこで，多くの論者から，NCCには，SSSIに悪影響をあたえる可能性のある工事を4カ月間引き延ばし，その間に土地管理協定の締結と補償金の支払を取引材料に，土地所有・占有者を説得する権限しかあたえられておらず，それが農業活動によるSSSIの破壊を招いているとの批判がたえなかったのである[50]。

　CROWA 2000は，この自主的取り組み方式を大幅に変更し，より規制的な措置を導入した点で，大きな方向転換を示すものである。すなわち，従来のWCA 1981のもとでは，土地所有・占有者が，管理協定の締結を拒否した場合には，環境大臣が自然保全命令(nature conservation order)を発し，さらに従わない場合は，強制収用命令(compulsory purchase order)を発することができるものとされていた。しかし，前者の自然保全命令を発するかどうか

は環境大臣の裁量であり，実際に命令が発せられたのは40件ほどにすぎない。また後者の強制収用命令はわずか1件の事例があるにすぎない[51]。そこで，CROWA 2000は，この自然保全命令を廃止し，新たにつぎのような制度を設立した。

第一に，NCCは，土地所有・管理者からの申請通告に係わる工事がSSSIに損害をあたえる可能性のある工事であると判断したときは，申請を拒否することができる(第28E条5項)。NCCが申請通告がなされた日より4カ月以内に申請の許否について回答しない場合には，申請を拒否したものとして扱われる(第28F条2項)。この結果，工事許可の申請後4カ月を経過すると土地所有・管理者は，何の制約もなく工事ができるという従来の法の建前は完全に変更されたのである[52]。違反行為に対しては，治安判事裁判所による最高2万ポンドの行政罰か，刑事裁判所による上限なしの罰金が科される(第28P条)。申請を拒否された者(土地所有・占有者)，附記された条件・期間等によって損害を被った者などは，当該の決定につき，国務大臣に対して異議申立することができる(第28F条1項)。その場合，当事者の申請があれば公開聴聞がなされる(同条4項)。

しかし，実際には工事許可が認められるのが普通であり，2002-03年の実績によれば，1836件の許可申請のうち，申請が拒否されたのが9，許可に条件が付されたのが138といわれる[53]。なお，NCCは，一旦した許可をいつでも変更し，または撤回することができるが，その場合には対価を支払わなければならない(第28M条1項)。

第二に，土地所有・管理者の稚拙な管理や管理放棄によって，SSSIに現実に損害が生じている場合は，より積極的な措置がとられる。NCCは，SSSIの保全・復元のための管理スキームを提案し，3カ月の協議期間の後，それを土地所有・管理者に送達しなければなららない(第28J条1項・3項)。

管理スキームが遵守されない場合には，(1)NCCと土地所有・管理者は，再び適切と見られる管理協定を締結し，保全・回復を図るが，(2)管理協定締結に至らないときは，NCCは土地所有・管理者に適切な管理を促す管理通告(management notice)をする(第28K条1項)。土地所有・管理者が通告に従わ

ない場合には，NCCが土地に立ち入り必要な行為や復元措置をとった後，要した費用を請求することができる(同条7項)。しかし，代執行は異例であり，管理通告に従わない者に対しては，罰金を科すにとどめるのが限度である[54]。

### 2.2.4.3. 管理協定，補償，強制収用

NCCと土地所有・管理者等は，NNRおよびSSSIの管理について，その保全のために管理協定を締結することができる。管理協定の締結によって土地所有・管理者に生じた損失については，対価が支払われる。

まずNPACA 1949第16条は，NCは，ある土地をNRとして管理することが国家的利益にとって適切であると判断したときには，当該の土地をNRとして管理するために，土地所有・管理者と協定を締結することができると定めている。管理協定は，協定にとって適切と認められる工事の実施，およびその他の事項の実行，管理費用，制限に伴う対価の支払などについて定める。

CA 1968第15条2項は，この管理協定をSSSIの管理についても締結できるようにしたもので，SSSIの管理を強化する意図があったとされるが，条文の文言はほぼ同じである。しかし，すでに述べたように，土地所有・占有者はNCCからの管理協定の締結の申し出を拒否することができ，実際，大部分のSSSIは管理協定を締結することなく管理されてきたといわれる[55]。また，管理協定締結の見返りに支払われる対価については，価額が過大にすぎる，得られた対価をより生産性の高い(環境上望ましくない)農地開発に投資している，何も(良いことを)しないことに対して対価を支給するのは不合理である，対価を得る目的で実際には実施する予定のない活動を申請しているなどの批判がたえなかった[56]。そのため，対価は，実際にはNCCが推進する「野生生物向上スキーム」(Wildlife Enhancement Scheme)などの積極的管理計画にのみ支払われてきたのである。

そこでCROWA 2000は，この実績を踏まえ，管理協定の枠組みを大幅に変更し，管理協定を，SSSIをより積極的に管理するための管理スキームとして法制度化した。すなわち，NCCは，特に重要な野生生物，地形・地質

の保存だけではなく，回復のためのスキームを作成し，土地所有・管理者に提示することができるが(第28J条)，その際，土地所有・管理者には，対価が支払われる(第28M条2項)。この対価は，従来の土地利用規制に対する対価(補償)ではなく，積極的な保全・回復活動に対する対価(報奨)という位置づけがされている。なお，先述のように，対価は，NCCが一度した活動の許可を後に変更したり，撤回した場合にも支払われる(第28M条1項)。

NERCA 2006は，このイギリスの伝統的自然保護手法ともいうべき管理協定の役割を洗い直し，NCCに広範囲の管理協定締結権限を付与した(第7条)。そこで，NCCは，SSSIの管理についても，保全・回復を含め，多様な管理目的のために管理協定を締結することができる[57]。

最後に，NCCは，管理協定を締結するのが適切であると判断された土地について，(a)合理的な期間内に協定が合意に達しないとの判断をしたとき，(b)締結した協定に違反しSSSIが満足すべき状態で保全されていないとの判断に達したときは，土地の全部または一部を強制収用することができる(第28N条。CROWA 2000第75条4項参照)。土地所有・管理者は，この強制収用命令に異議申立をすることができるが，その場合には大法官(Lord Chancellor)により任命された仲裁人が紛争を裁可する(同条3項)。

しかし，この強制収用措置は，CROWA 2000が規制的色彩を強めたとはいっても，農業者の自主性と任意的協力を大前提としてきたSSSIの管理体制(さらには農業景観保護体制全般)とは明らかに異質なものである。そこで，この措置は，あくまでも協議・パートナーシップにおけるNCC(NE)の立場の強化をねらったもので，命令・規制措置(command and control)の導入を意図したものではないと説明されている。強制収用措置は，むしろ土地所有者の反目を助長するので，例外中の例外的な措置とされている[58]。

## 2.3. 都市農村計画と国立公園

### 2.3.1. 都市計画法制の発展
#### 2.3.1.1. 都市計画制度の創設
(1) 戦前の都市計画法制

イギリスにおける都市計画は，産業革命によって生じた社会問題，階級問題，都市問題を解決するために，自由放任主義を転換し，公的介入を強化したことに始まるが，当初の目的は公衆衛生の改善と住宅問題の解消であった[59]。公的介入は，公衆衛生法(1848年)の制定に始まり，それが労働者に住宅を供給するために整備されつつあった住宅法と接合し，「都市計画スキーム」が徐々に形成されたのである[60]。

1909年住宅・都市計画等法は，「都市に隣接している土地が，適切な健康状態，アメニティ[61]および土地のレイアウトならびに隣接地との関連における便宜さを確保」するための「都市計画スキーム」を初めて法制度化し，それにもとづき「現に開発が進行中または建築目的で利用される可能性が高いと予想される地区」(大都市近郊の開発進行地区，開発予想地区)における民間開発の規制が可能となった。1909年住宅・都市計画等法は，1919年，1923年に，労働者用の住宅供給のための国の関与を強化するように改正され，1925年には，住宅法と都市計画法が切り離され単独の「都市計画法」が制定された。さらに1932年には都市農村計画法が制定され，計画の名称も「都市農村計画」と改められた。これが第2次大戦後にまで至るイギリス都市計画法制の骨格となる。

1932年法は，計画対象区域を郊外住宅地周辺から農村地域を含む市区の全域にまで拡大し，国土全体に対する計画の適用を可能にした(ただし，自治体の計画策定能力が低く，スキーム作成義務は廃止した)[62]。都市計画区域の拡大の背景にあったのが，第1次大戦後に顕著になってきた自動車交通の発達と，農村地域における予想を超える乱開発・スプロールの進行である。都市計画の役割が，労働者の劣悪な居住環境を改善することから，農村を乱開発から

守ることへと変化したのである。ここでも，都市計画のもつアメニティ保護機能が一層重視されることになった[63]。

(2) 1947年都市農村計画法の制定

戦後の都市計画の基本枠組を定めたのが1947年都市農村計画法(Town and Country Planning Act 1947：TCPA 1947)である。同法は，一般に，土地の国有化法，開発権の国有化法(開発権の没収法)として知られ，国家干渉主義的経済体制と土地利用規制の見本とも表されている[64]。TCPA 1947に見られるイギリス都市計画の特徴は，(1)全国145のカウンティと都市部のカウンティバラに詳細で厳密な(旧)ディベロップメントプランの策定を義務付けたこと，(2)ディベロプメントプランを判断基準としてほとんどすべての開発行為を厳格な計画許可(planning permission)のもとにおいたこと，(3)開発利益を公共に還元するために，開発許可から生じる地価の上昇分に開発賦課金を課すことで土地の「開発権の国有化」を図ったこと，(4)自治体が自ら住宅開発事業を実施できるように権限を拡大したこと，という特色がある[65]。

ディベロプメントプランは，「地方計画行政団体が管轄する区域内の土地について提案した，その土地利用の仕方を記述したプラン」であるが，それ自体に拘束力はなく，開発許可の考慮事項を定めるものとして，開発許可制度を通して執行された。また，ディベロプメントプランは，当該地域の将来の土地利用，あるいは保全の方針を示すものとされた。そのため，計画区域がより広範囲のものとされ，計画策定権限が，従来のディストリクトからカウンティ，カウンティバラへと引き上げられたのである。

### 2.3.1.2. 都市計画法制の変貌

(1) 2層構造の都市計画制度

イギリスの都市計画法制は，詳細で厳密なディベロプメントプランにもとづく開発規制制度として出発したのであるが，予想を超える経済復興，出生率の増加と住宅不足などにより，土地利用の規制から公的・私的部門を総動員した土地開発に向かうことになった。しかし，都市部の拡大は，小規模のカウンティの境界を越える規模で農村地域のスプロール化や景観の破壊を引き起こし，さらに大都市における貧困問題(インナーシティ問題)の深刻化，

ニュータウン建設の必要性などを高めたことから，経済・社会の発展を考慮対象外とし，土地利用規制に偏したディベロプメントプランの限界が明らかになってきた。

そこで1968年都市農村計画法は，ディベロプメントプランを二分し，国土全体の中における地域の住宅，雇用，交通，道路などの長期的整備の方針を定めるストラクチャープラン(structure plan)と，その枠内において地域の具体的な開発規制の指針を定めるローカルプラン(local plan)の2つの計画制度で，この問題に対応することとした[66]。その後，イングランドでは1972年の地方制度改革によって，2層構造の地方制度が採用されたために，カウンティがストラクチャープランを(義務的)，ディストリクトがローカルプランを(任意に)作成し，執行することとされた。

(2) サッチャー改革と都市計画法制

さらに，サッチャー政権は，1979年に政権をとると，計画許可による規制の緩和，大都市自治体の権限縮小，都市再開発のための都市開発公社とエンタープライズゾーンの創設などに突き進む[67]。まず1980年地方政府・計画・土地法(Local Government, Planning and Land Act 1980)が，開発規制システムの迅速・簡素化，地元重視の観点から，ローカルプランの採択・変更，開発規制などに関するディストリクトの権限を強化し，さらに1985年地方政府法によって，ロンドンおよび6大都市圏の議会(カウンシル)を廃止して，バラ(区)とディストリクトに権限を移譲するという改革が実現した。また，1988年には，中央政府の権限を強化するために計画方針ガイダンス(Planning Policy Guidance：PPG)が導入され，地方計画行政機関は計画作成および計画許可等にあたり，この方針に従うべき(shall)ものとされた。また，1990年には広域的問題に対処するために，制定法上の根拠はないが，主務大臣によって，イングランドを9つの地域(圏)(region)に分け，それぞれの地域計画の方針を示す地域計画ガイダンス(Regional Planning Guidance：RPG)が作成されることになり，ストラクチャープランおよびローカルプランの指針としての影響力をもつことになった[68]。

メイジャー保守党政権は，ストラクチャープラン，ローカルプランという

計画の2層構造には手を付けなかったが，不必要に詳細で作成が長期化したストラクチャープランの策定をスピードアップするために，計画の大臣承認制度の廃止，住民参加手の変更を定め，さらにすべてのディストリクトなどに対して，従来は作成が任意であったローカルプランの作成を義務付け，また地域の一部ではなく全域を対象としたローカルプランの作成を義務付けた[69]。その結果，都市計画におけるカウンティとディストリクトとの役割バランスはディストリクトへとシフトし，ストラクチャープランの位置づけ・役割は低下することになった。

(3) ブレア改革による都市計画制度の大改正

1997年に発足したブレア政権は，EU内の地域間格差問題に対処するために支給される構造基金配分の条件として，土地利用，交通，環境，農業，流通，工業開発，エネルギー政策などを包摂する空間計画の作成が求められていること[70]，および広域レベルの計画の見直し，地方における効率の改善などの「計画の近代化」が必要であることなどから包括的な改革に着手し，2001年，改革の内容を緑書「計画——抜本的改革」(Planning：Delivering a Fundamental Change)として公表した。緑書の提案は，様々な議論を経た後，2004年計画・強制収用法(Planning and Compulsory Purchase Act 2004：PCPA 2004)により，大部分が実現を見ることになった[71]。

まず第一に，計画は，複数のカウンティにまたがる広域レベルの経済，社会，環境を包摂する総合的な計画である地域空間戦略(Regional Spatial Strategy：RSS)とローカルディベロプメントフレームワーク(Local Development Framework：LDF)の2層構造に改められた。RSSはRPG(およびストラクチャープラン)に代替するもので，カウンティが作成するストラクチャープラン制度は廃止された。第二に，詳細な指示などを通達で定めており，地方の自主性を損なうとの批判があったPPGが廃止され，政府の方針の概略を示す計画方針声明書(Planning Policy Statement：PPS。Planning Act 2008によりNational Policy Statementとなる)がPPGに代替することになった。

第三に，計画策定手続も簡略化された。すなわち，従来，計画作成にあたって「公開聴聞またはその他の聴聞の方法により，すべての異議について

考慮しなければならない」とされていたが，この手続は大臣が RSS を作成する場合には適用があるが(第8条，第9条)，LDD(内容は後述)などの作成については，適用が除外され，地方計画行政機関は SCI(内容は後述)によって定める手続を経ればよいこととされた(第19条3項，4項)[72]。

さらに 2008 年には，猛然たる議論を経て，エネルギー，輸送，排水，廃棄物，ダム・水路，排水処理，廃棄物処理などの国家的に重要な基盤整備事業の建設については，地方計画行政機関の計画許可を不要とし，大臣が任命する基盤整備計画委員会(Infrastructure Planning Commission)の許可事項とすることを定めた 2008 年計画法(Planning Act 2008)が可決・公布された[73]。

### 2.3.2. 現在の都市計画制度

英国都市計画の特徴は，社会情勢の変化，および政権の交代の影響を受けて，頻繁に改正されてきたが，①開発のための一般的指針と個別計画許可の基準を設定するディベロプメントプランの策定，②土地における一定の行為または土地の利用の変更を適法に進める前に地方計画行政機関の許可を必要とするという開発規制(スコットランドでは 2006 年にディベロプメントマネジメントと改称)の実施という基本的なしくみは変わっていない[74]。また，近時，中央政府が統制を強めているとはいえ，地方政府・地方公共団体に都市計画システムの完結した枠組みが基本的に委ねられていること，開発許可制度を中心とした土地利用規制が日本とは比較にならないくらい厳格に運用されてきたこと，その結果，自治体による土地利用規制を通して都市が造られ，また土地利用規制が都市計画の中核とされてきたことに求められる[75]。

#### 2.3.2.1. 計画の2層構造

まず，現在の都市計画は，RSS と LDF の2層構造になっている。なお，所管の大臣は，PPS, 計画方針ガイダンス覚書(Planning Policy Guidance Note：PPG)，方針声明・採掘計画ガイダンス覚書(Policy Statement and Minerals Planning Guidance Note：MPG)を発することによって，計画の内容，策定手続および個々の政策分野に関する中央政府の方針や個別の技術的指針を示すことになっている[76]。

まず第一に，RSS は，持続可能な地域社会の発展を目標に，イングランドを 8 つの大きな地域(広域圏)および大ロンドン地区に分け，住宅，環境，交通，インフラ整備，経済振興，農業などを盛り込んだ包括的・広域的な計画で，RPG とは異なり，制定法上の明確な根拠がある(PCPA 2004 第 5 条)。また，個々の計画許可申請の審査においても考慮されるべきこととされており，より拘束的な効果を有することとなった[77]。

第二に，LDF は，単一の計画ではなく，ディストリクトが作成する多数の都市計画文書の保管庫(フォルダーないしポートフォリオ)を意味し，法律上の名称ではない[78]。LDF は，ローカルディベロプメントスキーム(Local Development Scheme：LDS)，ローカルディベロプメント文書(Local Development Document：LDD)，コミュニティ参加声明書(statement of community involvement)，ディベロプメントプラン文書(Development Plan Document：DPD)などが含まれる。従来は，これらの性質の異なる多数の文書を包摂してプランが作成されていたために，計画作成に時間がかかり，かつ改正の手続も複雑であると批判されていたが，それを個別の計画に分離し，作成や改正を容易にすることにねらいがある[79]。

第三に，計画作成主体はやや複雑で，RSS は，中央政府の地域事務局(Government Office)と地域計画機関(Regional Planning Body：RPB)が共同で作成する。RPB は，RSS を作成するために大臣認可を受けて設立された機関で，現在は地方の議員(7 割)とコミュニティや企業の代表者(3 割)で構成される地域議会(Regional Chambers)がこれにあたる[80]。

### 2.3.2.2. 地方計画行政機関

TCPA 1990 による都市計画権限は，地方計画行政機関(local planning authority。以下，計画行政機関と略する場合がある)にあたえられる。現在，地方計画行政機関として認められているのは，①カウンティ，ディストリクトなど，②合同計画委員会(joint planning board)，③ NPA，④ブローズ行政庁(Broads Authority)，⑤都市開発公社(urban development corporation)，⑥都市再生局(Urban Regeneration Agency)，⑦エンタープライズゾーン機構(Enterprise Zone Authority)，⑧住宅事業信託(Housing Action Trust)の 8 機関である。

以下，簡単に解説する[81]。

まず，①カウンティおよび基礎自治体(ディストリクト，単一自治体，バラ，ロンドン市)などの議会(カウンシル)は自動的に地方計画行政機関となる。従って，イングランドの非大都市圏で2層制が残っているところでは，カウンティについてはカウンティ議会が，ディストリクトについてはディストリクト議会が地方計画行政機関である。

地方計画行政機関としてのカウンティは，従来，ストラクチャープランの策定および計画統制に関わる一定の「カウンティ事項」について責任を負っていたが，PCPA 2004によってストラクチャープランが廃止されRSSに移行したことに伴い，カウンティ議会の機能は縮減するものと想定される。しかし，同法の規定によれば，地域計画機関(RPB)のメンバーの6割はカウンティ議会の議員を含む自治体メンバーであり，しかも，地域計画行政機関は，RSSに関する権限を行使する際に，戦略的な計画策定に要する専門知識に関して，カウンティ議会その他の関係当局と協議することとされている。同じイングランドの非大都市圏でも，単一自治体が設けられている地域では，単一自治体の議会がすべての対象事項についての地方計画行政機関となる。

他方，地方計画行政機関としてのディストリクトは，その区域についてLDFsに包摂される多種類の文書を策定する責任を負う。また，開発規制に関する諸法の規定を実施するのもディストリクトの責務である。

以上とは別に，イングランド東部のノーフォークとサフォークの湖沼地帯では，ブローズ行政庁が地方計画行政機関としてローカルプランを策定するとともに，開発規制，特定建築物の規制，区域保全など計画諸法にもとづく権限を行使している。ウェールズでは，1996年4月1日以降，カウンティまたはカウンティ・バラの議会がすべての対象事項について地方計画行政機関となる。最後に，大ロンドン地域および大都市圏カウンティでは，通常は，ロンドンバラ議会およびディストリクト議会が地方計画行政機関である。

以上のすべての場合について，議会(具体的には議会に設けられた計画担当部局)が計画決定から個別の計画許可申請に対する決定まで，すべてを所管する[82]。

②の合同計画委員会とは，(旧)環境大臣が，計画策定の上からひとつの自治体よりは複数の自治体がひとつの計画を作成し，執行することが望ましいと考えたときに，複数の自治体を統合し，ひとつの計画行政機関を設置するもので，1973年にレイクディストリクト国立公園とピークディストリクト国立公園に保全委員会(ボード)が設けられた例があるのみである[83]。1996年，2つの国立公園にはNPAが設置され，ボードは廃止された。③NPAおよび④ブローズ行政庁については，すでに説明を加えた。

⑤都市開発公社は，サッチャー政権による都市計画改革の目玉として，1980年地方政府・計画・土地法によって導入されたものである。大臣が都市開発区域(Urban Development Area)を指定すると，大臣によって都市開発公社が設立され，住宅整備，都市整備のための計画権限があたえられる。⑥も大臣が都市再生区域に指定した区域について，計画権限のうち開発規制の権限を都市再生局にあたえるものである。⑦は，企業誘致を目的に税制・都市計画規制などを緩和する特区として，1980年，サッチャー政権により導入されたもので，特区を管理するために計画権限を有する機構がおかれる。しかし，実際は，基礎自治体が機構を兼ねており，機構は形式だけのものとされる[84]。⑧は，1988年住宅建設法(Housing Act 1988)により定められた組織で，老朽化し荒廃した公共住宅地域を住宅事業信託区域とし，公共住宅の改善を行うものであるが，これまで設立されたのは，ごく僅かである[85]。

### 2.3.2.3. ディベロプメントプランと開発許可制度

具体的に計画許可の基準を定めるのが，LDFに含まれるディベロプメントプラン文書(DPD)である。ただし，しばしば指摘されるように，イギリスの計画許可はゾーニング許可でない[86]。すなわち，イギリスの計画許可の特徴は，計画が開発許可の直接の基準ではなく，それを指導指針として，計画行政機関の裁量によって許可をすべきかどうかが判断されるところにある。この点は，TCPA 1990が，計画許可の審査において，地方計画行政機関は「申請を処理するにあたり，申請にとって重要である限度において，ディベロプメントプランの規定を考慮し，および他のいかなる重要考慮事項をも考慮するものとする」(第70条2項)と定めていることから明らかである[87]。重

要考慮事項とされているのは,「許可条件」を経て申請者に要求される各種の負担(プランニングゲイン),中央政府の方針や通達,地方計画行政機関の政策や策定中の開発計画,開発コスト,代替地,その他あらゆる事項に及ぶ。どのような事項を重要考慮事項とするか,さらにディベロプメントプランと重要考慮事項のいずれを優先するのかなどは,すべて地方計画行政機関の裁量的判断に委ねられる[88]。こうした広範囲の裁量的判断の弊害を防止し,予測可能性を高めるために,1991年には計画・補償法(Planning and Compensation Act 1991:PCA 1991)第26条によって,「決定はディベロプメントプランに従ってなされるものとする(shall be made)。ただし,他の重要考慮事項が別のことを指示している場合は,この限りではない」と定める計画適合規定が導入された。PCPA 2004第37条6項は,この規定をさらに強化し,「なされなければならない」(must be made)と定めている(TCPA 1990第54A条)。

2004年の改正によって,計画行政機関は,まずLDSを作成し,次に地域開発や土地利用の方針政策を示すLDDを作成し,さらにそれらに即してDPDを作成することとされる[89]。DPDは,計画許可の許否を判断するための最も重要な文書であり,(従来のディベロプメントプランに定められていた事項,すなわち)開発行為の位置,用途,密度(規模),建物であれば高さ,意匠・デザインなどに分けて,細かな基準が列挙されている[90]。そこでDPDにあたる文書は,すべて審査官による独立審査(independent examination)を受けなければならないとされている(2004 Act第38条)。

### 2.3.2.4. 許可が必要な「開発」

まず「すべての土地開発の実施には計画許可を要する」(TCPA 1990第57条1項)。計画許可の対象となる「開発」とは,「地中,地表,地上もしくは地下における建築,土木,採掘その他の工事の実施,または建物もしくはその他の土地の用途の重大な変更」(第55条1項)と定義されており,「工事による開発」(operational development)と「土地・建物の用途の重大な変更」とに区別される。また,前者の中の「建築工事」(building operation)には「建築の再建築,構造の変更,増築」,および「建築工事を業として行う者が通常行うその他の工事」が含まれる。新築工事は「建築工事を業として行う者が通常

行うその他の工事」の中に含まれる。「建物」とは、「建物の基礎構造もしくは構築物またはその建物の一部」を言う[91]。

次に「土地・建物の用途の重大な変更」の意味は、「誰もその意味が分からない」といわれており、結局、土地への物理的な影響、実体的(実質的)影響、都市農村計画に関係する影響を考慮して、地方計画行政機関により柔軟に解釈されるしかないとされている[92]。

### 2.3.2.5. 許可が不要な「開発」

このように、TCPA 1990 は極めて包括的に「すべての土地開発の実施」に計画許可を求めているが、この原則には多数の例外が認められている。例外は、次のように区別されている。

第一に、法律によって、住宅(居住)の楽しみに付随する利用、農業・林業のための利用、同一の用途区分の中における用途の変更の3つは、明示的に「開発」に該当しないものとされている(TCPA 1990 第55条2項d号、e号、f号)。

第二に、同一の用途かどうかの判断は、「利用種別命令」(Use Classes Order 1987 (SI 1987/764))によりなされ、同一の用途区分内の利用は許可が不要であるが、さらに、次に説明する「一般的に許容された開発命令」により、同一の用途区分内における小規模な変更、建築等に伴う一時的使用のための住宅、道路の補修や維持、歴史的建造物や記念物の復元、一定範囲の取り壊し工事なども広く許可が不要とされる。

第三に、「一般的に許容された開発命令」(General Permitted Development Order 1995 (SI 1995/418))によって、「開発」には該当するが許可を不要とされたものがある。これは「許容された開発権」(permitted development rights)といわれ、サッチャー政権のもとで進められた規制緩和によって、かつてとは比較にならないほど多くのものがこれに含まれるようになったといわれる。たとえば、異なる用途への変更は厳しく規制されるのが原則であるが、別の用途への変更であっても、飲食店から小売店へ、あるいは工場から事務所への変更のように、環境の改善に資するものは許可が不要な開発とされている[93]。

第四に、大臣は、特定の配置(ロケーション)や特定のカテゴリーの活動を一

括して許可不要とする特別開発命令(special development order)を発することができる。この命令は，セラフィールド核再処理施設などの論争のある施設の建設に適用とされ，大きな議論を呼んだものである。その他，この命令は，地方自治体の抵抗を排除するために，少数の大規模開発事業に適用された例がある[94]。しかし，2008年，ブラウン労働党政権は，大規模公共事業の円滑な実施と手続の簡略化を旗印に，国家的重要性のある基盤整備事業(nationally significant infrastructure projects)については主務大臣が基盤整備計画委員会(Infrastructure Planning Commission)への諮問を経て計画許可を付与する手続を新設し，計画許可権限の一部を地方計画行政機関から中央政府に移管してしまった[95]。

第五に，2005年からは，地方計画行政機関が，「一般的に許容された開発権」に加えて，「地方的に許容された開発権」(local permitted development rights)を追加したり，削除したりするための地方開発命令(Local Development Order)を発することができることになった(TCPA 1990 第61A条-61C条)。この措置のねらいは，計画許可が不要な範囲を拡大することで，住宅供給を増加させるために許可をスピードアップし，さらに事業者の予測可能性を高めることとされている。この措置は，宅地開発業者などからは歓迎されているが，計画審査官，環境団体，法律専門家などからは，許可基準の不統一と混乱を招くと批判されている[96]。

第六に，エンタープライズゾーン，計画特区(simplified planning zone)などにおいては，通常の計画許可手続とは別個の手続がとられる。エンタープライズゾーンについては，すでに簡単に説明したが，計画特区はエンタープライズゾーンで定められた開発促進手続を全国に拡大するために，1986年に導入されたものである(現在は，TCPA 1990 第82-87条に規定がある)[97]。

## 2.3.3. 都市農村計画法と農林業
### 2.3.3.1. 農業・林業に対する規制の限界

本書における重要関心事項のひとつが，都市農村計画における農林業の扱いである。というのは，イギリスにおいては，景観に重大な影響をあたえる

農業・林業施業が，国立公園区域においてはNPAにより，それ以外の区域においては地方計画行政機関によって適度に規制され，その結果，イギリスが世界に誇る農村景観，田園景観が保護されてきたという仮説がありうるからである。

しかし，(実際の運用を度外視し)法制度を検討する限り，そうした仮説は必ずしも自明のものではない。というのは，都市農村計画において，農業・林業が適切にコントロールされているとは，到底いえないからである。

第一に，すでに述べたように，農業・林業は「開発工事」にはあたらず，法律によって許可の必要な「開発」から一括して除外されている(TCPA 1990 第55条2項e号)。たとえば，森林の伐採・植林，ヘッジローやストーンウォールの撤去，耕作，新種の穀物(油脂用アブラナ)の植栽などは，景観に重大な影響を与える可能性があるにもかかわらず，規制されることがない[98]。

図2-5　農業活動は，都市農村計画のもとでも効果的な規制がなされていない(ピークディストリクト国立公園近郊のスタフォードシャにて)。

規制対象外とされる「農業」の範囲も非常に広く，集約畜養，魚類の養殖，園芸，放牧などもすべて規制対象外の「農業」に含まれる(第336条1項)[99]。農地・林地は，穀物，樹木等が生育している土地に限らず，当初の耕地から相当程度離れた土地も含まれる[100]。

　第二に，「農業または林業目的(植林を含む)のためにある土地を利用し，および使用されている土地と一体となって占有されているすべての建物を農業・林業のための使用する」ための地目の変更も「用途の重大な変更」にあたらず，許可が不要とされる(第55条2項e号)。その結果，たとえば，生物の生息・生育や景観に重大な影響をあたえる都市部の未利用地の農地・林地への転換，農地と林地の間の種目の変更，ある農業・林業から別の種類の農業・林業への変更などは，完全に規制の対象から除外される[101]。

　第三に，「一般的に許容された開発命令」によって，農場の2メートル未満の塀や壁の設置，28日以内の納屋・作業場の使用なども，一括して許可対象項目から除外されている。その他，農業，林業の施業においては，新しい道路，建物，排水施設の設置，掘削なども許容された開発権として認められ，農村地域における多種類の公共事業も許可が不要とされている(GPDO Sch. 2 Pts. 6, 14, 19-23.)[102]。

　第四に，法制度上の限界に加え，最後に問題となるのが，政治上，運用上の限界であって，計画行政機関(とくにディストリクト)が農業・林業に関わる決定をする際には，地域経済や地域住民の意向が優先されるのが常態であるともされている[103]。

### 2.3.3.2. まとめ

　イギリスの都市農村計画による規制は，広く世界にその実態が知られているように，多方面にわたる包括的なものであるが，農村景観を保護するのにはほとんど寄与していないというのが，多くの論者の指摘である。都市農村計画は，名称とは異なり，計画の骨格的部分が農村地域に適用されることはほとんどなく，実態は「都市」計画であったからである[104]。

　その理由は，第一に，1947年以後の都市農村計画が，実態は都市の荒廃，スプロール化，工場配置，戦後の国土再建，保健衛生・過密，自動車輸送手

段の発達など，都市問題への対応・対策を目的とした都市部の計画であって，農村地域は(歴史的にも，今日も)計画の対象外であったことがあげられる。従って，農村地域においてはときたま無秩序な開発に対する規制が問題になる程度で，国立公園の景観保全についても，スプロール開発，主要道路沿いのリボン開発，けばけばしい広告塔の設置などが話題にされるにとどまったのである。

　第二に，都市農村計画の主たる手法が，計画許可などを中心とした消極的・抑制的なものであって，農村地域の積極的管理や向上を意図したものではなかったことがあげられる。農民が，強力な計画許可制度から得るものは，ほとんどなく，適度な開発規制によって土地所有者の財産権を不当に侵害することなく，調和や統一のとれたカントリーサイドを確保できるというスコット・レポートの想定(ダワー・レポートとホブハウス・レポートは，それを受け入れたのであるが)は，まったくの失望に終わったのである[105]。

　第三に，1947年当時より，農村地域の土地所有者や農民は，農村景観を良好に管理し，あるいは農村景観形成の担い手として好意的に評価されており，農業はむしろ伝統的に国の手厚い保護の対象であった。スコット・レポートは，その最後を「利用と美との間にはいささかの対立もない」と締めくくっていた[106]。

　しかし，その後急速に進展した農業の近代化，大規模化の弊害は，多くの著書の示すところである。とくに生産力増強にもっぱらの力点をおくEUの共通農業政策が本格化し補助金や支援が強化されると，イギリス国内の農業は，化学肥料，農薬，除草剤，合成飼料などを大量に用いた大規模集約農業へと変化した。また，大規模化のために，耕地の統合，農業設備の大型化，排水溝整備，荒地やハーブ地の耕作などが積極的に進められた。

　しかし，その結果は，多数の農業製品の過剰生産，農業および環境へのリスクの増大，それに「伝統的」な農村景観・田園景観や動植物層の消滅であった[107]。

　こうした中でEU農業政策は生物多様性保全を含む持続的農業への転換を進めているが[108]，イギリスの都市計画においては，農業・林業という農村

景観に大きな影響をあたえる2つの産業活動が，若干の法改正があったとはいえ，今日も基本的に法律の適用を除外されているのである。

しかし，PCPA 2004は，持続可能なコミュニティの実現を旗印に，土地利用計画の範囲を超えたRSS(地域空間戦略)を導入し，さらに計画の大枠を示した中央政府の方針声明書(PPS)は，「カントリーサイドおよび生物多様性保護など，環境のための優先順位，および輸送，基盤整備，経済発展，農業，鉱物採掘，廃棄物処理と埋立」などの事項を考慮し[109]，15年から20年の期間の地域空間戦略(RSS)を作成すべきであるとしている[110]。従って，PCPA 2004は，農業・林業を直接の規制の対象に組み入れはしなかったが，それらを広範囲の開発計画に統合する足がかりを築いたものといえる。しかし，地方計画行政機関が，実際に農業の規制や調整に踏み出すかどうかについては，強い懸念が示されているという[111]。

## 2.4. 自然保護区制度の現況

### 2.4.1. 国立公園

現在，イングランドおよびウェールズには15の国立公園があり，イングランドでは土地面積の9.3%，ウェールズでは土地面積の19.9%を占める。最も新しい指定はサウスダウンズ(South Downs)国立公園である。サウスダウンズは，国立公園発足当初より国立公園候補地とされていたが，他省庁や利害関係者との調整がつかず，また異議申立に対する審判手続が大幅に遅れたことなどもあって，2009年3月末ようやく異議審判手続の終了が宣言され，2009年11月に国立公園指定，2010年4月にNPAの発足となった。なお，北アイルランドには国立公園が存在しない。スコットランドは，国立公園の設置を提言したラムゼー・レポートから55年後の2000年7月になって，長年の懸案であった国立公園(スコットランド)法が可決・制定され，国立公園指定の要件や手続が整った。これまで，ロックローモンド・トゥロサックス国立公園(2002年)およびケアンゴーム国立公園(2003年)の2カ所(土地面積の7.2%)が指定されたが，それ以後の指定の予定はないとされている。

## 2.4.2. 特別自然景勝地域(AONB)

AONB は，国立公園と同じく NPACA 1949 に根拠を有するが，1960年代-70年代に指定のラッシュがあったものの，それ以後はさほどの進展がない。現在の指定数はイングランド 33，ウェールズ 4，イングランド・ウェールズにまたがるもの(Wye Valley)1，北アイルランド 8 で，面積は 3 つの地域(国)の土地面積の 15% を占める。イーストハンプシァとサセックスダウンのAONB は，サウスダウンズ国立公園の設置に伴い，2010年3月31日をもって廃止された。AONBの規模面積は様々で，最も広いのがコッツウォルズの 2038 平方キロメートル，もっとも小規模なのがシリー諸島(Isles of Scilly)の 16 平方キロメートルである。スコットランドには AONB がなく，それとほぼ同じ内容の地域として，1997年都市農村計画(スコットランド)法によって指定される景観地域(Scenic Areas)がある。現在数は 40 である。

表 2-1　国立公園の現況

| 国立公園名 | 設置年 | 面積 (平方キロメートル) | 居住人口 | 年間訪問者数 (百万) | 年間訪問者支出額 (百万ポンド) |
| --- | --- | --- | --- | --- | --- |
| Brecon Beacons | 1957 | 1,344 | 32,000 | 4.15 | 197 |
| Broads | 1989 | 305 | 5,721 | 7.2 | 419 |
| Cairngorms | 2003 | 4,528 | 17,000 | 1.5 | 185 |
| Dartmoor | 1951 | 953 | 34,000 | 2.4 | 111 |
| Exmoor | 1954 | 694 | 10,600 | 1.4 | 85 |
| Lake District | 1951 | 2,292 | 42,200 | 15.8 | 952 |
| Loch Lomond and the Trossachs | 2002 | 1,865 | 15,600 | 4 | 190 |
| New Forest | 2005 | 570 | 34,400 | データなし | 123 |
| Northumberland | 1956 | 1,048 | 2,200 | 1.5 | 190 |
| North York Moors | 1952 | 1,434 | 25,000 | 7 | 411 |
| Peak District | 1951 | 1,437 | 38,000 | 8.4 | 356 |
| Pembrokeshire Coast | 1952 | 621 | 22,800 | 4.2 | 498 |
| Snowdonia | 1951 | 2,176 | 25,482 | 4.27 | 396 |
| South Downs | 2010 | 1,624 | 120,000 | データなし | 333 |
| Yorkshire Dales | 1954 | 1,769 | 19,654 | 9.5 | 400 |

出典：The Campaign for National Parks, Facts and figures, http://www.cnp.org.uk/articles/facts-and-figures(2011年10月21日アクセス)より作成。

表2-2 特別自然景勝地域(AONB)(イングランド・ウェールズ)

| 名 称 | 指定年度 | 面積(平方キロメートル) |
|---|---|---|
| Gower | 1956 | 188 |
| Quantock Hills | 1957 | 99 |
| Lleyn | 1957 | 161 |
| Northumberland Coast | 1958 | 135 |
| Surrey Hills | 1958 | 419 |
| Cannock Chase | 1958 | 68 |
| Shropshire Hills | 1959 | 777 |
| Dorset | 1959 | 1,129 |
| Malvern Hills | 1959 | 105 |
| Cornwall | 1959 | 958 |
| North Devon | 1960 | 171 |
| South Devon | 1960 | 332 |
| East Hampshire | 1962 | 383 |
| East Devon | 1963 | 268 |
| Isle of Wight | 1963 | 189 |
| Chichester Harbour | 1964 | 74 |
| Forest of Bowland | 1964 | 802 |
| Solway Coast | 1964 | 115 |
| Chilterns | 1965 | 833 |
| Sussex Downs | 1966 | 983 |
| Cotswolds | 1966 | 2,038 |
| Anglesey | 1967 | 221 |
| South Hampshire Coast | 1967 | 77 |
| Norfolk Coast | 1968 | 451 |
| Kent Downs | 1968 | 878 |
| Suffolk Coast and Heaths | 1970 | 403 |
| Dedham Vale | 1970 | 90 |
| Wye Valley | 1971 | 326 |
| North Wessex Downs | 1972 | 1,730 |
| Mendip Hills | 1972 | 198 |
| Arnside and Silverdale | 1972 | 75 |
| Lincolnshire Wolds | 1973 | 568 |
| Isles of Scilly | 1976 | 16 |
| High Weald | 1983 | 1,460 |
| Cranborne Chase & West Wiltshire Downs | 1983 | 983 |
| Clwydian Range | 1985 | 157 |
| Howardian Hills | 1987 | 204 |
| North Pennines | 1988 | 1,993 |
| Blackdown Hills | 1991 | 370 |
| Nidderdale | 1994 | 603 |
| Tamar Valley | 1995 | 195 |

出典：Edward Holdaway and Gerald Smart, *Landscapes at Risk?* 204-205 (Spon Press, 2001).

## 2. イギリス(イングランド)国立公園制度の現状　111

特別自然景勝地域(AONB)
□イングランド
1. Isles of Scilly
2. Cornwall
3. Tamar Valley
4. North Devon
5. South Devon
6. East Devon
7. Blackdown Hills
8. Quantock Hills
9. Dorset
10. Mendip Hills
11. Cotswolds
12. Cranborne Chase & West Wiltshire Downs
13. North Wessex Downs
14. Chilterns
15. Isle of Wight
16. Chichester Harbour
17. Surrey Hills
18. High Weald
19. Kent Downs
20. Dedham Vale
21. Suffolk Coast & Heaths
22. Norfolk Coast
23. Malvern Hills
24. Shropshire Hills
25. Cannock Chase
26. Lincolnshire Wolds
27. Nidderdale
28. Howardian Hills
29. Forest of Bowland
30. Arnside and Silverdale
31. Solway Coast
32. North Pennines
33. Northumberland Coast
□イングランド・ウェールズ
34. Wye Valley
□ウェールズ
35. Gower
36. Lleyn
37. Clwydian Range
38. Anglesey
□北アイルランド
39. Antrim Coast and Glens
40. Causeway Coast
41. Lagan Valley
42. Mourne
43. Binevenagh
44. Ring of Gullion
45. Sperrin
46. Strangford Lough

国立公園(NP)
A. Dartmoor
B. Exmoor
C. New Forest
D. South Downs
E. Broads
F. Peak District
G. Yorkshire Dales
H. North York Moors
I. Lake District
J. Northumberland
K. Pembrokeshire Coast
L. Brecon Beacons
M. Snowdonia
N. Loch Lomond and the Trossachs
P. Cairngorms

図 2-6　イギリス国立公園と AONB

図2-7 サウスダウンズ国立公園の景勝地ビーチヘッド(Beachy Head)

## 2.4.3. 国指定自然保護区(NNR),学術上特に重要な保護地域(SSSI)

NNRの指定数は,イングランド224,ウェールズ72,スコットランド47,合計343である。その他,イングランドには,地方自治体によって指定され,管理されている1400余の地方指定自然保護区がある。また北アイルランドのNNR指定数は49である。

SSSIの指定数は,イングランド4112,スコットランド1451(いずれも2003年5月現在),ウェールズ1018(2003年3月現在)の合計6581,面積にすると232万2737ヘクタールで3つの地域(国)の土地面積の7%を占める。最も広いSSSIは,ウォシュ(The Wash:イングランド東海岸ノーフォークとリンカンシァの間にある浅い入り江)の62万2054ヘクタール,最も小規模なSSSIはグロスタシャの7平方メートルのコウモリ営巣地である[112]。北アイルランドでは,2002年環境(北アイルランド)命令(Environment (Northern Ireland) Order 2002)第28条によって学術上特に重要な保護地域(Areas of Special Scientific Interest)が指定される。現在の指定数は113ほどである[113]。

## 〈注〉

1) 以下の記述は，次の文献を参考にしている。R. Duxbury, *Telling & Duxbury's Planning Law and Procedure*, 14th ed. (Oxford University Press, 2009) pp. 23-25, 64-67; Barry Cullingworth and Vincent Nadin, *Town and Country Planning in the UK*, 14th ed. (Routledge, 2006) pp. 41-69.
2) ナチュラルイングランド (NE) の沿革や所管事項については，後に当該の個所で説明する。NDPB は，「中央政府のプロセスの中で役割を有する組織であるが，政府省庁の一部またはそのひとつではなく，従って広い範囲もしくは狭い範囲で，大臣から離れて (at arm's length) 活動する組織」と定義されており，法執行型，諮問型，審問型，独立調査機関などの種類がある。DEFRA は司法省を除くと最大となる 68 の NDPB を所管するが，37 が諮問型 NDPB，28 が執行型 NDPB，3 がその他の NDPB である。なお，現在大幅な改組が予定されている。Cabinet Office, Public Bodies 2009, p. 10, http://www.civilservice.gov.uk/wp-content/uploads/2011/09/PublicBodies2009_tcm6-35808.pdf (2011 年 10 月 21 日アクセス)。なお，片山直子『英国における環境保全への取組み』(清文社，2009 年) 参照。
3) イギリスの地方制度改革については多数の文献がある。ここでは，内田滋『英国行政大改革と日本』(ぎょうせい，2009 年) 第 4 章-第 6 章，下條美智彦編著『イギリスの行政とガバナンス』(成文堂，2007 年) 第 5 章以下などを参照。
4) 交告尚史「IV デンマーク」竹下譲監修著『よくわかる 世界の地方自治制度』(イマジン出版，2008 年) 153 頁を参照。
5) J. A. Chandler, *Local Government Today*, 4th ed. (Manchester University Press, 2009) pp. 2-6.
6) 竹下譲「I イギリス」竹下・前掲 (注 4) 18 頁以下，内田・前掲 (注 3) 101-105 頁。
7) 春日修「地域自治体としてのパリッシュカウンシル——その制度と実態」愛知大学法学部・法経論集 172 号 (2006 年) 58 頁。
8) 山田光矢『パリッシュ——イングランドの地域自治組織 (準自治体) の歴史と実態』(北樹出版，2004 年) 84 頁。
9) 教会と結びついていた時代のパリッシュについては，竹下譲『パリッシュにみる自治の機能——イギリス地方自治の基盤』(イマジン出版，2000 年) 第 1 章 (21 頁以下) を参照。
10) Paul Claydon, *The Parish Councillor's Guide*, 19th ed. (Crayford, 2007) p. 143. なお，パリッシュをめぐる最近の状況について，Chandler, supra note 5, pp. 14-16.
11) 務台俊介『日本再生のキーワード 欧州に見る地域の力』(イマジン出版，2009 年) 69-79 頁にパリッシュの活動の様子が活写されている。
12) 竹下・前掲 (注 9) 80 頁を参照。

13) 務台・前掲(注11)71頁。
14) 山田・前掲(注8)158頁。
15) 洞澤秀雄「イギリス都市計画法における社会的考慮事項——都市計画の社会的役割についての一考察」早稲田政治公法研究70号(2002年)459頁以下で説かれている社会的考慮事項論をパリッシュの役割との関係でさらに研究してみる必要があると考えられる。
16) 竹下「Ⅰイギリス」・前掲(注6)21頁を参照。
17) John F. McEldowney & Sharron McEldowney, *Environment and the Law: An Introduction for Environmental Scientists and Lawyers* (Harlow, 1996) p. 143.
18) Colin T. Reid, *Nature Conservation Law*, 3d ed. (W. Green, 2009) p. 241. See generally C. Willmore, What's in a name? The Role of National Parks' Designation, *J. P. L.*, 1325 (2002).
19) 敬礼寺知佳「国立公園の意義と役割の変化—— New Forest 国立公園と Meyrick 判決」明治学院ロージャーナル10号(2008年)参照。See also Stuart Bell and Donald McGillivray, *Environmental Law*, 7th ed. (Oxford University Press, 2008) pp. 740-741; Reid, supra note 18, pp. 242-243.
20) Bell and McGillivray, supra note 19, p. 740 は，最近のニューフォレストやサウスダウンズの国立公園指定をめぐる動きに言及し，ナチュラルイングランド(NE)が国立公園を選定し提案する責務をおっているにもかかわらず，中央政府が，承認や資金交付の権限を背景にした政治的裁量によって，指定の主導権をとることができることを示しているという。
21) Reid, supra note 18, p. 242.
22) 以下の記述は，Ann and Malcolm MacEwen, *Greenprints for the Countryside?: The Story of Britain's National Parks* (Allen and Unwin, 1987) pp. 10-11 を要約したものである。
23) 景観地域においては，次の2つの規制がされることとされた。すなわち，第一に，スコットランドカントリーサイドコミッションが異議を唱えた重大な開発行為を地方計画行政機関が許可しようとする場合，スコットランド大臣は自ら申請を審査するために，28日間コールイン(強制介入)することが認められた。ただし，コールインは，一般に国家的利害に関わる重大な場合に限られており，簡単に発動しうるようなものではない。第二に，景観地域における規制対象が，12メートルを超える建造物と施設(農業・林業開発を含む)，海抜30メートル以上の道路建設，地方道路機関による10万ポンド以上の道路建設にまで拡大された。しかし，これらの規制は自然保護およびレクリエーションにとってほとんど重要性をもたず，NCCには，制度上の権限が何もあたえられなかった。Ann and Malcolm MacEwen, *National Parks: Conservation or Cosmetics?* (Allen and Unwin, 1982) p. 260-261.

24) Scottish Parliament, The Information Centre, Research Note, Draft National Parks (Scotland) Bill (RN00/08, 9 Feb. 2000), www.scottish.parliament.uk/business/research/pdf_res_notes/rn00-08.pdf(2011年6月8日アクセス).

25) Land Reform (Scotland) Act 2003 s.1, 2など参照。See Reid, supra note 18, p. 24.

26) National Parks Strategic Review Recommendations: Consultation Report. ISBN, (Web Only). Official Print Publication Date, August 2009. Website Publication Date, August 19, 2009, www.scotland.gov.uk/Publications/2009/07/07132657/4f(2011年6月8日アクセス).

27) ロックローモンド・トゥロサックス国立公園については，NPAにすべての開発計画策定および開発許可の権限(ストラクチャープラン関連のものを除く)があたえられたが，ケアンゴーム国立公園については，開発許可権限があたえられなかった。Bell and McGillivray, supra note 19, p. 742.

28) John Blunden and Nigel Currey, *A People's Charter?: 40 Years of the National Parks and Access to the Countryside Act, 1949* (Countryside Commission, 1990) p. 106.

29) イングリッシュネーチャー(EN)は，ハックスレー・レポートにより設置されたイングランド自然保全協議会(Nature Conservancy Council of England)が2000年に改組されたもので，生物多様性条約の締結を受け生物多様性保全がその任務とされた。

30) しかし，ナチュラルイングランド(NE)は組織再編と同時に予算を大幅に削減されている。その背景には，独立性の強い閣外の行政機関を，DEFRAなどの閣内大臣所管官庁が，従来なかった制約を指針の発行などの措置により課すことで政治的にコントロールしようという政治的意図が働いているという指摘がある。Bell and McGillivray, supra note 19, p. 740.

31) Federico Cheever, British National Parks for North Americans: What We Can Learn From a More Crowded Nation Proud of Its Countryside, *Stan. Envtl. L. J.* Vol. 26, No. 2 (2007) pp. 247, 287.

32) カントリーサイドエージェンシー(CA)の報告書「国立公園における景観の変貌」(1991)は，野放しにされた農業・林業・採石業が，いかに景観に悪影響をあたえたのかを明確に指摘する。David Hughes et al., *Environmental Law*, 4th ed. (Butterworths, 2002) p. 273.

33) 地方計画行政機関が同意しないにもかかわらず農業漁業食糧省(Ministry of Agriculture, Fisheries, and Food)(当時)が補助金交付を決定した場合には，地方計画行政機関と土地所有者が開発を凍結する旨の協定を締結し，土地所有者に対して補助金相当額を補償することも定められたが，補償額が次第に増加したことから，多く

の国立公園は，補償よりは土地の取得を選択するようになった。Blunden and Curry, supra note 28, p. 121.
34) Bell and McGillivray, supra note 19, pp. 734-736.
35) Ann and Malcolm McEwan, supra note 22, pp. 15-16; Ann and Malcolm McEwan, supra note 23, pp. 19-20. なお，以下の記述は同書による。
36) Ann and Malcolm McEwan, supra note 22, p. 16.
37) 個別の学術的利益を保護するために国立公園に投資されたかもしれない権限や資金が，ハックスレー委員会が自然保護区の取得と管理を命じた機関(Nature Conservancy)にあたえられたが，NPAにはあたえられなかった。Ann and Malcolm MacEwan, supra note 22, pp. 12-15; Cheever, supra note 31, p. 289.
38) ただし，通行者に，故意または過失による動植物の捕獲，損傷，破壊，狩猟，漁労の禁止，保護区への立入禁止など，様々の制限が課されるのは当然である。また3月1日から7月31日の間は，鳥類の営巣を保護するために，犬は2メートル以下の綱をつけなければならない。CROWA 2000 s. 2 and Sch. 2. See Reid, supra note 18, pp. 23-24.
39) Jerry Pearlman, Countryside & Rights of Way Act 2000, Part II of the Act: Public Rights of Way and Road Traffic, *J. of Planning & Envtl. Law*, Aug. 2001, pp. 903, 905 で詳しい検討がされている。
40) Reid, supra note 18, pp. 254-255; Blunden and Curry, supra note 28, p. 744.
41) Reid, supra note 18, p. 255.
42) Ibid., p. 256 n. 636; Bell and McGillivray, supra note 19, p. 744.
43) Bell and McGillivray, supra note 19, p. 743.
44) Ibid., p. 688.
45) Reid, supra note 18 p. 210; Bell and McGillivray, supra note 19, p. 689, n. 17.
46) Bell and McGillivray, supra note 19, p. 689. なお地方自治体も，ほぼ同一の基準で，地方指定自然保護区を指定し，管理することができる。その大部分は，都市区域で環境保全教育を推進するために指定されている。
47) Ibid., p. 689.
48) Ibid., p. 688.
49) Ibid., p. 688.
50) 福士正博『環境保護とイギリス農業』(日本経済評論社，1995年) 147-150頁。
51) 同前 144-145 頁。
52) Bell and McGillivray, supra note 19, p. 696.
53) Ibid., p. 697.
54) Ibid., p. 698.
55) The Royal Society, The Future of Sites of Special Scientific Interest (SSSIs)

4 (28 Feb. 2001); Bell and McGillivray, supra note 19, p. 701.
56) Bell and McGillivray, supra note 19, pp. 691, 701.
57) Ibid., pp. 691, 701.
58) Ibid., pp. 691, 702.
59) イギリスの都市計画制度については，稲本洋之助・戒能通厚・田山輝明・原田純孝編著『ヨーロッパの土地法制——フランス・イギリス・西ドイツ』(東京大学出版会，1983年)第2部〔戒能通厚執筆〕，渡辺洋三・稲本洋之助編『現代土地法の研究(下)』(岩波書店，1983年)第2部〔戒能通厚執筆〕，渡辺俊一『比較都市計画序説——イギリス・アメリカの土地利用規制』(三省堂，1985年)，原田純孝・広渡清吾・吉田克己・戒能通厚・渡辺俊一編『現代の都市法 ドイツ・フランス・イギリス・アメリカ』(東京大学出版会，1993年)第3部〔戒能通厚，安本典夫執筆〕，(財)国土計画協会編『ヨーロッパの国土計画』(朝倉書店，1993年)，小林重敬編・計画システム研究会著『協議型まちづくり——公共・民間企業・市民のパートナーシップ＆ネゴシエーション』(学芸出版社，1994年)，小林重敬・大河直躬編『都市の歴史とまちづくり』(学芸出版社，1995年)，中井検裕・村木美貴編『イギリス都市計画とマスタープラン』(学芸出版社，1998年)，伊藤滋・小林重敬編著『分権社会と都市計画』(ぎょうせい，1999年)，西村幸夫・町並み研究会編著『都市の風景計画 欧米の景観コントロール手法と実際』(学芸出版社，2000年)，伊藤滋ほか編著『欧米のまちづくり・都市計画制度——サスティナブル・シティへの途』(ぎょうせい，2004年)など，多くの文献がある。
60) Victor Moore, *A Practical Approach to Planning Law*, 10th ed. (Oxford University Press, 2007) pp. 1-2; Stephen V. Ward, *Planning and Urban Change*, 2d ed. (SAGE Publications, 2004) pp. 17-21; Cullingworth and Nadin, supra note 1, pp. 15-16；原田ほか・前掲(注59)300頁。
61) イギリス都市計画法の基礎にある考え(理念)が，しばしば指摘されるように，アメニティである。アメニティは，衛生，安全のように生命・財産に直接関わるものではなく，より包括的・流動的・多義的な概念で，見た目，調和，心地良さ，安らぎなど，環境全体の視覚的な「質」を問題とするものである。
62) 渡辺・前掲(注59)44-45頁。
63) しかし，第2次大戦前の計画スキームは機能しなかったと言われる。その理由は，スキームが柔軟性を欠いた規制的ゾーニングであり，また土地の増価徴収と減価補償が自治体の重い負担となったために，自治体がスキームの作成運用に消極的であったためとされている。中井・村木・前掲(注59)38頁。その他，1930年代には，カントリーサイドアメニティを保護するために，幹線道路沿いの無秩序な開発を規制するための「1935年線状開発規制法」，グリーンベルトを初めて法制化した「1938年グリーンベルト法」などが制定されている。

64) 渡辺・稲本編・前掲(注 59) 217-224 頁，Philip Booth, *Planning by Consent: The Origins and Nature of British Development Control* (Routledge, 2003) ch. 5.
65) 原田ほか編・前掲(注 59) 303-305 頁，Ward, supra note 60, pp. 99-103.
66) 中井・村木・前掲(注 59) 41 頁。計画記載事項については，原田ほか編・前掲(注 59) 346-348 頁に詳しい。
67) Ward, supra note 60, pp. 188-191；洞澤秀雄「持続可能な発展とイギリス都市計画法制度改革」札幌学院法学 24 巻 1 号 (2008 年) 62 頁。
68) 洞澤・前掲(注 67) 66 頁，70 頁。
69) Ward, supra note 60, p. 199；中井・村木・前掲(注 59) 42-45 頁。
70) 洞澤・前掲(注 67) 68-69 頁。
71) 同前・74-75 頁。
72) 和泉田保一「イギリス計画許可制度の概要と近年の動向」東北法学 28 号 (2006 年) 52 頁，55-56 頁。
73) Reid, supra note 18, pp. 345-346. 現在，Planning Act 2008 Pt. 2 に規定がある。
74) Reid, supra note 18, p. 345.
75) 原田ほか編・前掲(注 59) 303-305 頁，渡辺・前掲(注 59) 46 頁。
76) Moore, supra note 60, pp. 22-25 に，現在有効なものが列挙されている。
77) Bell and McGillivray, supra note 19, p. 386.
78) Cullingworth and Nadin, supra note 1, p. 119. See also Moore, supra note 60, pp. 58-61；洞澤・前掲(注 67) 80-81 頁。
79) 洞澤・前掲(注 67) 80 頁。
80) 同前・79 頁，Moore, supra note 60, pp. 50-51.
81) これらの機関については，中井・村木・前掲(注 59) 25-28 頁，Moore, supra note 60, pp. 26-30 に詳細な説明がある。
82) 実際には，議会 (カウンシル) の中の都市計画委員会のもとに，都市計画部局長 (チーフ・プランナーと呼ばれる) がおかれ，その下にプランナーなどの専門職員が配属され，実際の実務を務めることになる。原田ほか編・前掲(注 59) 320 頁。
83) Moore, supra note 60, pp. 28-29.
84) 中井・村木・前掲(注 59) 26 頁。
85) Moore, supra note 60, p. 30. 中井・村木・前掲(注 59) 28 頁によると，イングランドで 6 つ設立されたという。
86) Bell and McGillivray, supra note 19, p. 385；中井・村木・前掲(注 59) 139 頁。
87) 岡村周一「イギリスにおける計画許可に関する『関連考慮事項』」法学論叢 120 巻 4-6 号 (1987 年) 171-213 頁。
88) 和泉田・前掲(注 72) 6-7 頁，21 頁。なお，計画行政機関の裁量判断の適正さを担保しているのが，計画行政機関と許可申請者との間でなされる計画協議手続，不許

可や条件付き許可に不服がある場合の大臣への異議申立と審決，それに案件を大臣に移送し，大臣が計画許可の是非を判断するコールイン（強制介入）などである。異議申立があると，大臣は強い独立性をもった審査官（inspector）を任命し，多くが審問官の報告・勧告にもとづき審決が下される。しかし，大臣が公開の聴聞を開催し，審問官に対して開発申請者，計画行政機関，住民などが審問官に証拠を提出する機会をあたえられることもしばしばなされる。Reid, supra note 18, p. 351. コールインについては，Cullingworth and Nadin, supra note 1, pp. 170-171; Reid, supra note 18, p. 345; Moore, supra note 60, pp. 15-16, 355-356 を参照。

89) Moore, supra note 60, pp. 57-60.
90) ディベロプメントプランの定める開発基準については，中井・村木・前掲（注59）139頁以下に詳細な説明がある。
91) 岡村周一「イギリス計画法における『開発』の概念」法学論叢139巻1号（1996年），原田ほか編・前掲（注59）349頁。
92) Bell and McGillivray, supra note 19, pp. 394-395; Moore, supra note 60, p. 91.
93) 許可不要な開発については，Moore, supra note 60, pp. 91-146 に詳細な説明がある。「利用種別命令」「一般的に許容された開発命令」も同書に収録されている。なお，Cullingworth and Nadin, supra note 1, p. 152 は，「一般的に許容された開発命令」は極めて複雑なので，その名称とは逆に，すべての「建築工事」は「開発」に該当し，許可を要するとみなすのが安全であると述べる。
94) Cullingworth and Nadin, supra note 1, p. 157.
95) Reid, supra note 18, p. 350.
96) Cullingworth and Nadin, supra note 1, p. 156; Bell and McGillivray, supra note 19, p. 400.
97) Moore, supra note 60, pp. 35-38；なお，原田ほか編・前掲（注59）354-356頁に詳しい説明がある。
98) Bell and McGillivray, supra note 19, p. 735.
99) Moore, supra note 60, p. 100.
100) Reid, supra note 18, p. 349. ただし，農業・林業活動や「未耕作地もしくは半自然の地域の集約農業目的のための利用，または農地における耕地整理を含む」活動については，環境アセスメントの実施を定めた規則の許可が必要とされる。また，「許容された開発権」であっても，EC法の要求する環境アセスメントの実施を確保するために一定の規制を受ける場合がある。Ibid., pp. 350-351, 356-357.
101) Ibid., p. 349; Bell and McGillivray, supra note 19, pp. 735-736.
102) Bell and McGillivray, supra note 19, p. 735; Moore, supra note 60, p. 529, Appendix 3 参照。
103) Bell and McGillivray, supra note 19, p. 735.

104) 以下は，Ibid., p. 734 の記述を要約したものである。
105) Ann and Malcolm MacEwen, supra note 22, p. 7 は，スコット・レポート，ダワー・レポート，およびホブハウス・レポートなどが，(1)都市農村計画による開発規制によって，土地所有者の財産権を不当に侵害することなく，調和のとれた良くデザインされたカントリーサイドが確保できるという確固とした信念を抱いていたこと，(2)農業は農村景観と農村コミュニティを保存するが故に，農業活動や植林は都市農村計画による開発規制に服せしめる必要がないという誤った仮定に立っていたことを原因にあげ，NPACA 1949 は，国立公園支持者にとってまったくの失望に終わったと指摘している
106) Ibid., p. 7.
107) 1950 年，3 つの国立公園における農業建造物を(若干)規制するために景観特別開発命令(Landscape Special Development Order)が導入され，1986 年には，規制の対象が，すべての国立公園の農業建造物，道路の意匠，資材，配置にまで拡大された。しかし，農業・林業活動を規制から除外するという基本哲学は変わっていない。その結果，1970 年代に近代農業と大規模林業が景観と野生生物に対する情け深い活動ではなく，主要な脅威となったとき，NPA は無力であったのである。Ibid., pp. 7-8.
108) イギリスの取り組みについて，やや古いが，和泉真理『英国の農業環境政策』(富民協会，1989 年)，西村博行・堀田忠夫編著『農村の環境保全——英国の経験に学ぶ』(富民協会，1994 年)参照。筆者らも，その政策の一端をとりまとめ，出版したことがある。畠山武道・柿澤宏昭編著『生物多様性保全と環境政策——先進国の政策と事例に学ぶ』(北海道大学出版会，2006 年)。
109) ただし，林業は RSS の対象から除外されている。
110) Planning Policy Statement 11: Regional Spatial Strategies (2004), para. 1. 3. なお，同方針声明書は，RPB(RSS の策定主体)は，法律に明記された国立公園，AONB およびブローズの設立目的を尊重し，国立公園，AONB およびブローズ地域の全部または一部をカバーし，または景観の定立のようなこれらの地域に重要な間接的影響をあたえる RSS の策定(改訂)，実施，モニタリングおよび審査においては，これらの地域の法律目的をいかに考慮したのかを示すことが期待されるとしている(para. 2. 9)。
111) Bell and McGillivray, supra note 19, p. 736.
112) 保護区の現況は，ナチュラルイングランドのホームページ(http://www.naturalengland.org.uk/)(2011 年 10 月 21 日アクセス)等から検索した。また，SSSI の現況については，やや古いが Bell and McGillivray, supra note 19, p. 690 の数値を利用した。SSSI に関する最近の情報は，Protecting England's natural treasures: Sites of Special Scientific Interest, http://issuu.com/natural-england/docs/ne306(2011

年 10 月 21 日アクセス) や SSSIs in Scotland - Scottish Natural Heritage, http://www.snh.gov.uk/protecting-scotlands-nature/protected-areas/ (2011 年 10 月 21 日アクセス) などからも入手することができるが, 数値に大きな変化はない。

113) 北アイルランドの SSSI 指定数に関する正確な統計は見当たらなかったので, http://www.doeni.gov.uk/niea/biodiversity/designated-areas/area_interest.htm (2011 年 10 月 10 日アクセス) に掲載された位置図から畠山がカウントした。

# 3. ピークディストリクト国立公園の管理とパートナーシップ

## 3.1. ピークディストリクト国立公園の概要

### 3.1.1. 地域の概要

　ピークディストリクト国立公園はイングランド中央部に位置する，イギリスで最初に指定された国立公園である。利用者数はイギリスの国立公園の中でも最大であり，レイクディストリクト国立公園とならんで中核的な国立公園に位置づけられる(図3-1)。公園が指定されたのは1951年，面積はおよそ14万3800ヘクタールである。公園景観は南部と北部で大きく異なる。北部にはダークピーク(Dark Peak)と呼ばれる，標高636 mのキンダースカウトを最高地点とする丘陵台地の上に，ヒース(heath)や湿地からなる広大なムア(moor)の荒野が広がっている(図3-2)。その面積は公園全体で5万929ヘクタールに及ぶ。一方，南部には，石灰岩質の緩やかな起伏のある地形の上に，石垣(dry stone wall)で区切られた農地や牧草地が続くホワイトピーク(White Peak)，サウスウェストピーク(South West Peak)と呼ばれる地域が拡がっており，石垣の延長は公園全体で8756キロに及んでいる(図3-3)。ここでは集約農業が行われているが，多様な植物相も見られるほか，石灰岩質の地層のため地下には洞窟が拡がっている。公園内の主要産業は，農業，鉱業であり，南部では粗放農業が行われている。なお，地図で見ると公園西部の一部が公園外区域となっているが，ここはバクストン市域となっており市街地が拡がっているのと，石灰の採掘場があるためである。

　公園内の土地利用を見ると，最も割合が高いのが農地であり，53.9%を占

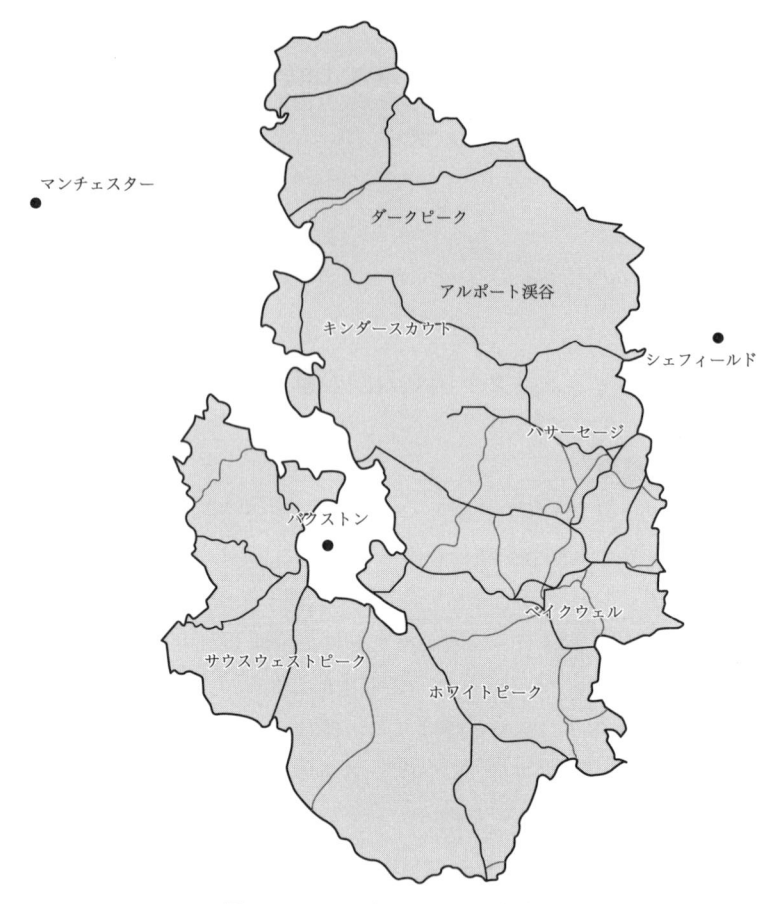

図3-1　ピークディストリクト国立公園
出典：ピークディストリクト国立公園ホームページ掲載の地図を加工。

めている。次に割合が高いのが上述のムアの35.4％で，放牧や狩猟に利用されている。森林の割合は6.7％にすぎない。

　公園区域の90％以上が民有地であり，コモンズ（共有地）はない。民有地の中でも大きな面積を占めるのが水供給公社（United Utilities）の所有地であり，13.5％を占める。農地などの私有地は70.1％であり，その多くは大規模土地所有者が個人農場所有する農地や荒野である。ナショナルトラスト（National

図 3-2　ダークピークで調査中の筆者ら

図 3-3　公園南部の典型的な風景

Trust)も12.5％の土地を所有している。公有地を見ると，フォレストリーコミッション(Forestry Commission)が所有する土地は0.5％と，ごく僅かであり，ブレコンビーコンズやノーサンバーランド国立公園で広大な面積が見られる軍有地は0.2％ほどである。また，国立公園庁(National Park Authority：NPA)が所有する土地は4％にすぎない。

　本公園では，年間2200万人以上の利用があり，来訪者の多くは周辺の町やロンドンから訪れる。ちなみにこれは，富士箱根伊豆国立公園に次いで世界で2番目に多い利用者数といわれている。1965年にイギリス最初の長距離自然遊歩道に指定されたペニンウェイ(Pennine Way)が公園内を貫き，総延長2900キロに及ぶ歩道が張り巡らされている。本公園の周囲はイギリスの産業革命を支えたマンチェスタ，シェフィールドなどの工業都市が取り囲み，これらの都市居住者にとって絶好の野外レクリエーションの場となっている。産業革命の時代，イギリスの人口のほぼ半数は，都市に居住するようになっていたが，そのような中で，産業革命を支えた都市の工業労働者たちは週末のレクリエーションの場を郊外の田園地域に求めるようになっていた。ピークディストリクトは，産業革命を支えた工業都市によって周囲を取り囲まれていたため，そのためのまさに格好の場所だったのである。

　しかしながら，当時のイギリスでは荒地の多くが狩猟のための格好の場所として，貴族といった土地所有者によって一般民衆の立ち入りが厳しく制限されていた。本地域においても例外ではなく，そのためレクリエーションの場を求める人々と，土地所有者との間の対立が各地で生じていた。そのような中，ダークピークに拡がる広大なムア地帯を，土地所有者達の反発を押し切って行進し，逮捕者も出るという出来事が1932年に起こった。これが，キンダースカウト事件として世に知られるものであり，今日に至るまでイギリスにおける通行権をめぐる歴史上の重要な出来事のひとつとして記憶されている。

　公園内に居住する人口は約3万8000人である。公園区域内には12の地方自治体があり，3つのカウンティ議会，3つのディストリクト議会，5つのバラ議会，1つのシティ議会が含まれているとともに，その中には125のパ

リッシュがある。現在，公園の南部と北部には公園への編入を希望している自治体があり，キャンペーンを展開している。

　公園内における労働人口の内訳を見ると，観光関係が24％，製造業が19％，採石業が12％，農業が12％となっており，農業景観が公園の主要景観であるが，従事者の割合で見ると必ずしも高くはない。一方，公園内の至る所に採石場が見られるが，景観を破壊するものとして環境保護団体からの強い反発が以前から見られ，問題となっている。しかし，採石業従事者の所得水準は比較的高い一方，観光や小売業に従事する者の所得は概して低い状況にある。

## 3.1.2. 管理組織

　イギリスの国立公園は，公園毎に設置される国立公園庁(NPA)によって，国から独立して公園の管理運営を行う(図3-4)。イギリスの国立公園は日本と同じく地域制を採用しているが，その大きな特徴ともいえるのが，土地利用計画に関わる権限をNPAがもっている点である。国立公園に指定されていない一般的な地域の場合，土地利用計画に関わる権限はカウンティやディストリクトといった地方自治体がもっている。しかし国立公園内においては，その権限はNPAに移譲されているのが特色である。

　NPAにおいて，公園管理の中核ともいえる将来方針を定める管理計画の最終的な承認を行うほか，諸施策の実施に関する最終権限をもつのが，評議会(Member)と呼ばれる組織である。評議会は，1949年国立公園・カントリーサイドアクセス法(National Parks and Access to the Countryside Act 1949：NPACA 1949)および1995年環境法(Environmental Act 1995：EA 1995)にもとづき，国および地方自治体によって指名された代表者によって構成される。ピークディストリクト国立公園の場合，国務大臣によって任命されるメンバー数は14名であり，うち8名が専門的知識を有する者，6名がイギリスにおける基礎自治体として最小の行政単位に位置づけられるパリッシュ[1]の代表となっているほか，地方自治体として国立公園を区域に含むカウンティおよびディストリクトから16名が選出され，合計30名の者によって評議会

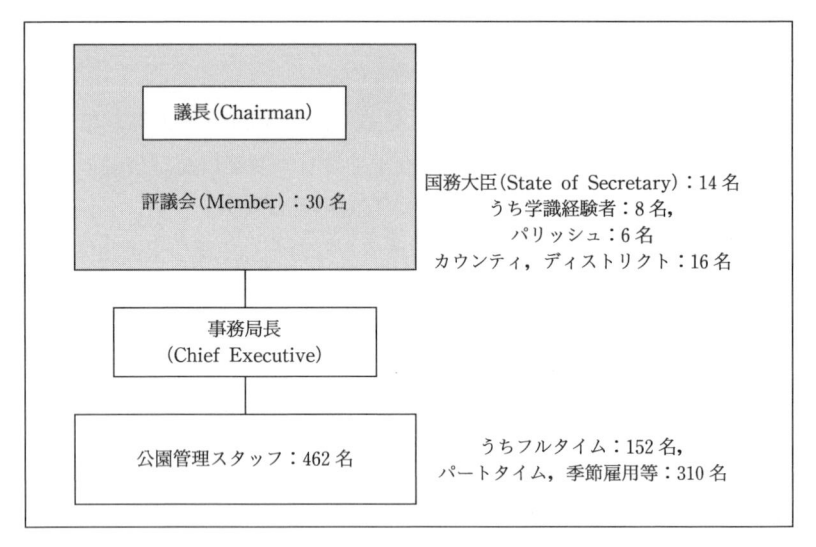

```
                議長(Chairman)

    評議会(Member):30名        国務大臣(State of Secretary):14名
                                  うち学識経験者:8名,
                                  パリッシュ:6名
                                  カウンティ,ディストリクト:16名

          事務局長
        (Chief Executive)

    公園管理スタッフ:462名       うちフルタイム:152名,
                                  パートタイム,季節雇用等:310名
```

図3-4　ピークディストリクト国立公園庁の組織

が構成される。

　ピークディストリクト以外のNPAメンバーはすべて22名であるが，上述のようにピークディストリクトは関係する自治体が多いために，30名という構成になっている[2]。メンバーの責務は国立公園に関わる決定を行うことであり，基本方針と取り組むべき優先課題を設定するとともに，公園が擁する資源と資金を効果的・有効に利用する責務をおっている。

　メンバーによる会合は全体的な議論・決定を行う全メンバーが参加する公園庁会議(Authority Meeting)のほか，土地利用計画に関わる開発許可申請などを取り扱う計画委員会(Planning Committee)，保全や農林業活動，訪問者サービスや環境教育などを扱うサービス委員会(Service Committee)，公園管理運営のコーポレート・ガバナンスのチェックを行う監査・パフォーマンス委員会(Audit & Performance Committee)，職員代表も加わって労働条件や職業訓練などを扱う合同委員会(Local Joint Committee)の4つの委員会が設けられている。この他メンバーの行動規範に関わる助言や，メンバーに対する苦情を処理する規範委員会(Standard Committee)があるが，この委員会は上記メ

ンバーとは別の独立した委員から構成されている。

次に職員組織であるが，事務局長が職員全体を統括しメンバーへの責任をおう。職員組織は，総務的事務部門，環境教育や農林業者への支援など，訪問者・居住者へのサービスを行う部門，政策形成，コミュニケーション支援などの部門に分かれている。また公園内を14地域に分割し，それぞれにレンジャーを配属している。レンジャーは地域社会と NPA をつなぐ役割を果たすとともに，2000年カントリーサイド・歩く権利法(Countryside and Rights of Way Act 2000：CROWA 2000)にもとづくフットパスの管理，訪問者に対するサービス提供など公園管理の第一線の活動を行っている。職員総数は2007年で462名(フルタイム雇用に換算して255名)であり，NPA の中で最も多い[3]。前述のように，ピークディストリクト国立公園が全国立公園の中でも先導的な位置にあり，また訪問者数が多いため，財政的に優遇されており，手厚い職員配置が可能となっている。

なお，ピークディストリクト国立公園においては公衆フットパスの維持・建設や生息地修復・保護などに数多くのボランティアが参加している。これらボランティアはピークパーク保全ボランティア(The Peak Park Conservation Volunteers)と称し，登録制をとり，訓練制度を設けているほか，そのための宿泊施設も完備している。

財政状況について見ると，2007/2008会計年度で予算総額は1511万ポンドであったが，このうち DEFRA による財政割当は772万ポンド，この他に様々な助成金が403万ポンド，販売収入が150万ポンドとなっている。DEFRA からの財政割当額はすべての NPA の中で最も多かった[4]。

ピークディストリクト国立公園の概要は以上の通りであるが，続く第2節では国立公園管理の骨格ともいえる計画のしくみについて見ていきたい。そして，計画にもとづいた国立公園管理を実行していく際に重要な役割を担っているのが，NPA と多様な関係主体とのパートナーシップである。そこで第3節では，国立公園を構成する最も重要な資源である景観および生物多様性の保全に関わるパートナーシップの実態を明らかにする。続く第4節では，国立公園の役割としてますます重要なものになってきている，地域振興とい

う面でのパートナーシップの現状について明らかにする。

## 3.2. ピークディストリクト国立公園の管理・計画のしくみ

### 3.2.1. ピークディストリクト国立公園の計画体系
#### 3.2.1.1. 土地利用計画制度の改変と計画体系の概要

　イングランドの国立公園は都市農村計画法にもとづく土地利用計画と，公園全体の管理のビジョンと基本方針を指し示す国立公園管理計画(National Park Management Plan)を策定することが義務付けられている。イングランドの土地利用計画制度は2004年計画・強制収用法(Planning and Compulsory Purchasing Act 2004：PCPA 2004)で抜本的な改正がなされており，ピークディストリクト国立公園ではこれに対応した計画を策定中である。そこでこの改正の内容にも若干触れながら，計画体系の概要について見ることとしたい。

　改正前の土地利用計画は，カウンティレベルで策定する広域的な土地利用・開発計画(ストラクチャープラン：Structure Plan)と基礎自治体レベルで策定するより具体的な土地利用・開発計画(ローカルプラン：Local Plan)という2段階からなっており，ピークディストリクト国立公園は単独でこの両者の計画を策定していた。また，これと合わせて，公園全体の管理のビジョンと基本方針を指し示す国立公園管理計画を策定していた。

　改革後はカウンティレベルのストラクチャープランが廃止され，代わってイングランドを9つの大きな地域(広域圏)に分け，地域計画機関(Regional Planning Body)または中央政府の地域事務所(Government Office for the Regions)が地域空間戦略(RSS)を策定するとともに，基礎自治体レベルにおいてはローカルディベロプメントフレームワーク(Local Development Framework：LDF)を策定することとした。ピークディストリクト国立公園ではLDFのみを策定することとなり，地域空間戦略はイーストミッドランズ地域事務所が策定することとなった。LDFは様々な文書から構成されるが，枠組みを示すのは計画の全体像を示したローカルディベロプメントスキーム(Local Development Scheme：LDS)，住民参加の基本方針を示したコミュニティ参加

```
┌─────────────────────────┐
│ イーストミッドランズ地域空間戦略 │ ┐ イーストミッドランズ
│ (East Midlands Regional │  } 地域事務所が作成
│ Spatial Strategy)       │ ┘
└─────────────────────────┘
```

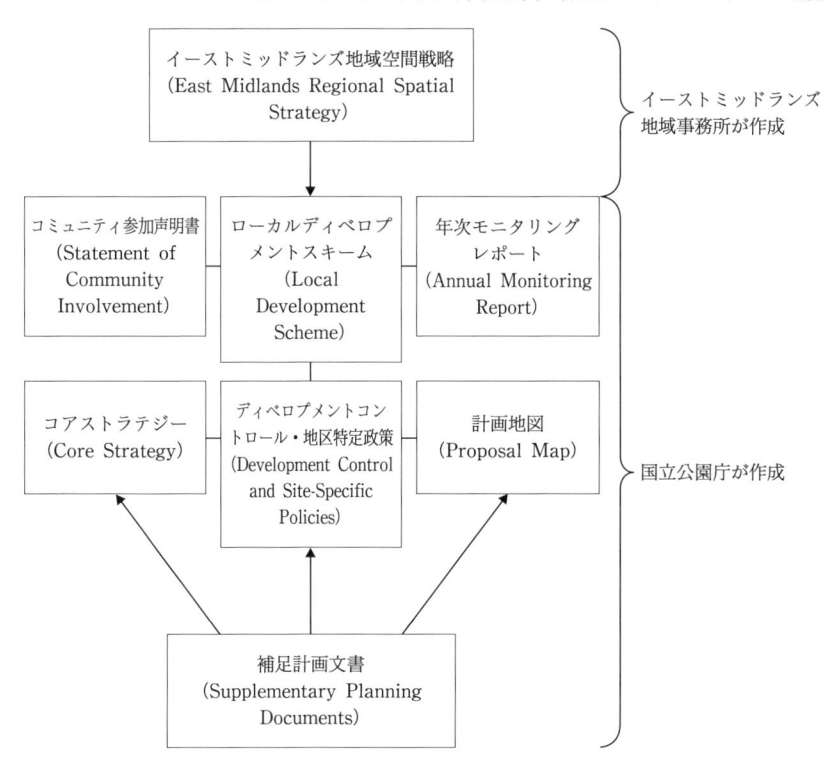

図 3-5　ピークディストリクト国立公園を巡る新たな土地利用計画体系

声明書(Statement of Community Involvement：SCI)などであり，LDS を具体化するために中核戦略(Core Strategy)，開発コントロール・特定地域政策(Development Control and Site-specific Policies)などを策定することとなっている。この改正は計画体系を変えただけではなく，持続可能な発展に貢献するという目標に向かって計画策定を行うことを義務付け，持続可能な発展が土地利用計画制度の重要なキーワードとして設定された[5](図3-5)。

ピークディストリクト NPA の新たな土地利用計画制度への対応において特徴的なことは，具体的な土地利用計画の策定に先駆けて，国立公園管理計画の改正を行ったことである。国立公園管理計画は 1972 年地方政府法(Local Government Act 1972)によって義務付けられたものであるが，当初は必

ずしも重要な位置づけがあたえられておらず，ピークディストリクトNPAでも土地利用計画を基本的な計画と位置づけ，国立公園管理計画は作業計画的な位置づけをあたえていた。しかし2002年に出された環境・食糧・農村省(Department for Environment Food Rural Affairs：DEFRA)の「イングランド国立公園庁のレビュー(Review of English National Park Authorities)」[6]では，NPAの計画枠組みを強化する必要があることを指摘し，国立公園管理計画は公園管理の長期的な政策フレームワークを示すものであり，重要な位置づけをあたえるべきとする方向性を打ち出した。DEFRAが2005年に改定した国立公園管理計画の指針においても，上述のレビューにもとづいて公園管理計画を公園の将来方向を示す中心的かつ包括的な戦略的計画であると位置づけており[7]，国立公園計画は計画体系のなかで中心的な位置づけをあたえられるようになってきている。ピークディストリクトNPAとしても国立公園管理計画が公園管理全体のビジョンと政策を指し示すものであるとの考えに立って，国立公園管理計画を基本計画とし，LDFはこれを実行するための計画と位置づけなおしたのである[8]。ただし，公園管理において具体的な強制力をもって土地利用をコントロールできるのは，土地利用計画であることには変わりはなく，国立公園管理計画で示すビジョンと政策を実行するために，土地利用計画を通して法的強制力をもった規制を行うという形になっている。

### 3.2.1.2. 国立公園管理計画の概要

上述のようにピークディストリクトNPAでは国立公園管理計画を公園管理の基本計画として位置づけ，土地利用計画の改定に先んじて2006年に改正を行った。本計画の特徴は第一に公園に関わる利害関係者や一般市民の参加を積極的に取り入れたことであり，第二に公園管理の基本とするべく管理の基本的ビジョンを設定しつつ2011年までに取り組むべき政策を包括的・具体的に設定していることである。以下，この2つの特徴に焦点をあてながらピークディストリクト国立公園管理計画の概要を述べることとする。

まず参加についてであるが，2004年の計画改正作業開始当初から参加プロセスを始めた。2004年には公園が抱える課題を明らかにするため，公園

図 3-6 国立公園管理計画の表紙

内 6 カ所でパブリックミーティングを行うとともに，アンケート調査を行った[9]。さらに，2005 年 5 月には公園管理の課題ととるべき方向性の提案を示した「未来を描く支援を(Help Shape the Future)」を発行し，コメントの募集やミーティングを行った。これと合わせて関連地方自治体や利害関係者とのワークショップを積み重ねていった。以上の議論をもとにして計画の草案を策定し，パブリックコメントにかけ，2006 年 6 月には最終案を公表し，同年末に理事会で承認され，2007 年 3 月に実施に移された(図 3-6)。

計画策定にあたっては，自治体の既存の計画との関係性の確保も重要な課題であった。特に 2000 年地方政府法(Local Government Act 2000)で各自治体は地域の長期ビジョンを描いたコミュニティ戦略(Community Strategy：CS)の作成を義務付けられ，また公園当局は政府から CS に対する支援を要請されていた。このため，計画策定の際にはこれら CS を参照し，できる限り整合性を保ち，国立公園管理計画の実行を通して CS の達成を支援できるよう

にした。また，計画策定の時点ですでに決定されていた個別分野の計画などで，修正の必要がないものはその内容を踏まえた形で管理計画に盛り込まれた。たとえば生物多様性に関しては2001年にピークディストリクト地域を対象とした行動計画が策定されており，管理計画もこれを踏まえて目標や行動の記載を行っている。

次にピークディストリクト国立公園管理計画の内容であるが，3部構成となっており，第1部で計画の背景について示した後で，第2部で公園管理の将来に影響をあたえる要因について分析を行い，第3部で10の分野ごとに課題ととるべき行動が述べられている。

第1部の計画の背景として，管理計画の意味と本計画の市民参加の過程，法律で定められた国立公園の目的，ピークディストリクト国立公園の特徴，土地所有の状況，関係する自治体，自治体の策定したCSの概況などが記されている。

第2部では公園の管理に影響をあたえる要因について，社会・技術・環境・経済・政治の各分野について分析を行い，公園の将来像ととるべき行動を描くための基礎としている。ここで指摘されている要因として，重要と考えられるものをあげると，社会的な側面として，所得が低い人でも公園内に住めるようにしてほしいという要求，レクリエーション活動要求のさらなる高まり，レクリエーション利用増大に伴う車両交通の増大の問題などがある。環境面に関しては，気候変動に伴う生物多様性などへの影響，鉱物・石材採掘活動による影響，さらに経済面としては，農業への補助金制度の変革，財政システムの変化，持続的なツーリズム産業の成長などをあげている。

続いて第3部においては分野毎に，2011年までに達成すべき目標，現状と課題，具体的な行動を述べている。分野と達成すべき目標の主要な点については表3-1にまとめたが，設定されている分野として，生物多様性，文化遺産，自然美，レクリエーションといった国立公園の目的に直接関係するもののほか，コミュニティ，経済といった地域社会との関係に焦点をあてたものがあり，包括的な計画内容をもっていることがわかる。また，気候変動や，持続的ツーリズムなど現代的課題に積極的に対応しようとしている。なお，

表3-1 ピークディストリクト国立公園管理の主要な内容

| 分野 | とるべき行動 |
| --- | --- |
| 01 生物多様性 | 公園内に指定されたSSSI(Sites of Special Scientific Interest：学術上特に重要な保護地域)の状態を向上させる。生物多様性行動計画で重要とされた生息地と種の質・量を改善する。以上を強力なパートナーシップで行う |
| 02 文化遺産 | 文化遺産戦略のもとに行動計画を策定し実行に移す。地域特有の景観および集落の特徴を保全・促進する |
| 03 自然美 | 景観の性格に関わるアセスメントを終了させ，その性格に合わせた保全を図る |
| 04 気候変動と自然資源 | 自然資源の状態を把握する。農業活動の中で自然資源が保全できるようにする。エネルギー使用の低減，炭素排出の少ない建築物を導入する |
| 05 採石 | 採石場を減らし，残存する採石場を高い環境配慮のものとする。採石による環境への影響を低減させる |
| 06 交通・旅行・アクセス | 住民・訪問者および周辺地域の要求にこたえる。車以外での訪問者の比率を増大させる。国立公園の特性にマイナスの影響をあたえる移動を減らす。$CO_2$排出を低減させる持続的ツーリズムを普及する |
| 07 レクリエーション | 貧困・マイノリティや青少年・子供・高齢者が多様なレクリエーション機会を得て，生活の質を向上できるようにする。滞在型訪問者・持続的ツーリズム参加者を増大させる |
| 08 国立公園への理解 | この国立公園の重要性を様々な機会を通じて人々に理解してもらう。理解を深めることを通して国立公園の持続的発展に貢献をしてもらう |
| 09 住民とコミュニティ | 地域コミュニティと密接な連携を持ってLDFsを作成する。アフォーダブル住宅の提供など必要している人に住宅が供給されるようにする。ボランティア活動を発展させる |
| 10 経済 | 環境保全型農業・農業経営多角化・環境に配慮したビジネスの発展を支援する。持続的なツーリズムを発展させる。以上を通して持続可能な経済を発展させる |

出典：Peak District National Park Management Plan 2006-11.

計画内容は基本的には公園区域内を対象としているが，交通など区域外も関わるような問題に関しては周辺地域も含めた方針を打ち出している。生物多様性を例にとって記載の内容を見てみると，表3-2に示したようであり，達成すべき目標を設定し，その基礎となった課題と具体的な行動を書き込んでいる。

　計画の内容について特徴的なことをまとめると，法律で定められた国立公園の第一の目標に関わる生物多様性保全・文化遺産・自然美について，NPA自らの調査・分析によって基本的な計画・ガイダンスなどを策定・見

**表 3-2** ピークディストリクト国立公園管理計画における生物多様性に関わる
目標・課題・行動

| | |
|---|---|
| 目標 | 2011年までに，生物多様性に関わる成果を出す活力あるパートナーシップが展開され，気候変動への対応も開始される。特に以下の活動に重点を置く<br>・学術上特に重要な保護地域(SSSI)の95%で目標とすべき状態まで再生させる。（公共サービス協定で明示された目標）<br>・生物多様性行動計画で示した優先度の高い生息域・種の保全を質・量ともに高める<br>・ホワイトピーク地域の特徴ある湿地・農地の生息地を増加させる<br>・気候変動の軽減，生物多様性への影響軽減の手法を見出す |
| 課題 | ・公園内の生物多様性は人間活動による大きな圧力を受けている。それに対処するため生物多様性行動計画が策定・実行されているが，そのレビューを行い，LDFの計画内容に反映させていくことが必要<br>・希少種の重要な生息域になっているが，気候変動の影響を受ける恐れがある。また公園指定域の38%がSSSIに指定されており，その保全が重要<br>・自然度の高い場所は土地利用計画の中で自然ゾーンとして区分されてきたが，このゾーンの保全が重要。さらにこのゾーンの外での保全も重要で，特にホワイトピーク地域で検討の必要がある<br>・生物多様性管理にあたって農業経営，鉱物採取，水質などの変化が課題となる。このために多様なパートナーとの協働を行ってきている<br>・農家など土地経営者に対して保全のため800万ポンドの資金が直接支払われているが，財政カットや支払方法の変更の影響を受ける可能性がある<br>・レクリエーション・水供給公社などの所有地で，ビジネスと生物多様性保全を結びつけられるようにする |
| 行動 | ・ピークディストリクト地域生物多様性行動計画(LBAP)のレビューを2007年までに終了する<br>・SSSIの状況を2010年までに改善するための行動計画を完成させる<br>・LBAPのモニタリングを可能とさせる基礎的情報の明確かつ共有できる基準を確立する<br>・生物多様性行動計画で決められた主要種の生息域保護を達成する<br>・政府が設定した農地に生息する鳥類の減少を止める目標を達成する<br>・ホワイトピーク地域で生物多様性保全の目標達成に向けたプロジェクトを立ち上げる<br>・農民などへの保全活動を支援するピークディストリクト土地管理普及サービスを継続する<br>・環境影響評価やLDFの政策などに生物多様性保全を組み込む<br>・生物多様性保全達成に関わるすべてのコミュニティにLBAPをきちんと認識してもらう |

出典：Peak District National Park Management Plan 2006-11.

直し，これにもとづいて具体的な行動を行ってその保全と増進を図ろうとしており，生物多様性に関わっては具体的な数値目標も盛り込んでいる。

　国立公園の第2の目標である，レクリエーション機会の提供・市民の国立公園に対する理解の促進では，理解の促進をすることを通じて公園の持続的管理を支える裾野を広げることにつなげようとしていること，レクリエーション機会についてはマイノリティ・貧困層などこれまで利用機会がなかった人々が利用しやすいようにすること，また日帰り訪問が主体である現状から滞在型観光を増加させることを目標として設定している。

　コミュニティ・経済に関してはNPAが直接行政的な権限をもっているわけではないが，公園管理と地域社会経済を一体として考えるべきであり，持続的な経済なしに公園管理は支えられないという観点から，管理計画の項目として盛り込んでいる。この中でNPAの土地利用計画を通して，アフォーダブル住宅[10]の提供促進など，地域の要求を反映するとともに，助成などを活用して持続的な経済の形成を支援しようとしている。

　また全体を通した重要なキーワードとして第一に持続可能性があげられる。コミュニティ・経済に関わる目標設定のところでも述べたように，持続的な地域社会経済の形成が公園管理上重要であることから，交通政策に関わって公共交通への転換を図る，気候変動に関わってエネルギー使用の低減など，持続的な社会形成への先導的な役割を果たすことが重視されているのである。

　第二に重要なキーワードは協働やパートナーシップであり，管理目標の達成はNPAがもつ土地利用計画権限のみでは不可能であるため，パートナーシップの形成が各計画分野で重視されている。たとえばNPAが主体的に取り組もうとしている生物多様性保全にしても，土地所有者を始めとする多様な主体の協力なしにはできないことから，パートナーとの協力が重要視されており，コミュニティや経済といった分野になると行動計画の中で他の主体との協力ということがより重視されている。これに関わってボランティア活動の拡大も重視されている。

　このように公園計画は，持続可能性の確保を基礎的な考えとして地域社会経済も含めて公園の総合的な管理を進めることとしており，これを進めるた

めに協働関係の構築を重視しているのである。

#### 3.2.1.3. 土地利用計画

前述のように改革前の土地利用計画体系はストラクチャープラン―ローカルプランの2段階構成になっており，通常ストラクチャープランはカウンティ，ローカルプランはディストリクトが作ることとなっていたが，国立公園はその指定目的に合った計画体系をもつことが必要なため，双方を策定することとなっていた。改正後は国の出先機関である地域事務所が地域計画(Regional Plan)を策定し，ディストリクトがLDFを策定することとなっており，国立公園についても地方計画のもとでLDFのみを策定することとなっている。

ピークディストリクト国立公園における2009年6月末現在の状況を見てみよう。ピークディストリクト国立公園が属するイーストミッドランズ(East Midlands)地域では2009年3月12日にイーストミッドランズ地域計画(East Midlands Regional Plan)が策定され，ピークディストリクトNPAが1994年に策定していたストラクチャープランは失効した。ただし，LDFについては現在作成中であるため，2004年に策定されたローカルプランは有効であり，開発許可申請の審査もこれにもとづいて行われている。審査にあたっては，現行ローカルプランの枠組みを設定しているストラクチャープランを参照することが必要な場合があり，この限りにおいて現在も利用されている[11]。

ここでは，現在公式に発効しているイーストミッドランズ地域計画およびローカルプランの内容について検討し，簡単にLDFの策定状況について触れておきたい。

(1) イーストミッドランズ地域計画

ここではイーストミッドランズ地域計画について，その概略とピークディストリクト国立公園に関してどのような記述がされているのかについて述べることとしたい。

まず計画の概略であるが，この計画は，イーストミッドランズ地域に含ま

れる，ダービーシァ(Derbyshire)，レスターシァ(Leicestershire)，リンカーンシァ(Lincolnshire)などのカウンティをカバーするものである。ピークディストリクト国立公園はイーストミッドランズ地域，ウェストミッドランズ地域，ノースウェスト地域の3つの地方にまたがるが，イーストミッドランズ地域にかかる部分が最も多いため，国立公園に関する政策はすべてイーストミッドランズ地域計画で扱うこととして，地域計画の中でのピークディストリクト国立公園に関する一貫した政策を確保しようとしている。

イーストミッドランズ地域計画はイーストミッドランズ全体の2026年までを見越した大枠の開発戦略を示したもので，個別の開発案件の判断基準を示すのではなく，各自治体がLDFを策定する際の方針を示したものである。地域計画全体の基本的な方針を示したコアストラテジー，具体的な政策作成方針を示した空間戦略(Spatial Strategy)，テーマごとの政策，特別な課題をもった地域に対する政策の4つの章から構成されている。

この地域計画ではイーストミッドランズ地域全体を5つのサブエリア(Sub-area)に区分して，それぞれ毎に政策を策定しているが，そのうちのひとつがピークサブエリア(Peak Sub-area)となっている。ピークサブエリアは，ピークディストリクト国立公園とその隣接部分を含んで設定されており，農村景観が卓越し，多くの訪問客がある地域としている[12]。

空間戦略の中でピークサブエリアを対象とした具体的な政策が設定されている。まず政策8において「ピークサブエリア内および周辺の空間重要事項」が以下のように定められている。

　　このサブエリア内・周辺の政策・プログラム策定にあたっては
- ピークディストリクト国立公園指定の目的に留意し，公園の保全と改善を確実にする
- 公園内のコミュニティの社会経済的なニーズにこたえる(たとえばビジネス用地やアフォーダブル住宅の提供)
- サブエリア内の自然文化遺産，特に特別に保全すべき地域である南ペナインムア・ピークディストリクト渓谷・ビーズネストおよびグリーンクレイピッツ・ギャングマイン・ピークディストリクトムア，ピー

クディストリクトムア特別保護地域の保護と修復を図るべきである。
・長距離を移動する交通ルートは可能な限り公園地域をはずして計画すべきである。ただし，国立公園への公共交通機関・自動車以外によるアクセスについては改善すべきである。

また，政策9では「ピークディストリクト国立公園外の空間重要事項」として，ピークサブエリアで国立公園に指定されていない地域での空間戦略の基本方針が以下のように設定されている。

国立公園指定地域外で政策・プログラムを準備する際は，住民のニーズにこたえつつ，移住のスピードや隣接大都市への通勤人口を抑制するようにする。力点は以下の点におく。
・地域の雇用を維持・創出すること。特に地域企業の育成，地域住民・周辺住民を支えるための投資を呼び込むこと。
・新規住宅開発を抑制する。ただし地元の需要にもとづく適度の開発は除く。
・新たな開発はこの地域がもっている高い質の環境，特にバクストン・アシュボーン・ウィルクスワースの建築遺産，ダーウェント渓谷世界遺産など高い景観・自然環境の価値を有する地域に配慮する。

さらに政策10では「ピークサブエリアのツーリズム・訪問者の管理」を以下のように定めている。

自治体等は，持続的発展の原則にもとづきツーリズム・訪問者管理を行うこととし，特に公共交通機関，徒歩・自転車ネットワークの充実に力を入れ，国立公園の目的を尊重する。

国立公園に隣接している地域では，公園への訪問圧力を軽減させるツーリズム振興を行うことが推奨されるが，これによって生物多様性を損なうことがあってはならない。サウスペニームア・ピークディストリクトデールの国際的価値をもつ自然保護地区については生息域とアクセスマネジメントのための地域間協力が必要である。

このほか，政策31「地域の景観の管理・改善に関わる優先事項」では，国立公園の最高のレベルでの保護を促進することによって地域の景観の保護

を図る，政策37「鉱物採取に関わる地方優先事項」については国立公園内での採石など景観に影響をあたえる行為を大きく削減する，などピークディストリクト国立公園の保全に配慮した項目が盛り込まれている。

以上のように国立公園指定地だけではなくその周辺地域も含めて，国立公園の性格に配慮した政策を設定しており，それは公園の保全にとどまらず，国立公園における経済循環の創出など地域コミュニティのあり方まで踏み込んだ内容となっている。国立公園の管理計画に沿った内容となっており，国立公園の意向が反映されているといえよう。

(2) ローカルプラン

ローカルプランは12章からなっており，最初に開発許可申請の取り扱いを述べた後，保全・住宅など分野毎と公園内の主要市街地であるベイクウェル(Bakewell)について，それぞれ政策の設定を行っている。

開発許可申請の審査手続については，この計画とともに，NPAが策定した補足計画ガイド(Supplementary Planning Guide)[13]，協議対象者の意見，野生生物の生息域などに関わる最新のデータを合わせて判断することとしている。

表3-3はローカルプランの政策を一覧にしたものであるが，土地利用計画とは言いながら，公園管理上重要な多様な問題に対して多様な手段を用いてアプローチしようとしていることがわかる。

特徴点をまとめてみると，まず第一に土地利用計画制度の基本ともいえるが，規制によって国立公園内の景観や環境の保全を図ろうとしていることである。国立公園独自のゾーニングとして特に環境保全上重要なところを自然地域(Nature Zone)としてゾーニングして[14]，原則的に開発行為を不許可としている。また，保全地域(Conservation Area)[15]や学術上特に重要な保護地域(SSSI)など既存の法制度による保護のためのゾーニングシステムがあるが，ピークディストリクト国立公園においてもこれらのしくみを利用した保護を図っている。さらに，法制度による保護の網がかかっていない地域でも，既知の自然環境に関わる情報および地域コミュニティが考える景観・歴史・ア

表3-3 ローカルプランの政策項目一覧

| 分野 | 政策項目 |
|---|---|
| 保全 | 自然地域(Natural Zone)の保全・管理，市街地として指定する場所，市街地の範囲，保全地域(Conservation Area)，登録建築物，登録建築物の取り壊し，歴史的価値・地域固有の建築物の用途転換，重要な公園・庭園，店舗前面のサイン・広告，野外広告，農林業労働者のための住居，農林業経営のための建築，農業経営の多様化に伴う建築物の用途転換・新築，歴史・文化的遺産の保全，遺跡の保護，重要な野生動物の種・生息地の保全，法令で定められた地域以外での自然保全の重要性の評価，樹木・樹林地の保護，汚染等の防止 |
| 住宅 | 地域の要求にこたえたアフォーダブル住宅建築への特例，農業者以外への農業建築物所有変更の条件，住居の拡張，住居の改築 |
| 店舗，サービス・コミュニティ施設 | 市街地における小売業開店の条件，店舗の用途変更，市街地以外での小売店舗開店の制約，コミュニティ施設建築の条件 |
| 経済 | ホープバレーでの雇用創出のための工業団地などの土地利用の計画，雇用創出のための例外的な開発許可の条件，家内ビジネスの制限，工業・ビジネス用地の拡張規制 |
| レクリエーション・観光 | レクリエーション・観光のための開発の条件，キャンプ場・キャンピングカーサイトの新規開発の規制，別荘建築の禁止 |
| 公共施設 | 公共サービスインフラ施設建設が必要な開発許可の条件，公共サービスインフラ施設建設の規制，自然エネルギー関連施設建設の条件，通信関連インフラ建設の条件 |
| 鉱物 | 鉱物採取行為の規制，鉱物採取跡地再生義務の賦課，既存の石灰岩採取量上限，新規砂利採取場の禁止，住宅建築用の石材採取の条件 |
| 廃棄物管理 | 廃棄物処理施設建設の規制，廃棄物処分場の跡地再生義務 |
| 交通 | 小規模・低規格道路の自動車交通の制限，公園を横断する道路建設に反対，道路建設のための土地確保する場所の明記，公共交通関連施設の改良，鉄道建設許可の条件，開発は公共交通アクセスのあるところに制限，大型自動車交通の抑制，非居住者向け駐車場建設の規制 |
| ベイクウェル | 重要なオープンスペースの開発禁止，駐車場の上限，公共交通関連施設の改良，工業・ビジネス開発が許可される地域の明記，コミュニティの要求にもとづくスポーツ・文化などの施設の許可 |

注：代表的な政策のみを抽出した。また政策項目について，内容がわかりやすいように変更している。

メニティの重要性などに照らして開発を判断すべきとする政策(政策LC19)も導入しており，公園内全域に関わって自然環境・文化的景観保全などの観点から，開発許可申請を審査することとしている(図3-7)。

　第2に土地利用開発コントロールを通して，国立公園地域として望ましい地域経済・社会へと誘導しようとしていることである。まず，富裕層の移住，大都市通勤者の移住が増えていることが問題となっていることから，新規住

図 3-7　SSSI に指定されている Winnats Pass
ナショナルトラストが所有・管理している。

宅の開発は基本的に地域に住み・暮らす人々のためのものおよびアフォーダブル住宅に制限する政策を打ち出している。また公園局は，農林業を地域の景観と経済を支える基本であるという観点から重視しているが，農業用に使われている建築物の他用途への転用に規制をかけるなどして，農業経営基盤が掘り崩されていくことを抑制しようとしている。この他小売店舗に関して市街地以外での開業を原則不許可とするなど厳しい規制をかけつつ，既存の小売店舗の他用途の転用について，地域へのサービスが支障を来す場合許可しないとしている。また，観光・レクリエーションに関わっても，レクリエーション利用地域をゾーニングし，それぞれのゾーンごとに適切なレクリエーション利用施設の建築規制を行うとともに，別荘建設の禁止，自炊宿泊施設やキャンプ場の別荘化の禁止などを通して，適切なレクリエーション機

会の提供と富裕層などによる利用固定化を抑止する政策をとっている。このように土地利用規制のコントロールを利用して，地域の社会・経済のあり方が公園管理計画で設定した目標に近づくよう誘導しようとしているのである。

第3には交通問題への取り組みである。自動車交通の増大が公園管理に対して負のインパクトとなることから，駐車場建設の抑制，公共交通機関の支援などを通じて自動車交通の抑制を図るとともに，公園を横断する道路建設のプロジェクトへ反対するなどして公園通過交通量の抑制を図ろうとしている。また，公共交通が整備された市街地に開発を集約するといった，社会経済のあり方とも関わる政策も設定されている。

以上のように，ローカルプランは単なる土地利用計画にとどまらず，社会経済・レクリエーションなど公園管理上の様々な課題を達成する手段として構成されている。政策は分野毎に設定されているものの，その根本には公園管理計画に示されている公園がめざすべき将来像があり，それに関わって個々の政策が有機的に関連付けられているといえる。

(3) 計画改訂の現段階

先にも述べたように，2004年の法改正に伴って現在新たな土地利用計画体系をNPAが策定中であるのでその状況について見てみよう。

2009年6月の段階においては，計画全体の枠組みを示したローカルディベロプメントスキーム(LDS)と，計画策定・実行においてどのように参加を確保するのかを示したSCIを決定しているが[16]，具体的な計画内容を規定する政策については現在検討途上である。LDSに規定されている計画枠組みは図3-5に示したとおりであり，具体的な計画の中心となるコアストラテジーの策定を中心に進めている。コアストラテジーの内容がほぼ定まった段階で，ディベロプメントコントロール・地区特定政策の策定作業を本格化させる予定であり，補足計画文書(Supplementary Planning Documents：SPD)については現行の補足計画ガイドを活用することとしており，その内容の改訂予定はない。

コアストラテジーの策定作業の状況を見ておこう。作業は2005年に開始

されたが，国立公園の改訂作業と合わせて問題点と将来方向を検討する形で進められた。2006年の国立公園管理計画でLDSの基本的な枠組みを示し，さらにこれにもとづいて計画策定の方向性に関するオプションが示され，2007年3月から5月にかけて一般市民への協議に付された。さらにここで出された意見をもとにしてより精査されたオプション(Peak District National Park Core Strategy. Redefined Options)が作成され，2008年の9-10月に主要な利害関係者との協議に付され，さらに2009年4月までパブリックコメントに付された。以上の協議・コメントをもとにして公園局として最終案を策定する予定である。

「精査されたオプション」では課題毎にいくつかの政策オプションが示され，それぞれのオプションごとにNPAの見解およびこれまでの協議の過程で出されたコメントがつけられている。「精査されたオプション」においてより良い選択肢として評価されているものと，現行ローカルプランおよびその基本となったストラクチャープランを比較してみると次のようなことが指摘できる。

まず第一に基本的な方向性については大きな変更は考えられていないことである。景観保全や交通など土地利用計画の骨格となる部分の政策は基本的にこれまでの政策を踏襲することとしている。

一方，既存の方針を変更したり，新たに政策を付加・拡張しようとしている分野もある。

既存の計画の変更という点では地域内の経済活性化のために，規制を緩めようとしている。たとえば「田園地域のビジネス」という課題分野では農業用建築物を，国立公園の景観・生物多様性・文化遺産にプラスとなり，地域のニーズを満たす条件のもとで幅広い経済活動に転用することを可能とさせるという政策を望ましいものとして設定している。また，「町や集落での雇用」という課題では新しい経済活動を既存の大きな市街地や公共交通が発達した地域に限定するというオプションは経済活性化の機会を喪失する可能性があるとして，すべての町・集落で新しいビジネスの創業を可能とするオプションを柔軟かつより広い雇用機会を創出するものであるとしている。

新たに政策を拡張する分野としてはエネルギーとアフォーダブル住宅があげられる。エネルギーに関しては，持続的な地域づくりに関わって，エネルギー使用量の削減とともに，自然エネルギーの利用が課題としているが，風力発電は景観に影響を及ぼすなどの問題もある。これに関わってエネルギー使用量の削減・自然エネルギー利用施設の設置などについての方針を拡充した。またアフォーダブル住宅については従来から重視していたが，さらに政策を拡充しようとしている。「精査されたオプション」では住宅に関わる7つの課題を設定しているが，いずれもアフォーダブル住宅に関わるもので，住宅政策においてアフォーダブル住宅を最優先のものとし，その円滑な供給のためにどのような政策が好ましいかについて政策案を提示している[17]。

　以上のように既存の方針を基本的には引き継ぎつつ，地域活性化や低所得者層に対する住宅供給など地域の要求を反映する方向で検討を進めている。

### 3.2.2. 公園全体の計画体系とその具体化に向けた手法

　以上，公園当局が法制度の下で策定を義務付けられた計画について述べてきた。しかしこれまでも述べてきたように，国立公園管理は公園当局単独で可能となるものではなく，多様な主体との協働で初めて可能となるものである。このため公園に関わる計画もNPAが法定義務として策定する公園管理計画と土地利用計画だけではなく，様々な主体とともに計画を策定したり，あるいは他の主体が策定した計画を国立公園に関わる計画の一環として位置づけている。また，計画の具体化についてみれば，NPA単独で行うことの方が例外的で，多様な主体と協働関係を形成しながら実行している。そこで，以下，公園全体に関わってどのような計画体系が形成されているのか，計画はどのように実行されているのかについて見てみよう。

#### 3.2.2.1. 公園全体の計画体系

　国立公園管理計画は全体的なビジョンと政策の方向性を示したものであり，その具体化はより焦点を絞った計画等によって行われている。これら計画等は以下のように分類できる。

　ひとつは計画の対象をめぐってであり，分野毎に策定されるものと地域を

特定して立てられるものに分類できる。前者についてみると、たとえば生物多様性保全については「地域生物多様性行動計画(Local Biodiversity Action Plan)」、文化遺産の保全については「文化遺産戦略(Cultural Heritage Strategy)」を策定し、詳細な方針を定めている。また、こうした計画等のもとに様々なプロジェクトが企画され実行されている場合が多い。土地利用計画も、国立公園管理計画の具体化のための計画と位置づけられる。

後者に分類されるのは地域を特定して土地所有者などとの協働で策定するカントリーサイドプラン(Countryside Plan)であり、水源域森林保全と良好なレクリエーション機会の提供をめざした「ダーウェント渓谷上流部樹林再生計画(Upper Derwent Valley Woodlands Regeneration Project Plan)」や、入込が少なく重要な生息地が確保されているアルポート渓谷を対象とした「アルポート管理計画(Alport Management Plan)」(囲み記事参照)などが策定されている(図3-8)。

ふたつには計画等の策定主体をめぐってであり、国立公園管理計画の体系の一環としてNPAが主体となって策定したものと、NPA以外の政策や取り組みから始まり、国立公園管理計画と関連付けられたものに分類できる。前者の例としては文化遺産戦略があげられ、公園の文化景観保全という公園の目的達成のために、土地利用計画・開発許可申請ともリンクしつつ実行する計画となっている。後者の例としては地域生物多様性行動計画やカントリーサイドプランがあげられる。たとえば地域生物多様性行動計画は、生物多様性条約のもとでイギリスが策定した生物多様性保全行動計画を受けて策定される、地域生物多様性行動計画のひとつと位置づけられる。ピークディストリクトの場合は、国立公園が生物多様性保全のリーダーシップをとるべきという理念にもとづき、NPAが中心となって2001年に策定したが、関係自治体、政府機関、環境保護団体、レクリエーション団体など多様な組織の協働で策定された。またカントリーサイドプランはNPA以外の主体のイニシアティブで策定される場合が多く、たとえばダーウェント渓谷上流部樹林再生計画は、主要な土地所有者であるナショナルトラスト・水道公社・フォレストリーコミッションが中心となり、これにNPAが支援に入る形で

図3-8　ダーウェント渓谷の景観

協働関係を形成し，ダーウェント渓谷上流部における総合的な保全・レクリエーション管理・教育の展開をめざして策定されたものである。

このように，ピークディストリクト国立公園は国立公園管理計画を中心としつつ，具体的な管理実行のために公園独自に計画を作成するほか，他の政策にもとづく計画，パートナーと協働で策定した計画など様々な計画と関連付けながら計画体系を構成してきているのである。

また，もう一点指摘しておきたいのは，いずれの形態の計画も共通した構成をもっていることで，現状分析を踏まえたうえで，目標を具体的に設定し，目標毎に達成目標年次および行動する主体は誰かを明示するとともに，評価のためのモニタリングの内容についても記述している。多様な主体が協働で公園を作りあげていくだけに，公園管理を確実に進めていくためには役割分担や，いつ何をするのかを明確化し，共有することが欠かせない。計画の策

定プロセスの中でこうした点が確保されるように議論を進め，目標達成を確認・確保しやすい計画が策定されているのである。

### アルポート管理計画(Alport Management Plan)

カントリーサイドプランのひとつの事例としてアルポート管理計画を取りあげて，その内容について見てみよう。

アルポート渓谷はピークディストリクト国立公園の北部に位置し，シェフィールドとマンチェスターを結ぶA57線の北側に広がる渓谷である。この渓谷には自動車道路はなく，3軒の家があるのみで，1930-80年の間に約170ヘクタールの針葉樹の造林が行われたが，それ以外の土地はほとんど放置状況にあった。1994年に人工林の所有者であるフォレストリーコミッションが針葉樹造林木の伐採・針葉樹と広葉樹混交の植林を計画したが，これに対して渓谷の生態系に大きな撹乱を生じさせる，伐採搬出に伴う道路建設が大きなインパクトをあたえるとして強い反対運動が起こった。フォレストリーコミッションはこれに対していくつかの影響緩和策を提示したが，いずれも反対運動を納得させるに至らず膠着状況に陥った。一方，伐採による撹乱を懸念する側も，渓谷内の生態系・自然資源がほとんど管理されていない状況にあること，もともとの植生とはまったく異なる針葉樹人工林が存在していることは問題と考えていた。

これに対してナショナルトラストとフォレストリーコミッションが協力して抜本的な解決策を見出そうという動きを始めた。2002年にはナショナルトラストがアルポート渓谷の土地を取得し，人工林部分についてはフォレストリーコミッションにリースをする形で，協力して管理を進めることとした。また管理を進めるにあたって，利害関係者・関心をもつものからなるアルポート諮問委員会(Alport Advisory Group：AAG)を設置し，この助言のもと進めることとした。こうした中でナショナルトラストが主体となり，フォレストリーコミッションとの協力，AAGの助言のもとに作成したのがアルポート管理計画である。

この計画では，半自然の生息域がモザイク状に存在する良好な状況(favorable condition)を達成すること，歴史的・文化的遺産を保護すること，適切

図 3-9　稜線から見たアルポート渓谷

なレクリエーション機会の提供，関係者のパートナーシップを基本とすることとした。そのうえで，針葉樹をもともとの植生に近い広葉樹林に転換する，良好な状態の半自然の生息域へ誘導する，大きな影響のない範囲で木材生産を許容するといった方針を設定している。

　現在は実験的な試みも含めて，この計画の達成に向かって活動を行っている。ナショナルトラストは 2003 年以降生物多様性の現状についての調査を積み重ねてきている。またこうした調査結果を援用しつつ，実験的な施業を行ったり，ドライストーンウォールの復元や，フットパスや自然解説のサインの維持修復などを行っている。

　AAG の議長を公園局の戦略・開発部長が勤めるなど，NPA は側面的な支援を行ってきたが，この計画・プロジェクトは基本的にはナショナルトラスト・森林委員会が主体となって関係者の合意のもとで進めてきた。こうした計画が国立公園の中のカントリープランに位置づけられているところに多様な関係者の協働で形成する地域環境ガバナンスとしての性格をもつイングランドの国立公園管理の特徴を見て取ることができる（図 3-9，3-10）。

図3-10　アルポート渓谷における自然林再生試験地

### 3.2.2.2. 計画具体化の手法

さて，以上のような組織・計画体系のもとで具体的にどのように公園管理を行っているのかについて見てみよう。

計画具体化の手法として第一にあげられるのは土地利用計画のもとでの開発コントロールである。公園内で開発・建築などの行為を行う場合は，一部の例外を除いて，NPAへ申請を行わなければならず，NPAは土地利用計画にもとづいて申請を審査し，許可・条件付許可・不許可といった判断を下す。NPAが法律のもとで強制力をもって行使できるほぼ唯一の権限であるとともに，自然環境や文化遺産の保全を行ううえで欠かせない権限であり，国立公園管理の基礎となっている。

第二に既存の多様な政策を活用していることがあげられる。たとえばイギリスでは環境保全型農業を進めるためにDEFRAが環境スチュワートシッ

プスキーム(Environmental Stewardship Scheme)という助成制度を作っているが，この助成政策を積極的に活用することによって，農業者と協力して農地での生物多様性保全や生息域の修復などを行っている。

　第三に助成金を獲得するなどして国立公園独自のプロジェクトを立ち上げている。たとえば，公園内の主要な景観のひとつであるムアランドを保全するために，助成金を獲得して，広範な関係者とともに「ムアの未来のためのパートナーシップ(Moors for the Future Partnership)」という独自の保全プロジェクトを立ち上げている。また，地域の環境保全型ビジネスを支援するために，地域ブランドの認定システムの構築や，地産地消の推進などを行っている。この他，農民など土地所有者に対して，環境に関わる規制や助成制度について一元的にアドバイスを供与し，指導をするためのピークディストリクト土地管理普及サービス(Peak District Land Management Advisory Service)を設立している。これはNPAとナチュラルイングランドが中心になって設置した相談所で，規制や技術相談・助成金などの窓口がいくつかの官庁にまたがり，またしくみが複雑であるため，一元的な相談窓口を設置することによって，土地所有者への便宜を図りつつ，土地所有者による保全活動を支援しようとするものである。

　第四にはモニタリング・評価システムの整備があげられる。計画の達成状況について定期的にモニタリング・評価を行い，今後の課題は何かを明確にし，円滑かつ良好な計画実行を確保しようとしている。ただし，生物多様性行動計画などについては詳細なモニタリングが行われているが，公園管理のすべての面にわたってのモニタリング・評価システムが整っているわけではなく，システムは整備途上である[18]。

　第五には公園管理の手法の根底をなすものとして協働があげられる。公園内のほとんどの土地が私有地であり，人々の生業と結びついた景観を保全するという点においても，また地域社会経済活性化との両立を図るという点においても，公園に関わる多様な人々との協働が不可欠である。このためすでに述べたように計画等の策定を協働で行うとともに，その実行にあたっても多様な人々が役割分担をしつつ協働で実行している。

協働についてもうひとつ指摘しておかなければならないことは，公園管理に関わる取り組みのすべてをNPAが中心となって行っているわけではなく，NPA以外の主体―自治体，NPOなどがそれぞれの関心にもとづいて取り組みを行う場合も数多くあるということである。こうした取り組みについても上述のような様々な手法を用いて行っている。またピークディストリクト友の会(Friends of the Peak District)のように開発申請の処理状況をチェックし，保全上問題となる開発行為に対してキャンペーン活動を行うなど，ウォッチドッグ的な役割を果たす団体も存在している。

このように土地利用規制を基礎としつつも，様々な政策を組み合わせ，また独自の政策を展開しつつ，様々な関係者の協働によって公園管理を行っているのである。

### 3.2.3. 小　括

以上のように，ピークディストリクト国立公園は保全と地域活性化を合わせて追求し，持続的社会づくりの先導者としての意識をもって公園の管理を行っている。計画システムも公園管理計画を主体としたものとし，その下で多様なプログラムを展開し，地域社会経済活性化にも力を入れている。また管理の実行にあたっては協働が重要なキーワードとなっており，様々な組織や公園内住民との協力関係をもとに展開しており，計画策定そのものも広範な参加を得て行っている。NPAは通常の自治体のもつ権限のうち土地利用計画の権限のみを有しているが，実態的には単一目的にとどまらない自治体としての機能をもっているといえ，地域の社会経済のあり方とも関わらせて地域環境ガバナンスの構築を先導的に進めようとしているといえよう。ここで指摘しておきたいのは，国立公園をめぐるすべての取り組みがNPAのもとに系統的・組織的に編成されているわけでは必ずしもないことである。NPA以外の主体のイニシアティブで始まった取り組みにNPAが参加・支援する例も多くあり，また「ムアの未来のためのパートナーシップ」のようにNPAから相対的に独立した意思形成を行いつつも公園の生物多様性保全に中核的な役割を果たしている組織も存在している。こうした様々な取り組

みの総体として国立公園の管理システムが形成されているのであり，このシステム形成に向けて NPA は様々な活動を行っているのである。ローズ(Rhodes)はガバナンスを自己組織化するシステムと定義したが[19]，まさにこうした意味でのガバナンスが形成されつつあるのがイングランドの国立公園といえる。

## 3.3. 景観保全，生物多様性保全とパートナーシップ

### 3.3.1. 景観保全とパートナーシップ
#### 3.3.1.1. はじめに

本項では，ピークディストリクト国立公園における景観政策の全体像を概観し，多様な主体とのパートナーシップにより遂行されている実態を明らかにする。

景観保全はイギリスの国立公園の第一の目的であり，1995年環境法(Environmental Act 1995：EA 1995)では，「自然の美，野生生物および文化遺産を保全し，高めること」(to conserve and enhance natural beauty, wild life and cultural heritage)という表現で示されている。従来，この目的を達成するための最も基本的な手段は法定土地利用計画にもとづく開発規制であった。前述のように，2004年計画・強制収用法以前はストラクチャープランとローカルプランにもとづいて開発規制が行われ，それ以降は LDF によって行われることになっており[20]，国立公園内ではひときわ厳しい規制が敷かれていた。マンチェスターとシェフィールドという二大都市に挟まれたこの地域で現在のような自然美溢れる景観が残されたのは，何をおいても厳しい開発規制の賜であった。

しかし，景観の変化をもたらす要因は多様であり，開発規制は現在の景観をドラスティックに損なうような建築行為や土地の改変行為の防止には役立っても，それ以外の要因にもとづく変化には対応できないこともまた自明であった。たとえば農業の規模拡大に伴う農耕地の区画拡大によって石垣や生垣，その他の歴史的遺構が除去されたり，管理の省力化のために生垣が有

刺鉄線の柵に置き換えられたりすることをコントロールすることは難しかったし，過去の開発で損なわれた景観を修復することは当然のことながらできなかった。そもそも開発規制にしても，人々の暮らし方が日々変化する中で，現状を完全に凍結するわけにはいかず，どの程度の景観変化までを許容するかという難しい判断が要求された。そのためには守るべき(あるいは形成すべき)景観の価値がどのようなものであるかを知る必要があるが，従来はそうした景観評価の基準となるようなものがなかったのである。

この問題に正面から答えようとしたのが景観特性評価(Landscape Character Assessment：LCA)である。景観特性評価は1990年代半ばより当時のカントリーサイドコミッション(現在のナチュラルイングランド)の主導で開発されてきた景観評価のためのツールである。膨大な基礎調査をもとに景観特性区分を行って，区分ごとの景観の特性を抽出し，景観変化をもたらす要因を整理して，政策に生かそうという趣旨で開発が始まり，すでにイングランドの全域で景観特性区分は終わっている。これまでは宝の持ち腐れ的なところもあったが，最近になってようやく各種の計画に取り入れられようとしている。

他方，近年のヨーロッパの景観政策に大きな影響を及ぼしているのは2006年に批准されたヨーロッパ景観条約(European Landscape Convention：ELC)である。同条約はヨーロッパ議会(Council of Europe)の主導で成立した景観に関する初の国際条約であり，景観の保護，管理と計画，そして景観問題に関するヨーロッパの協調を推進することを目的としている。イギリス政府は2006年2月に同条約を批准し，2007年3月から施行している。

景観条約の締結を受けて，イギリス国内では2007年10月に，ナチュラルイングランドが景観政策実施のためのフレームワーク(Framework for Implementation)を策定し，景観の保護，および管理と計画をさらに強化することを定めている。そして，その枠組みにもとづいて，各国立公園では景観戦略(Landscape Strategy)と行動計画(Action Plan)を作成することになっている。ピークディストリクト国立公園の景観戦略と行動計画は全国で最も早く，2009年7月に素案が評議会メンバーに承認され，同年7月に最終案が決定される予定になっていた。計画期間は2009年から2019年までである。本戦

略では，国立公園内を8つの景観特性エリアに区分して，各エリアごとに包括的な戦略，景観変化に伴う課題，景観ガイドラインを定めている。また行動計画では，景観戦略を実現するために極めて広範囲な施策を盛り込んでいる[21]。

本稿では，以上のような景観政策の流れを踏まえて，まず，ピークディストリクト国立公園における景観政策を概観し，次に国立公園のビジョンを定めた管理計画での景観保全の扱いを見る。そのうえで景観政策の重要なツールである景観特性評価の実際を紹介するとともに，それを踏まえて作成された景観戦略・行動計画の内容の一部を紹介する。

### 3.3.1.2. ピークディストリクト国立公園における景観政策の概観

ピークディストリクト国立公園の景観政策の基本となるのは，2009年7月に最終案が確定した景観戦略・行動計画である。表3-3はピークディストリクト国立公園の景観戦略・行動計画に関連する政策を一覧したものである。また，これらの戦略・行動計画の関係を示したのが，図3-11である。

環境法との関係で言えば，景観戦略・行動計画は，国立公園の第一の目的である「自然の美，野生生物および文化遺産を保全し，高める」ための行動に意味および方向性をあたえることによって，これに寄与する。まだ，環境特性評価と景観戦略は，「国立公園の特別な質の認識(awareness)，楽しみ(enjoyment)および理解(understanding)を推進する」手段をあたえることによって，国立公園の第二の目的にも寄与する。行動計画も景観の特別な価値についての教育やコミュニケーションに関連した行動を含むので，やはり第二の目的に貢献する。さらに，景観戦略と行動計画は，将来の景観変化に関する枠組みをあたえるが，単に景観を保護・向上するという視点だけでなく，「地域コミュニティの経済的・社会的福祉の促進」に資するような視点をもっているという意味では，第三の目的にも寄与するといえる[22]。

なお，EA 1995とELCでは景観保全に関する用語が異なるが，それについては景観戦略の文書中で次のような解釈が与えられている。すなわち，環境法で言うところの「保全」(conserve)はELCの「保護」(protect)，環境法の「高める」(enhance)はELCの「管理」(manage)と「計画」(plan)に相当すると

3. ピークディストリクト国立公園の管理とパートナーシップ　157

表3-4

| 関連する国および地域政策 |
|---|
| ・国立公園の制定法上の目的<br>・ナチュラルイングランド景観政策<br>・イーストミッドランド地域計画(2009) |
| 関連する地方政策 |
| ・ピークディストリクト国立公園管理計画(2006-2011)<br>・ローカルディベロプメントフレームワーク<br>・文化財戦略<br>・生物多様性行動計画<br>・ピークディストリクト意匠ガイド(補足計画文書)<br>・保全地域評価<br>・村落計画<br>・気候変動行動計画<br>・レクリエーション戦略<br>・鉱物戦略行動計画<br>・持続的ツーリズム戦略<br>・住民協働・コミュニティ戦略<br>・環境保全農業基金<br>・イングランド森林基金スキーム |

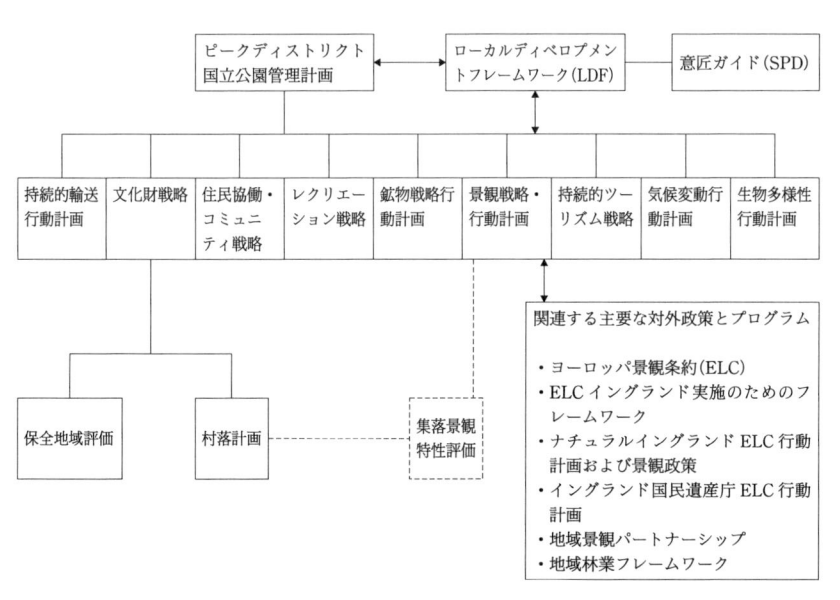

図3-11　景観戦略・行動計画と他の戦略・行動計画との関連

いうものである。

　イーストミッドランズ地域計画については，景観戦略と行動計画は次の4つの政策(Policy)に従うものとされている。すなわち，Policy8(ピーク・サブエリア内およびその周辺における空間的な優先性)，Policy26(地方の自然的・文化的資産の保全および高めること)，Policy30(森林被覆を管理し，増加させること)，およびPolicy31(地方の景観を管理し，高めること)である。

　次に景観戦略・行動計画は，図3-11が示すように，NPAが策定する管理計画とLDF以外に，文化財，生物多様性，保護地域，デザイン・意匠，集落(コミュニティ)，気候変動，レクリエーション，鉱物，交通，土地管理(農業環境政策，森林基金)など，多数の戦略・行動計画と関わっている。

　景観戦略と行動計画は，後述するように，管理計画の目標を達成するために最も重視する政策に位置づけられている。また，開発規制を定めるLDFについては，ピークディストリクトの価値ある特性を反映させなければならないとされているため，規制の基準や実際に運用において景観特性評価が大きな意味をもってくる可能性がある。

　他方，景観特性評価は農業環境政策，とりわけ農家への環境支払に対しても大きな役割を果たしうる。というのは，環境支払の主要な目標が景観の質と特徴を維持し，高めることにおかれていて，景観特性評価はまさに景観の質と特徴を評価するツールだからである。結局のところ農業環境政策は景観政策の関連政策と言うよりも，景観戦略と行動計画の目標を達成するための実行メカニズムと言った方がふさわしい。

3.3.1.3.　管理計画における景観保全の課題と対策

　ピークディストリクト国立公園のマネジメントプランでは，景観の自然美に関する目標像を以下のように記述している。

　　・景観の自然美は，そこに住む人にとっても，また訪れる人にとっても依然として魅力的であり，またそれは地域コミュニティおよび地域経済にとっての資産であり続ける。
　　・その景観には明確な特徴があり，その特徴に応じて景観が保全・高められている。

図3-12　農耕地とヒースムアランドの景観

　ここでピークディストリクト国立公園は，3つの特徴的な景観エリアに区分される。第一はホワイトピーク(White Peak)と呼ばれるエリアで，緩やかな石灰質の農耕地と深い侵食谷で特徴付けられる。第二はダークピーク(Dark Peak)と呼ばれるエリアで，ドラマティックな岩壁とヒースムアランドが特徴となっている。第三はサウスウェストピーク(South West Peak)と名付けられたエリアで，牧草地と開放的なヒースがモザイク状に広がる景観が特徴である。ピークディストリクト国立公園の景観保全は，この景観特性をいかに保全し，高めるかというところに主眼をおいている(図3-12)。
　管理計画において，国立公園の自然美を減じる要因としてあげられているのが，道路，採石場，農場の建物など景観にそぐわない開発，いくつかのレクリエーション行為や遊覧飛行による騒音の増加などである。また過剰な案内表示，車，都市的な建物，バイク，キャンピングエリアなども避けるべきものとされている。さらに，新規の開発については，そのデザインやディーテール，開発の規模，背景や位置などに，細心の注意を払わなければならないとされている。

他方，管理計画で強調されているのが，前述のLCAとメディアの重要性である。景観特性評価は，ある地域の景観の特徴とその価値を明らかにするために必須のツールとして評価され，またメディアはピークディストリクトを描写し，賞賛し，解説するだけでなく，その文化的，倫理的，経済的価値を認識させてくれる点で重要であるとしている。さらに管理計画では，芸術分野の可能性にも言及している。すなわち，映像，文学，舞台などを通じて，景観の価値を伝えられるというわけである。

最後に，自然美を保全し，高めるために必要な施策として，次の6つがあげられている。

1) LCA作業の完成。
2) ホワイトピークの自然美の保全と向上に向けたパートナーシップ・プロジェクトの立ち上げ。
3) ヒース荒地およびサウスウェストピークに関する包括的管理計画の作成。
4) 自然美を基礎におくあらゆる形態の芸術がピークディストリクトの景観を賞賛し，解釈するように働きかける。
5) 価値ある景観を台無しにするような要素を防ぎ，排除する。
6) 不要な看板を減らすとともに，すべての商業看板が自然美を損なわないようにする

### 3.3.1.4. 景観特性評価(LCA)

LCAは，ある場所をその他の場所と区別するものが何であるかを同定するためのツールである。それはその場所を特徴付けるものを明確にするだけであり，特定の景観に価値を付与するものではない。LCAは，その場所の景観の特性を体系的に記述する枠組を提供するものであり，その景観特性にもとづいて将来の景観変化に関する判断を行うためのツールである。

評価にあたっては，まず公刊された地図や文書から情報を収集し，国立公園全域にわたるフィールド調査を行うとともに，コミュニティの意見を集めるためのワークショップを開催する。こうして作成された素案にもとづいて公的な意見聴取が行われ，素案の図面並びに文書の修正が図られる。

LCAは，現状の基本的な景観特性を把握し，将来の景観変化を推定するための枠組みをあたえるものである。この評価はまた，国立公園の景観に対する正しい認識と理解を進めるのにも役立つと期待されている。

ピークディストリクト国立公園のLCAでは，まず公園全体を8つの地域特性エリア(the regional character area)に区分したうえで，各エリアごとにさらに景観特性タイプ(landscape character type)を設定し，タイプ毎に地形，土壌と植生，土地被覆，集落，交通の特徴を記述するという構成になっている。

景観特性評価は，「物理的な影響」，「生態学的な影響」，「人為の影響」，「土地の意味」(Sense of Place)という4つのパートから構成されている。このうち前の3つは，現在の景観構造を形づくってきた要因を，気象や侵食など物理的な影響，動植物による生態学的な影響，および人間活動による影響に分けて記述した部分である。これに対して「土地の意味」とは，景観特性タイプごとに，景観の基本的な特徴，土壌と植生，樹木の被覆状況，土地利用，塀，集落と建物，国通とアクセスの現状を記述したもので，記述はかなり具体的である。数量的な表現はまったくなく，記述的な表現に終始しているのが特徴である。

### 3.3.1.5. 景観戦略と行動計画

景観戦略と行動計画の構成は以下の通りである。

1. 序と概要
2. ホワイトピーク
3. ダークピーク
4. ダークピーク西地域
5. ダークピーク・ヨークシャ地域
6. ダービーシャピーク地域
7. ダーウェント渓谷
8. イースタンムア
9. サウスウエストピーク
10. 景観実行プラン

第1章は景観戦略と行動計画の背景と理論的根拠，およびヨーロッパ景観条約とのつながりを述べたものである。第2章から第9章までは，ピークディストリクト国立公園内の8つの景観特性エリアごとに，LCAを踏まえた各エリアの特徴，および各エリア毎の今後の景観戦略とガイドラインを示している。そして第10章では，国立公園全域で今後10年かけて景観戦略とガイドラインを実行していくための計画がまとめられている。景観戦略の具

体的な内容は第2章から第9章の部分である。ここでは一例として，第2章ホワイトピークを取りあげ，内容をごく簡単に紹介しよう。

さて，第2章ホワイトピークは，21頁からなる大部な記述であるが，まず，早くから農耕開発が進んでいた同地域について，地理的特徴，生態的特徴，人為的影響が記述された後，①石灰岩村落農地，②石灰岩台地放牧地，③石灰岩丘陵・傾斜地，④石灰岩平地(谷間)の4つの景観特性タイプが抽出され，それぞれの景観の特徴がわかりやすい言葉で簡潔に記述されている。次に全体的戦略として，「辺鄙な地域の野性的特徴や多様性を向上させる機会を追及しつつ，耕作された農業景観の特徴的で価値ある歴史的特徴を保護し，管理すること」が掲げられ，さらに，その際議論すべき問題(論点)が，保全，気候変動への対処，人口・住宅・雇用，ツーリズム・レクリエーション，農業・林業，鉱物および資源，エネルギー・生活基盤に区分して，簡潔に述べられている。最後に，先の4つの景観特性を保全し，管理し，計画策定するための指針が表示され，その解説が4頁にわたり，丁寧にかつ分かりやすくなされている。

### 3.3.1.6. 利害関係者との協議

　景観戦略と行動計画の策定にあたっては，ピークディストリクトの景観の今後の変化や将来像を理解してもらうために，様々な形で利害関係者との協議が進められた。これはこうした利害関係者との協議が，景観戦略とガイドラインの実効性を保証するために不可欠であるという認識があるためである。実際，景観戦略を立案するために以下のような協議が進められた。2008年秋に，景観戦略とその行動計画，およびピークディストリクト国立公園LDFの成果を知らせるために，7カ所でコミュニティ協議が開かれた。その場には，NPAのメンバーと同様，パリッシュ議会や市民団体，ローカルフォーラムから招待された参加者も参加した。

　これらの協議のねらいは次の通りである。

- 地域リーダーや利害関係者にLDFや景観戦略について知ってもらうこと。
- 地域リーダーや利害関係者に，ピークディストリクトの景観と計画政

策に影響する彼ら自身の地域についての主要な課題に関心をもってもらうこと。

・景観戦略とLDF政策に登場すべき景観の質的目標を同定すること。

協議ではケッソ・マインドマップを用いて，エネルギーや自然資源，農業，土地利用，歴史と文化財，雇用とビジネス，レクリエーションと観光，地域コミュニティ，交通と移動，および野生生物と自然に関する情報を把握するという方法がとられた。

## 3.3.2. 生物多様性保全とパートナーシップ
### 3.3.2.1. 生物多様性保全の計画体系

国立公園の計画体系のところで述べたように，生物多様性保全に関わっては，2001年に公園およびその周辺地域を含めてピークディストリクト生物多様性行動計画(Peak District Biodiversity Action Plan：PDBAP)を策定しており，イギリス生物多様性行動計画の地域計画であるとともにNPAの生物多様性保全の取り組みの基本文書となっている。また，これを踏まえて国立公園管理計画の中で生物多様性に関わる目標，課題，とるべき行動について設定されており，これに関わる開発規制については土地利用計画制度のもとでの開発許可申請によって行うこととしている。

PDBAPの策定・実行に関してはNPAが事務局的な機能を果たしてはいるものの，PDBAPの策定・実行は多様な関係者のパートナーシップのもとで行われてきている。図3-13はPDBAPにおいて描かれたパートナーシップの構造であるが，パートナーシップには政府機関・地方自治体・NPO・土地所有者など90にも及ぶ多様な主体が参加しており，全体的なビジョン形成の議論に参加しつつも，具体的にはプロジェクトベースでそれぞれの関心・利害に関わって行動するという，緩いパートナーシップを形成している。

PDBAPの策定に中心的な役割を果たし，また計画実行の全体的な調整を行うのが野生生物執行委員会(Wildlife Executive Group)および分野ごとに組織された生息域・種生物多様性グループ(Habitat/Species Biodiversity Groups)である。そのメンバー構成については表3-4に示したが，公園局や生物多様性

```
                    生物多様性保全に関わる多様な利害関係者
                                  ↓
            ┌─────────────────────────────────────┐
            │  ピークディストリクト生物多様性パートナーシップ  │
            │    (Peak District Biodiversity Partnership)  │
            └─────────────────────────────────────┘
                                  │
                    ┌─────────────────────────┐
                    │    野生生物執行委員会    │
                    │  (Wildlife Executive Group)  │
                    └─────────────────────────┘
```

| 森林<br>生物多様性<br>グループ | ムアランド<br>生物多様性<br>グループ | 草地<br>生物多様性<br>グループ | 湿地・水系<br>多様性<br>グループ | 鳥類<br>生物多様性<br>グループ |

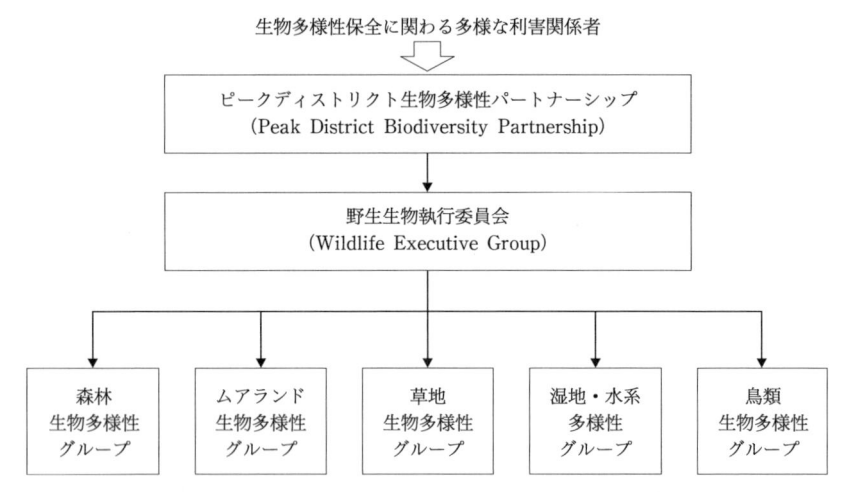

図3-13 ピークディストリクト生物多様性パートナーシップの仕組み

保全に関わる政府機関のほか，自治体や野生生物保全に関わるNPOなど多様な団体から構成されている。このように幅広いパートナーシップによってPDBAPは実行されているのである。

ここでPDBAPの内容について少し詳しく見てみよう。

PDBAPの構成を見ると，最初にこの計画の目標と対象とする範囲が示されている。目標を要約すると以下のようになる。

- ピークディストリクトの野生生物の生息域と種を保全・再生する。その際，希少種やこの地域の特有の種の保全・再生を優先する。
- 野生生物の歴史的な減少を，再生事業によって是正する。
- 野生生物の保全を通して地元住民への社会経済的な便益の供与が進むように支援する。これは地域の差別化や環境保全型農林業による経済的便益獲得などによって行う。
- 野生生物保全のための目的の共有を進めるため多様な人・組織のパートナーシップを形成する。
- 市民のピークディストリクトの生物多様性の享受・認識・理解を促進する。

表3-5 ピークディストリクト生物多様性パートナーシップのグループ構成メンバー

| | 野生動物執行委員会 | 森林生物多様性グループ | 草地生物多様性グループ | 湿地・水系生物多様性グループ | ムアランド生物多様性グループ | 鳥類生物多様性グループ |
|---|---|---|---|---|---|---|
| バースレイ鳥類研究グループ | | | | | | ○ |
| チェシャー野生動物トラスト | ○ | | | | | |
| 農村土地・ビジネス協会 | | ○ | ○ | ○ | ○ | |
| ダービーシァカウンティ議会 | ○ | | ○ | | | |
| ダービーシァ鳥類学会 | | | | | | ○ |
| ダービーシァ野生動物トラスト | ○ | ○ | ○ | | | |
| イングリッシュネーチャー(現ナチュラルイングランド) | ○ | ○ | ○ | ○ | ○ | ○ |
| 環境庁 | | | | ○ | | |
| フォレストリーコミッション | | ○ | | | | |
| ピークディストリクト友の会 | | ○ | | | | |
| ハダーズフィールド野鳥の会 | | | | | | ○ |
| 農業・漁業・食糧省(現DEFRA) | | | ○ | ○ | ○ | |
| 農民連合 | | | ○ | ○ | | |
| ナショナルトラスト | ○ | ○ | ○ | ○ | ○ | |
| 北西水道公社 | | | | | ○ | |
| ピークディストリクト国立公園庁 | ○ | ○ | ○ | ○ | ○ | ○ |
| ピーク公園ムアランド所有者協会 | | | | | ○ | |
| ピーク公園野生動物顧問委員会 | | | | | ○ | |
| 王立鳥類保護協会 | ○ | | ○ | | ○ | ○ |
| セバーントレント水道公社 | | ○ | ○ | | | |
| シェフィールド鳥類研究会 | | | | | | ○ |
| シェフィールド市議会 | | ○ | | | | |
| シェフィールド市環境局 | ○ | | ○ | | | |
| シェフィールド野生動物トラスト | | | | | ○ | |
| スタフォードシァ野生動物トラスト | ○ | | ○ | ○ | ○ | |
| ウェストミッドランズ野鳥の会 | | | | | | ○ |
| ウッドランドトラスト | | ○ | | | | |
| ヨークシァ野生動物トラスト | ○ | | | | | |

・ピークディストリクトの主要な生息地・種に関する知識を強化し，目的の達成をモニターできる目標値の設定の合意を図る。

生物多様性そのものの保全・再生だけではなく，生物多様性保全が地域住民にとってメリットになるようなしくみづくりや，市民の理解を深めること，さらにこれを支えるパートナーシップ形成など社会・経済的な側面に関する目標を設定していることが特徴的である。

対象地域は図 3-14 に示したものであり，生態系のまとまりは行政の境界で区分できないので，公園指定地域外も含めて生態系のまとまりが保全できるような地域設定をしている[23]。

PDBAP の中心となるのは行動計画である。行動計画は，ピークディストリクト全体の生物多様性保全を進めるための基本となる「25 の主要な行動(Key Action)」と，個別の「生息域と種に関する行動計画(Habitat and species action)」の 2 つの部分からなる。

「25 の主要な行動」については「データ収集と調査」，「戦略的政策」，「保全行動とインセンティブ」，「資源」，「モニタリング」，「理解の促進と利用」，「研究」の 7 つの分野毎にとるべき 25 の行動を記載している。行動の内容については表 3-5 に示したが，単に種や生息域の保全にとどまらない総合的・包括的な行動の方向性を打ち出しているのが特徴となっている。たとえば「戦略的政策」として，PDBAP の内容を土地利用計画や国立公園管理計画などの文書に反映させることとするなど，PDBAP をピークディストリクト地域における基本的な計画として位置づけつつその実効性を確保しようとしている。また，「保全活動とインセンティブ」に関しては，PDBAP を実行することによって得られる潜在的な経済便益について，環境マーク・持続的ツーリズムなど新たな付加価値に注目しつつ検討することとしており，生物多様性保全を地域経済の活性化に結びつける方針の具体化を提起している。このほか，「意識向上と楽しみの享受」では生物多様性に関する知識の普及を進め土地所有者の自覚を促すほか，市民に活動に参加してもらうことを促すなど，地域住民との協働による生物多様性保全を強く意識したものとなっている。

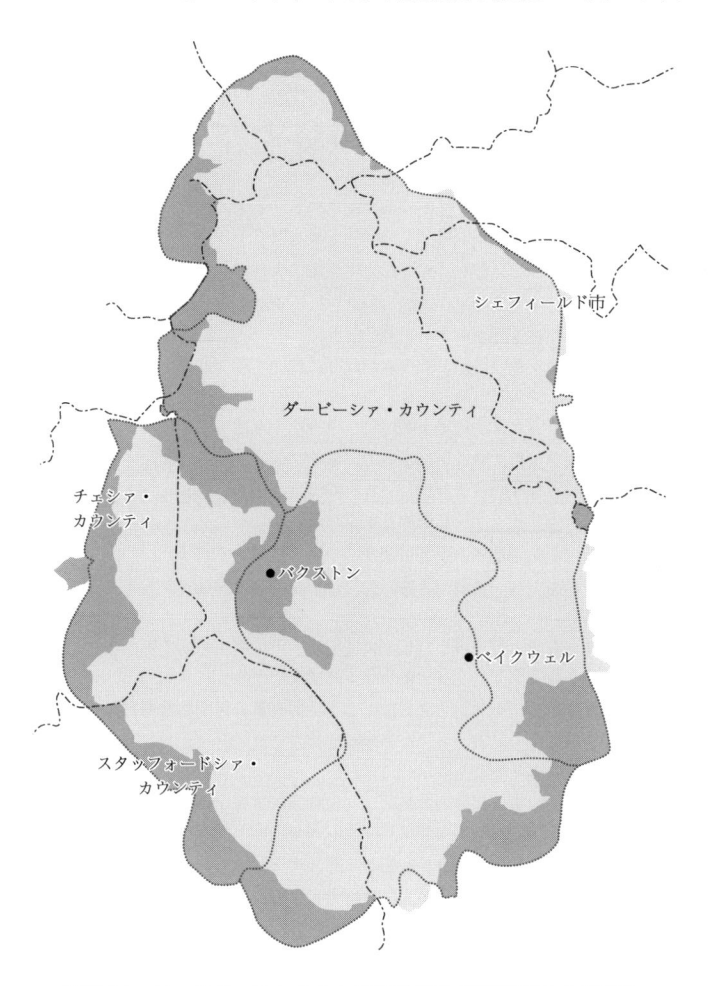

3. ピークディストリクト国立公園の管理とパートナーシップ 167

図 3-14 ピークディストリクト生物多様性行動計画の対象地域
注：色の薄いところが国立公園指定地，濃いところが指定地以外
　　―・―・―：自治体界
　　………：旧イングリッシュネーチャーがイングランド全土を自然の
　　　　　　特性で区分した「自然地区（nature area）」の境界

表3-6　ピークディストリクト生物多様性行動計画の25の重要措置

| | |
|---|---|
| データ収集と調査 | GISシステム上で生息域マップを完成させる |
| | レッドデータブックを作成する |
| | 生物データの総合的記録システムを確立する |
| 戦略的政策 | 生息域・種保全行動計画を拡充する |
| | 土地利用計画・国立公園管理計画を始めとする政策文書と本行動計画との整合性を確保する |
| | 通常の交渉では難しい重要な野生生物の生息地を保護する戦略を合意する |
| 保全活動とインセンティブ | 既存の野生生物生息保護地のシステムを重要な生息地保護のために生かし、全地域をカバーできるようにする |
| | 農業環境支払い等のスキームが良好に機能するように、レビューを提案することを検討する |
| | 土地所有者と保全協定を結ぶ時に所有する土地すべてに対して行うようにする |
| | 本計画を実行することによって、環境ブランドなどによって得られる潜在的経済便益について調査する |
| | 省エネ・リサイクルを進めるように働きかける |
| | 地域自然保護地域の設定可能性について検討する |
| | 公有地を売却・賃貸する際に保全上重要な価値が保護されるように手立てを講じる |
| | 土地所有者・管理者に対して環境配慮型土地経営や助成等に関して総合的な支援ができるようなしくみを整えるよう働きかける |
| | 必要な場合、ボランティアによる土地所有者の保全的管理支援を行う |
| | 採石跡地再生計画など、この地域で策定される計画に対して本計画の目標を反映させることを検討する |
| 資源 | 様々な助成金、自発的な活動など生物多様性保全のための資源を増大させるように機会を探す。利用可能な資源を公開し、広く利用可能にする |
| モニタリング | 目標を達成に向けた進捗に関わるデータを照査し、年次報告を作成する |
| | すべての保全スキームが生物多様性保全の目的を達成しようとしているかを定期的モニタリングによって確実にする |
| 意識向上と楽しみの享受 | ピークディストリクト生物多様性パートナーシップのウェブサイトを立ち上げる |
| | 生物多様性に関わるインタープリテーション、教育、理解促進のための戦略を策定する |
| | 地域住民を生物多様性保全に関与してもらうように働きかける |
| | ピークディストリクトの野生生物を持続的に楽しんでもらえるようにする |
| | 土地所有者や管理者が自分の土地の野生生物に関わる重要性を認識してもらう |
| 研究 | 野生生物に関わる管理技術の情報や、地域の生物多様性に関わる情報が共有できるようなデータベースを作成する |

出典：PDBAP

次に「生息域と種に関する行動計画」であるが，ピークディストリクトを構成する生態系および特に保護すべき種ごとにとるべき行動を記載している。前者は高原トネリコ林，高原ナラ・カンバ林，湿性樹林地，庭園・高齢樹木，石灰岩性渓谷，採草地，未改良草地，未改良放牧地，イグサ草原，鉱物採取跡地，河畔域，湖沼，石灰岩性ヒース，泥炭地，ヒースムアランドに区分され，後者はミズハタネズミ，ダイシャクシギ，タゲリ，キバシヒワ，ホワイトクロウドザリガニ，アップルヤードフェザーモス，ダービーシャーフェザーモスについて記載されている。

 それぞれの部分の記載の内容であるが，まず現状と悪影響をあたえている要因について述べた後，現在とられている方策について記している。そして以上を踏まえたうえで目標と目標値を設定し，これを達成するための具体的な行動について記載をしている。ピークディストリクトの代表的な生態系である「ヒースムアランド」を例にとって目標設定の内容を見ると表3-6のようであり，状態毎のヒースムアランドの管理・修復・再生に関わる目標設定がされており，それぞれの目標毎に具体的な目標数値が設定されている。またとるべき行動として，データ収集と調査，現状評価，再生・修復をするための財源獲得，管理・再生・修復の手法やムアランドの生態系に関わる調査研究，訪問者のコントロール，モニタリング，市民・土地所有者などのヒースムアランドに関する理解の促進，ヒースムアランドの保全管理を進めるための財源確保・所有者との交渉・協定などが記載されている。

### 3.3.2.2. PDBAPの実行状況

 PDBAPで設定された25の主要な行動の中で，モニタリングと年次報告の実行を求めているが，この方針に従ってモニタリングを行いつつ，毎年レビューを作成しているほか，2007年には中間レビューが出されている。「生息域と種に関する行動計画」については具体的な目標数値を設定しているので，レビューの中ではこれに対する進捗状況が示されている。ここでは，中期レビューと2007/2008年の生物多様性年次報告から，「25の主要な行動」に関わってどのような成果をあげていたかをまとめることとする[24]。まず「データ収集と調査」に関わっては，それぞれの自治体やNPOが活動して

表 3-7　PDBAP におけるヒースムアランドの目標設定

| 目標 | 目標値 |
|---|---|
| ピークディストリクトのムアの特徴的なモザイク状の生息域を保護する | SSSI 指定地の 100%，指定地以外の 50%において自発的または制度的な協定を結ぶことで保護を確実にする |
| 高原性のヒースランドの現状の分布を守り，良好な状況にある場所を維持する | 現在の 1 万 6590 ヘクタールの規模を守る。2001 年に良好な状態にあるヒースランドを特定し，2005 年までにその状況を維持・改善するような管理状態におかれるようにする |
| 良好な状態にないヒースランドの改善を図る | 良好な状態にないヒースランドのうち SSSI にあるすべて，SSSI 指定地以外の 50%を 2010 年までに改善達成に向かう管理状態の下におく |
| 劣化したムアランドでもともと高原ヒースランドであったところを修復する | 25%まで回復させることをめざして，2010 年までに劣化したムアランドで積極的な管理を開始する |
| モザイク状の生息域をもった高原性ヒースランドの再生を図る | 2010 年までに高原性ヒースランド 100 ヘクタールを再生する |

出典：PDBAP

　いる地域内の生息域の状況を調査しているほか，これら情報を含めて NPA が GIS ベースで生息地の状況のデータを集約している。PDBAP 対象地域内における生物多様性保全は多様な組織が多様な活動を行っているが，ナチュラルイングランドの助成で NPA 内に生物多様性調整官のポストを設置し，これら活動の全体的な把握・調整を図ろうとしていた[25]。

　「戦略的政策」においては，国立公園管理計画策定時に PDBAP で設定された目標を入れ込み，公園管理の計画体系の中に明確に PDBAP を位置づけたほか，広域レベルの土地利用計画にも PDBAP の方向性を反映させている。

　「保全行動とインセンティブ」に関しては，環境スチュワードシップスキームなどを活用した農業者の環境配慮型農業経営への転換の誘導が主要な取り組みになっている。また国立公園庁独自の取り組みとしては，環境保全などに関わって一定の基準をクリアした商品・サービスに対して認証をあたえる環境認証マーク（Environmental Quality Mark：EQM）という制度も作っている。国立公園保全・活性化のために，消費者にこの認証品を選択的に消費することを促し，公園内における保全型ビジネスを促進させつつ生物多様性

保全を進めようとしているのである。なおこれらについては節を改めて述べることとする。

「資源」については前述のようにナチュラルイングランドの資金援助を受けて生物多様性調整官をおいている。この他，PDBAPを実行するために多様な資金を獲得しているが，国立公園庁が資金を獲得するのみではなく，公園局以外の主体がプロジェクトを行うために資金を獲得したり，多様な主体によるパートナーシップを形成して資金を獲得するなど，資金獲得の仕方は多様である。

「モニタリング」は公園局のスタッフが中心となって行っているが，これまで見てきたように多様な団体が多様な活動を行っているため，全体を通したモニタリングは困難で，十分なモニタリングを行えない問題点が指摘されている。

「理解と利用の促進」についても多様な主体が取り組みを行っている。国立公園庁のスタッフ・ボランティアが，生物多様性を知るため，あるいは生物多様性保全の取り組みに参加することを働きかけるツアーを開催しているほか，地域で生物多様性の保全などに取り組むNPOなども教育活動に力を入れている。また調査・生息地保全・修復など現場でのボランティア活動もNPAおよびその他組織が組織して活発に行われていた。

「研究」については，「ムアの未来のためのパートナーシップ」がムアランドに関わる研究を活発に行っているほか，生物多様性に関わる調査・技術開発や，保全・修復技術に関わる講習会なども国立公園庁が開催していた。

### 3.3.2.3. 生物多様性保全に関わる具体的なプロジェクト

次に，具体的なプロジェクトを事例としてどのように生物多様性保全に取り組んでいるのかについて見てみよう。ここでは，NPAと王立鳥類保護協会(The Royal Society for the Protection of Birds：RSPB)が協働で行っているピークバードプロジェクト(Peak Birds Project)，独立したパートナーシップを形成して行っている「ムアの未来のためのパートナーシップ」を取り上げることとする。

ピークバードプロジェクトは生息数が減少して危惧されているタゲリ

図3-15 ムアランドセンター

(Lapwing)・ダイシャクシギ(Curlew)・キバシヒワ(Twite)の生息域を保全・修復し，生息数を回復させることを目的としたプロジェクトで，国立公園庁とRSPBが共同で行っている。これら鳥類は湿性農地・牧草地・耕作地などを生息地としているため，農業経営と生息地保全・修復の両立が重要となり，農家との協働が欠かせない。そこでこのプロジェクトではRSPBの専門家・会員が対象となる鳥類の生息場所を調査し，生息場所を所有する農家に対して国立公園庁が保全のための協力を働きかけ，了解が得られるとDEFRAの環境スチュワートシップスキームなどを活用して生息地保全・修復を組み入れた農業経営へと転換する支援をすることとしている。国立公園庁には5名の農家へのアドバイザーがおり，専門的な助言をあたえているほか，保全型農作業のデモンストレーションなども行っている。2001年のプロジェクト開始から2007年までに350軒の農家に働きかけ，145軒の農家が何らかの生息地保全の対応を行うなどの成果をあげた[26]。このように国

図3-16　ムアランドセンターの展示施設

立公園庁と環境団体がそれぞれの長所を生かしながら協力し，既存の助成制度を活用しながら農業経営者との協力関係を築き，生息地保全を進めている。

次に「ムアの未来のためのパートナーシップ」について見てみよう。このパートナーシップは，ムアランドの重要性を知らせ保全への意識を高める，ムアランドの保全・修復を行う，ムアランドの持続的管理を行うための専門性を高める，の3つを目的として設立された。ムアランドは国立公園面積の約3割を占める代表的景観であるが，火災や過剰利用などによる劣化が著しいことが公園管理上の重要な課題となっており，宝くじ基金(Heritage Lottery Fund)から470万ポンドという多額の助成金を得たこともあり，独自の組織・職員をもってパートナーシップを形成し活動を展開してきた。

「ムアの未来のためのパートナーシップ」はNPAのほか，資金提供者である宝くじ基金，地元自治体，ムアランドを水源とし土地所有者でもある水道公社，土地所有者・ライチョウ狩猟者の集まりであるムアランド協会(The

図 3-17　過剰利用によって破壊されたムアランドの再生事業

Moorland Association)，ナショナルトラスト，環境庁(Environment Agency)など関連政府機関などから構成されており，これら組織が議論を行いつつ基本的な方向性を設定していく。実際の活動については専任のスタッフが中心となりつつも，パートナー組織がそれぞれ役割分担をしながら行っている。活動は，市民に対する啓発，訪問者への情報提供・環境負荷の少ない利用啓発，劣化したムアランドの修復・再生，これら活動の基礎となるムアランドの現状と利用に関わるモニタリング・研究など多岐にわたっている。また，啓発を通して，地域住民・訪問者のムアランド保全への意識を高め，プロジェクト形成への参加を促すとともに，保全・修復作業に多くのボランティアを組織している。以上の活動の拠点となるムアランドセンターも整備されている。このように多額の助成金を獲得し，関連する多様な組織とパートナーシップを組み，独立した保全プログラムも展開しているのである(図3-15，3-16，3-17)。

## スタネッジ・フォーラム(Stanage Forum)

ピークディストリクト東部，ハサーセージ近郊に，ノース・リーズ・エステートと呼ばれる場所がある。もともとは私有地であったものを，NPAが買い取った土地である。この中に，スタネッジ・エッジという地域がある。断崖の周辺にはヒースムアランドが広がり，かねてよりウォーキングやロッククライミングなどによく利用されてきた場所である(図3-18)。

ここでの問題は，NPAが駐車場の有料化を開始しようとしたことに始まる。多くのロッククライマーが自動車でゲレンデに乗り付けていたことによって，渋滞や周辺植生のエロージョンが問題化していた。そのための対策として，利用料金の徴収を行おうとしたことが，そもそもの発端であった。これに対して，ロッククライマーの代表ともいえる英国山岳会が，有料化は利用者へのさらなる負担増を招くものであると大々的なキャンペーンを張り，問題が深刻化した。

これに対処するために，NPAは2000年から関係者との対話にもとづく管理計画づくりを進めるために，スタネッジ・フォーラムを立ち上げ，市民参加を通じて管理計画案の作成に乗り出した。スタネッジ・フォーラムでは，

図3-18 スタネッジエッジから望むヒースムアランド

地域の利用に関係する利害関係者を調べ上げ，議論の輪に入ってもらうようにした。リストに登録されている関係者は250名以上に上る。

フォーラムでの議論は外部のファシリテーターを雇い，ワークショップ形式で進められた。当初は地域とはまったく関係ない第三者がファシリテーターをやっていることに対する関係者の不信感が存在したが，回を重ねるごとに信頼関係も築かれ，多様な意見を取り入れた管理計画の策定が進められている。

その中心的なとりまとめを行っているのがステアリング・グループである。これは，フォーラムを構成する利害関係者の中から，中心的な役割を担っている団体の代表17名によって構成されており，フォーラムで出された意見を取りまとめ，NPA，その他行政機関等との意見の調整を行うための組織である。2000年から2年間かけて管理計画が策定され，その間に22回の会議を実施し計画の策定を行った。計画は，2002年にNPAに承認され，実施に移されている。

もっとも，計画策定までに1万4000ポンドの費用がかかったうえに，何時間にも及ぶボランタリーな仕事や忍耐を必要とし，計画策定までの過程は必ずしも容易なものではなかった。しかしながら，関係者との協働による公園管理の取り組みは，地域環境管理システムとしてのイギリスの国立公園の一面を如実に表す典型例であり，数々の困難を克服しながらも協働による公園管理を実践中である。

## 3.4. 地域振興とパートナーシップ

### 3.4.1. はじめに

本節では，ピークディストリクトNPAが公園内で実施している地域振興政策を取りあげる。ここで扱う地域振興とは，1995年の環境法で国立公園の責務として挙げられた3番目の項目，すなわち「地域コミュニティの社会的経済的福祉の推進」(the National Park Authority has a duty to seek to foster the social and economic well-being of local communities)に該当する諸施策をさす。その内容は広範囲にわたるため，ここではピークディストリクト国立公園でと

くに重要な課題として挙げられているもの，すなわち，農業振興，住宅対策，交通対策，および地域コミュニティとの協働に絞ることにする。国立公園管理計画(3.2.1.2.)に示されたトピックスで言えば，それぞれ「10 経済 Economy」，「09 住民とコミュニティ People and Community」，「06 交通・旅行・アクセス Traffic, Travel and Accessibility」，「05 採石 Mineral Extraction」にあたる。以下の各項では，それぞれの施策の背景を簡単に述べた後で，施策の具体的内容について述べる。

## 3.4.2. 農業振興
### 3.4.2.1. 国立公園における農業振興の背景

ピークディストリクト国立公園の景観は農畜産業によって成り立っているといっても過言ではなく，その意味で国立公園内の農畜産業の維持は国立公園の価値を守るために不可欠である。ところが，イギリスの畜産業は 1990 年代以降，BSE(牛海綿状脳症，いわゆる狂牛病)と口蹄疫で大きな打撃を受け，さらに 1992 年に始まる EU の共通農業政策(CAP)の改革によって大きな影響を受けてきた。

1986 年にイギリスで発見された BSE は，1996 年に人への感染の恐れが公表されて以降，世界中を巻き込んだ社会問題となった。イギリスの牛肉や生体牛の輸出が一時は完全に止まり，生産者や関係業界は甚大な損失を被った。また，国内での BSE 対策が軌道に乗り，輸出を再開した矢先に，今度はフランスやドイツなど大陸で BSE 問題が再燃し，EU 産牛肉の輸入禁止の動きの中で，イギリス産牛肉の海外市場への復帰の道がまたも閉ざされてしまった。さらに 2000 年には，豚コレラと口蹄疫が相前後して発生し，イギリスの畜産業および食肉業界は再び大きなダメージを受けることになった。

他方，EU の農業補助金の削減もまた農業者の営農意欲を削ぐものとなった。1970 年代以来の農産物過剰問題に対処するため，EU は 1992 年に抜本的な CAP 改革を断行し，農産物支持価格の大幅な引き下げと直接支払制度の導入を行った。この時は支持価格の引き下げ分が直接支払の支給額に転嫁されたが，2000 年になって支持価格の一層の引き下げが敢行され，農業所

得の実質的な減少が生じた。

　また，直接支払への移行と相前後して，いわゆる環境支払が導入された。これは農業者が営農活動を通じて供給する一定水準以上の環境サービス(景観保全，生物多様性の保護，水質汚染の防止など)に対して財政支援する措置であり，1985年に初めて導入され，1992年のCAP改革で各国での適用が義務化された。このとき助成金給付にかかる経費に対するEUの負担率が25%から50%へ引き上げられたことが，各国での環境支払導入の大きな誘因になったとされている。

　さらに，2003年にはCAPの中間見直しが行われ，環境支払に関わるEUの負担率が60%に引き上げられるとともに，直接支払に単一支払制度が導入された。これが品目横断直接支払制度，いわゆるデカップリングと呼ばれるものであり，過去の直接支払の給付額を基礎に，生産要素と切り離して給付金が支給されることとなった。またそれと同時に，環境保全を直接支払の必須要件とするクロスコンプライアンスが義務化された。

　以上のようなEUの共通農業政策の農業環境政策へのシフトは，景観・生態系保全とレクリエーションの振興を目的とするイギリスの国立公園にとっては，むろん好ましい方向ではあったが，その一方で国立公園側にも環境保全型農業を推進する責務が生じるとともに，農業者の所得確保を図る必要が生じた。ピークディストリクト国立公園が農業振興に力を入れている背景もここにある。

　さて，ピークディストリクトNPAによる農業振興策は，農業経営の多角化と環境保全型農業の推進の2つに整理される。前者は農業者が農畜産物の生産だけでなく，その加工や販売，さらには国立公園という恵まれた環境の中でのグリーンツーリズムを通じて所得の拡大を図るという方向であり，後者は景観や生物多様性の保全に資する農畜産業を推進を図ろうとするものである。以下に，その主要な取り組みを紹介する。

#### 3.4.2.2. EQM認証制度

　ピークディストリクト国立公園における最もユニークな取り組みが，前述のEQMと呼ばれる認証制度である。これは国立公園の美しい景観や豊かな

自然環境の中で生産される農産物やサービスに付加価値をつけて販売することを通じて，国立公園の保全および向上に貢献する事業者を認証しようという制度で，イングランドの国立公園では初めての取組みである。

本事業は，カントリーサイドエージェンシー(現在のナチュラルイングランドの前身)のパイロット事業として，イングリッシュネイチャー，イーストミッドランズ・ディベロップメント・エージェンシー，およびピークディストリクト NPA の四者が協働で取り組んだもので，2001年から2005年までの5年間実施され，パイロット事業完了後は国立公園 NPA の事業として継続している。パイロット事業としては，最初の18カ月で，先行事例の検討，EQM の基準の作成，ロゴマークのデザイン，地域の事業者への聞き取り，ロゴの商標登録，地域の事業者への登録申請の呼びかけ，独立した審査機関の設置および現場チェック体制の整備を行い，2003年7月には，基準をクリアした21の事業者を迎えて認証式典を開催し，公式に認証制度が発足した。続く18カ月で認証制度の普及と認証事業者の拡大が図られ，パイロット事業完了時(2005年)には，4部門(農業，食品・飲料，アート・工芸品，宿泊)で33の事業体が認証を受けている(その後，1つの事業体が抜けて32事業体になった)。

このパイロット事業は，環境認証制度というアイデアが実際に機能することを実証するとともに，ピークディストリクトの環境を守るために特別な努力をしている事業者への認識を高めることにもつながったとされている。EQM に参加する事業者にとっては，環境保全はビジネスの一部となり，許認可機関(NPA のこと)に強制されるようなものではなくなったというわけである。

EQM の事業者達はまた，農場と環境と消費者のつながりを強めることにも貢献している。こうした連携強化は，CA が進めてきた「景観を食する運動(Eat the View initiative)」や，イギリス政府が2002年12月から推進している「持続的農業と食料に関する政府戦略」(the Government's Strategy for Sustainable Farming and Food)の中心的な理念でもある。

EQM の認証を受けるには，一般基準として
- 一般的な環境規制に従っていること。

- 環境マネジメントに対する高い基準をもっていること。
- ピークディストリクト国立公園固有の環境的な質の保全に貢献していること。

の3つが定められており，それ以外に，部門ごとに基準が設けられている。

申請の審査を行うのは，次の組織の代表者から構成される独立した認証委員会である。

①ナチュラルイングランド(NE)
②ルーラル・アクション・ゾーン(Rural Action Zone)
③ピークディストリクト持続的ツーリズム・フォーラム(Peak District Sustainable Tourism Forum)
④ピークディストリクト友の会およびプロテクト・ルーラル・イングランド運動(Friends of the Peak District/Campaign to Protect Rural England)

EQMの推進にあたっては，モデル事業に関わった主体が，新聞へのリリース，ウェブサイトでの情報提供，ツーリスト・インフォメーションでのリーフレットの配布，地方および国レベルの会議やイベントでの報告，国立公園公報(17万部)などでの広報，ピークディストリクト・ビジターガイド(15万部)での広報，農業祭りや地域でのイベントなどでのPRなど，様々な方法で宣伝を行ってきた。

その結果，2009年6月現在で，77の事業者が認定を受けており，現在のところ本認証制度は順調に発展している。

### 3.4.2.3. アドバイス

ピークディストリクト土地管理普及サービス(Peak District Land Management Advisory Service：PDLMAS)と名付けられた農業者や土地管理者を対象とした相談サービスで，小規模ファームビジネスの開業，環境保全型農業，各種助成金や規制制度の解説，経営の多角化へのアドバイスなど，あらゆる相談をひとつの窓口(ワン・ストップ・サービス)で受け付けようというものである(図3-19)。

このサービスもCAが1999年に設置したランドマネジメントイニシアティブ(Land Management Initiative：LMI)という実験事業の結果として導入さ

図 3-19　相談窓口とファーマーズマーケット

れたものである。LMI とは，イングランドの土地管理と営農システムが，より環境にやさしく，かつ農村の経済と社会の繁栄に寄与する形で営まれるにはどのようにすればよいかという課題に答えるために，イングランドの農村地域を耕地，低地草地，高地，都市近郊の4つのタイプに分類して，それぞれのタイプごとに 1-3 のモデル地域を選定し，各地域で社会実験を行いながら，それらの地域の課題解決のためのプログラムを作成するという意欲的な事業であった[27]。

　ピークディストリクト国立公園では，新しい財政支援パッケージの開発に重点がおかれた。すなわち，農業者や土地管理者が申請できる財政支援プログラムは多数用意されてはいるが，別々の機関がバラバラに情報提供を行い，申請手続きなども統一されていないため，農業者や土地管理者にとっては極めて使いにくいしくみとなっていることが課題であった（そもそも存在が知られていないものもあった）。この問題を解決するには，財政支援プログラムに関する情報を一元化するとともに，それらを農業者や土地管理者にわかりやすく解説する窓口が必要であるという結論が導かれ，それが実現したのが

PDLMASだった。

相談窓口は国立公園の中心市街地であるベイクウェルの農業センター内におかれている。ここでは，国の機関やNPAが農業者，企業，ボランティア団体等向けに提供している各種財政支援プログラム(次項参照)について，制度の解説や申請手続きの支援を行っている。

### 3.4.2.4. 資金助成

国立公園内の農業者や土地管理者が利用できる資金助成プログラムには以下のようなものがある。

(1) 環境スチュワードシップスキーム(Environmental Stewardship Scheme)［NE］

EUの共通農業政策にもとづく直接支払制度であり，一定の環境保全措置の履行を前提とする，いわゆる環境支払制度である。強制ではなく，あくまでも任意である。イングランドでは2005年からスタートしており，ナチュラルイングランドが窓口となっている。本スキームの基本的な目標は，野生動植物と生物多様性の保全，景観の質と特徴の維持および向上，歴史的な環境および自然資源の保護，パブリック・アクセスおよび農村の理解の推進，遺伝子資源の保全，食料マネジメントの供給とされており，次の3つのレベルのプログラムが用意されている。

・入門レベル(Entry Level Stewardship：ELS)

イングランド国内のすべての農業者，土地管理者を対象としている。5年契約を結び，予め定められた土地管理方法を履行することによって，1ヘクタールあたり年間30ポンドの支払を受けられる(支払は6カ月ごと)。生垣(hedgerow)の管理，石垣(stone wall)の補修，低投入の草地，緩衝帯の設置といった環境保全的な土地管理の方法ごとにポイントが設けられており，最低30ポイントを獲得することが条件である。

・有機入門レベル(Organic Entry Level Stewardship：OELS)

これもイングランド国内のすべての農業者が対象となる。本事業の対象となる農地は有機農業の実施が要件であり，有機検査機関(Organic Inspection Body)に登録し，その査察を受けなければならない。入門レベル(ELS)と同

様，5年契約で，支払額は土地改良を施している最初の2年間が1ヘクタールあたり175ポンド，後半の3年間が600ポンドである。

・上級レベル(Higher Level Stewardship：HLS)

基本レベルに比べて，より高度で複雑な環境管理が求められる。通常は入門レベル(ELS)や有機入門レベル(OELS)のオプションとして実施される。契約期間は10年間で，選択された土地管理方法の内容に応じて支払金額が決められている。上級レベルの申請に際しては，農場環境計画(Farm Environmental Plan：FEP)の準備が必要となる。FEPは農場の環境的特質を調査し，農場内の歴史的遺産や野生動植物，資源保護，アクセスおよび景観の状態を明らかにするもので，それに要する費用も助成の対象となる。

(2) イングランド農村振興プログラム(Rural Development Programme for England[DEFRA])

EUの新しい農村振興プログラムであり，農村地域の社会的経済的開発を目的とする。環境・食糧・農村省(DEFRA)の所管する事業だが，実務は各地域の振興局(Development Agency)が担当する。ピークディストリクトの場合は，イーストミッドランズとウエストミッドランズの2つの振興局がある。事業期間は2008年から2013年までの6年間，対象者は，地域に根ざした企業，農村観光組織，小規模農村企業者などである。本プログラムのコンセプトは総合性，協働，多角化の3つとされ，具体的な支援対象としては，たとえば，地域の特産品や技術などの共同開発，社会資本の改良および農業・林業生産物の付加価値化，再生可能なエネルギー利用技術への投資，資源の効率的利用，農業経営の多角化などが想定されている。

(3) イギリス森林補助金スキーム(English Woodland Grant Scheme[フォレストリーコミッション])

フォレストリーコミッション(Forestry Commission)が提供する森林再生のための新しい資金支援プログラムで，(2)からの助成も受けている。プログラムの目的は現存の森林がもたらす公的な便益を維持し増加させること，およびさらなる公衆の便益を供給するために新しい森林を創出することである。森林整備の計画，調査，更新，改良，管理など，活動内容によって助成の内

容や方法が異なっており，申請者が選択できるようになっている。
　(4)　環境増進スキーム(Environmental Enhancement Scheme[ピークディストリクト国立公園庁])

　ピークディストリクトNPA自らが提供する助成事業であり，国レベルの事業の要件に合わないような小規模なプロジェクトを対象としている。

### 3.4.2.5.　ファーマーズ・マーケット

　農家の直売所であり，国立公園内の6つの町に設置されている。多くは月1回の開設である。EQM農産物を中心に，衣料なども販売されている。

### 3.4.3.　住宅対策

　イングランドの国立公園では，その優れた自然景観を求めて退職者等が住宅を購入して移住するケースが多く，国立公園内の住宅価格の高騰を招いている。とくにピークディストリクトは，マンチェスタとシェフィールドという大都市から至近距離にあることもあって，国立公園内の住宅への需要が旺盛である。

　住宅価格の高騰は，公園内の住民，とりわけ低所得者層や若年層の住宅取得を困難にし，生まれ育った土地を離れて公園外への移住を余儀なくされる事態を招いてきた。その結果，公園内の集落の高齢人口が増加し，人口構成に歪みが生じるとともに，公園内の事業所にとっては若年労働力の不足を来すこととなった。また，安い住宅を求めて公園外へ転出した住民が公園内の事業所に通勤することによって公園内の交通量が増加し，それでなくても深刻な交通問題(後述)をさらに深刻にした[28]。

　このような問題に対処するための政策がアフォーダブル住宅(図3-20)と呼ばれる少額所得者用住宅の供給事業である。これは市場価格では公園内に住宅を取得または賃貸できない住民を対象に，公的機関が市場価格より安い価格で住宅を賃借または分譲しようとする事業である。新規の住宅開発が厳しく制限されている国立公園内では例外的に認められている住宅供給事業であり，事業主体はディストリクトである。むろん，どこにでも建てられるわけではなく，土地利用計画(ローカルプラン)で指定された区域にのみ可能であっ

図 3-20　アフォーダブル住宅

て，既存集落や小市街地の内部または周辺に計画される。また家族人数に応じた上限面積があり，たとえば家族数が2人であれば50平方メートル，4人であれば75平方メートルといった基準がある。実際にアフォーダブル住宅に入居するのは公園内出身の若年者が多く，公園内の集落の高齢化の歯止めにはなっているという。

　ピークディストリクト国立公園の管理計画では，公園内の地域コミュニティの将来像として，多様な住民がともに暮らす社会であり続けることを掲げており，公園内の居住区(小市街地や集落)が年金生活者で占められることに強い懸念を表明している[29)30)]。NPAと関係する自治体は，外部のコンサルタントに委託して，国立公園内の住宅市場の動向や住宅供給可能量の詳細なアセスメントを共同で実施している[31)]ことを見ても，この問題への関心の高さが伺われる。アフォーダブル住宅は，このような事態を回避して，多様な世代で構成される健全な地域コミュニティを維持するための基本的な政策として位置づけられているのである。

### 3.4.4. 交通対策

　ピークディストリクト国立公園の最大の課題のひとつが交通問題である[32]。交通問題は3つに分けることができる。

　第一は，通過交通の問題である。繰り返し述べるように，ピークディストリクトはマンチェスタとシェフィールドという2大都市に挟まれ，周辺人口（1時間圏）は約1600万人に上る。国立公園北部にはこの2大都市を結ぶ基幹的な国道A57が東西に通過しており，しかも景観的価値が非常に高いダークピークと呼ばれる北部高地を真っ二つに横断している。この路線については，迂回ルートやトンネルなども提案されてきた経緯があるが，いずれも莫大な費用がかかるため，現実的な解決策とはなりえていない。

　第二は，公園内の渋滞問題である。年間2000万人に上る来訪者だけでなく，公園内から近隣都市への通勤によって，朝晩のラッシュアワーや，休日の夕方など，公園内の主要道路は軒並み渋滞に見舞われている。渋滞は自動車利用者にとっての問題だけではなく，歩行者やサイクリストを危険をさらし，排気ガスや騒音を通じて公園内の自然環境や居住環境を脅かす。この問題の解決には，自家用車の利用を減らし，公共交通へ移行させ，徒歩や自転車利用の利便性を高めることが必要となる。

　第三は，生活交通の問題である。第二の問題とも関係するが，自家用車利用の増加とともに，公共交通への需要が減退し，既存のバス路線の維持が困難になる地域が続発した。しかもそのことが自家用車への依存を一層高めるという悪循環を引き起こしてきた。その結果，高齢者や子どもなど，車をもたない，あるいは車を運転できない住民の生活の足が失われることになった。

　以上のうち，第二と第三の問題に対しては，NPAとディストリクトが，コミュニティバスの運行，通勤時のパーク＆ライドシステムの導入，観光シーズンにおけるシャトルバスの導入などの施策を打ち出してきた。こうした地域内の生活交通対策は，同時に遠方からの来訪者の公園内の移動手段を確保することにもつながっている。

### 3.4.5. コミュニティとの協働

　近年，NPA が力を入れているのがコミュニティとの協働である。NPA は計画・規制を担当する機関であり，これまで住民にとっては必ずしも身近な存在ではなかった[33]。むろん，公園の管理作業の一部をボランティアが支えるという関係は古くからあったし，NPA のレンジャーが地域の学校と連携して子供達に公園の自然や景観の素晴らしさを教えるという関係もあった。しかし，いわゆるまちづくりの分野では，開発を規制するだけの「小難しい」機関としてのイメージが定着していたのである。

　しかし，前述のように，EA 1995 に「地域コミュニティの社会的経済的福祉の推進」という規定が加わって以来，NPA は地域コミュニティとの関係を積極的に深める努力をしてきている。ピークディストリクトでは，具体的には次のような手法でコミュニティへの接近を図っている。

　第一は，ビレッジ・オフィサーと呼ばれる地域マネージャーを委嘱し，各コミュニティの地域づくり支援を行っている。現在は 2 名のビレッジ・オフィサーがおかれ，各地域の相談に乗っている。

　第二は，ライブ＆ワーク・ルーラル(Live & Work Rural)という新しいサービスの導入である。NPA 内に専門の係を設けて，国立公園の保全作業に協力してくれる個人，コミュニティグループ，ボランティア組織，および企業に対して，必要なアドバイス，ガイダンスおよび財政支援を行おうというものである。まだ始まったばかりのサービスであり，その詳細は明らかでない。

　第三は，コミュニティの総合的な地区計画であるコミュニティ・プランニング(Community Planning)である。計画の作成にあたっては，前述のビレッジ・オフィサーが地域に入って様々な住民の参加を図りながらワークショップを通じて計画をまとめ上げていく。この事業は NPA がスタフォードシァ・ムアランド・コミュニティ・アンド・ボランタリーサービス(Staffordshire Moorlands Community and Voluntary Services)およびナチュラルイングランドとの共同で実施しており，またヨーロッパ地域振興基金(European Regional Development Fund)の支援を受けている。ここでは，ハサーセイジ(Hathersage)地区での事例を紹介しておく。

### ハサーセイジ・アウトシージ集落プラン
(Hathersage and Outseats Village Plan)

ハサーセイジ地区(図3-21)では，2003年から2005年までの3年をかけて地区計画の策定に取り組んだ[34]。ビレッジ・オフィサーがファシリテーターとなり，住民が6グループに分かれて，教育・訓練，環境，レジャー・遊び，交通，集落中心地，若者問題といった課題について計画を策定した(2007年に部分改定)。

本計画で取りあげられた事業のひとつが集落中心地の改良計画である。ここは集落のちょうど中央に位置し，パリッシュ・ルーム(昔の集会所)，バス停および待合所，公衆トイレがあるが，住民からは，バス停のサインポストと待合所(ベンチ)が離れていて不便，パリッシュ・ルームが使われていない，トイレがあまりきれいではない，景観的にも殺風景といった意見が寄せられていた。そこで検討グループでは3つの改善案を作成して，ビレッジ・プランの報告会でパネル展示し，アンケートをとって1つの案に集約した。計画案の要点は，パリッシュ・ルームの改築(観光案内，集会室，アートの展示など)，新しいバス待合所の設置(バス停に近い位置に移動)，植栽による円形広場の設置である。その後，計画案はパリッシュ・カウンシルで発表されると

図3-21　ハサーセイジ地区

ともに，より専門的な調査が行われ，広場の設計図も作成されている。われわれの調査時点(2008年9月)ではまだ実現には至っていなかったが，資金手当の目処が立てば実現の可能性はあるとのことだった。

〈注〉
1) イングランドは国の地方組織ともいえる9つのリージョン(region)に分けられ，地方自治組織としてその下に順にカウンティ(county)，ディストリクト(district)，パリッシュ(parish)が存在する。しかしこれはあくまでも原則としてであり，カウンティとディストリクトが合併したものが存在するなど，地域的差異が見られる。
2) 地元自治体代表16名のうち，公園指定面積の比率が相対的に高い2つのカウンティと2つの基礎自治体2名ずつ代表を出し，その他の自治体は1名ずつ代表を出している。
3) 2007年度のイングランドの国立公園の1カ所あたりの平均職員数は，フルタイム雇用換算で129.8人であった。また，公園面積1平方キロメートルあたりの職員数を見ても，ピークディストリクト国立公園が0.17人と最も多く，平均は0.11人であった。
4) 2006/2007会計年度の1カ所あたり平均のDEFRA財政割当額は481万ポンドであった。公園指定面積1平方キロメートルあたりの割当額も全NPA平均が4143ポンドであったのに対して，ピークディストリクト国立公園は5374ポンドで，ニューフォレスト国立公園に次ぐ額であった。
5) この改革については，S. Tromans et al., *Planning and Compulsory Purchase Act 2004* (The Law Society, 2005) p. 299 が詳しい。
6) DEFRA, *Review of English National Park Authorities* (DEFRA, 2001) p. 66.
7) Countryside Agency, *National Park Management Plan - Guidance* (Countryside Agency, 2005) p. 37.
8) 他の国立公園もすべてこのような計画改正の仕方をしているわけではなく，国立公園管理計画とLDFの土地利用計画に関わる基本文書を一緒にしたところもある。
9) Peak District National Park Authority, *Help Shape the Future, Issues and Preferred Options Documents for the Review of National Park Management Plan and Development Plan* (Peak District National Park Authority, 2005) p. 31.
10) アフォーダブル住宅とは，低所得者でも借りられるような低家賃の住宅のことであり，公園内の地価が高く，低所得者が公園内で働き居住することが難しいことへの対策として打ち出されている。
11) たとえば自然保護，レクリエーション利用に関わってゾーニングを導入しているが，

ゾーニングの考え方についてはストラクチャープランに示されている。
12)「ピークサブエリアとその周辺」という表現に関わって，その周辺がどこまでをさすかについては明確な境界線を設定しておらず，LDFを策定する自治体の判断にゆだねられている。
13) 2009年6月現在，補足計画ガイドは，アフォーダブル住宅，農業，デザインガイド，自然エネルギーなどについて作成されている。
14) Nature Zoneはすでに1979年に策定されたストラクチャープランにおいて導入されていた。
15) Conservation AreaとはCivic Amenity Act1967で規定されたもので，建築的・歴史的に特別な意義をもつ地域であり，保全のために開発規制をかけることとしている。
16) ただしスキームに示された計画策定のタイムスケジュールは大幅に遅れている。
17) 2008年9月に国立公園庁事務局長などに行ったインタビューにおいても，現行の計画内容はおおむね良好に機能していると評価をする一方で，経済活動の多様化・活性化，温暖化への本格的取り組み・持続可能な社会づくり，地域で働き暮らす人々への配慮の3つが現行計画では十分応えられていないとしていた。
18) 生物多様性計画については，毎年Annual Reportを発行しているほか，2008年には中間総括評価レポートも作成されており(Peak District Biodiversity Action Plan Mid-Term Review 2001-2007)，計画実行に反映するシステムが作られている。国立公園管理計画全体に関しては，2008年に初めてモニタリングレポートが作成されたが(Peak District National Park Management Plan Annual Monitoring Report 2007/8)，どのように活用していくかは今後の課題として残されており，指標の設定・評価の仕方も活用のあり方と合わせてさらに検討することが必要となっている。なお，この他に国立公園庁の組織としてのパフォーマンスに関わる評価・監査なども行っている。
19) R. A. W. Rhodes, *Understanding Governance: Policy Networks, Governance, Reflexivity and Accountability* (Open University Press, 1997) p. 235.
20) ピークディストリクト国立公園では，2009年6月現在，LDFはなお策定中であり，まだ従来のローカルプランのもとで開発規制が運用されている。
21) Peak District National Park, Landscape Strategy and Action Plan (2009-2019)
22) Ibid., p. 19.
23) 計画対象地域はナチュラルイングランドが主導して行っている景観特性評価(Landscape Character Assessment)によって区分している。
24) PDNA, Peak District BAP Annual Report 2007/2008 (Peak District National Park Authority, 2008) p. 20; Peak District Biodiversity Action Plan Mid-Term Review 2001-2007.

25) レビューにおいてもこれら活動を全体的に把握することが困難であることが指摘されているが，このことはNPAに限らず様々な主体が生物多様性保全の取り組みを行っていることを示しているといえよう。
26) http://www.peakdistrict.gov.uk/index/looking-after/bap/bap-projects/birds.htm(2009年1月15日アクセス)
27) The Countryside Agency, Experiences from the Land Management Initiatives (2004).
28) Planning Research and Partnerships Service, Peak District National Park Annual Housing Report (2007).
29) Derbyshire Dales Council & High Peak Borough Council, Housing Market Assessment (Peak Sub Region), Final Report (2008).
30) Derbyshire Dales District Council, High Peak Borough Council and the Peak District National Park Authority, Strategic Housing Land Availability Assessment Final Report (Peak Sub Region) (2009).
31) Peak District National Park Authority, 2006-2011 Management Plan (2005).
32) Ibid., p. 26.
33) 筆者らが2008年に現地を訪れた際に聞き取りしたディストリクトの議員や地域住民の発言によれば，現在でもその感覚は残っているという。
34) Hathersage and Outseats Village Plan (2005).

3.2.および3.3.2.は柿澤宏昭「イングランド国立公園の管理・計画システム——ピークディストリクト国立公園を事例として」林業経済研究56巻1号(2010年)49-58頁を大幅に改稿したものである。

# 4. コッツウォルズ特別自然景勝地域

## 4.1. コッツウォルズ特別自然景勝地域の概要

### 4.1.1. コッツウォルズ地域の概要

　コッツウォルズ特別自然景勝地域(Areas of Outstanding Natural Beauty：AONB)はイギリス南部に位置し，指定面積は20万3800ヘクタールであり，イングランド，ウェールズおよび北アイルランドに現在46カ所あるAONBの中で，最も面積が大きい(図4-1)。コッツウォルズは，今からおよそ210-140万年前に形成された石灰岩層によって形成された，なだらかな丘陵景観が拡がる地域である。6000年以上前の遺跡なども数多く存在し，現在に至るまで環境や景観に対して人間の影響を強く受けてきている。本地域はまた，イングランド有数の美しい村々が田園に点在することでも有名であり，日本人にもよく知られた数々の美しい村が点在する(図4-2)。

　本地域の地質はジュラ紀に形成された石灰質の基岩を中心としており，国内的にも貴重な植生を育んでいる。有史以前は森林におおわれていた土地に開拓の鍬が入り，それによって成立した牧畜によって，地域内の約40%にはかつて希少な植物が生育する草原が広がっていた。しかし，その後の土地利用の変化によって，その面積は現在では1.5%にまで減少してしまっており，生物多様性の減少が問題となっている。

　本地域の景観を特徴付けるのが，農地を仕切るために設けられている石灰岩質の自然石で造られた石垣(dry stone wall)である(図4-3)。地域内には総延長6000キロにわたる石壁があり，その多くは17-18世紀に起きた農地の囲

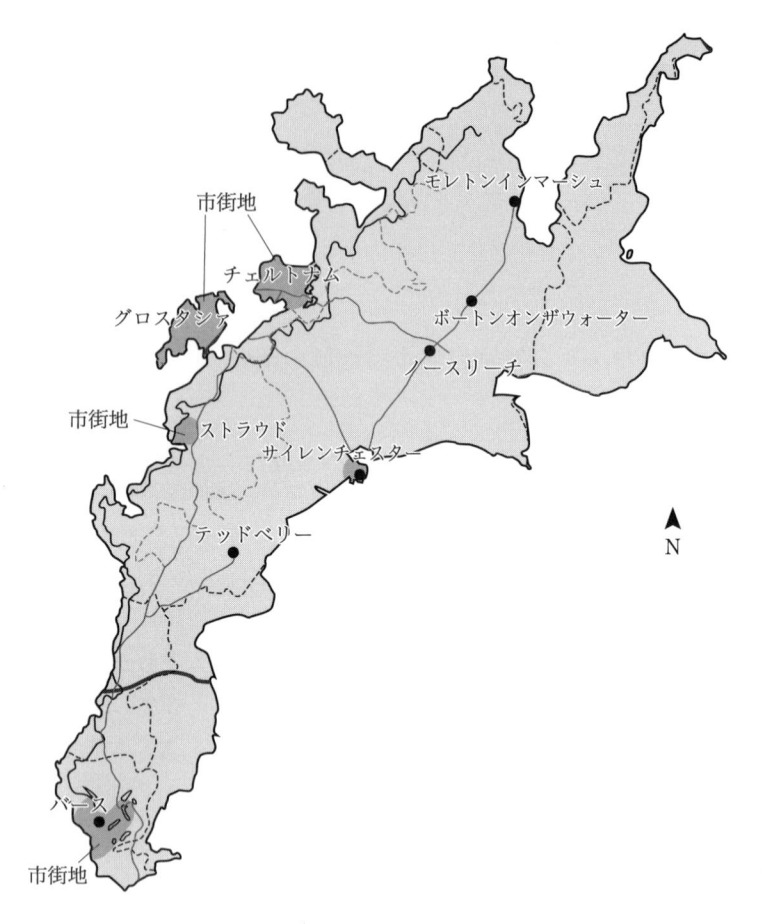

図 4-1 コッツウォルズ特別自然景勝地域
出典：コッツウォルズ AONB ホームページ掲載の地図を加工。

い込みの際に作られたものである。地域内の 80％以上が農地であるが，近年の農業の規模拡大によって，1 単位あたりの農地が拡大傾向にあり，それに伴って作業の障害となる石垣を撤去する例も見られることから，景観に変化が生じてきている。

　本地域が AONB に指定されたのは 1966 年であり，指定当初の面積は 15

図4-2　羊が草を食むコッツウォルズの風景

図4-3　農地を仕切る石垣

図4-4 コッツウォルズの観光拠点のひとつ ボートンオンザウォーター

万700ヘクタールであった。しかし，指定当初から景観的に重要な地域が指定されていないとの認識が関係者の間では存在したことから，ようやく1990年になって，その地域を含む形で現在の面積まで拡張された。その一方で，開発に伴う質的低下によって除外された区域もある。AONB内には，3カ所の国指定自然保護区(National Nature Reserve：NNR)，80カ所以上の学術上特に重要な保護地域(Sites of Special Scientific Interest：SSSI)，2カ所の地方指定自然保護区(Local Nature Reserve：LNR)があるほか，環境保全に配慮した農業地域を指定する環境保全地域(Environmentally Sensitive Area：ESA)として，地域の約3分の1がコッツウォルズ環境保全地域に指定されているほか，地域の一部がテムズ上流部支流域環境保全地域の指定を受けている。

AONB内に居住する人口は15万7000人である。かなり多くの人口を抱えてはいるが，人口密集地は注意深く除外してあり，人口密度は他のAONBより低い。一方，AONBと隣接していくつかの都市が点在しており，車で20分程度の範囲内に，200万人が住んでおり，週末の行楽地として位置づけられている(図4-4)。地域の主要産業は農業や観光であり，農家数は3200, 1

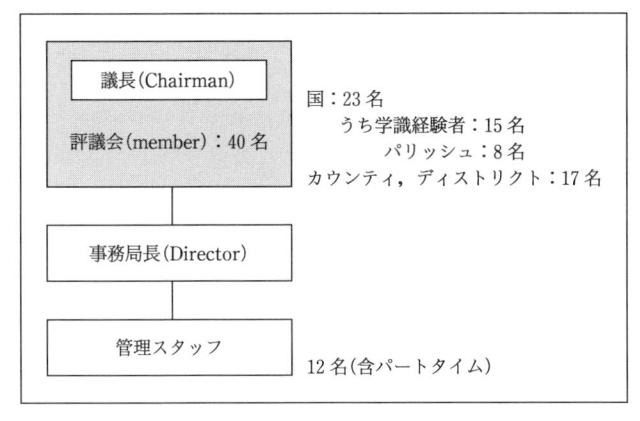

```
┌─────────────────────────────────────────────────┐
│   ┌─────────────────┐                            │
│   │  議長(Chairman)  │   国：23名                 │
│   ├─────────────────┤   うち学識経験者：15名      │
│   │評議会(member)：40名│     パリッシュ：8名       │
│   └────────┬────────┘   カウンティ，ディストリクト：17名│
│            │                                     │
│   ┌────────┴────────┐                            │
│   │ 事務局長(Director)│                           │
│   └────────┬────────┘                            │
│            │                                     │
│   ┌────────┴────────┐                            │
│   │   管理スタッフ    │   12名(含パートタイム)     │
│   └─────────────────┘                            │
└─────────────────────────────────────────────────┘
```

図 4-5　コッツウォルズ AONB 保全委員会の組織

戸あたりの平均面積は 56 ヘクタールである。また，コッツウォルズ地方への来訪客は年間およそ 380 万人である。コッツウォルズ地方に広がっている石灰岩質の自然石は，建築用材として地域内外で利用されており，そのための採石場が AONB 内にも複数ある。その多くが露天掘りによって採取されており，景観上の問題となっている。

本地域には 17 地方政府が含まれている。その内訳は，7 つのカウンティまたは単一自治体および，10 のディストリクトまたはバラである。さらにその中には 293 のパリッシュが含まれている。

### 4.1.2. 管 理 組 織

本地域は，コッツウォルズ AONB 保全委員会(Conservation Board)という組織によって管理運営されている(図 4-5)。もともと本地域は，関係主体のパートナーシップによる管理組織である合同諮問委員会(Joint Advisory Committee)という組織によって，管理運営が行われていた。当時の組織は，AONB に関わる関係主体間の利害を調整するための組織という性格が強く，現在のような独立した組織体としての性格が弱かった。1998 年に AONB の管理をさらに強化するための調査が政府によって行われ，2000 年カント

リーサイド・歩く権利法(Countryside and Rights of Way Act 2000：CROWA 2000)によって現在のような国立公園庁(National Park Authority：NPA)に近い形態の保全委員会の設置が定められた。その後，2001年から2004年にかけて地域での協議が進められた結果，2004年12月の議会令によってコッツウォルズ保全委員会の設置が認められた。なお現在のところ，AONBにおいて保全委員会が設立されているのは本地域を含む2カ所のみである。

　保全委員会の目的として法律によって定められているのが，①AONBの自然美を保全するとともに高めること，②ANOBがもつ特有の価値について理解し楽しんでもらうようにすること，である。また，これらの役割を遂行するにあたっては，AONB地域内に居住している人々の経済的，社会的福祉を高めるよう努めることもまた，保全委員会の任務として掲げられている。レクリエーションはAONB指定の直接の目的とはされていないが，自然美の保全や地域内の農林業と調和する形で来訪者に楽しんでもらうことは，AONB管理の重要な内容となっている。実際，コッツウォルズには多くの来訪客が訪れており，観光やウォーキング，乗馬などのレクリエーションを楽しんでいる。

　保全委員会において，管理運営の諸事項に関する意思決定を行うのが評議会(メンバー)である。メンバーは，法律によって40％が地方自治体の代表，20％が国務大臣によって任命されるパリッシュの代表，40％が国務大臣によって任命される専門的知識を有する者によって構成される。その具体的内訳は各々，17名，8名，15名の合計40名である。保全委員会の主要な業務は，管理計画の策定とそれにもとづいて地域の保全を図るための関係主体との調整や各種事業の実施等である。これらについての最終的な意思決定を行うため，評議会が年4回開催される。

　保全委員会の政策に対する監督や業務への助言を行うために，評議会メンバーから選出された12人によって理事会(Executive Committee)が設けられている。また，個別分野に関して理事会への報告を行うためのサブコミッティーが4つ設けられており，景観や生物多様性の保全，農林業，アクセス等に関する諸問題を取り扱う「保全・管理サブコミッティー(Conserving and

Managing Sub-Committee)」，コッツウォルズ AONB の理解や楽しみの増進に関する問題を対象とする「楽しみ・理解サブコミッティー(Enjoying and Appreciating Sub-Committee)」，計画，交通，開発問題や政策全般に関して対象とする「生活・勤労サブコミッティー(Living and Working Sub-Committee)」，助成事業に関する審査を行う「補助金サブコミッティー(Grants Sub-Committee)」がある。これらのサブコミッティーは理事会への報告を行い，それをもとに，評議会へ諮るための案件が準備されるが，具体的な取り組みを検討するために，これらのサブコミッティー内には計画，交通，生物多様性，農業，林業・森林などのワーキンググループが設置されている。他に，メンバーの行動規範に関わる助言や，メンバーに対する苦情を処理する規範委員会(Standard Committee)がある。

なお，合同諮問委員会と現在の保全委員会との違いであるが，合同諮問委員会の時代は，各選出母体の担当者(地方自治体の場合は担当部局の担当者)などが集まって，AONB の運営に関する協議を行ういわゆる緩い結合体という性格のものであった。そのため，各母体の利害を代表する者が集まってその場で意思決定を行うというしくみにはなっておらず，運営方針を決めるまでに多くの時間を要していた。一方，保全委員会における各構成員は，各自の見識から意思決定を行う権限を有しており，AONB の運営に関する意思決定を行う最高機関として，それまでとは異なり意思決定がスピーディーに行えるようになった。

ところで，AONB における保全委員会の役割と国立公園庁のそれとが大きく異なるのは，土地利用に関する権限を保全委員会が有しておらず，その権限は地方自治体に帰属している点である。土地利用に関して国立公園庁のような強力な規制力をもっていないのが，国立公園と AONB の決定的な違いとなっている。保全委員会の実務を担当する管理スタッフは 12 名であり，国立公園と比較すると，土地利用に関する計画規制業務などがない分，かなり少ない。

保全委員会の年間予算は，2007 年度で 150 万ポンドであった。この内訳として，80％がナチュラルイングランド(Natural England：NE)から，20％が

地方自治体からとなっている。またこの他に，宝くじ基金(Heritage Lottery Fund)や寄付，民間などからの資金を得ることによってプロジェクト事業などの費用に充てている。

## 4.2. コッツウォルズ AONB の管理計画と自治体との関係

### 4.2.1. はじめに

この節では，保全委員会がコッツウォルズ AONB をどのように管理しようとしているのかについて明らかにする。

CROWA 2000 において保全委員会は AONB の管理計画(Management Plan)を策定することを義務付けられているので，この内容についてまず概説する。

続いて管理計画の実行手法について検討を行うが，この際課題となるのは，AONB の主要目的である景観保全を進めるためには土地利用計画や開発コントロールが最も重要な手法となるが，地方自治体が計画の策定や開発許可申請の審査を行っており，保全委員会はこれに関わる権限をもっていないことである。ここでは，土地利用計画・開発許可申請に関わって AONB の景観保全という観点から保全委員会が地方自治体とどのような関係をもつかが課題となるため，保全委員会と自治体との関係について特に焦点をあてて検討したい。

### 4.2.2. コッツウォルズ AONB の管理計画

CROWA 2000 第 89 条は，すべての保全委員会に AONB の管理とそれを実行するための政策を策定することを義務付けている。コッツウォルズ AONB では合同諮問委員会のもとで 2004 年に管理計画を策定していたが，同年 12 月に設立された保全委員会は 2005 年 4 月にこの管理計画を暫定的に保全委員会の管理計画とすることを決定した。しかし，合同諮問委員会から保全委員会へと AONB の管理体制が大きく変化したことから，2004 年以降に生じた AONB を取り巻く状況変化なども踏まえて管理計画のレビューを

図4-6 コッツウォルズ AONB 管理計画表紙

行い，2006年より新たな管理計画の策定を進めることとした。策定は約2年かけて行われたが，まず関係自治体の職員との議論を集中して行い，ここで出された提案をもとにして，保全委員会の計画専門官が素案の作成を行った。この素案をパブリックコメントにかけ，また関係省庁等との協議を行うなど，広く議論を行い最終的な管理計画へとまとめていった。AONB内の土地利用計画を始め，多くの権限を自治体がもっているため，自治体職員との協議を重視し，合意を形成しながら管理計画の策定を行ったことが特徴である。こうして策定された管理計画は「コッツウォルズ AONB 管理計画 2008-2013(以下，管理計画と略す)」として2008年3月に保全委員会で正式に決定された[1]（図4-6）。

管理計画は概ね20年の将来を見越した方向性の設定を行うこととしているが，焦点は2008-13年の政策と行動の設定にあてている。また，保全委員会の権限が限定的であることを踏まえて，単に保全委員会の活動の方向性を示しただけではなく，AONBに関係する自治体や省庁，その他組織，住民

に対してAONB内での活動に関する指針を示すことも意図している。特に行政組織に関しては，CROWA 2000第85条では，AONB内の土地に関わるまたは影響をあたえる行為・決定を行う際に，AONBとして指定された目的を考慮すべきという義務を課しているほか，2006年自然環境・地方コミュニティ法(Natural Environment and Rural Communities Act 2006：NERCA 2006)第40条において，すべての公共団体は生物多様性保全の目的に適合するように活動することを義務付けている。このため保全委員会は，自治体等の行政機関がこれら義務を遂行するための指針として管理計画を活用してもらうことをめざしている。

　管理計画で設定されている目的・政策等については，「コッツウォルズAONBを変化させる力」，「保全と改善」，「理解し楽しむ」の3つの分野に分けて記載されており，それぞれの分野毎に目標と目標を実現するための政策と具体的な行動を設定している。3つの分野のそれぞれの目標については表4-1にまとめた。3つの分野のうち「保全と改善」，「理解し楽しむ」は，CROWA 2000第87条において保全委員会の職務遂行上の義務として規定されている「AONB地域の自然美を保全・向上させるという目的，および市民によるAONBの特別の質の理解と楽しみを増加させるという目的への配慮」に対応して設定された分野である。また，「コッツウォルズAONBを変化させる力」は，気候変動，経済のグローバル化，開発圧力がAONBの自然環境・景観・農業活動などに対して大きな影響をあたえていることから，これらへの対処方針を示したものである。前2者については前計画においても設定されていたが，後者については今回の計画で新たに付け加えられたものである。表4-2には，AONBの景観や自然環境の保全に最も関係の深い保全と改善」に関する政策を，また表4-3にはこの中から生物多様性に関わる具体的な行動・任務について一覧として示した(図4-7，4-8)。

　コッツウォルズAONBの管理計画の特徴について，ピークディストリクト国立公園管理計画と対比しつつ述べると次のようになる。

　第一に計画を実行するために具体的に行うべきことを記した部分が，ピークディストリクトの場合は行動(Action)のみであるのに対して，AONBの場

表 4-1 コッツウォルズ AONB 管理計画の構成と目的設定

| 分　野 | 目　的 |
|---|---|
| 変化させる力 | ・2010 年までに気候変動がコッツウォルズにあたえる影響を理解し，戦略的な対応策を開発する<br>・2013 年までに気候変動の影響を緩和・適応する包括的なプログラムを策定し実行に移す<br>・2010 年までにグローバリゼーションが農業的土地利用にあたえる負の影響を理解し，景観の特徴を保全し改良するための戦略的な対応策を機能させる<br>・2013 年までに，AONB 内部・周辺で，地域の特性を保全しつつ社会経済的な貢献できる強固な枠組みをもった戦略と計画を機能させる |
| 保全と改善 | ・国の政策はコッツウォルズが供与する多様な便益を引き続き支援する。これらは市場経済のみで達成は不可能である<br>・農業・牧畜・酪農の活力が維持され，それによってコッツウォルズの草地景観の管理に重要な役割を果たす農業を可能とさせる放牧家畜を保持する<br>・コッツウォルズの景観・生息域・水環境の気候変動の影響への復元力を，景観レベルの再生や生息域のつながりの回復と管理によって増大させる<br>・すべての主要な管理上の決定は環境の多様な側面の相互依存性と，その市民の理解と楽しみへの貢献を考慮に入れる<br>・地域経済の活性化とコミュニティの活性化のための一部として，特に景観の助長と管理に関わる人の雇用と住居を提供する |
| 理解し楽しむ | ・幅広い人々にコッツウォルズを理解し正しく評価してもらう<br>・人々がコッツウォルズを経験する障害となっていることを明らかにし，取り除く<br>・レクリエーション・観光の総合的管理を行い，コッツウォルズの特別な質に被害を与えないようにする<br>・レクリエーション・観光における公共交通の利用可能性を飛躍的に高める<br>・持続的なツーリズムが地域経済とともにコッツウォルズの特別な質の保全・改善に貢献する<br>・ボランティアや他の組織とのパートナーシップにより AONB の保全への市民のかかわりをより大きくする |

合は行動(Action)と任務(Task)に分かれていることである。AONB の管理計画では行動を「私たちがしたいと考えていること」，任務を「保全委員会が，多くの場合他の主体とともに，計画期間のうちに行うこと」と定義している。これは土地利用計画などに関する保全委員会の権限が限定されている中で，保全委員会のしたいことと(行動)と保全委員会の権限の範疇でやるべきことと(任務)を区分しているためと理解できる。

　第二に，第一にも関わって，「保全と改善」の部分では，自ら主体的に活動を展開するというよりは，他の主体に対して働きかけを行うことに重点をおいた内容となっている。たとえば生物多様性保全についてピークディスト

表4-2 コッツウォルズAONB管理計画の保全に関する政策一覧

| 課題 | 政策 |
|---|---|
| 景観 | ・コッツウォルズの景観の特有の性質，静寂さ，特有の質を保全し，助長する |
| 農村的土地利用 | ・環境基準に適合した持続的な農業活動がAONBの主要な土地利用のひとつであり，景観の質の維持に貢献する<br>・生物多様性など自然資源の保全・助長に貢献する農村土地利用を支援し，報いる<br>・すべての景観管理は景観特性評価に基づくガイダンスに適合するようにする<br>・経済活性化とともにコッツウォルズの景観と生物多様性を助長する持続的地域経済発展を進める<br>・景観や生態的・文化的価値の維持のため古い森，公園，ヘッジロー，樹木の保全を図る<br>・景観とその特性を管理するために必要な技術を発展させる |
| 自然資源 | ・自然資源の開発はAONBの自然美を保全・助長するように行う<br>・AONB内の活動による炭素排出を削減する<br>・廃棄物の削減を行う<br>・良好な農業の展開により土壌を持続的に利用し，土壌の汚染や浸食を防ぐ |
| 歴史的環境 | ・歴史的環境と遺産を保全・助長するように変化をコントロールする<br>・AONBの歴史資源の富がよりよく認識・記録・理解される |
| 生物多様性 | ・本計画期間内に，AONB内にあるイギリス生物多様性行動計画(UKBDAP)が定めた重要生息域・種が維持され，可能なところでは改善する<br>・計画期間内にAONB内にある種々の保護区域とUKBDAPの重要生息域の95％が良好または改善しつつある状態にある<br>・UKBDAP重要生息域・種の修復，再生，リンク，緩衝のための共同プログラムを機能させる<br>・計画期間内にAOBN全体の生物多様性のベースラインデータが使えるようにする |
| 開発と交通 | ・すべてのLDFと計画に関連する意思決定は下記の基準に従って行う<br>　景観特性評価・戦略・ガイドラインと整合，地域の建築形式・素材を尊重，持続性を勘案，静寂性の維持，地域のアメニティに悪影響を与えない，生物多様性の維持，持続的発展へより適合<br>・地域経済の支援，地域サービスへのアクセス改善，人々がコミュニティで住み働く機会を増大させる発展は，地方空間戦略とLDFsによって推進される<br>・交通計画・管理にAONBの特性を反映させる<br>・AONBの保全にかかわる人はそこに住むことができるようにする<br>・持続的コミュニティを支えるため，現在のレベルの地域サービスを維持し，可能なところでは改善する<br>・コミュニティに焦点を当てた戦略・計画に景観管理の重要性を反映させる<br>・公共交通機関の利用を促進し，マイカーの利用を低減させる |

表4-3 コッツウォルズAONB管理計画の生物多様性に関わる行動と任務の設定

| 行　動 | 任　務 |
| --- | --- |
| 計画期間内にAONB内・周辺にある種々の保護区域とUKBDAPの重要生息域について，これ以上の減少を回避し，可能なところでは状態を改良させるための行動を助長し，支援する | 保全委員会の設置された生物多様性ワーキンググループ(WG)やその他パートナーと協力して重要な生息地・種に関わるプロジェクト・プログラムを作成し，実行する |
| | 生物多様性WGと協力して，重要な生息地・種の保全に関して地域生物多様性行動計画と整合性を保つ |
| | 生物多様性WGと協力して，AONBの生物多様性管理に重要なデータを収集する |
| 景観レベルで生息地間の連続性を改善して重要な生息域・種の改善を助長する | 生物多様性WGやその他パートナーと協力して，プログラムやプロジェクトを策定し，実行する |
| AONBの重要な生息域・種の保全に向けて農業環境スキームなどの助成金の活用を助長・支援する | 生物多様性WGや農民グループと協力して，DEFRAなどへ資金獲得を働きかける |
| AONB内の重要な生物多様性資源を利用しやすい形で記録することを助長する | 生物多様性WGを通してパートナー組織と協力して生物多様性資源のより良い記録とインタープリテーションを確保する |

　リクト国立公園管理計画においては，生物多様性保全行動計画のレビュー，具体的なプロジェクトの立ち上げ，基礎的情報の整備，土地所有者への働きかけのしくみづくりを主体的に行うことがとるべき行動としてあげられているのに対して，コッツウォルズAONBの管理計画では，重要な生息域の喪失を防ぎ，状況を改善するための行動を奨励・支援する，農業環境スキームの助成金獲得の奨励，というように，すべて"奨励(encourage)"という表現となっている。また「開発と交通」の分野では，保全委員会が土地利用計画権限をもっていないということもあり，景観保全や開発コントロールに関わって，ガイダンスを作成したり，働きかけを行うことを任務としており，計画権限をもっている地方自治体や，開発に関わる関係者への影響力を行使して，目標を達成しようとしている。

　また，任務に関する記述のうち，保全委員会が単独で行うもののほとんどはガイドラインを作成やデータの収集・整理といった活動であり，その他の活動は関係者によって構成されるワーキンググループ(WG)とともに行うと

図 4-7 AONB の採石場
伝統的な建築物の建築・修復に欠かせないが，一方で景観保全上の課題にもなる。

図 4-8 歴史的建造物や庭園
これらも AONB の重要な構成要素である。

いう内容になっている。ただし,「理解し楽しむ」に関しては,地方自治体の権限を侵さずに活動できるため,広報・情報提供・レクリエーション機会の提供などについて保全委員会が独自に活動を行うこととしている。

　第三にAONB内の経済活性化に関わる政策がほとんど記載されていないことである。ピークディストリクト国立公園管理計画において「人々とコミュニティ」,「経済」が計画分野として立てられていたが,コッツウォルズAONB管理計画ではそうした分野立ては行われていない。「開発と交通」の分野の政策として「地域経済の支援,地域サービスへのアクセス改善,人々がコミュニティで住み働く機会を増大させる発展は,地域空間戦略(Regional Spatial Strategy：RSS)とローカルディベロプメントフレームワーク(Local Development Framework：LDF)によって推進される」ことを掲げている。そして,開発と交通の分野に限らず,地域の社会経済の活性化に関わって記載されている政策・行動・任務については,「AONBに住む人々の経済・社会福祉の助長を,持続的コミュニティと活力ある地域経済の助長を通して,育成しようとするものである」という注を加えている。地域社会・経済に関わる政策はもっぱら自治体が行うことであり,保全委員会は側面的な支援を行うにとどめているのである。

　以上のように,コッツウォルズAONBの管理計画は,保全委員会の権限が限定されているため,目標の設定は限定的であり,また目標達成の方法も地方自治体などに働きかけることが主体となっている。そこで,節を改めて,保全委員会が計画をどのように実行しようとしているのかを見てみたい。

### 4.2.3. 計画実行のためのしくみ

　保全委員会が管理計画を基礎としたAONBの管理をどのように行っているのか,その特徴をまとめると以下のようになる。

　まず第一にAONBの指定目的である自然美・野生生物・文化遺産の保護のためには,適切な土地利用計画の策定とその運用が不可欠であり,保全委員会は土地利用計画権限をもつ自治体や,土地開発に関係する省庁等主体への働きかけを行っている。具体的な働きかけの内容としては,計画策定にあ

たって意見提出などによる参加，開発許可申請のチェック，許容できない開発許可申請などに対する反対意見の提出などがあげられる。これら活動はAONBの保全を達成するうえで，最も重要であるため，節を改めて詳しく述べることとする。

　第二は助成金の活用である。保全委員会自身の予算は限られているものの，AONB指定地域に対して優先的に配分される環境保全型農業への助成金などがあるので，これら助成金の情報の提供を積極的に行うなどしている。また，国立公園・AONB指定地域において地域の自然・景観・文化を保全しつつ持続的発展を進めるために持続的発展基金(Sustainable Development Fund)を環境・食糧・農村省(DEFRA)が設立しているが，保全委員会がこの基金からの助成金を管理し，AONB内の持続的コミュニティづくりの取り組みへの助成を行っている。

---

**持続的発展基金による地域支援**

　持続的発展基金はDEFRAとナチュラルイングランド(NE)により助成される補助金であり，国立公園，AONB地域を対象としたものである。ウェールズでは2000年，イングランドでは2002年から支給が開始された。本基金は当初，国立公園のみを対象としたものであった。その後，国立公園地域での評価が良好であったため，現在ではAONBにも広げられた。

　補助金の対象となるのは，地域の文化や自然，景観などに配慮しながら生活水準を高めるような取り組みであり，地域の持続的発展を支援するために活用されている。これまでに，木質エネルギー暖房システムの導入や，雨水利用システム，屋上緑化，野生鳥獣を活用した新たな食材としての用途開発などである。2008年現在，コッツウォルズAONBでは50を超える事業に本基金が利用されている。補助金の申請は各申請者から保全委員会に提出され，補助金副委員会で審査された後，評議会に諮られ申請が認可される。

　2008年から始まったトディントン・パリッシュ会館の改築においても本基金が利用された。本ケースの場合，コミュニティホールの改築に合わせて環境にやさしい施設の導入費用にこの基金が使われた。本会館の屋根にはソーラーパネルが設置され，太陽光発電，太陽熱温水施設が設置された(図

図4-9 改築中のコミュニティホール前で調査中の筆者ら

4-9)。また，トイレの排水には雨水が利用されるほか，ヒートポンプシステムが整備された。支給された補助金の90％がプロジェクト，10％がスタッフの雇用に使われるとのことであった。

また，ホールの横には小学校があり，子供達の持続的なエネルギー利用の機会にもなることから，2007年には小学生を対象とした野外授業も行われ，その費用も基金から充てられた。

第三は外部資金の獲得，他団体との協働によるプロジェクトの実行である。2003-2007年には宝くじ基金から助成を獲得し，「コッツウォルズをまもる(Caring for the Cotswolds)」というプロジェクトを立ち上げ，石灰岩質草地の保全，石垣(dry stone wall)の再生・修復，インタープリテーション材料の作成などを行った。また，フォレストリー・コミッションと森林保全のためのプロジェクトを合同で行っている(図4-10)。

第四に保全委員会が主体的に行っている活動として情報の提供，ガイドツアーの実施，グリーンツーリズムの推進などがあげられる。保全委員会の権

図 4-10 ドライストーンウォールの再生
「コッツウォルズをまもる」プロジェクトで行っている。

限が限られている中で, 理解・利用促進の活動は保全委員会が主体的に自らの意思で実行できる数少ない活動である。なおコッツウォルズ AONB をほぼ南北に縦断して走るナショナルトレール(National Trail)[2]については保全委員会にその管理権限が授権されており, 専任のスタッフがその管理に当たっている(図 4-11)。

第五はボランティア組織による活動である。コッツウォルズ AONB を対象としてボランティア活動を行うボランタリーワーデン(Voluntary Warden)という組織が 1968 年に設立され, 現在 340 名を超えるメンバーが活動しており, 森林保全・石垣の修復・再生といった景観保全に関わる活動から, ガイドツアーや歩道整備など訪問者向けサービスなどを行っている。国立公園にも同様なボランティア組織があるが, 保全委員会自身の財政・人員が限ら

図 4-11　コッツウォルズ AONB を縦断するナショナルトレール。遠くに見えるのはブロードウェイタワー。1799 年狼煙をあげるために建設された。

れていることもあって、ボランティア組織の果たす役割は AONB において相対的に大きく、たとえば、理解・利用促進に関わるガイドツアーの実施もボランティアに依存している。

　第六に多様な主体との協働に関わって、前述のようにワーキンググループ (WG) が大きな役割を果たしている。保全委員会の権限が限られており、またスタッフの数も少ないため、保全委員会は、管理計画実行に関わって生じた課題や、政策の展開について議論するために WG を設置している。WG は保全委員会の委員・スタッフのほか様々な専門家によって構成されており、計画、交通、生物多様性、農業、林業・森林などの WG が設置されている。たとえば計画 WG であれば土地利用計画や開発許可申請に関わる専門家を集めて、計画に関わる議論・成功事例の共有を行い、保全委員会や自治体に助言を行う。表 4-3 で例を示したように、管理計画の任務の項目の多くは、

WGとともに行うという表現となっており，保全委員会の活動において WG が重要な役割を果たしていることがわかる。

　以上のように，NPA と比較すると，保全委員会は土地利用計画権限をもっていないため，自治体に対して AONB の目的に沿った土地利用計画策定・開発許可申請を働きかけるという活動に力を入れている。また AONB の管理・保全に関わる外部資金の額は限定されており，全体的に活動の展開の規模が小さいほか，農業助成金の活用にしても，自らプロジェクトを起こしてそれを活用するというよりは，助成金の情報を提供するといった役割を果たすことを主にしており，保全委員会が主体となって行う活動は限定されている。また，外部の専門家を含めた WG が保全委員会の日常的な活動を支えるために欠かせず，ボランティアの役割も相対的に大きいことも指摘できる。ただし，多様な主体との協働を重視し，助成金など既存のしくみを活用しつつ，多様な手法を組み合わせて管理を進めるという点で，管理手法の基礎は国立公園と共通しているといえる。

### 4.2.4. 土地利用計画・開発許可申請をめぐる自治体との関係

　次に土地利用計画権限に焦点をあてて，自治体と保全委員会の関係について見ることとする。最初に土地利用計画・開発許可申請をめぐる自治体と保全委員会との関係がどのように規定されているのかについて見る。続いて，自治体の土地利用計画の中にどのように AONB の保全が取り入れられているのか，自治体による開発許可申請の審査などに対して保全委員会がどのような対応をしているのかについて検討する。

#### 4.2.4.1. 自治体と保全委員会の土地利用計画に関わる基本的な関係

　自治体と保全委員会の間の関係については DEFRA がガイダンスを作成しているほか，コッツウォルズ AONB 保全委員会と関係自治体の間で計画協定(Planning Protocol)を結んでいる。以下，これらの内容について見てみよう。

　前述の様に CROWA 2000 第 85 条は，AONB に関連する行政組織に対して，AONB 内の土地に関わるまたは影響をあたえる行為・決定を行う際に，

AONB として指定された目的を考慮すべきという義務を課している。DEFRA のガイダンスはこの内容を説明したものである[3]。ガイダンスでは，まず第 85 条に規定された「行為・決定」について，狭い意味の環境や田園地域の保全に関わる行為・決定に限らず，広く土地に関わるすべての行為・決定をさすこと，AONB 境界外で行われる活動についても AONB 域内に影響を及ぼす場合には対象となることがあるとしている。また，これら義務は自治体が活動するにあたって配慮すべき他の義務や考慮に優越するものではないとしつつ，AONB が指定されている目的を，決定を行う際の必須の考慮要件とするように求めている。

そのうえで，DEFRA の期待(expectation)として，義務を果たしていることが外部からもわかるようにすることを推奨し，その手段として以下のような行為をあげている。

① AONB に影響をあたえる政策・計画・プログラムについてアセスメントを行う
② AONB に影響をあたえる決定は十分考慮して行い，重要性の高い記録として残すこと
③ 年次報告などの文書に，義務の遂行に関わる記載をすることができる
④ AONB 管理計画は自治体が計画実行に参加するための重要な手段となる
⑤ 義務をどのように考慮するのかの方針を自治体の政策文書として作成することもひとつの手段である

以上のように，AONB 指定配慮を強く求めているが，具体的な義務を課しているわけではなく，あくまでも配慮の内容は自治体側の判断に任されており，義務をどのように遂行したかを記録として残すことを求めることによって，その判断を可視化させようとしているのである。

次に計画協定であるが，2005 年 12 月にコッツウォルズ AONB 保全委員会と AONB 指定地域に存在するすべての自治体との間に結ばれた協定であり，土地利用計画の策定や運用をめぐる保全委員会と自治体の役割・関係に

ついて規定している。このなかで土地利用計画をめぐる保全委員会の役割は，AONBの価値が保全され，人々の理解と利用が進むように，土地利用計画権限をもつ主体に対して，助言や指針をあたえるものと規定している。そのうえで，保全委員会は計画に関わって次のような方針で臨むとしている。

① 計画策定段階で，開発許可申請の審査が的確に行える枠組みを設定するために，効果的な参加を行う
② AONBの特質が何かがよくわかるような資料を作成し，開発許可申請の審査の判断の助けになるようにする
③ 開発許可申請の中でAONBに大きな影響をあたえると考えられるものに強く絞って意見提出―コメントを行う
④ AONBに関心をもつすべてのパートナーがAONBの目的への理解を深められるようにする
⑤ 土地利用計画に関わる何らかの決定を行う際に，関連するAONB保全の法制度や政策についての助言を行う

その上で，それぞれの項目ごとに表4-4のように保全委員会と自治体の役割について規定しており，自治体は保全委員会に対して，計画策定にあたって主要段階ごとに計画内容を知らせたり，重要な開発許可申請案件を知らせることとなっている。

このように保全委員会は自治体に対して様々な働きかけ・助言を行ったり，指針を提供するなどして「ソフト」に自治体への働きかけを行うことを基本とし，とくに重要な開発許可案件にのみ意見を述べることとして，「異議申立権」を確保していると見ることができる。

### 4.2.4.2. 自治体の土地利用計画とAONB

それでは自治体はAONBに関わってどのような土地利用計画を策定しているのであろうか。ここでは管轄区域の77%がAONBに指定されているコッツウォルズ・ディストリクト・カウンシル(DC)，一部が重なっている西オックスフォードシアDCの2つを取りあげて，ローカルプラン(Local Plan)の中でどのようにAONBが扱われているのかについて述べる。

まずコッツウォルズDCのローカルプラン[4]について見ていこう。目次構

表 4-4　計画協定の内容

| 分　野 | 主　体 | 役　割 |
|---|---|---|
| 計画政策 | 保全委員会 | ・国の政策変更に関わる協議にこたえ，影響をあたえる<br>・新たな戦略・計画などに適切な段階で貢献・コメントを行う<br>・意見を提出し，重要なケースの場合は出席する<br>・開発インパクトと景観の影響について関係団体と協同してモニタリング・レビューを支援する |
| | 自治体 | ・保全委員会とともに地域空間戦略に対する共通認識をもつ<br>・保全委員会とともに，管理計画を反映し AONB の景観・自然美に最大の地域をあたえるため，頑強な開発計画を策定する<br>・保全委員会と LDP 作成の各段階で，AONB 計画調査官にコピーを送り，保全委員会と協議する<br>・補足計画文書等を作成するときにも保全委員会に相談する |
| ツールとガイダンス | 保全委員会 | ・AONB 景観特性評価(Landscape Character Assessment：LCA)をわかりやすく使えるようなツールを作る<br>・AONB に影響をあたえる行為で判断の統一性を保つことが必要なものに，自治体と協議してガイダンスを作成する<br>・良好な計画実行を支援する情報ソースや決定について議論し理解を深める |
| 開発許可申請 | 保全委員会 | ・AONB に重大な影響をあたえると考える計画許可申請について詳細情報を提供するよう自治体に要請する<br>・上述の申請に対して 21 日以内に意見提出を行う<br>・保全委員会に対して特定の計画許可申請にコメントをするようロビー活動するものに対して，重要なもの，先例を作るもののみコメントすることを説明する<br>・開発許可条件に保全措置などを含めることが適当と考えられる案件に対して提案を行う<br>・必要と考えるものに対して，証拠を提出したり，計画公聴会に出席する |
| | 自治体 | ・AONB 計画審査官に対して重要な開発許可申請案件について情報を提供する<br>・AONB 計画審査官から要請された場合，開発コントロールの詳細な事例を提供する<br>・計画許可申請の審査にあたって AONB 管理計画を十分考慮する |
| パートナーの理解を深める | 保全委員会 | AONB の目的と意義に関して，自治体を始めとする関係者の理解を深める |
| | 自治体 | AONB と良好なコミュニケーションをとれるよう連絡官を配置する |
| アドバイスの提供 | 保全委員会 | AONB 保全に関する法制度・政策で計画決定に関わるものについてアドバイスする |
| | 自治体 | AONB からの助言を必要に応じて自治体の開発許可申請者への助言にリンクさせる |

成は表 4-5 のようになっている。分野ごとにディストリクト全体に関わる土地利用計画の政策を，さらに都市部・集落についての詳細な政策・計画を提示する構成になっている。計画区域内に対して明確なゾーニングをして場所特定的な政策を定めているのは都市・集落のみであり，都市・集落地域外については一括して政策を定め，ゾーニングは行っていない。すなわち，AONB 指定地に対してゾーニングを行って独自の政策を策定しているわけではなく，ディストリクト全体に対して策定された政策が AONB 指定地に適用されるのである。

　計画の中ではまずイントロダクションにおいてコッツウォルズ DC は，もっとも広い AONB 指定面積と，最も多くのコンサーベーションエリアと歴史的建造物をもっている DC であることを強調するとともに，コッツウォルズの景観は人が住み暮らす景観であるとし，両者の調和を図ることとしている。

　政策の中では表 4-6 のような形で AONB に言及されている。この中で重要なことは，コッツウォルズ AONB 指定地域内の，開発許可申請の審査にあたっては AONB 指定の趣旨を配慮事項の最上位において検討することを求めていることであり[5]，先に見た DEFRA のガイドラインを超えて AONB への配慮をしていることである。また景観に特に大きな影響をあたえる風力発電などの自然エネルギー施設建設，TV・ラジオなどの通信施設の建設に関しても，AONB 地域においては特別な配慮を求めている。

　なお，ローカルプランにおける政策の記述の仕方について指摘しておくべきことは，政策の内容が「自然美の保全と改善」「景観への重大な影響」といった「質的」な記述となっており，政策に関する説明にも，開発許可申請の審査にあたって具体的にどのようにこの記述を適用するかは記述されていないことである。こうした点で申請審査にあたっての自治体のスタッフのもつ裁量権が大きいといえる[6]。

　次にウェスト・オックスフォードシァのローカルプランについて見てみよう。このローカルプランではイントロダクションや全般的な戦略において特に AONB についてはふれていない。政策については政策 NE4 がコッツ

表 4-5　コッツウォルズ DC のローカルプラン目次構成

| | | 政策項目 |
|---|---|---|
| コッツウォルズの環境 | 資源の管理 | 自然資源<br>自然エネルギー<br>高い質の農業用地 |
| | 自然環境を守る | 環境への影響<br>汚染<br>水環境<br>コッツウォルズ AONB<br>特別景観地域<br>生物多様性<br>樹木，森林 |
| | 文化遺産を守る | 歴史的景観<br>人類学的な遺跡<br>登録建築物への開発による影響<br>歴史的農業用建築物の保全<br>保全地域<br>大型トラックの影響最小化 |
| ディストリクトの住宅・経済・社会的需要に応える | ディストリクトの開発戦略 | サイレンチェスタなど主要都市内の開発<br>その他の地域の開発 |
| | 住宅 | 既存開発地での住宅<br>アフォーダブル住宅<br>農村地域での住み替え |
| | 経済 | 雇用のための土地利用<br>コミュニティの活性化と持続性確保<br>ツーリズム<br>農業用地・施設の他利用転換<br>農村建築物の転用 |
| | 社会・レジャー | コミュニティ施設<br>公園<br>オープンスペース |
| 良好に整備されたインフラ | | 持続的交通ネットワーク<br>新たな開発地へのアクセス<br>駐車場整備 |
| 質の保証 | | デザインコード<br>新たな開発の景観管理<br>広告・サイン |
| 都市地域：サイレンチェスター | | |
| 最も高い持続原則を維持する居住地 | | ボートンオンザウォーター<br>モレトンインマーシュ<br>テットベリー |
| その他の主要な居住地 | | 省略 |
| 農村集落 | | 省略 |
| テムズ上流域 | | 省略 |

表 4-6 コッツウォルズ DC のローカルプランの AONB への言及

| 政策2 | 自然エネルギー | (c)自然エネルギーの開発にあたっては，AONBの特別な景観・歴史的景観・文化サイトに重大な影響がないようにする |
|---|---|---|
| 政策7 | コッツウォルズ AONB | 1. コッツウォルズAONB内または影響をあたえる開発計画を検討する際は景観と農村の自然美の保全と改善を他の検討項目より上位におく<br>2. AONB内の開発計画を検討する際は地域・コミュニティの経済的社会的福祉にも配慮する<br>3. AONB内での大規模な開発は例外を除いてはできない |
| 政策41 | 通信 | 通信施設については以下の条件で許可される。(a) AONB内，影響をあたえる場所においては他の適切な場所がない場合 |

ウォルズ AONB についての政策として設定されている。ここでは，開発許可申請の決定にあたって AONB の田園景観の自然美の保全と改善に大きなウエイト(great weight)をおくこととしているが，コッツウォルズ DC が他の考慮事項より優先させる(given priority over other considerations)という表現をとっているのに比べると弱い表現となっている。また政策 NE12 で自然エネルギー，政策 BE17 で通信施設について AONB への影響への特別な配慮が言及されている。

　以上をまとめると，第一にローカルプランにおいては都市・集落地域以外に対するゾーニングのしくみはなく，AONB を特別なゾーンとして設定し，他の地域とは別個の政策を定めているのではないこと，第二に AONB 指定地域に対しては開発許可申請の処理にあたって特別な配慮を求めることが政策として記入されていることが指摘できる。AONB 指定地域について，景観保全等に関わる特別な政策が設定されているわけではなく，他の地域と同様な政策を適用したうえで，開発許可申請の審査に関して AONB への配慮を求めるという形になっているのである。また，自治体によって開発許可申請の審査にあたっての AONB への配慮の度合いは異なっている。

　前述のように，ローカルプランで設定された政策は大枠を示したものであり，現場での裁量に委ねられる部分が多い。AONB 指定目的への配慮が具体的にどのように行われているのかについても，こうした裁量の行使のされ方に影響を受けていると考えられる[7]。

### 4.2.4.3. 開発許可申請審査に対する保全委員会の活動

　自治体は以上述べてきた土地利用計画にもとづいて，開発許可申請を審査し判断を下すのであるが，これに対して保全委員会は計画協定に記されているように，対象を絞ってコメントを提出することとしている。ここでは，具体的にどのようにコメントを行っているのかについて述べることとしたい。

　AONB 指定地域内で審査されている開発許可申請は年間約 1 万件に上るとされている[8]。一方，保全委員会で雇用している計画に関わる専門家－計画専門官は 1 名しかおらず，物理的にすべての許可申請に関わることは不可能であり，計画協定に記されているように，とくに重要なものに絞って各自治体から情報を提供してもらい，コメントを行うこととしている。

　計画審査官への聞き取りによれば，自治体から非公式に保全委員会に開発許可申請審査に関する相談があるのは年間 50-60 件，正式にコメントを求めてくるのは約 10 件，さらにそのうちコメントを提出するのは 5-6 件である。AONB に相当な影響があると考える案件に絞ってコメントを行い，保全委員会がコメントを行った案件に対しては自治体が保全委員会の意思をできるだけ反映することを求めているといえよう。

　コメントを行うかどうか，コメントの内容をどうするかの判断は保全委員会の生活・勤労サブコミッティーに任されている。自治体から非公式・公式の相談を直接的に受けるのは計画審査官であり，計画審査官が AONB の管理計画などに照らして重大な問題があると判断した場合には，生活・勤労サブコミッティーにコメント提出の提案を行う。コメントを提出する場合にはサブコミッティーでコメントの内容を議論し，サブコミッティー委員長名で意見を提出する[9]。コメントを行うのは AONB 域内の開発申請に限るわけではなく，域外でも AONB に大きな影響をあたえると考えられるものについてはコメントを行う。なお，保全委員会からのコメントが取り上げられず，保全委員会が地方自治体の決定に不服がある場合にはナチュラルイングランドに訴え，ナチュラルイングランドが調査などを行う道が開かれている。

　表 4-7 はコッツウォルズ保全委員会の Web ページ上で，2009 年 5 月 19 日現在で確認できた保全委員会による意見提出の一覧である。このうちエコ

表 4-7 コッツウォルズ AONB 保全委員会による開発許可申請に対するコメント

| 申請年月 | コメント提出先 | 開発許可申請内容 | AONB の意見内容 | 自治体等の対応 |
|---|---|---|---|---|
| 2009 年 5 月 | コッツウォルズ DC | キャンピングカー販売施設の拡充 | 反対：AONB の景観に重大な影響をあたえる | 未決定 |
| 2009 年 5 月 | コッツウォルズ DC | 旧軍施設の再開発 | 反対：AONB の景観に重大な影響をあたえる | 未決定 |
| 2009 年 4 月 | ストラットフォードオンエイボン DC | 風力発電施設の建設 | 反対：AONB の景観に重大な影響をあたえる | 未決定 |
| 2009 年 2 月 | バース・北東サマセットカウンシル | Od down パークアンドライド施設の拡張 | 反対：光害で AONB の静寂さを壊す | 認可：ただし光害対策を条件 |
| 2009 年 2 月 | バース・北東サマセットカウンシル | Newbridge パークアンドライド施設の拡張 | 反対：大規模な駐車場は景観を破壊する，光害で AONB の静寂さを壊す | 認可：ただし光害対策を条件 |
| 2009 年 2 月 | バース・北東サマセットカウンシル | Lamdsdown パークアンドライド施設の拡張 | 反対：交通問題を引き起こす | 認可：ただし光害対策を条件 |
| 2009 年 2 月 | バース・北東サマセットカウンシル | 新パーク＆ライド施設の建設 | 反対：AONB 外に隣接し重大な影響 | 認可：ただし光害対策を条件 |
| 2008 年 6 月 | コミュニティ・地方政府省 | Middle Quinton エコタウン建設計画 | 強く反対：AONB に隣接して大規模居住地域をつくることは AONB に大きな影響をあたえ適切な場所ではない | 未決定 |
| 2008 年 9 月 | 南グロスタシァカウンシル | 旧ハイウエー訓練施設のコンポスト・リサイクル施設への転用 | 強く反対：AONB 内で環境に大きな影響を及ぼす | 断念 |

タウン建設計画は，コミュニティ・地方政府省のエコタウン建設の公募に応じて提出された計画に対するものであり[10]，自治体ではなくコミュニティ・地方政府省に対して提出されたものである。これ以外の 8 件が自治体に対して出されたものである。いずれも AONB の指定目的や管理計画に照らして大きな影響を及ぼすとの判断で反対(objection)の意見書であり，エコ

タウンとコンポスト・リサイクル施設の案件に対しては強く反対(strongly object)との意思を表明している。

エコタウンの案件のように，地方自治体の開発許可申請の他に，政府などから開発が具体化する以前にコメントを求められる場合がある。こうした案件は一般的に開発規模が大きいだけに，AONB に大きな影響をあたえる可能性があるものが多く，保全委員会としても重要な課題として位置づけて取り組みを行っている。

たとえば上述のエコタウンについては，AONB の境界近くの約14ヘクタールに約6000戸の住宅・オフィスからなる低環境負荷のまちづくりを行おうとする計画である[11]。境界近くでかなり大規模かつ高い密度の住宅地ができることから，景観に影響を及ぼすだけではなく，静寂な環境を乱し，自動車などの交通の増大をもたらすなど AONB に対して重大な影響をもたらすとして，コミュニティ・地方政府省に対して，エコタウンの計画リストからはずすべきであるという意見書を出した。周辺地域住民や環境保護団体などからの反対の声も強く，これら組織とも連絡をとりつつ，その後も繰り返し反対の姿勢を強調している。

以上のほか，近年において保全委員会が力を入れて取り組んだのは AONB 内に計画されたパイプライン建設の阻止であった。イギリス・合衆国北東部にガス・電気を供給している多国籍企業ナショナルグリッドが，2007年に AONB を横切るガスパイプラインを計画したが，計画延長40キロのほとんどが AONB 内を通過することから，保全委員会は強い反対の姿勢を示した。保全委員会はこの計画の環境アセスメントを AONB 全体の保全の立場から検討し，AONB の意義を十分考慮していないとして，AONB を回避したルートを再検討することを求めて所轄官庁の通商産業省(Department of Trade and Industry，当時)に対して公的に異議のコメントを提出した。通商産業省はナショナルグリッドに対して代替ルートの検討を求めたが，ナショナルグリッドはガス需要が当初見込んだより伸張しないことを理由に計画を取り下げた。なお，この異議は NE も支持した。

このように，保全委員会はスタッフが限られているために，AONB に大

きな影響をあたえる計画に絞って異議申立を行い，その影響力を集中して行使することで，開発コントロールを進めようとしているのである。

### 4.2.5. 都市農村計画制度の改革への対応
――新たな計画策定に対する保全委員会の働きかけ

　前述のように，都市農村計画体系が2004年に大きく変わり，各自治体は新たな制度に対応した計画策定作業を行っている。保全委員会は自治体の土地利用計画策定に参加することによって，計画にAONBへの配慮が適切に組み込まれることをめざしているが，今回の制度変更に伴う計画策定を，AONBの指定目的を自治体に再認識してもらい，これを計画に組み込んでもらう好機であると考えている[12]。保全委員会は各自治体の新たな計画策定に対して，課題分野毎に保全委員会の基本的な意見をまとめたポジションステートメント（Position Statement）を作成して自治体の計画策定にあたって考慮を求めようとしているので，これについて検討することとしたい。

　ポジションステートメントはAONBに関わる重要な課題に対する保全委員会の立場を明らかにする文書であり，自治体が計画策定にあたってその趣旨を反映することを期待して策定されたものである。ポジションステートメントは分野毎に作成されており，2009年5月までにアフォーダブル住宅，交通，自然エネルギー，採石・廃棄物，住宅・開発，雇用，野生シカ，道路周辺の植生管理，生物多様性，通信施設・地域経済について作成され，また予備的なものがバイオマス利用作物（miscanthus）の植栽について作られている。2004年の法律改正以降短期間の間に多様な分野をカバーするポジションステートメントを策定したことからも，保全委員会がこの機会を利用して土地利用計画の中にAONBへの配慮をより高いレベルで反映させたいと考えることがうかがえる。

　そこで以下，いくつかの分野でポジションステートメントの具体的な内容について見てみよう。AONB指定の趣旨や土地利用計画に最も深く関わると考えられる住宅・開発，生物多様性の2つの分野を取り上げることとする。

図 4-12　コッツウォルズ AONB 内の集落。左下にパブリックフットパスが見える。

### 4.2.5.1. 住宅・開発ポジションステートメント

このステートメントでは，まず住宅に関わるコッツウォルズ AONB の概況と現状，管理計画に記載されている政策について記載したうえで，保全委員会の基本的な考え方について次のように述べている(図 4-12)。

① 主要な市街地に開発を集中させるという方向性を支持し，自然環境と地域全体の経済的福祉の重要性が認識されていることを歓迎する。

② コッツウォルズ AONB は人々が生活する場であり，AONB に適した雇用の機会を創出する開発を行うことを支援するが，アフォーダブル住宅の提供とともに考える必要がある。

③ 市場原理に任せていては適切なアフォーダブル住宅の供給は期待できず，政策的イニシアティブを発揮することが求められる。

④ コッツウォルズ AONB は周辺からの開発圧力にさらされており，適切な開発コントロールを行うことを地域空間戦略や LDF に記載す

ることが必要であると認識している。とくに，市場原理による住宅開発を適切に管理する明確な政策が必要で，AONB内外を区分し，新たな住宅開発に厳しい基準を設ける政策が必要となる。

⑤　市街地においては雇用の増大と住宅のバランスを考える必要がある。地域外から通勤する形での雇用の創出は望ましくないことが，LDFに記載されることを信じている。保全委員会の主要な懸念は小規模集落における開発で，歴史的，伝統的建築様式，持続性に配慮することが求められる。

⑥　AONB内のひとつの自治体はすでに集落において社会的な要求のあるものとアフォーダブル住宅の開発しか認めず，通勤者向けのデベロッパーによる住宅開発を強く規制するローカルプランを策定しており，保全委員会はこれがモデルとなると考える。

さらに，LDF作成に関わって，自治体の管轄区域を超えてAONB全体に適用できる共通政策を作成するために，保全委員会は自治体と協力することが必要であるとし，コミュニティ・地方政府省(Department for Communities and Local Government)が作成したPPS7(Planning Policy Statement 7 Sustainable Development in Rural Area)でLDFに要求されている田園地帯での開発政策・基準の具体化といった分野での協力を提起している。

続いて開発許可申請の審査にあたって，保全委員会が作成した景観特性評価(Landscape Character Assessment：LCA)を活用することを求めている。この中で，歴史的に形成された集落の景観に配慮すること，建築にあたっては地域の伝統的様式を尊重し眺望を保護すること，既存の伝統的な建築物は修復して残す，といった配慮を求める事項が列挙されている。

以上のように，開発についての保全委員会の関心は，開発の抑制ということだけではなく，住宅の質・内容にも及んでいる。AONBが良好な住環境を求める富裕者層の居住地化していくことを避け，地域に住み・働く人々こそが重要と考え，これらの人々を支援する開発・住宅政策を実現しようとして，自治体への働きかけを行っているのである。

図4-13　環境保全地域に指定されている河川を含んだ生態系

### 4.2.5.2. 生物多様性計画ポジションステートメント

このステートメントは，AONBの生物多様性資源の現状を示すとともに，自治体に対して土地利用計画システムの中で生物多様性保全の保全と改善を進めるための指針を供与するものと位置づけられている。

まずコッツウォルズAONB内に設定されている保護区(EU指定保護地域(European Special Areas of Conservation)，NNR，SSSIなど)の現状を述べたうえで，これら保護区は一般に小規模で，汚染や土地利用変化などの影響を受けて脆弱性をもっているとしている。そしてこの脆弱性を克服するためには，個々の保護区・生息地を対象とした対策だけではなくAONB全体のつながりの中で対策を考える必要があること，対策の策定にあたって計画システムは様々な役割を果たせることを指摘している(図4-13)。

具体的には，まず保全委員会は自治体に対して，ローカルディベロプメント文書(Local Development Document：LDD)の中で，景観スケールでの生息域再生に関する明確な目的と政策を定めることを推奨している。そのうえで地

域毎に具体的な指針を提示しており，たとえばサウスウェスト地方を例にとって要約すると以下の様である。

① サウスウェスト地方では生物多様性の広域の情報を地図化したものがあり，管理・再生によって野生生物の生息域を維持・拡大するのに最も適した場所(Strategic Nature Areas：SNA)が明らかにされている。この地方に含まれる基礎自治体はこの地図を活用して，優先して再生すべき生息域をはっきりさせ，LDF の政策形成に反映すべきである

② それぞれの SNA は単一の種の生息域に関連付けられているが，実際には多様な種の生息域がモザイク状に存在している。AONB 指定地域内においてはこうした性格に配慮して，生息域再生のための追加的な指針を設けるべきである

③ また，SNA の保護だけでは生物多様性は守れないので，SNA 指定地域以外の生物多様性保全政策と SNA の関係・総合化について明確化すべきである

続いて，地方開発文書の中核をなすコアストラテジーについて，SNA 等の保護区を書き込む文書として最も適切な文書であるとして，コアストラテジーに SNA 等の位置情報を掲載し，これら保護区の保全・再生を図る明確な政策を書き込むべきであるとしている。

また，SNA 等の指定地内に居住地・オフィスなどの建設を許容するゾーンを設定する場合には，SNA の機能に影響がないようにするべきであるとしているほか，補足計画文書(Supplementary Planning Document)によって生物多様性保全についての詳細なガイドを作成することも推奨している。

以上のように生物多様性に関わっては，具体的にどのような資料を使ってどのように計画に反映すべきかについてかなり詳細な記述を行っている。

ポジションステートメントを見てまず第一に指摘できることは，保全委員会の関心は生物多様性保全に重要な意味をもつ SNA などの保護区が計画にきちんと位置づけられ，適切な保全の措置がとられること，そして個別の SNA などを保全するだけではなく景観レベルのつながりを確保することにある。

第二に住宅・開発計画のように自治体の関心が高く，自らの計画を主体的に策定するものに対しては，抑制的な表現になっているのに対して，生物多様性のように自治体の関心が必ずしも高くはなく，また専門的な知識も十分もっていない分野に関して，AONB がもつ情報・視点を積極的に提示しようとしていることがうかがえる。

## 4.3. 景観保全とパートナーシップ

### 4.3.1. はじめに

　繰り返し強調しているように，AONB は国立公園と違って計画権限を有していないため，自ら策定した土地利用計画にもとづいて開発規制を行うことができない。そのため，AONB 内の景観保全にあたっては，計画権限を有する自治体をはじめ，様々な機関や団体，地域の住民や事業者とのパートナーシップが欠かせない。実際，コッツウォルズ AONB においても広範な協働の取り組みが展開されており，パートナーからの評価も高い。

　本項では，コッツウォルズ AONB の景観の特徴を LCA にもとづいて整理したうえで，景観特性評価をもとにした景観戦略の概要を述べる。そして景観保全に関わる協働事業の具体的な内容を通して，パートナーシップの実態に迫ることにする。

### 4.3.2. コッツウォルズの景観の特徴

　コッツウォルズ AONB 指定 40 周年を記念して発行された「コッツウォルズの景観」の序文では，何がこの地域を特別なものにしているか，という問いに答えて次のような記述で答えている[13]。

> 「多くの人は，波打つ景観や親しみのある谷間に，愛らしい黄金色をした石造りの村や町があるという。また別の人は，高台の開放的な空の広がりや，この地域の西の端に長く延びるドラマティックな急斜面——そこからはセバーン流域やウェールズ地方まで見渡せる大眺望が得られる——を思い浮かべる。さらに強調すれば，人々はまた急斜面に生育す

るブナの古木の森や，古代以来の居住の跡を示す何マイルにも及ぶ石垣，あるいは教会や歴史的な園地のイメージを心に抱くというだろう。」

これがイギリス人が抱くコッツウォルズのイメージであろう。序文では，それに続けて，視覚的な統一性を保証しているのは石灰岩よりなる地質的構造であり，それはコッツウォルズの石積みの建築や壁によく現れていること，そして自然が創りあげた石が建築材料として常に使用されてきた結果として，人が造った構造物がついにはその土地の一部となっていると結んでいる。

ちなみに，こうした景観認識をより客観的に記述した LCA では，コッツウォルズの景観の特徴を次のように整理している[14]。

- 地域の西部に沿って展開するドラマティックな急斜面
- 侵食によって南東側に撤退する急斜面の背後に残された外部丘陵
- 頂上部および急斜面の東側に広がる，幅広く波打つ台地(ハイ・ウォルド：high wold)
- 緩やかにうねる丘陵と，台地から東側に自然に形成された谷
- コッツウォルズの東端の低地景観
- この地域を切り裂く深く刻まれた谷

簡潔に言えば，コッツウォルズの景観は，西側に開けたその特色ある急峻な傾斜地と，平らで開放的な台地——南東側に向かって動きのあるこの台地は，次第により緩やかで，親しみやすい丘や谷へと変化していく——によって定義される。

コッツウォルズ AONB の現在の LCA は，2002 年に当時のコッツウォルズ AONB パートナーシップ(保全委員会の前身)がカントリーサイドエージェンシー(現在の NE)と共同で作成したものであり，その時の成果は 2 冊の報告書にまとめられている。

実は，それまでにも自治体や国の機関が独自の LCA を実施してきた経緯があった。それらは使用するデータも対象範囲も方法も異なっていた。そこでカントリーサイドエージェンシーが統一的な評価を行い，それがスタンダードになった。コッツウォルズのものはそれをもとにしている。内容はウェブページで公開されている。

### 4.3.3. 景観戦略とガイドライン

コッツウォルズ AONB では，LCA にもとづいて 19 の景観特性タイプごとの景観戦略とガイドラインを作成している[15]。ここでは，最初に景観変化をもたらす地域的な要因を掲げ，次にその変化によって予想される景観の影響を述べたうえで，それに対する景観戦略およびガイドラインの概要をまとめている。さらに景観変化をモニタリングするための指標，および利害関係者の参加機会について記述している。

19 の景観特性タイプのうちのひとつであるハイ・ウォルドに関する例では，変化の要因のひとつとして，新しい独立住宅のような農村景観を損ないかねない個別開発や居住区の分散(農場建物の居住用への転換を含む)，乗馬向けの土地の管理をあげている。その影響としては，視覚的な阻害物の侵入，新規開発に伴う道路や小道の拡幅整備，街灯など郊外的な特徴をもつ景観要素の拡大，夜が暗いという特徴的な景観への明かりの侵入などが述べられている。それに対して景観戦略は，特徴的な農村の散居景観を保全すること，新しい建物を建てるより，現存の石造りの農家建築や付帯施設を修復すること，仮に既存建築物の修復や転用をする際には，その歴史的な真実性や機能的特徴を保存しなければならないこと，適切なアドバイスや原則を追求し，実施しなければならないことなどを定めている。またモニタリングの指標として，居住用に転換または修復された歴史的伝統的建物の数，見通しのよい景観の中に立地する灯りや住宅の数，新しい孤立開発の数，道路改良計画や郊外道路付帯施設の拡張などがあげられている。最後に，利害関係者の参加機会であるが，パリッシュ議会や地域利害団体，パリッシュ計画や村落デザイン文書，地方政府のディベロプメントプランやデザインガイダンスなどがあがっている。

ハイ・ウォルドにおいて景観変化をもたらす要因としては，これ以外にも多数が記載されている。上述の住宅開発などに加えて，携帯電話の鉄柱や風車，高圧線の鉄塔など垂直方向の景観要素の立地，新規の大規模採石場の立地や既存採石場の拡張，廃棄物処理場，幹線道路の建設や拡張計画，道路脇への雑木林や樹林帯の植樹，不適切な時期の路肩の草刈り，農業の集約化と

多角化，とくに工場規模の農業用格納庫の新設，草地から耕地への転換，半自然植生の撤去，農地境界の管理の粗放化や撤去など，都市的施設の立地だけでなく，営農や農場経営に関わるものが多く取り上げられている。このように，土地利用計画の開発規制では必ずしもコントロールできない要因が，幅広く列挙されている。

ちなみに，営農や農場経営に関わる要因に対する景観戦略としては，たとえば，伝統的な農地形態の保護や生垣(hedgerow)・石垣(dry stone wall)の修復を奨励するとか，新しい農業建築物が広々とした景観に修復不能な視覚的ダメージをあたえないようにするとか，新しい建物の配置について農家にアドバイスするなど，それらの行為を規制するのではなく，誘導や啓発を主眼とした対応が記載されている。モニタリングの指標には，生垣と石垣の長さと状態があげられている。また利害関係者の合意形成の機会としては，農業・野生生物アドバイザリーグループ(Farming & Wildlife Advisory Group)や全国農業者連盟(National Farmers Union)のガイダンス，ナチュラルイングランドの環境管理協定，半自然生息地へのクロスコンプライアンスと環境アセスメント，継続中の田園管理およびコッツウォルズESA協定などが示されている。

## 4.4. 地域振興とパートナーシップ

### 4.4.1. はじめに

保全委員会は2つの法律上の目的，すなわちAONBの自然美の保全と向上とAONBの特別な価値についての理解と享受の増進を実現するために，地域住民の経済的社会的福祉の増進を追求することが義務とされている。この点は国立公園の場合と同じではあるが，前項で述べたように，権限および財源やスタッフの制約から，国立公園が進めているような地域振興(地域の社会経済の活性化)政策はあまり見られないのが実状である。たとえば，コッツウォルズAONBのマスタープランには，ピークディストリクト国立公園のマスタープランにあったような地域振興に関わる計画事項があげられていな

い。地域振興政策は自治体の任務とされ，AONB は景観保全に資する範囲内でそれを側面支援するにとどまっているようである。

しかし，だからといって地域振興に関わる政策がまったく実施されていないというわけではない。たとえば，コッツウォルズは農耕地が8割以上を占める農業地域であり，景観の維持のためには，当然のことながら農業の維持そのものが必要である。このため保全委員会は DEFRA やナチュラルイングランドなどと協力しながら，様々な形で AONB 内の農業振興を支援している。また，優れた景観地であり，ロンドンからも遠くないコッツウォルズは，定年退職者を中心に旺盛な住宅需要があるため，住宅価格が極めて高い。そのため住宅を取得できない地元の少額所得者向けにアフォーダブル住宅の供給が行われており，保全委員会はそれを奨励している。さらに，AONB 内に雇用先を生み出すために，優れた景観を生かしたグリーンツーリズムのような新たな産業振興にも取り組み始めている。地域内での雇用創出は，地域外への通勤交通を抑制し，地域内の交通問題への寄与も期待されているのである。

こうした政策を遂行するには，前項で詳述した通り，保全委員会だけでは難しく，様々な団体とのパートナーシップが必要となる。本項では以上のような地域振興に関わる保全委員会の取り組みの概要を紹介する。

### 4.4.2. 農業振興
#### 4.4.2.1. 管理計画(2008-2013)における位置づけ

コッツウォルズ AONB の管理計画において，農業振興に関わる政策は，「保全と改善」という目標の中の「農村土地管理」(Rural land management)という項目に掲載されている。具体的には，表 4-8 に示す通りである。

政策1は，「環境基準を満たした活力のある持続可能な農業を AONB 地域における主要な土地利用とし，景観の質的な維持を図る。」とされ，「行動」，「任務」には，いわゆる環境保全型農業へ誘導する内容が示されている。

政策2は，「生物多様性および景観的特質を含む自然資源の保全，増進と，AONB 地域における楽しみを提供するのに役立っている農村的土地利用を

表4-8 農村土地管理に関する政策

| 政策1： | 環境基準を満たした活力のある持続可能な農業をAONB地域における主要な土地利用とし，景観の質的な維持を図る |
|---|---|
| 政策2： | 生物多様性および景観的特質を含む自然資源の保全，増進と，AONB地域における楽しみを提供するのに役立っている農村的土地利用を支援する |
| 政策3： | コッツウォルズにおける景観の特質について記載した景観特性評価の内容に従って，景観管理を実施する |
| 政策4： | コッツウォルズの景観的特質や生物多様性を増進するとともに，経済活力や持続性のある農村社会をつくる |
| 政策5： | 古くからある森や緑地庭園，生垣，都市樹林，古木の景観的，生態的，文化的価値を維持し，その保全と増進を図る |
| 政策6： | コッツウォルズの景観的特質を保護増進していくために必要な技術の向上を図るとともに，すべての人に技術習得機会を提供する |

支援する。」というもので，このための「行動」「任務」としては，経営の多角化が謳われている。ここでいう経営の多角化とは，生産部門での多角化ではなく，生産部門から加工・販売部門への進出を意味している。具体的には，ファーマーズ・マーケットやグリーンツーリズムなどである。

いずれにせよ，管理計画における農業振興の位置づけは，あくまでも景観保全を達成するための手段であり，ピークディストリクト国立公園の管理計画のように，景観保全と経済(地域振興)とが同格におかれているわけではない。農業振興はそもそも保全委員会の目的ではないし，権限・資金・人材が乏しい保全委員会では農業振興の一端を担う余力がないという実態が反映していると思われる。実際AONBにおいて農業は景観を形成する主要な部門であり，けっして軽視されているわけではない。そもそもAONBの指定地域は，国立公園の指定地域に比べると，もともとが農業部門の強い地域なのである[16]。

### 4.4.2.2. 助成金に関する情報提供

コッツウォルズ保全委員会では，コッツウォルズグラント(Cotswolds Grant)と名付けた助成金に関する情報提供サービスを行っている。これらの情報は，保全委員会が年2回発行するコッツウォルズライオン(Cotswolds LION)という情報誌上に掲載される。

主要な助成制度としては，保全委員会自らが管理している持続的発展基金のほか，グロスタシァ環境トラスト，地方開発庁(Regional Development Agencies)，イングランド農村振興プログラム(農業環境支払い)，イングランド森林助成スキーム，文化財宝くじ助成金などがある。また，ビジネスリンク(サウスウェスト地方)やルーラル・コミュニティ・カウンシルのように，各種の助成金の相談・受付窓口を提供している団体の情報，あるいは有用なウェブサイトのアドレスなども記載されている。

### 4.4.2.3. 環境管理スキームにおける上流レベル管理(HLS)への切り替え

ピークディストリクトの事例で述べたように，EU の共通農業政策にもとづく直接支払制度である環境管理スキーム(ESS)には，入門レベル，有機入門レベル，上級レベルがあって，上級に行くほどより環境保全的な土地管理が求められる。その分，支払額も多くなるが，複雑で手間のかかる土地管理が義務付けられることもあって，契約面積および件数は伸び悩み，2009 年 5 月末現在で，面積は 35 万ヘクタール(全契約面積 606 万ヘクタールの 6%)，契約数は 3384 件(全契約数 5 万 7777 件の 6%)にとどまっている[17]。

そこでナチュラルイングランドでは，HLS の導入によって地域全体の環境便益が増加するような土地の範囲を図化して，HLS 導入の推進を図ろうという新しい取り組みを開始している[18]。この図化は HLS 目標化(HLS targeting)と呼ばれ，すでにイングランド全域で目標地域が設定されている。そしてコッツウォルズ AONB も目標地域のひとつに含められているのである。

前述のように，コッツウォルズ AONB の管理計画では，農村土地管理の政策の第一に，環境保全型農業の推進があげられているが，その具体的な施策のひとつが，環境管理スキームにおける上級レベル管理への切替なのである。保全委員会はナチュラルイングランドと連携して，AONB 内の農家が HLS への切り替えを進めるように情報提供や啓発を行っている。

### 4.4.2.4. 地場産品，ファーマーズ・マーケット

保全委員会は，地場産品の購入・消費がコッツウォルズの景観保全に役立つとして，地場産品の購入を推奨し，ファーマーズ・マーケットを宣伝し，また地域ブランドに関する調査研究を行っている。ただし，ピークディスト

リクト国立公園のように，保全委員会自身が直接ファーマーズ・マーケットを設置したり，地域ブランドの認証制度を導入することはしていない。あくまでも農業者や他機関に働きかけたり，情報提供を行っているだけである。

コッツウォルズ AONB のウェブサイトには，毎月開催のファーマーズ・マーケットとして次の6つが掲載されている。

テッドベリー(Tetbury) – 第1金曜日(1st Friday)
ストラウド(Stroud) – 毎週土曜日(every Saturday)
ウォットンアンダーエッジ(Wotton-under-Edge) – 第1土曜日(1st Saturday)
ストウオンザウォルド(Stow-on-the-Wold) – 第2木曜日(2nd Thursday)
ボートンオンザウォーター(Bourton-on-the-Water) – 第4日曜日(4th Sunday)
チッピングノートン(Chipping Norton) – 第3土曜日(3rd Saturday)

ただし，これですべてではなく，実際にはもっと多くのファーマーズ・マーケットがある。上記のウェブサイトでは，各自治体やツーリストインフォメーション，さらには全国ファーマーズ・マーケット協会に問い合わせるよう記載がある。

コッツウォルズ・ブランドについては，2004年に保全委員会の前身のコッツウォルズ AONB パートナーシップが，当時のカントリーサイドエージェンシー(現在のナチュラルイングランド)と共同で，コッツウォルズチョイス(Cotswolds Choice)と名付けた認証制度を検討したことがあり，ブランド化に向けてロゴの作成まで行ったが，実現には至っていない。ただし，この取り組みはピークディストリクト国立公園の目に留まるところとなり，前述のように EQC 認証制度として実現している。コッツウォルズ独自の認証制度はないものの，コッツウォルズの農畜産物や加工品については消費者にはそれなりに良いイメージをもたれているとのことである。

### 4.4.2.5. コッツウォルズ・グリーンツーリズム・プロジェクト

保全委員会は持続可能なツーリズムの推進のために，ウェスト・オックスフォードシァDCと共同で，コッツウォルズ・グリーンツーリズム・プロジェクトを実施してきた。これはコッツウォルズでの観光をより環境的に持続可能なものにしようとする取り組みである。

プロジェクトの目的は，ツーリズムが環境にあたえる負荷を最小に抑えるために，人々が連携しながら活動することを奨励することである。そのために次の5つの基本目標が定められている。

・AONBの景観を地元観光産業の基本資産として地元観光事業者に認識してもらうよう奨励し，ともに活動する
・訪問者払戻制度によって，事業者と訪問者を刺激する
・コミュニティ・アクセス・保全プロジェクトの実施によって，AONBを保全し，改善する
・様々な組織との連携によって，持続可能なツーリズムの推進を図る
・地域経済を支援し，AONBの収益を確保する

具体的には，事業者に対しては，グリーンツーリズム・ビジネス・スキーム(GTBS)[19]の認定を得ることを奨励し，訪問者に対しては，環境に配慮した宿泊施設を紹介したり，「コッツウォルズ・スキームへの行程」と呼ばれる寄附によって，コッツウォルズの景観の保全と改善に直接的に貢献することを求めている。

〈注〉
1) Cotswolds AONB Conservation Board, Cotswolds AONB Management Plan (2008) p. 86.
2) ナショナルトレールは，1949年国立公園・カントリーサイドアクセス法で定められたイングランドとウェールズを代表する長距離自然歩道である。基準作成・指定はナチュラルイングランドが行い，それぞれのナショナルトレールには専任の管理官が配置されている。
3) DEFRA, Duties on relevant authorities to have regard to the purpose of National Parks, AONBs and the Norfolk and Suffolk Broads Guidance note (2005) p. 10.
4) 策定は2001年である。2004年に土地利用計画法体系が変更になり改正作業を行うこととなったが，新計画ができるまでの間この計画を暫定計画とすることを2006年に決定した。
5) 具体的には，以下のような記述となっている。In the consideration of proposals for development of land within or affecting the Cotswolds AONB, shown on the Proposals Map and Insets, the conservation and enhancement of the natural

beauty of the landscape and countryside will be given priority over other considerations とされている．
6) 一般的に，イングランドの都市農村計画システムでは開発許可審査に関わって裁量権の働く余地が大きいと指摘されている．J. Barry et al., *Town & Country Planning Act* (Routledge, 2004).
7) 保全委員会の計画官への聞き取りでは，どれだけ AONB の内容を反映できるかは当該自治体のプランナーの資質によるところが大きいとの指摘があった．
8) 保全委員会の計画審査官への聞き取りによる．
9) 時間的な余裕がない場合が多いため，計画審査官が提案してメール会議によって決定する場合が多い．そうした点で実質的に計画審査官にかなりの権限が与えられているといえる．
10) エコタウンとは，2007年にコミュニティ・地方政府省が打ち出したもので，適切な価格の住宅を提供することと，環境に配慮した住宅を建設することを同時に達成する町をつくろうとしたものである．
11) 現在の利用は大規模な倉庫・資材置き場でこれ自身 AONB へ大きな影響を与えているが，さらに大きな影響を与えるとしている．
12) 保全委員会の計画審査官への聞き取りによる．
13) Cotswolds Conservation Board, The Landscape of the Cotswolds.
14) Ibid.
15) Cotswolds Conservation Board, Landscape Strategy & Guidelines, http://www.cotswoldsaonb.org.uk/?page=LandscapeStrate gyDocs (2011年10月15日アクセス)．
16) DEFRA での聞き取りによれば，当初の NP 指定の際には農業が主産業である地域は AONB に回される傾向があったとされる．実際，NP と AONB の指定地の位置を見ると，イングランド中南部の農業地域はことごとく AONB となっており，これに対しては NP は都市から離れた遠隔地域に指定されていることが見て取れる．
17) Natural England, Environmental Stewardship Update (2009) Issue 4.
18) http://www.naturalengland.org.uk/ourwork/farming/funding/es/hls/targeting/default.aspx (2011年10月15日アクセス)．
19) GTBS はイギリス全土をカバーする，環境に優しい観光事業者の認定制度であり，エネルギーや水の効率的な利用，生物多様性の尊重などの要件がある．2009年現在で 2077 の事業者が認定を受けており，環境配慮のレベルに応じて，金賞，銀賞，銅賞が設けられている．

# 5. 歴史の中の国立公園

## 5.1. はじめに

　さて，今日，国立公園という名称は世界各国に見られるが，これらの国立公園は，いかにして設置されたのか。本章では，ヨーロッパ諸国とアフリカを中心に，アメリカにおいて提示された国立公園というアイディアが受容（または拒否）されていった過程を検討する。ヨーロッパ諸国では，19世紀末から20世紀初頭に迎えた工業化，都市化という未曾有の変化の中で，自然保護を求める運動や団体が多数発生したが，その中で，アメリカの国立公園は，理想とされつつもヨーロッパ諸国に定着することはなかった。逆にアフリカでは，アメリカ型の国立公園が各地に設置されるが，その理念や性格は，本来意図されたものとは相当に異なるものになった。こうした諸外国の国立公園のもつ特徴，理念や管理方法の違いは，いかにして生じたのか。その歴史的・社会的背景の違いを探るのが本章の課題である。また，それらの検討の中から，他のいかなる国とも異なるイギリス国立公園の特徴が，改めて明らかになるはずである。

## 5.2. 自然保護前史——野生動物保護区の誕生

　自然地域あるいは半自然地域への立ち入りや活動を部分的または全面的に禁止しようとする試みは，きわめて長い歴史を有している[1]。たとえば紀元前252年，インド・ウマイア王朝のアショカ王は，森林，ゾウ，魚類それに

野生動物を保護するために保護区を設置したが，これが記録に残る最初の政府が管理する自然保護区とされている[2]。また，684年には，インドネシアのスリビジャヤ王がスマトラ島に今日の自然保護区にあたる地区を設けたとされる[3]。さらに，北アフリカや中東のアラブ地域では，1000年以上前から，部族や住民が植生(牧草や巨樹)を保護するためにヘマ(hema)と呼ばれる保護区を設置し，樹木の伐採や過剰な放牧を規制してきたといわれる[4]。

　ヨーロッパ諸国における自然保護区の起源は定かではない。しかし，イギリスにおける自然保護区の先駆けをなすものとして良く例に出されるのが，1066年，ノルマンディ公ウイリアムが，アングロ・サクソン人を征服し，とくにアカシカを保護するために設けた御猟林(フォレスト)や猟園(パーク)である[5]。シカは，王侯貴族の貴重な食糧・財産とされ，御猟林では，シカの個体数を確保するために，森林の開墾，樹木の乱伐，水車・柵の建設などが厳しく規制された。そのため農民の農業活動は重大な打撃を被ったが，反面で未開の森林地や荒蕪地がそのままに残されたのである。中世末期(15世紀)には，狩猟区は，狩猟獣の頭数を維持するために広く認められた技術となった[6]。

　なお，ウイリアム王によって御猟林に組み入れられた地域の中で，今日最も有名なのは，イングランド南部ハンプシャにあるニューフォレストである[7]。

　18世紀になると，従来の王侯貴族に新興成金もくわわり，狩猟はジェントルマン(地主貴族層)の間で最も人気のある「カントリースポーツ」となった。しかし，シカの生息地である森林の伐採が進み，シカの個体数が減少したために，地主貴族の狩猟の対象は，ウサギやキツネへと移り，さらに19世紀になるとキジ，ライチョウ，ヤマウズラ，シギなどの狩猟鳥へと変化していった[8]。全国の御猟林や鳥獣保護区では，もうひとつの伝統的な「カントリースポーツ」である密猟が横行したため，手をやいた貴族や議会は，何度も狩猟法を制定・改正し，狩猟の資格を厳しく制限するとともに，密猟取り締まりを強化した。しかし，鳥獣保護区そのものの管理は，所有者である貴族に委ねられ，貴族と農民との間で紛争が絶えることはなかった[9]。

## 5.3. 林学の発達と森林保護区(国有林)管理

　自然保護区の設置がいっこうに進展しない一方で，ヨーロッパにおける自然資源管理の技術体系として独自の発達を遂げたのが，林学である。ところで，ヨーロッパ諸国では，16世紀から17世紀頃には人口の増加と農地の拡大が主たる理由で森林の喪失が急速に進展し，地域や樹種によっては木材危機にまで発展した[10]。そこで，ヨーロッパ各地で森林の不法侵入・盗伐・密猟を繰り返す農民と，それを厳しく規制しようとする王侯貴族との間で，激しい抗争が繰り広げられていたのである。また，王侯貴族は，自身の財産と収入源である森林を防衛するために，つぎつぎと森林法や勅令を発し，取り締まりを強化した[11]。

　イギリスは，海運業や製鉄業の発達が遅れたために，16世紀後半になっても豊富な木材資源に恵まれていた。しかし製鉄産業(後にガラス産業)が発達し，産業主が燃料用に森林を根こそぎ伐採しはじめると，薪や海軍の造船用木材の不足が深刻化し，南部を中心に住民の反乱が生じた。そのため，政府は森林伐採を規制するいくつかの法案を矢継ぎ早に議会に提出したが，議会を通過したものはごくわずかであり，木の乱伐には歯止めがかからなかった[12]。結局，イギリスの歴代王朝や政権は独自の森林管理技術を発達させることができず，イギリスは第1次大戦後になって，ようやく植民地インドで発展させた植民地林学を逆輸入し，帝国林学を築くことになった[13]。

　フランスでは，シャルル5世が14世紀に最初の森林法典を制定し，海軍用材の確保を図った[14]。また，コルベール(Jean-Baptiste Colbert [1619-1683])の『大勅令』(1669年)は，ヨーロッパで最初に森林管理の目標や経営方法を体系化したものといわれており，フランスは18世紀を通してヨーロッパにおける森林管理のリーダーとなった。しかし，フランスの中央集権的森林管理システムは，フランス国内では盗伐，地方特有の問題の処理，利用者同士の些末な争いの裁定など，目前の問題解決に追われ，その方法を具体的に適用し，森林問題を解決するまでには至らなかった[15]。

コルベールを模倣し、集中的な管理によって森林から財政収入をあげることに成功したのは、ドイツの領邦君主達である。かれらは、育林や森林管理の訓練を受けた職業的なフォレスターを雇い、森林の管理にあたらせた。同時に、ドイツでは森林管理(林業)が学問的対象となり、カルロヴィッツ (Hans Carl von Carlowitz [1645-1714])『経済的造林(シルヴィクトゥーラ・エコノミカ)』(1713年)、モーゼル(Wilhelm Gottfried von Moser [1729-1793])『森林経営の基礎』(1757年)などの古典的著書が刊行された[16]。また、各地に山林学校が設立され、職業としての林学が成立した。19世紀になるとドイツの山林学校は有能な人材を養成し、世界中に「利益と収穫と森林蓄積の維持」という思想を普及させる役割を担った[17]。

これらの森林経営思想や集約的林業が、森林生態系の変化にあたえた長期的影響については、さまざまの議論がありうるが[18]、短期的に見ると、それらが木材不足に対応するために森林生産量を増大させ、同時に水源保護、水供給の調整、洪水や災害の防止に寄与したことは疑いがない。ただし、こうした林学の発達は、自然保護思想の醸成とは区別すべきであろう。ドイツの自然保護運動の濫觴は、これら林学の発達ではなく、無秩序な工業化、伝統的農業の近代化、商業的ツーリズムなどを批判し、19世紀末から盛んになった郷土保護運動、鳥類保護、高山植物や山岳景観保存、天然記念物保存運動などに求められるべきである[19]。

## 5.4. 世界最初の国立公園

自然保護区の設置は、19世紀末から20世紀初頭のヨーロッパ諸国では遅々として進まなかったが、新大陸アメリカでは、それがヨーロッパとはまったく異なる形態をとって実現することになった。すなわち、アメリカは、自然景観、森林、原生河川、野生生物生息地などの広大な地域を保護区に指定し、森林伐採、漁撈、鉱物採取、道路建設、観光事業などを厳しく規制するとともに、それを国民の平等な利用に提供するというアイディアを生みだし、それを実現した。それが国立公園である。国立公園は、自然保護の分野

でアメリカが発明し，世界に輸出することに最も成功したアイディアのひとつといえる[20]。

1864年6月，リンカーン大統領は，国有地であるヨセミテ峡谷およびマリポサの森をカリフォルニア州に譲渡する法律に署名した。当時，国有地を州に譲渡するための法律はめずらしくなかったが，この法律には，従来の法律とはまったく異なる条文が含まれていた。すなわち「州は，この譲渡を，土地が公衆の利用，休息およびレクリエーションのために保持され，永久に譲渡不可能とされるという明白な条件にもとづき受け入れるものとする」とされたのである。この条文は，当時，もっぱら経済的利益の収得を目的に譲渡されていた国有地を，公衆の利用，休息およびレクリエーションという非経済的な目的のために州に譲渡し，将来にわたりすべての開発を禁止することを定めた(おそらく世界最初の)法律であるという点で，画期的なものであった[21]。

その後のアメリカにおける国立公園設立の経緯はすでに広く紹介されているところであり，改めて記すまでもないだろう。1872年，グラント大統領が法案に署名し，世界最初の国立公園がイエローストンに設置された[22]。「イエローストンに国立公園を設置する法律」は，「(公園地域は)合衆国の法律による入植，占有，または売却から保留され，撤回され，および人々の利益と楽しみのための公共の公園または行楽の場として献呈され，保持される」と述べている[23]。

しかし，当初の国立公園の管理は，陸軍がときおり巡回する程度のお粗末なもので，密猟，盗伐，不法な鉱物採取などは野放しに近かった。1916年，ようやく全国的に統一した管理組織として「国立公園局(National Park Service)の設置を定める法律」(39 Stat. 535)が制定されたが，その時まですでに10の国立公園が設置されていた[24]。1916年法は，国立公園等の目的を「風景および自然的・歴史的事物ならびにその中の野生生物を保全し，それらを将来の世代の楽しみのために損傷しないような方法および手段で，同世代の楽しみのために提供すること」[25]と明示している。

ところで，この時期，なぜアメリカで世界最初の国立公園が実現したのか。

この問題は国立公園好きのアメリカ人にとって格好の話題で、これまで多数の説が主張されてきた。たとえば、原生自然史研究の第一人者ナッシュ(Roderick Frazer Nash)は、アメリカが国立公園における世界の主導者となった理由として、原生自然体験、民主主義と土地の公有(public domain)の伝統、未開発で保護すべき相当規模の土地の存在、自然保護という贅沢を支えるだけの国力の存在を掲げている[26]。それに対して、国立公園史研究家ランテ(Alfred Runte)は、アメリカの国立公園は、アメリカ国民の文化的ナショナリズムの高揚を意図した「世界に誇る傑出した自然の驚異」を保護するためのモニュメンタリズムであり、公園に指定された地域の大部分は経済的、商業的に利用価値のない「無価値な土地」であったとの説を主張し、大きな議論を呼び起こした[27]。

さらに国立公園史研究家セラーズ(Richard West Sellars)は、国立公園設置における鉄道観光資本の役割を強調し、国立公園の設置は、その後に到来するマス・ツーリズムに備えた鉄道業者と議会の合作であり、ツーリズムと大衆レクリエーションというひとつの功利主義的要求を、他の功利主義的要求、すなわち自然資源の消費的利用(たとえば木材伐採、鉱物採掘、貯水地開発)に対抗させたものであったという[28]。

国立公園の設置にあたり上記の論者の指摘するような要因ないし動機が存在したことは疑いがないが、他方で、よく指摘されるように、まったくの「無価値な土地」であれば法律で保護する必要はないのであり[29]、イエローストン国立公園の設置には、イエローストンが当時の代表的観光地であったナイアガラのように観光業者によって世俗化されるのをおそれ、イエローストンを広く国民が楽しむための場として保存するという、当時の一部の議員や保護主義者の意図が作用したと見るのが、妥当な解釈であろう[30]。

アメリカの国立公園がユニークであったのは、ヨーロッパにおいて領主の狩猟場・庭園から都市住民の憩いの場へと変化してきた「公園」という制度と大自然の景観保護という理念を結びつけ、大自然の景観を保護し楽しむための公園という理念を確立したことであろう。文字通りの「自然公園」の誕生である。それが「国立」という形態をとったのは、ナッシュの言うように、

アメリカには，広大な国有地(未売却地)が残されており，当時のアメリカが，国民の要望をいれ，その一部を公園として維持管理しうるだけの財政力を備えていたからである[31]。

国立公園は生態的な革新(ecological innovation)ではなく，社会的発明(social invention)である[32]。国立公園の設立動機や期待された役割は，様々な理念，国民意識，政治的・地理的・社会的条件などが複雑に融合したものであり，融合の仕方は，国によって様々である。それゆえに，国立公園の理念や形態も，国によって多様なものとならざるをえなかったのである[33]。

## 5.5. 国立公園制度の「新世界」への拡大

1872年にアメリカで明確にされた国立公園の理念は，その後各国に伝搬し，自然愛好者，運動家，芸術家，科学者，それに一部の政治家を魅了した。彼らは，アメリカ国立公園に自然保護の理想を見出し，サークル，学界(学会)，それに議会を通して為政者に国立公園の設立を訴えることになった。しかし，その受容の仕方は国によって大きく異なる。まずは，アメリカ国立公園モデルを最も忠実に導入し，管理体制を築いたとされる新大陸(カナダ，ニュージーランド，オーストラリア)およびアフリカ諸国を見ることにしよう。

### 5.5.1. カナダ国立公園の展開

アメリカが発した国立公園モデルに最初に反応したのが，アメリカ合衆国と同様に，国土の広さに比べて人口が少なく，適切に管理され保護された大規模な面積の国立公園という贅沢を享受するだけの余力(富)をもった2つの国，すなわちカナダとニュージーランドであった。

まずカナダでは，イエローストン国立公園とほぼ平行して国立公園設置が進められた[34]。すなわち，カナディアンパシフィック鉄道の建設がロッキー山脈にさしかかったとき，2名の建設労働者が現在のバンフ国立公園の地で温泉を発見したことから，彼らは政府にその地域の土地取得権を請求し，さらにそれを第三者に転売した。そこで様々な錯綜する土地取得権を承認す

ると周辺一帯が乱開発されることおそれたカナダ政府は，1885年，評議会命令によって温泉地帯を売却や入植の対象から除外することを決定し，さらに温泉周辺の16平方キロメートルの土地取得権を1000ドルで買い戻した。その2年後の1887年，カナダ政府は，カナディアンロッキー山脈内の405平方キロメートルの土地に「カナダ国民の便益，利益および楽しみのための公共の公園および楽しみの場」として，カナダ最初の国立公園を設置したのである(後にバンフ国立公園となり面積も10倍に拡張された)。翌1886年には現在のヨホ国立公園およびグレーシャー国立公園の一部の地域が保護区とされ，1895年には，ウォータータウン湖が森林公園に指定された。

これらの地域は，当初，公園(park)あるいは保護区(reserve)と呼ばれたが，1911年，「自治領森林保護区および公園法」(Dominion Forest Reserves and Parks Act)によって公園局(Park Service)が一元的に管理することになり，公園局に既存の保護区を国立公園として布告する権限が与えられた。公園局は，ただちに上記の地域を含むその他の多数の地域を国立公園として布告した。なお，1930年の国立公園法により，公園局が国立公園を指定する従来の方式は，議会が国立公園を特別法(個別法)で直接に設置する方式に改められた[35]。

その後，国立公園の設置は東海岸から北極圏にまだ拡大し，1970年までに20の国立公園が設置された。しかし，国立公園の設置目的は，公園毎に，観光目的のための景観保護，住民のレクリエーション，野生生物のサンクチュアリ(保護区)，慢性的失業地帯における経済振興など，まちまちで，現在の公園局が，国立公園制度のためのビジョンないし長期目標を有しているとはいえないようである[36]。さらに，カナダ国立公園は，アメリカの国立公園をモデルにしたとはいえ，基本的にツーリズムと都市住民へのレクリエーションの提供が目的であり，連邦の権限は弱く，州や自治体が開発を望むときにはほとんど無力であるとの指摘もある[37]。

カナダには，現在，42の国立公園および国立公園保護区(national parks reserve)がある。カナダの国立公園は，完全土地所有権を連邦政府(国)が取得することが法律上の要件で，1960年代以後は，州と連邦の間で土地の譲渡

に関する協定が締結され，その後に国立公園を設置するという手続がとられている。なお，国立公園保護区は，先住民の土地所有権が未確定な地域に設置されるもので，公園保護区とされた後も，先住民の土地所有に配慮し，伝統的な狩猟，わな猟，漁労などが認められる[38]。

公園局は，先住民の住む北西準州などにさらに国立公園を設置する意向を示しているが，その場合，国立公園の形態は先住民の伝統的資源採取や先住民の権利を反映し，協働的管理アプローチを取り入れた新しいタイプの国立公園になることが想定されている[39][40]。

### 5.5.2. ニュージーランド国立公園の成立

ニュージーランドは，今日，アメリカ合衆国とならび規模が大きく，整備された国立公園を保有する国とされる。国立公園の設置の動機も，アメリカのそれと同様，急増した入植者による森林伐採や景観破壊から野生動植物や先住民族の聖地を保護すること，それにツーリズムであった。

ニュージーランドでは，1800 年頃よりヨーロッパ人の入植が始まった。しかし，1840 年のワイタンギ条約の調印によって正式にイギリスの植民地となると入植者が激増し，耕作地や放牧地が不足した。そのために，各地で大規模な森林の皆伐が繰り返しなされ，森林や景観の顕著な破壊が進行した。また，生息地の破壊に加え，乱獲，持ち込み外来種などが，とくに在来鳥の生息に壊滅的な打撃をあたえた。そのため，一部の議員や科学者が在来の動植物，とくに鳥類(カカポ，キーウィ，タカへなど)の保護を訴え始めた[41]。

他方で，当時の国のリーダー達は，ニュージーランドの山岳地域がもつ観光資源としての価値に着目し，森林，分水嶺，景勝の保存のために，広大な地域を保護区として保存することを決意したといわれる[42]。

しかし，ニュージーランドで早期に国立公園が設立された背景には，もうひとつの理由がある[43]。すなわち，ニュージーランドの先住民であるマオリは，山や川を「先祖から受け継ぐもの」として崇めてきた。しかし 19 世紀後半になると，入植者と部族間，あるいは部族相互間で土地所有権をめぐる争いが頻発し，とくに 1860 年代に勃発したマオリ戦争以降は多くの土地

がイギリス政府に接収されてしまった。そのため，部族に残された土地をめぐる争いがさらに激しくなった。とくに焦点となったのが，北島中部地帯ルアペフ，ナウルホエ，トンガリロ(Ruapehu, Ngauruhoe, Tongariro)の山頂の所有権をめぐる部族間の争いである。紛争がマオリ土地裁判所に係争する可能性が高まり，裁判手続に入ると土地が細分化され，売却・転売されて，散逸してしまう可能性があった。そこで，1887年9月23日，ナガテイ・ツワレトア族の長ホロヌク・テ・ホイホイ・ツキノ(Chief of Ngati Tuwharetoa, Horonuku Te Heu Heu Tukino)は，中央火山地帯の中心部26.4平方キロメートルを国立公園として保護することを条件に政府に譲渡した[44]。

しかし，他の部族は依然として3つの山頂の所有権をめぐり激しい争いを繰り返しており，依然として土地が分割され，売却される危険が残った。こうした中で，政府は，寄贈された部分だけではイエローストンをモデルとする国立公園としては狭小であることから，周辺の地域を購入し面積を252.23平方キロメートルに拡大し，1894年10月の法律によりトンガリロ国立公園を設置したのである[45]。1900年には，第2の国立公園として，タラナキにエグモント国立公園が制定法により設置されている。さらに1885年の土地法，1903年景観保存法(Scenery Preservation Act)により7カ所の景勝地が保護区とされ，その後の国立公園設立の基礎となった。また，1903年景観保存法は，はじめて中央政府に公園行政機関を設置した。しかし，その役割は観光事業を推進することであり，実際の公園の管理は地方機関に委ねられた[46]。

### 5.5.3. オーストラリアの国立公園

オーストラリアの国立公園は，設立当初から，原生的・在来的な自然保護よりは，都市住民にレクリエーション機会を提供することを目的としたものであった。この点で，オーストラリアの(国立)公園は，母国イギリスの王立公園やオープンスペースへの先祖帰りであると評されてきたのである[47]。

オーストラリアにおける森林破壊の進行は，他の新世界のそれと異なるところがなかった。すなわち，入植者や森林伐採者などの開拓者は，彼らの当

面のお目当て以外には目もくれず，無差別に森林を伐採したからである[48]）。19世紀後半になって政府が森林伐採の規制に乗り出し，国有地の一部を将来の伐採に備える保護林として保留した。1866年，ニューサウスウェルズ州政府は，ブルーマウンテン山脈ジェノラン洞窟群(Jenolan Caves)を含む約2000ヘクタールの土地を「将来世代の楽しみと教育のために，および世界各国からの観光客のために」保存することとし，さらに1879年，より交通の便のよいシドニー郊外ポートハッキング(Port Hacking)の7000ヘクタールの土地をオーストラリア最初の国立公園として設置した。その目的は市民居住者にスポーツとレクリエーションの場を提供することであった。さらに，ビクトリア州政府は，メルボルン市民のために，ファーンツリーガリー(Ferntree Gully [1887])，タワーヒル(Tower Hill [1891])に国立公園を設置し，南オーストラリア州政府は，アデレード市民のためにベルエア(Belair)の政府農場の上に国立公園を設置した(1891年)。西オーストラリア州政府もパース近郊ヤンチャップ(Yanchup)に国立公園を設置した[49]）。20世紀初頭には，全国にアウトドアレクリエーション団体やスポーツ団体が設置され，これらの団体が国立公園設置運動を後押しした[50]）。

1975年，オーストラリア国立公園・野生生物局に，初めて北部準州の公園を管理する権限が認められ，その結果，1979年，連邦政府が管理する初めての国立公園として，カカドゥ国立公園が設置されたのである。この地域は，先住民(アボリジニ)の土地所有権の所在をめぐり紛争が決着していない地域ではあるが，公園設置に先立ち，中央政府と先住民との間で土地の賃貸協定が締結され，共同で管理する申し合わせがなされた[51]）。先住民は，当初は単なるアドバイス役しか与えられなかったが，1989年にはアボリジニを多数者とする保全委員会(ボード)が設置され，共同管理体制が確立した[52]）。また，ウルル・カタジュタ国立公園(いわゆるエアーズロックの所在場所)は，長い闘いのすえ，1985年，先住民に返還された[53]）。

現在，オーストラリアにはおびただしい数のnational parkがあるが，それらは大小様々な規模の州立公園であり，連邦政府が管理するCommonwealth national parkは，ブーデリー(Booderee)，クリスマス島(Christmas

Island），カカドゥ(Kakadu)，ノーフォーク島(Norfolk Island)，プル・キーリング(Pulu Keeling)，ウルル・カタジュタ(Uluru-Kata Tjuta)の6カ所である[54]。

### 5.5.4. アフリカ諸国の国立公園

　大自然景観の保存というアメリカ型国立公園の設立目的とはまったく別の動機から出発しながら，今日，独自の国立公園制度を作り上げたのが，もうひとつの大陸であるアフリカである。

　アフリカ諸国の国立公園は，大自然の驚異を保存し，人々が楽しむための遊興の場としてではなく，大型野生動物を保護し，一部の富裕層や土地所有者が狩猟を独占的に楽しむための野生動物保護区として設立された。従って，当初，公園内には，野生動物を観察するための給水場，休憩施設，アクセス道路など，観光客を喜ばせるものは何もなかった。アフリカの国立公園は，一般の公衆に開かれた「公園」ではなく，国立野生動物サンクチュアリ(聖域)あるいは野生動物保護区というのが正確である[55]。

　イギリス，ドイツなどの宗主国が植民地において強引に進めた自然保護区の設置および管理については，多くの研究があるが[56]，ここでは，南アフリカの国立公園にふれておこう。

　南アフリカのケープでは，オランダ東インド会社によって植民地化されたわずか4年後の1656年，商業目的(塩漬け)の乱獲によってロベン(Robben)島のペンギンが激減した[57]。そのため，当時の総督が勅令による規制を余儀なくされている。19世紀になるとケープはイギリスの植民地となった。ところで，ビクトリア女王時代(1837-1901年)のイギリスにおいては狩猟が帝国エリート達のステータスシンボルであったが，本土では大型獣が消滅しその特権を維持することが難しくなった。そこで彼らは狩猟の場をアフリカに求め，野生生物資源を独占的に支配するために，イギリス本土で実施した厳格な狩猟の規制や保護区への野生動物の囲い込みを始めた[58]。しかし，大部分の土地が私有地化していたことや，植民地政府による密猟の取り締まりには限界があったことから，これらの狩猟法はほとんど効果がなかった[59]。その後，牧場地の拡大による野生生物生息地の減少，白人ハンターや入植者

による乱獲によって19世紀中頃には大型獣が激減し，憂慮すべき状態になったことから，1856年，行政命令によって鳥獣保護区が設置された。1886年には従来の行政命令による取り締まりにかえて，国法である狩猟獣保存法が制定され，規制の対象が，ゾウ，キリン，カバ，水牛，シマウマ，クアッガ，レイヨウにまで拡大された。さらに1891年には，その適用範囲がケープから南アフリカ植民地全土にまで拡大された[60]。

南ローデシアでは，1891年の狩猟法改正法によって狩猟の規制が強化されたが，1902年，南ア戦争終結の直前に死亡した元ケープ植民地首相セシル・ローズ(Cecil John Rhodes [1853-1902])の遺言により，彼の私有地を，国民の楽しみ，レクリエーション，農業実験と訓練に提供するために，マトポ(Matopos)とローズニャンゴ(Rhodes Nyango)の2カ所に国立公園が設置された。自有地を農林業，自然保全およびレクリエーションという複合目的のために管理するというアイディアはローズの強い遺志によるもので，イエローストン国立公園に影響を受けたものではないとされている[61]。

ボーア共和国では1858年に狩猟法が制定されたが，狩猟法による取り締まりには効果がなく，1890年頃にはすべての鳥獣が絶滅する可能性が高まった。そこで1894年，鳥獣の厳正な保護と保護区の外の地域における鳥獣の商業的利用の禁止を目的に，最初の国設鳥獣保護区がポンゴーラ(Pongola)に設置された(正式布告は1899年)[62]。それと前後して，南ア戦争(1899-1902年)までに，多数の公有地・私有地に様々な形態の鳥獣保護区が設置された[63]。東部トランスヴァールのサビ(Sabi)川流域は(マラリアが入植を拒んでいたこともあり)野生生物が豊富に残る地域として知られており，早くから保護区に指定すべきことが，議会の内外で主張されていた。しかし，一向に指定の手続は進まず，1895年，議会で，この地域を第2の国設鳥獣保護区に指定することを行政委員会(Executive Council)に命じる決議がされている。行政委員会がサビ川流域を国設鳥獣保護区に指定する宣告を発したのは，さらに3年後の1898年3月であった[64]。

凄惨を極めたとされる南ア戦争が終結し，クリューガー(Stephanus Johannes Paulus Kruger [1825-1904])に代わってイギリスがトランスヴァールの実権を握

ると，イギリスは本国の世論や科学者の強い声を受け，野生動物の積極的な保護策に乗り出した[65]。戦争終結後，すでに保護区に指定されていたサビ，ポンゴーラ，プレトリア(Pretoria)が改めて鳥獣保護区に指定され，さらにシングウィツィ(Singwitsi)とルステンブルク(Rustenburg)が新たに鳥獣保護区に指定された。1926年，紆余曲折を経た後，自治領南アフリカ連邦のもとで今日に続くクリューガー国立公園がサビとシングウィツィを核心部分として，法律によって設置された[66]。クリューガー国立公園の成立については，今日様々な性格付けがされているが，ある論者は，この国立公園は，国家が土地所有権を保有し公衆の利用に供するなど，明らかにアメリカ合衆国の州立公園や国立公園をモデルとしたものであったとしている[67)68]。

クリューガーやスマッツ(Jan Christiaan Smuts [1870-1950])のようなアフリカ探検家が，野生動物保護や国立公園の設立にこだわったのは，かの地を自らの自生の地として，景観を残すことで祖国の未来世代に祖先が見たのと同じ自然を残すためであった[69]。保護区の設置は，感傷(的)であると同時に学術(的)でもあり，また，野生生物の生息地を保護するとともに，そこに入植(居住)した先祖の足跡を残すという白人ナショナリズムの押し付けでもあったのである[70]。

しかし，イギリス本国における野生動物の鑑賞方法が，剝製・角・毛皮などの戦利品(トロフィー)の陳列や戦利品写真のマガジンへの登載から，生ける野生動物の写真・映画に移ったことも保護区の設置に幸いし，野生動物保護区の設置は，むしろ新しい野生動物と人間の関係を示すものとして歓迎され，野生動物観光の基礎となった。気候が苛烈で農業や田園生活に不向きであった不毛の地は，世界から金と客を呼び集める魅力の地へと変化し，今度は植民地アフリカ諸国のナショナリズムを高揚する役割を果たすことになる[71]。さらに第2次大戦後にマス・ツーリズムが発達すると，国立公園は車とカメラのための観光地と化し，車でアクセス可能な場所につぎつぎと国立公園が設置された[72]。

ベルギー領コンゴでは，アメリカの博物学者(剝製学者)エイクリー(Carl Ethan Akeley [1864-1926])がアメリカ自然史博物館(ニューヨーク)の標本とする

ためにベルギー領コンゴのゴリラ生息地で5頭のゴリラを捕獲殺害した。しかし，その生息数が少ないのに驚き，古生物学者メリアム(John Campbell Merriam [1869-1945])とともにベルギーのアルバート国王を説得し，1925年，ゴリラ保護を目的にボルケーノ保護地域を切り取り，コンゴとルワンダにまたがるアルバート国立公園(後にVirungaと再命名された)を設置した[73]。公園内への侵入，狩猟，伐採，耕作は厳しく規制され，科学者の立ち入りも規制されている。これは国立公園というよりは，野生動物サンクチュアリである[74]。

さらに第2次大戦後，ツーリズムの進展に合わせて国立公園の設置が本格化すると[75]，先住民は，野生動物保全，レクリエーション，それに公園訪問者の楽しみにとって邪魔者となり，公園区域内から排除され，辺境の地に追いやられてしまった。野生生物を危機に追い込んだのは白人ハンター，冒険家，それに入植者であったにもかかわらず，責任は野生生物と独自の方法で共存してきた先住民に転嫁され，自然保護区の設置によって，アフリカ先住民による略奪から国家の自然遺産を守ることが，白人入植者の責任の一部となったのである[76]。

## 5.6. 国立公園制度のヨーロッパにおける受容

### 5.6.1. ヨーロッパにおける自然保護運動の進展

ヨーロッパの自然保護運動は，その源流を，動物虐待防止運動，(鳥類を中心とする)野生動物保護運動，寺院建築・美術品保存運動，(建国の地などの)歴史的記念物保存運動，郷土保護運動，保健・レクリエーションを求める運動，学術的遺産保存運動など，様々の分野に求めることができる。また，そのアクターも，小説家，詩人，批評家，画家，建築家，造園家，アルピニスト，労働運動家，博物学者，植物学者，行政官，貴族，政治家など，多岐にわたる。この中に国立公園の導入につながる糸を探ってみよう。

第一に，寺院，絵画，彫刻などとならんで「森を美しいと感じる態度」は，ヨーロッパの芸術，文学，建築学などに広く通底するもので，それがヨー

ロッパの自然保護，ひいては国立公園などの保護区の設立に大きく寄与していることは疑いがない。ドイツ人やイギリス人の森好みは，広く指摘されているとおりであり[77]，ゲーテ，フンボルト(Alexander von Humboldt [1769-1859])などは森の喪失に警鐘を鳴らし，とくにワーズワース，ラスキン，（それに，アメリカのエマーソン，ソロー，ミューア）などの詩や評論は，自然保護区思想の形成と普及に大きな効果があった(本書第1章(1.1.2.)[畠山執筆])。

ワーズワースについては，すでに本書第1章で言及したので，ここでは，ヨーロッパ自然保護の創設者といわれる美術評論家ラスキン(John Ruskin)にふれておこう。ラスキンは1835年にイタリアを旅行し，中世の熟達した職人の手になる中世ゴシック建築に感嘆するとともに，それが工業化によって破壊され，消失しつつあるイタリアの状況を嘆き，『ヴェニスの石』『フローレンスの朝』などを著した。またラスキンは，イギリスにおいては，牧場，樹木，庭園が，工場，坑道，鉄道によって破壊され，見慣れた風景が著しく変貌しつつあることを批判し，ナショナルトラスト運動を生涯にわたり支え続けた[78]。

また，ドイツで傑出した影響力を発揮したのが，ベルリンの音楽教師ルドルフ(Ernst Friedrich Karl Rudorff [1840-1916])である。彼は，1880年，「自然に対する現代生活の関係について」と題する論文を著し，ツーリストのためにアルプスに敷設された鉄道を批判した[79]。彼は，旅行客が落とす金で田園地帯の風景と文化がスポイルされる状況を嘆き，郷土保護運動を立ち上げた。郷土保護運動は，一面で復古主義的な郷土愛護運動であったが，自然と文化，景観と郷土の保護をめざす社会改革運動として，当時のドイツ人の心を深くつかむことになる[80]。

これらの運動は，イタリアの景観保存に関する法律(1905年法律411号)，フランスの自然記念物および芸術的価値のある地区保護法(1906年)などにいち早く結実することになり，とくに後者の法律は，イタリアの自然景観保護運動および国立公園設置運動に大きな影響をあたえた[81]。

第二は，20世紀に入り急速に地位を確立した博物学，植物学，園芸学，動物学などの科学者達の運動である。彼らは，1910年前後にあいついで植

物学会，生態学会などを設立し，総会決議，意見声明，政府への働きかけなどを通して，あるいは国際学会，国際会議などを通して連携をとり合い，当時の自然保護政策や立法制定に大きな影響をあたえた。

とくに運動の初期にめざましい活躍をしたのが，スイスの植物学者である。スイスの著名な動物学者サラジン(Paul Benedict Sarasin [1856-1929])，コルヴォン(Henry Correvon [1854-1939])などは，国際会議や私的な会合で，自然保護の必要，国立公園の設置，そのための自然保護団体の創設の必要を熱心に主張し，イタリアのパンパニーニ(Renato Pampanini [1875-1949])，ヴァッカリ(Lino Vaccari [1873-1951])などの当時のイタリアの保全主義者に大きな影響をあたえた[82]。

第三は，国の原風景である山岳，農村風景が，鉱山，水力発電所，灌漑事業，鉄道敷設などによって破壊され，失われ，原風景を構成する森林や野生生物が急速に消失し，あるいは，山岳景観が不細工な観光施設により破壊されることに憤ったグループの運動で，参加者は，国によってエリート層・中間層から労働者，ラディカルな改革主義者から保守的な愛国団体まで様々であった。彼・彼女らは，先の科学者の集団と連携しつつ，19世紀末から20世紀初頭にかけて，各国・各地に強力な環境保護団体を出現させ，その結果，ヨーロッパは自然保護運動の全盛期をむかえる。そのなかで，彼らの提言・選択肢の有力な候補として常に脳裏に飛来したのが，アメリカで誕生した国立公園であったのである。

## 5.6.2. イギリスにおける自然保護区導入の挫折

イギリスにおける国立公園制度の導入経過については，すでに第1章で詳しく述べたところである。ここでは，イギリスにおける保護運動の発生から1920年頃までの歴史を振り返り，イギリスにおいてアメリカ型の国立公園制度が根付かなかった理由の一端を明らかにする。

さて，イギリスにでは，18世紀前後に全国的に自然史・博物誌に対する関心が高まり，各地で愛好クラブや研究団体が結成された。その多くは短命に終わったが，たとえば有名なギルバート・ホワイト『セルボーンの博物

誌』が刊行される前年の1788年に設立されたリンネ協会のように，今日に至るまで活動を続けている団体もある．しかし，これらは植物等の愛好や観察・学習などを目的とした団体であり，本格的な自然保護団体の誕生は，1870年代まで待つ必要があった[83]．

　この頃，イギリスでは動物虐待ゲームの隆盛，鳥類の乱獲，鳥獣生息地の急激な減少に端を発し，広範囲な動物保護運動が生じた．1824年，マーチン(Richard Martin [1754-1834])やその他の人道主義者達によって動物虐待防止協会(Society for the Prevention of Cruelty to Animals：SPCA)．が発足し[84]，1835年動物虐待防止法や1869年海鳥保存法制定の推進役となった[85]．1826年にロンドン動物協会が，1833年にロンドン昆虫協会が，1836年にはロンドン植物協会が発足し，前2者には後に勅許状(royal charter)があたえられた．さらにこの頃，鳥類学会，貝類学会，海洋生物学会などが，つぎつぎと設立された[86]．そして，1889年，労働者階級を中心に，今日100万人超の会員数を誇る鳥類保護協会(Society for the Protection of Birds)が設立され，1904年に勅許状があたえられた．勅許状には，鳥類の理不尽な殺害やすべての羽毛の装着を減少させることとならび「その羽毛の美しさだけではなく，その自然のままの生息地における公衆の利益を発展させることによって，野鳥とくに希少もしくは興味深い鳥類の一層の保全および保護を推進すること」が謳われてはいる．しかし，同協会が土地を取得し，鳥獣保護区のアイデアを具体化するのは25年後のことであった[87]．

　こうした中，従来の情緒的で主観的な自然保護観にかえて，希少種や在来種に関する科学的情報の収集，自然保護区として保護すべき地域の提示，必要に応じた土地の取得，自然を愛し自然をより良く知るための自然学習の促進など，今日に引き続がれる自然保護観を掲げたのが，ロスチャイルド(Nathaniel Charles Rothschild [1877-1923])であった[88]．1912年3月16日，ロスチャイルドによって自然保護区推進協会(Society for the Promotion of Nature Reserves：SPNR．今日の王立野生生物トラスト協会)が設立された．その目的は，原始的状態を残し，開発行為や乱獲が原因で絶滅のおそれのある希少な在来種を含む土地に関する情報を収集し，保護のための枠組み(スキーム)を整備し，

必要な場合にはその土地を取得し，国がその一部を保有して子孫のために保存し，自然を愛でるための教育を推進するというものであった[89]。

　SPNRの意図は，資金のある個人や団体に保護区とすべき候補地の情報を提供し，投資の価値を高めるとともに，適地に保護区を整備することにあり，SPNR自体が土地所有者となることは意図していなかったが，当初は富豪やロスチャイルド自身の資産を用いて一部の土地を購入することから出発せざるをえなかった。農地拡大に対する圧力と大戦開始という緊急時の中で候補地リスト作りが急がれ，1915年には全国284カ所を網羅する暫定リストが農業委員会に提出された。しかし，戦時のなかでリストはお蔵入りとされてしまい，政府に対して何らの影響もあたえることができなかった。1918年にロスチャイルドが不治の病に倒れ，1923年に死去したために，「現代的な用語の意義における保全は，イギリスでは事実上消滅した」のである[90]。

　当時，広大な田園地帯の中の孤島(すなわち保護区)で野生生物を保存するのは適切な措置とはみなされず，気難しい学者達の活動は住民からは容易に理解されなかった。ロスチャイルドは，国全体に統制のとれた保護区の糸を張りめぐらす必要を見通した点で，当時より25年進んでいたのである[91]。1930年頃に至っても，自然保護区の主張は，ナチュラリスト達の間でさえ，農地拡大や投機的開発によって貴重な地区(スポット)が脅かされたときに，最後の避難地としてのみ熟慮されるべきで高価である非現実的な応急策として密かに語られたにすぎず，そのアイディアが広く公表され，一般の関心を引くことはなかった[92]。

　風光明媚の地や野生生物の生息・生育地を買い取り，保護するというアイディアをイギリスで最初に具体化したのは，1895年に登録されたナショナルトラストであった。1907年，トラストの活動に法的根拠をあたえるナショナルトラスト法が制定された。同法の目標には，「国の利益のために，美しい，または歴史的利益がある土地，財産(建物を含む)の永久的な保存を推進し，および土地に関しては，その自然的側面，特徴，および動植物の生命を(実際的な範囲で)保存すること」が掲げられている[93]。

### 5.6.3. ドイツにおける天然記念物制度の確立
#### 5.6.3.1. 工業化の進展と環境破壊

ドイツは，第2次帝政時代(1871年から1918年)に，急速な工業化によってアメリカに次ぐ世界第2の工業大国にのし上がった。しかし，その代償も大きなものであった。都市部への工場立地や人口急増によって大気や水は汚染され，河川は，河川沿いに敷設された鉄道，ダム，水力発電所で寸断され，排水や廃棄物の投棄で著しく汚染された。田園地帯は，野放図なスプロール，道路，送電線によって大きく景観をかえ，遠隔の避暑地は鉄道や自動車が運び込む観光客によって静寂さを失った。しかし，こうした急速な都市化，工業化のもたらす弊害(公害)，廃棄物の増大などは，地方の対応能力を明らかに超えるものであり，国が対応しなければ解決が不可能なものばかりであった[94]。

こうした中で，徐々にではあるが，経済的・効率的な理由，公衆衛生上の理由，あるいは復古的・懐古的な理由などから，公害規制を望む世論が高まり，各種の公害規制法が発達する[95]。また，当初の行政や人々の関心は，衛生・健康の保護が中心で，自然保護に関心を向けるものは少数であったが，近代農業や林業の発達は，伝統的な垣根や雑木林(ざつぼくりん)の破壊，河川の直線化，湿地の埋立，単一樹種・単層林の拡大，在来動植物の減少をもたらし，農村地帯の文化や習俗の破壊をもたらした。これらの変化は，人々の強い批判と保護の機運を高め，その結果，全国各地に様々のイデオロギーや，職種・階層からなる自然保護団体が無数に出現することになった。そしてドイツは，20世紀初頭に，アメリカ合衆国と同じように自然保護の黄金時代を迎えるのである。

#### 5.6.3.2. 自然保護運動のうねり

ドイツ自然保護運動の背景についても，他国の例にもれず，ロマンチズム，国家ナショナリズム，アカデミズム，宗教，哲学など，様々の動きがあったことを知ることができる。

第一に，ドイツロマンチズムは，ゲーテ，シラー，シュトルム，モルゲンシュテルン(Christian Morgenstern [1871-1914])，ルドルフなどの詩，小説，評

論などに具現されるが,その他,絵画,音楽,建築など,その底辺は広い。ロマンチストは,ドイツの自然に,芸術的インスピレーション,道徳的模範,それに休息や楽しみの場を見出したが,そのために,河川・河岸・山岳の景観を破壊し,騒音や喧噪を発する鉄道,鉄橋,蒸気船,送電線,発電所,ダム,運河などに強く反発し,同じ理由で,道路,ケーブルカー,観光施設等の整備に乗じて田園や山岳地域に押し寄せ,静寂を破壊する観光客にも,嫌悪の情を示した。

たとえば,ルドルフは,アルプスに敷設された観光鉄道を批判し,さらにボン近郊ドレクセンフェール側に計画されたアブト式鉄道計画に反対したが[96],これは,ワーズワースが無遠慮な観光客の振る舞いに怒り,ケンドルからウィンダミアへの観光鉄道の敷設に反対したのと共通する[97]。

第二に,自然保護は,アメリカ国立公園がそうであったように,大なり小なり自国・民族の自意識や団結力を高揚させるナショナリズムと結びついているが,ドイツの場合は,それが自然保護の萌芽期の頃から顕著であった。たとえばフンボルトは『自然に関する考察』(1807年)で,動植物層を含む地理学的要因が,ドイツの絵画,音楽,文学,習俗,人民を形づくってきたとの主張を展開し,それらの自然的影響から生じた共同体をフォルク(das Volk)と表した[98]。だが,自然の保存と国家ナショナリズム(国民主義)を結びつけ,自然保護の基本的イデオロギーを提供したのは,リール(Wilhelm Heinrich Riehl [1823-1897]),ラッツェル(Friedrich Ratzel [1844-1904])などであった[99]。

たとえば保守的な啓蒙家であったリールは,ドイツの森には中世の歴史が刻印され,ドイツ国民が若返る力が隠されているのであって,「われわれ国民生活の精神的安息と回復は農民からのみ導き出される」「民族というものは,森に住む農民に立ち返ることがなく,彼ら農民から自然に生きる荒削りな民族魂という新しい力を汲み取ることがなければ,死に絶えるしかない」と素朴な農民生活を礼賛し,「われわれは,冬季に釜戸を冷やさないというだけではなく,国民生活の脈拍が暖かく幸福に波打ち続けるために,すなわちドイツがゲルマンであり続けるために,森を保存しなければならない」と

主張した．彼の景観保護や森林美の保護に関する進歩的な考えは，あまり社会的影響をあたえなかったが，彼の発想のイデオロギー的な部分は，近代林学，民族誌，社会学，国民経済学などだけではなく，環境保護運動のコンセプトの形成にも大きな影響をあたえた[100]．

ルドルフも，「教師としての森」(1911年)と題するエッセーの中で，ジークフリートやその他のドイツ国民の伝説のヒーロの偉業を引用したのち，リールの主張を繰り返し，「ドイツ国民の源流は，原始の森の神話の闇の中にある」「森以上に我々の国民精神の形成に影響をあたえ，それを決定づけたものはない」などと述べている[101]．しかし，19世紀初頭のドイツの森は当時の最先端の林学者や森林官によって管理された人工の森であり，原始で無辜の森などは，実はどこにも存在しなかったのである．

その後，良く知られるように，1904年，ルドルフは郷土保護連盟(Bund Heimatschutz：BH)を創設する．連盟の会員は，保守的知識人，貴族，地主，建築家，それに行政官などであった．彼らは，当初既存の地方・地域集団の取り込みを図るが，地方の抵抗が強くて成功せず，結局，全国連合組織(アンブレラ組織)に再編され，既存の地域団体や歴史保存団体などを傘下に加えることで，急速に組織を拡大した[102]．郷土保護運動の基調は，近代以前の人々の有機的，文化的，精神的統合体(フォルク)の復活や農村美の保護を目的に，近代化，テクノロジー，工業化，都市化を否定する感傷的・復古主義的な郷土保護運動であって，今日も否定的評価が絶えないが[103]，当時のドイツ人の心を深くつかみ，連盟は全国に支部を持つことになった．1916年当時，連盟には250の法人会員が参加し，バーデン郷土保護連盟は1万4000人，ザクセンソン郷土保護連盟は4万人の個人会員を擁した[104]．

第三は，20世紀に入り急速に地位を確立した博物学，植物学，園芸学，動物学などの科学者達の運動であり，その先駆者は，フンボルトである．彼は，最も良く知られた大著『コスモス』(1845-1862年)の中で，自然の際だった統一性と調和を強調し，自然の全体と，人間とその他の者を含む部分との相互関係および相互影響を強調した[105]．さらにヘッケル(Ernst Haekel [1834-1919])は，ゲーテの汎神論を有機形態学に適用し，あるいはリールの強調す

るドイツ国家の成り立ちとダーヴィンの自然淘汰理論を結びつけ，個々人の生存よりは文化や民族の存続を主張した[106]。

彼ら科学者達は，1880年前後から1900年前後にかけて各地に植物学会を設置し，草地保全やアルプス自然美の保存などをの訴え始めたが[107]，さらに1910年前後には，全国的な植物学会，生態学会などを立ち上げた。

#### 5.6.3.3. 自然保護団体の結成

こうした中で，1837年，シュツットガルトで最初の動物保護協会が設立され，その後各地で類似の協会が設立された。1875年にはハレで鳥類学協会が設立され，1878年にドイツ鳥類保護協会に名称変更されたが，会員数は1892年には1232名に達した[108]。さらに1900年頃までに少なくとも5つの全国的な保全クラブが存在したといわれる。

その中でも，今日に続く団体として知られるのが，1899年，裕福な工業主の妻ヘーンレ(Lina Hähnle [1851-1941])の強力なリーダーシップによって，貴族，都市部の教養ある上級・中級市民を糾合し，シュツットガルトで結成された鳥類保護連盟(Bund für Vogelschutz：BfV)である。会員数は設立当時ですでに3500人を数えたが，その後急速に会員数が増大した。同連盟が成功した秘訣は，目的を鳥類とその生息地の保護に限定し，政治的主張や過激なイデオロギー色をおさえ，(ヘーンレ，その他の資産家からの寄付をもとに)会費を安く設定したことで，1902年には6100名であった会員数は，1914年には4万1323名に達し，大きな影響力を発揮した。同連盟は，「われわれの有用な鳥類の福祉のために最も包括的な方法をとる」ことを綱領に掲げ，巣箱の製造販売，野鳥サンクチュアリのための土地購入，野鳥保護区の設置，自然保護読本の頒布，全国野鳥保護の集いの開催などの活動とともに，鳥類の羽根飾り，裸電線，生息地破壊等に対するキャンペーンなどを展開した[109]。

また，1900年には，観光客と高山植物の盗掘からアルプス景観を保護するために，バイエルンの植物学者によって高山植物保護・保全協会が設立された。さらに良く知られるのが，1902年，ミュンヘンの名士達の支援をうけた建築家ザイドル(Gabriel von Seidle [1848-1913])によって設立されたイーザル峡谷協会(Isartalverein)である。同協会は，従来のハイキング中心の山岳

クラブとは異なり，会の目的としてバイエルンの首都周辺に迫る工業化と都市化からイーザル峡谷内の川岸と森を保護するという目標を明確に掲げ，さらにミュンヘン市民が「常に純粋で，ゴミに汚染されない山や田園の空気を楽しむため」にハイキング歩道の保存を図ることを公約に掲げた。会は，その後会員からの寄付によるイーザル峡谷沿岸の土地の購入運動，政府との協力による開発規制，イーザル川上流のヴァルヒェン湖(Walchensee)の水力発電・用水路計画に対する反対運動などを展開した[110]。

1913年，バイエルンでは州の設置した自然保全委員会に不満をもつ者が集まり，バイエルン自然保護連盟(Bund Naturschutz in Bayern：BN)を結成した。団体の主要メンバーは，教師，大学教員，森林官，州公務員などで，会員構成には偏りが見られるが，同連盟は，景観的・生態学的に脆弱な地域を道路建設，鉱物採掘，水力発電，観光施設の建設から保護するという野心的な目標を掲げ，保護区の指定を政府に働きかけた。しかしながら，活動内容は少数の保護区の取得や管理，山岳保護区のパトロール，会報の発行，学習ツアー，学校教材の配布など穏健かつ協調的なもので，工場公害問題を取り上げることもなかった[111]。同連盟は，第2次大戦後に会員数を減らしたが，1975年にドイツ環境・自然保護連盟(Bund Umwelt und Natureschutz Deutschland：BUND)として再組織され，今日約40万人の会員を擁する大規模な環境保護団体となった。

### 5.6.3.4. 天然記念物制度の確立

他方，北部プロイセンにおいて天然記念物保護制度の礎石を築き，ドイツの自然保護運動の父といわれるのが，コンヴェンツ(Hugo Conwentz [1855-1922])である。ダンツィヒ近郊の厳格で貧しいメノー教徒の家に生まれたコンヴェンツは，ブレスラウとゲッチンゲンで植物学を学んだ後，1880年，ダンツィヒに新設された西プロイセン博物館長に就任した。彼は，自然科学協会や植物・動物学協会の地方支部の事務職員として活動し，スイスの植物学者から大きな刺激をうけた[112]。そこで，コンヴェンツは，プロイセンの貴重な記念物，景観，動植物の保護に奔走したが，コンヴェンツの主張に賛同したのが，ブレスラウ市選出のプロイセン州議会下院議員ヴェテカンプ

(Wilhelm Wetekamp [1859-1945])である。ヴェテカンプは，1898年3月，文部省関連予算審議の第3読会において，州は学術や芸術・文化記念物に支出するだけではなく，自然博物誌的記念物や人為によって毀損されない自然についても新たに予算を設け保存制度を定めるべきことを強く主張した。その主張に押され，当時のプロイセン文部大臣は，1900年，コンヴェンツに，天然記念物保全(Naturdenkmalpflege)に関する包括的覚書きを作成することを指示し，コンヴェンツが推敲のうえに1904年に出版したのが，「天然記念物の危機とその保存のための提案」であった。この報告書は，天然記念物に限らず自然環境の多種多様な側面と自然環境に対する様々な損害の原因を指摘し，その改善を訴えたもので，発行後1年のうちに3版を重ねるとともに，プロイセンに限らず，ドイツ国内の保全主義者に大きな影響をあたえることになったのである。

　ところで，ヴェテカンプは，当初，アメリカの国立公園に触発され，「昔のままの自然の形態の祖父の地の一部」を「国立公園」(Staatsparks)として保存することを構想したようである。しかし，この提案は，プロイセン議会における討議や行政府との折衝の中で，アメリカのような原生自然がほとんど残されていないこと，公園用地の取得や土地所有者に対する補償が高額に達し，大規模の土地を留保するのが困難なこと，公園を管理する人員・予算が不足していることなどから変更(断念)せざるをえず，結局，国家の多様な自然史のランドマークとして自然記念物(天然記念物)を保存する制度を設立することで決着をみた[113]。コンヴェンツ自身は「天然記念物」として相当に広範囲の地域を念頭においていたともされるが[114]，その後実際に指定されたのは，希少な動植物や学術的価値のある小規模の保護区，少数の動植物個体群，単木，それに学術的に貴重または珍奇で絶滅のおそれのある地形や風景美などであった。

　1906年，コンヴェンツの努力が功を奏し，プロイセン文化教育医務省のもとに国家天然記念物保存局(Staatliche Stelle für Naturdenkmalpflege)が設置されると，彼は初代の局長に就任した[115]。しかし，この機関は法的権限も十分な予算もあたえられず，彼自身の活動や，公務員有志，ボランティア，

私的団体の協力で組織を支えるしかなかった。そこでコンヴェンツは啓蒙家として全国を講演して回り，出版，教育，図書の整備などに奔走するとともに，官僚としても手腕を発揮し，天然記念物に悪影響のある事業を実施する場合には事前に天然記念物保存局と協議する旨の確約を，教育大臣や農林大臣だけではなく，陸軍大臣や郵政大臣からも取り付けた。また彼はオーガナイザーとしても有能で，地方の人材を糾合して各地にボランティアからなる自然保全委員会を発足させ，自然調査やデータの収集，講演会，ニュースレターの発行，募金活動などにあたらせた。しかし，こうしたコンヴェンツの奮闘が，はたして実際に当時の自然保護を進展させたのかどうかは疑わしい。くわえて，自然保護者の間には，コンヴェンツの官僚的・形式的な運動の進め方に対する批判が絶えなかったのも事実である[116]。

かくして，コンヴェンツの活動と評価は，国内における不評とは別に，国境を越え，ロシアやスウェーデンにまで達することになった[117]。国内においては，バイエルンやプロイセンを先駆的モデルとして，1914年頃までには大部分の州に自然保護官庁が設置され，ドイツ型ともいうべき官民協調型の自然保護体制が確立したが，コンヴェンツは，良くも悪くもその生み親といえるのである[118]。

### 5.6.3.5. リューネブルク保護区の設置

最後にドイツにおける最初の自然公園となったリューネブルガー・ハイデ(ヒース)保護運動にふれておこう[119]。ハイデは，ヨーロッパミズナラ，ヨーロッパシラカンバ林が，伐採，火入れ，家畜の放牧などによって荒廃し，そのあとにエリカ，カルーナなどのツツジ科の矮性ブッシュが発達してできた丘陵地帯で，貧養性の土地ではあるが，長期にわたる農民達の干渉によって植生の発達や遷移が凍結され，ゲルマン人の歴史を示す半自然の田園風景として親しまれてきた。リューネブルガーハイデは，ハンブルクとハノーファーの間に広がり，とくにハイデ・シュネッケンと呼ばれる固有品種の羊の放牧や養蜂で知られていた[120]。

1906年頃，この地域が市街地のスプロールによって消失しつつあることを知ったボデ(Wilhelm Bode)という名の羊飼いが，わずかな仲間を募ってこ

のヒース荒地の一部の買い取りを始めた。その2年後，著名な鳥類学者フレリケ(Kurt Floericke [1869-1934])は，ウィーンで講演し，オーストリア皇帝フランツヨーゼフの就任5周年を祝し，ザルツブルグ近郊のアルプスに風光明媚な保護区を設置することを提案した。1909年，この運動の呼びかけに呼応し，オーストリアおよびドイツ国内の36の団体の代表がミュンヘンに集合し，自然保護公園協会(Verein Naturschutzpark：VNP)が創設されたのである。1909年および1910年に採択された宣言には，ルドルフ，トーマス・マン，ヘルマン・ヘッセ，アメリカ合衆国のオズボーン(Henry Fairfield Osborne [1857-1935])をはじめ，100名を超える思想家，知識人などが署名したとされる。オーストリア人およびドイツ人は土地取得のために年間2マルクの寄付をすると誰でも自然公園協会の会員になることができた。そのため会員数は1911年には1万1000人に，さらに第1次大戦が終結した1918年にはドイツ国内だけで1万4000人に達した。1910年，協会はリューネブルガーハイデの一画を取得したが，そのペースは遅々たるものであった。そこで協会は，資金獲得のためにプロイセン国に宝くじ発行の許可を求めることを決定し，国会議員に対する働きかけの他に，キールレガッタの場を利用してプロイセン皇帝に直訴するなどの行動を起こした。その結果，協会は1911年から1914年にかけて3回の宝くじの発行を認められ，300万マルクの配当を確保するとともに，皇帝ウイルヘルム2世から5万マルクの個人的寄付を得ることができた。これらの資金をもとに，自然保護公園協会は大戦終結時までに，リューネブルガーハイデの8913エーカーの土地と，ザルツブルグ近郊のホーエタウエルン(現在はオーストリア国立公園)に2819エーカーの土地を取得することができた[121]。しかし，土地取得には高額の費用を要することから，後続の公園の設置には長期の年月を要することになった[122]。

### 5.6.4. スイス国立公園の成立と特徴

　スイス国立公園は，比較制度史的に見ると，その成立と現状において際だった特徴を有している。そこで，独立して記述する必要がある[123]。

　スイスの自然保護運動の創設者は，バーゼルの動物学者サラジン(Paul

表 5-1 ヨーロッパ諸国における国立公園の設置

| 国 名 | 最初の国立公園 | 設置年 | 現在数 |
| --- | --- | --- | --- |
| スウェーデン | Abisko National Park など 9 個所 | 1909 | 29 |
| スイス | The Swiss National Park | 1914 | 1 |
| スペイン | Covadonga National Park, Picos de Europa | 1918 | 14 |
| ポーランド | Białowieża National Park | 1921 | 23 |
| イタリア | Gran Paradiso National Park | 1922 | 24 |
| スロベニア | Triglav National Park | 1924 | 1 |
| アイスランド | Thingvellir | 1928 | 3 |
| ルーマニア | Retezat National Park | 1930 | 13 |
| オランダ | Veluwezoom National Park | 1930 | 20 |
| アイルランド | Killarney National Park | 1932 | 6 |
| ブルガリア | Vitosha National Park | 1934 | 3 |
| ギリシャ | Olympus National Park | 1938 | 10 |
| フィンランド | Pallas-Yllästunturi National Park | 1938 | 35 |
| マケドニア | Pelister National Park | 1948 | 3 |
| クロアチア | National Park Plitvice Lakes | 1949 | 13 |
| スロバキア | Tatra National Park | 1949 | 9 |
| イギリス | Peak District National Park | 1951 | 15 |
| モンテネグロ | Biogradska Gora National Park | 1952 | 4 |
| セルビア | The Fruska Gora National Park | 1960 | 5 |
| ノルウェー | Rondane National Park | 1962 | 36 |
| チェコ共和国 | Krkonše Mountains NationalPark | 1963 | 6 |
| フランス | Vanoise National Park | 1963 | 9 |
| ドイツ | Bavarian Forest Natiomal Park | 1970 | 14 |
| ポルトガル | Peneda-Geres National Park | 1971 | 1 |
| ラトビア | Gauja National Park | 1973 | 4 |
| ハンガリー | Hortobágy National Park | 1973 | 10 |
| リトアニア | Aukštaitija National Park | 1974 | 5 |
| オーストリア | Hohe-Tauern National Park (Kärnten) | 1981 | 6 |
| ロシア | Losiny Ostrov Natiunal Park | 1983 | 40 |
| ベラルーシ | State Natíonal Park Belovezhskeya Pushcha | 1991 | 4 |
| グルジア | Borjornj-Kharagauli | 1995 | 3 |
| ベルギー | Hoge Kempen Natiowal Park | 2006 | 1 |
| マルタ | The Majjistral National Park | 2007 | 1 |
| デンマーク | Thy National Park | 2008 | 1 |

出典：EUROPARC Federation, *Living Parks: 100 Years of National Parks in Europe* (oekom, 2009).

Sarasin)である。彼は，スイス自然保護委員会の創設(1906年)を支援し，さらに自然保護運動の大衆化を意図してスイス自然保護連盟(1909年)を創設したが，会員は3年後には2万人を超えた。スイス自然保護連盟は，会員から(ときに強引に)寄付を募るとともに，公園予定地内の土地を購入し，1909年に保護区を設立した。連盟は，その後政府と公園設置・管理のための交渉に入り，1914年に正式の協定が成立した。こうして，1914年，スイス自然保護連盟の管理のもとに，スイス最初の，かつ唯一の国立公園がグリソンカントン・エンガディン(Canton of Grisons, Engadin)に設立されたのである。この協定は，「グリソンカントン内のスイス国立公園に関する連邦法」(1980年)によって廃止され，現在は法律にもとづく管理がされている[124]。

スイス国立公園設置の意義は，①国立公園のアイディアをヨーロッパに持ち込み，それが実現可能であることを示したこと，②民間の環境保護団体が，会員からの寄付等による土地の購入，政府への働きかけなど，民間主導で国立公園の設置を実現したことの2点で国立公園設置のモデルを示し，他国の自然保護主義者の思想や運動の方法に大きな影響をあたえたことである[125]。

### 5.6.5. 南欧・北欧諸国への伝搬

スイス国立公園の設置は，ヨーロッパの他国の運動家に多くの影響を与えたが，とくにその影響を受けたのが，スイス国立公園と国境を接するイタリアの自然保護指導者である。彼らは，国立公園の設置が現実的な考えであることや，その運動方法に強く印象付けられたのである[126]。

さて，イタリアでも他国の例にもれず，19世紀末から20世紀初頭にかけて自然破壊の形相が誰の目にも明らかになるとともに，自然保護の機運が高まり，全国各地で自然保護・愛護団体が決定された。まず，1863年イタリア山岳会(Club Alpino Italiano)が結成され，1888年にはイタリア植物学会が結成された。前者は，学術目的のために天然記念物を保護し，さらに学術調査研究や観光施設の整備によってイタリア山岳の評価を高めることを目的に結成され，企業経営者や学者などのエリートが会員の中心であった。とくにローマ支部やミラノ支部は著名人を擁し，自然記念物制度の確立やアブルッ

ツオ国立公園の設立に貢献するところが大であった。後者は，学術研究と学術に基礎をおく自然保護活動を目的に結成され，各種の調査研究，提言，公共事業に対する大会決議などによって自然保護運動を主導し，高山植物保護のための啓発活動にも力を注いだ。さらに1894年には，観光のための自然保護を掲げてイタリアツーリングクラブ(Touring Club Italiano)が結成され，1897年には，より広範囲の運動を展開するために，イタリア山岳会から分枝して全国山と森の会(Associazione Nazionale Pro Montibus et Silvis)が結成された。これらの団体の会員は当初エリート層に限られていたが，会費制をとることで市民会員を増加させた。こうしてイタリアでは，20世紀に突入した頃には，自然保護活動がごく一般的になったといわれる[127]。彼らの運動は直情的な法律制定運動が中心で，そのために意見の一致を見ることがしばしば困難であったが，天然記念物の保存という点では意見が一致した[128]。1913年，上記の4つの有力団体を中心に，自然記念物保護のための全国組織(Lega nazionale per la protezione dei monumenti naturali)が結成されたが，おそらくこの時が20世紀初頭におけるイタリア自然保護運動の最盛期であった。

　1910年，スイス自然保護委員会は，国立公園設置予定地の南側イタリア領におけるイタリア人ハンターの悪行に悩まされ，イタリア公共事業・農業大臣に，共同でスイスに国立公園を設置する相談をもちかけた。この提案は，イタリアの自然保護団体の頭越しになされたものであったが，当時の大臣はこの提案を歓迎し，国内の植物学者の支援を得るための宣伝を開始した。そこでイタリア植物学会は早速，スイス国立公園予定地の南部リビーニョに国立公園を設置することを提案した[129]。

　しかし，こうした呼びかけにもかかわらず，政府のその後の動きは鈍く，結局，この提案は見送られてしまった。イタリアが，グラン・パラディーゾとアブルッツオの国王所有地の上に(初期に姿を消したビグホーンシープのための王室猟場として)最初の国立公園を設置したのは，それぞれ1922年，1923年であった[130]。

　その他の国の事情に簡単にふれよう。スペインでは[131]，1915年，著名な

自然保護運動の創設者であり有力政治家であったペドロ・ピダル(Pedro Pidal [1870-1941])が，イエローストンとヨセミテ国立公園を訪問し，アメリカ国立公園の保全モデルを頭に刻み込んで帰国した。そのため，アメリカ国立公園を理想とする彼の保全哲学が，その後の運動に大きな影響力をあたえることになった。すなわち，ピダルの保全哲学によれば，国立公園は保護されるべき楽園であり，愛国心と宗教心をかき立てる芸術作品に匹敵するものであって，(州ではなく)国が指定し，国が責任をもって管理すべきものであった。1916年，国立公園法が人為的収奪から選別された地域を保存するために制定されが，同法は，国立公園を，国家によって保護され，尊重され，訪問者のアクセスが可能な「樹木に覆われたまたは野生の(rough)特別に美しい国家領土内の地区または場所」と定義している。2年後の1918年，カンタブリア山脈のコバドンガとピレネーのオルデサが国立公園に指定された。とくに，コバドンガはスペイン王国発祥の地であり[132]，1200周年の同年にスペイン国王アルフォンソ13世が同場所で即位式を実行するとともに，最初の公園に命名された。

　スペイン最初の国立公園は，自然，宗教，歴史が一体となった場所であり，国家発祥の地などの要素(理念)がないまぜになったものであった。また，ピダルらは，国立公園が自然保護区であると同時に，(自然保護にとって脅威となるはずの)ツーリズムの推進役となることを期待した[133]。しかし，彼らは，コバドンガがイエローストンでもヨセミテでもないことを，すぐに思い知らされる。伝統的土地利用権を禁止されることに対する住民の抵抗が強く，また国立公園の管理のための能力が限られていたために，管理らしい管理はほとんど実施できなかったからである[134]。

　ギリシャでは，1913年当時，国立公園を設置すべきであるとの主張が強くなされたが，結局，国立公園法が制定されたのは1938年である。フランスでは，1913年，(イタリアに大きな影響をあたえた)自然記念物保護法が制定され，1930年に，同法は自然記念物だけではなく，芸術的，歴史的，科学的，ロマン的，および景観的利益のある地区を保護するものへと拡大された。しかし，自然保護区制度のひとつとして国立公園を定義し，設置の手続を定め

たのは，1960年の国立公園設置法である[135]。

　北欧諸国では，スウェーデンが，いち早く国立公園制度を導入した国として知られる[136]。1904年，進歩派の国会議員スタールバック(Karl Starbäck)は，議会に保護区設置の議案書を提出し，それが採択されたのを受けて，政府は王立スウェーデン科学アカデミーとその自然保全委員会に自然保護の必要性の検討を指示した。さらに1907年，スタールバックは，人間の衝動的な強欲によって突き動かされた自然への情け容赦のない侵略を批判する報告書を公表し，法案の作成を促した。これに動かされた議会は，1909年6月，国立公園の指定の法的基礎を定める自然保護法を制定し，同年，一挙に9カ所を国立公園に指定したのである。しかし今日，この指定は景観を旅行者にアピールをするために，場当たり的になされたもので，大部分が北部の山岳地帯に位置しており，南部の多島地域が含まれておらず，南部の国立公園は規模が小さいなど，極めて恣意的な基準によっていると批判されている[137]。

　フィンランドでは，1880年頃，著名な探検家・科学者であったノルデンショルド(Adolf Erik Nordenskjöld [1832-1901])が，自然状態にある国有地の保存のための提言をしたとされる[138]。この提案は，広範な議論と保護区設置に向けたいくつかの提案を呼び起こしたが，保護区が実際に設置されたのは，約40年経過後の1923年である。すなわち，フィンランドは，1917年の独立に際し今日の法律の母体である自然保護法の制定を宣言し，1923年にこの法律が発効したのである。2年後の1925年，最初の私有保護区が設置され，1920-30年代には各地に私有保護区が設置された。1938年になって，ようやく最初の国立公園(4カ所)と厳正自然保護区(6カ所)が設置された。これらの多くは北東ラップランドに所在している。しかし，第2次大戦後，この地域がソビエト社会主義共和国連邦に割譲されたことにより，2つの国立公園と4つの厳正自然保護区が消失してしまった。フィンランドで国立公園設置運動が本格化するのは，1956年以後である[139]。

　ノルウエーでは，1910年に自然保護法が制定された。しかし，最初の植物保護区が設置されたのは1932年である。1954年に現在の自然保護法が制定され，ようやく自然保護区設置の動きが可動し始めた。翌年にはロンダー

ネ(Rondane)に自然保護区を設置するための委員会が組織され，1962年，ロンダーネが最初の自然保護区に指定された。同地域は1973年に国立公園と改称されたために，ロンダーネ国立公園がノルウエー最古の国立公園とされている[140]。

## 5.7. ま と め

アメリカの国立公園制度は，諸外国の自然保護主義者や行政官に強い影響をあたえたが，ヨーロッパ諸国では，なぜ，広大な自然地域を保護し，「公園」として広く国民の利用に供するというアメリカ型国立公園が発達しなかったのか。アイス(John Ise [1885-1969])は，その理由として，①ヨーロッパ諸国においては，人口密度が高く，すでに開発が進んでいたために国立公園に適した地域(商業的利用を完全に排除した森林，水資源，鉱物，土壌など)が残されていなかったこと，②森林管理技術が発達し，すでに森林管理機関(林野庁，森林局)が国立公園によって提供される諸価値を有するような森林について資源管理を実施していたこと，③たとえばデンマークなどでは，国立公園の名に値する驚異的な景観が存在しないこと，④逆にスイスやノルウェーのような国では驚異に値する景観があふれ，その一部にあえて国立公園の称号を付与し，管理のために費用を費やすだけの価値がないと考えられていたことをあげている[141]。これに，若干の私見を付け加えてみよう。

まず，①を補足すると，ヨーロッパの立法者はアメリカ型国立公園の理念には深く感動したが，同じ制度を取り入れる意図は最初からなかった。イギリスにおける議論は，第1章で詳しく取り上げたが，スイス，イタリア，スペインなどでも，広大な地域を国が所有し管理するアメリカ型国立公園はまったく議論にならなかった。ドイツの自然保護主義者コンヴェンツも，当初はアメリカ型国立公園の導入をめざしたが，結局，規模の小さな自然記念物(天然記念物)制度の設立で妥協せざるをえなかった。「国立公園＝無価値な土地」説を当てはめると，20世紀初頭のヨーロッパ諸国に，もはや無価値な土地はなかったといえる。

②については，次のように言いかえることもできる。すなわち，森林生産力の増進や林業労働者の保護をめざす森林管理機関と，森林等の保全や観光の推進をめざす国立公園管理機関は，どの国においても利害・縄張りが対立し，とくに国有林については，森林管理機関が容易に権限を手放さなかったことである。イギリス，ドイツ，フランス，イタリアに限らず，森林管理機関が有する伝統的で強固な権限を，後発の自然保護機関が簒奪するのは極めて困難であり，現在もそうである。しかし，この点は，ヨーロッパ諸国に限らず，アメリカ，カナダなども同様である。

③④については，とくにコメントすることはない。そこで，上記に新たに次の点を付加しよう。

第1に，ヨーロッパでは，国民のアイデンティティ(拠り所)を，大自然や原生自然に求める必要がなかったことがあげられる。ランテが的確に指摘したように，歴史的文化や芸術の伝統に乏しいアメリカは，ナショナリズムやアイデンティティの拠り所を，ヨーロッパには存在しない大自然に求めたが[142]，ヨーロッパ諸国は，王族，宗教，芸術，歴史など，ナショナリズムを高揚させる事物に事欠かなかった。またヨーロッパ人の郷愁をかき立てたのは，アルプスやピレネーを除くと，なだらかに開発され，手入れがなされた農地や森林であり，荒々しい大自然の景観ではなかった。従って多くの者は，身近な森林や田園が，工場，鉱山，道路，鉄道などによって破壊されることには怒ったものの，深山幽谷の景観破壊には関心が薄かったのである。

第2に，ヨーロッパで自然保護運動を指導したのは，自然史・博物学者や，当時急速に興隆した生物学の研究者(特に植物学者)であった。しかし，彼らの関心は，自然の大風景地の保護ではなく，小規模の学術的価値のある動植物や地質層の保護にあった。そのためには，(イギリスに典型的なように)国立公園のような観光地よりは，人の入らない野生生物保護区や自然記念物制度がその目的にかなっていたのである。

第3に，ヨーロッパ諸国においては，イギリス，イタリア，スペインなどに顕著なように，農民の農地耕作権，放牧権などの慣習的権利が強く保護されており，そのために住民の抵抗や発言権も強く，国立公園設置のための合

意を容易に得ることができなかった。アメリカ，オーストラリア(の一部)，ニュージーランド，それにアフリカ植民地の宗主国政府は，先住民を排除して広大な国立公園用地を手に入れることができたが，それがヨーロッパでは不可能であった。

　第4に，国か州かを問わず，国立公園を実際に設置し，それを国民の余暇のために管理するには，安定した政治体制と経済的余力が必要である[143]。ヨーロッパ諸国では，自然保護運動が本格化し始めた20世紀初頭から中葉にかけて2回の世界大戦に巻き込まれ，国民の余暇に資するために国立公園を設置する余裕はほとんどなかったといえる[144]。ヨーロッパ諸国における国立公園設置運動が本格化するのは，政治体制や国民生活が安定した1960年前後からである。

　最後に，カナダ，ニュージーランド，オーストラリアなどの国立公園は，土地所有権を国や州が保有するアメリカ型国立公園であるが，各国の現状はその原型に忠実であるといえるのだろうか。まずカナダ，ニュージーランドの国立公園においては，外国観光客の誘致や，観光による地元振興という導入目的が顕著であり，現在も国立公園観光は同国の基幹産業である。オーストラリアにおいては，州政府指定の国立公園が圧倒的な数に達し，その大部分は観光行楽地かハイキング地である。また，自然資源保護・開発規制という点でも，カナダ，オーストラリアでは，中央政府の権限が弱く，地元の利益や住民に配慮した州政府が強い権限と発言力を有している[145]。

　そうすれば，中央政府が国立公園専用の土地と独立した管理機関を有することで，地元の利益に配慮しつつ，自然資源の保護と利用(の規制)を高いレベルで両立させることに成功しているのは，アメリカのみといえそうである[146]。

＊

　以上の検討から明らかなように，世界史的に見て，「国立公園」が成立した背景には，19世紀末から20世紀初頭にかけて進展した急速な工業化によって野生動物の消滅や自然景観の破壊が繰り返され，それに対抗して生じた自然保護運動や世論の高まりの中で，各国が何らかの対応をとらざるをえ

なかったという共通の事情を見てとることができる。しかし，国立公園の成立を促した歴史的・政治的・社会的事情や，成立した国立公園制度の中身は，当然のことながら様々であり，単純にアメリカ型(営造物型)国立公園，ヨーロッパ・日本型(地域制)国立公園という2分法では割り切れないものがある[147]。国立公園の新たなモデルの模索のためには，各国について，法律や法制度を表面的に比較するだけではなく，法律・各種指針の運用実態，利害関係者の意見などにまで立ち入った調査・研究が必要であるといえる。

〈注〉

1) Stuart Chape et al. eds., *The World's Protected Areas: Status, Values, and Prospects in the 21st Century* (University of California Press, 2008) p. 4.
2) Ven. S. Dhammika, *The Edicts of King Asoka* (The Wheel Publication No. 386/387, 1993).
3) Chape, supra note 1, p. 4.
4) Jeffrey A. McNeely and David Pitt, *International Culture and Conservation: The Human Dimension in Environmental Planning* (IUCN, 1985) pp. 109-111. 現在のヘマは大部分がサウジアラビアに存し，1969年にはその数が3000カ所以上に達するとされたが，1984年の調査では，何らかの保護対策がとられているヘマは71にすぎなかった。そこで，国際自然保護連合・世界自然保護区委員会(International Union for Conservation of Nature, World Commission on Protected Areas: IUCN・WCPA)は，生物多様性のためにヘマの保護対策に取り組んでいる。http://www.iucn.org/about/union/commissions/wcpa/wcpa_regions/wcpa_nafrica/(2010年2月3日アクセス)
5) フォレストについては，さまざまの訳があるが，ここでは，川崎寿彦『森のイングランド——ロビンフットからチャタレー夫人まで』(平凡社，1997年)72頁に従って，御猟林とした。また，パークとは，もともとシカ狩りをするために土地所有者が王宮の周囲に囲い込んだ私的な猟園を意味し，御猟林と同様に，ノルマン征服を機にイングランドに導入されたものである。チューダー朝期(1485-1603年)に入り世情が安定し，各地にカントリーハウスが建築されると，プライバシー保護もかねて周囲に庭園や狩猟パークが設置され始めた。庭園・パーク作りは，市民革命期には一旦消滅するが，17世紀末の王政復古期に息を吹き返し，18世紀初頭にかけ，豪壮なオランダ式庭園やパーク付きの館が各地に建設された。17世紀後半にチャールズ2世がロンドン市内のセント・ジェイムズ・パーク(ヘンリー8世が1532年に鹿苑として囲い込んだもの)を整備し，一部の公衆に開放すると，公園内のモールは社

交や交歓の場と化し，良好な環境に魅せられて公園の周囲には無計画に住宅が建設され始めた(なお，公衆の園という意味で「公園」(パブリックパーク)という言葉が始めて使用されたのは，1661年といわれる)。19世紀になると，ロンドン市内の王立公園には散策やキノコ採りを求めて多数の公衆が立ち入るようになり，締め出しを図る王家との間で小競り合いが繰り返された。1811年には公園の拡張を求める世論に押され，現在のリージェント・パークの建設が公衆の利用を名目に開始され，1838年に実際に公衆に開放された。さらに10年以上の議論を経て，1846年にビクトリア・パークが，1858年にバターシー・パーク(Battersea Park)が，貧困地域の環境改善と一般公衆の利用のために，初めての市区公園(municipal public park)として設置された。以上の記述は，Susan Lasdun, *The English Parks: Royal, Private and Public* (Andre Deutsch, 1991); 平松紘『イギリス緑の庶民物語——もうひとつの自然環境保全史』(明石書店，1999年)17-48頁，佐藤昌『欧米公園緑地発達史』(都市計画研究所，1968年)などの関連の個所をピックアップしたものである。

6) David Evans, *A History of Nature Conservation in Britain*, 2d ed. (Routledge, 1997) p.15; 遠山茂樹『森と庭園のイギリス史』(文藝春秋，2002年)114-116頁，マット・カートミル(内田亮子訳)『人はなぜ殺すか——狩猟仮説と動物観の文明史』(新曜社，1995年)95-98頁。

7) Yvonne Rydin and Tove Matar, The New Forest, England: Cooperative Planning for a Commons, in Yvonne Rydin and Eva Falleth eds., *Networks and Institutions in Natural Resource Management* (Edward Elger, 2006) pp. 34-56; 岡田久仁子『環境と分権の森林管理——イギリスの経験・日本の課題』(日本林業調査会，2007年)188-196頁，遠山・前掲(注6)121-123頁参照。

8) Evans, supra note 6, pp. 15-16, 29-33; 遠山・前掲(注6)155-173頁。

9) Evans, supra note 6, p. 30; 遠山・前掲(注6)166-177頁。

10) Michael Williams, *Deforesting the Earth: From Prehistory to Global Crisis* (University of Chicago Press, 2003) pp. 168-173.

11) カール・ハーゼル(山縣光晶訳)『森が語るドイツの歴史』(築地書館，1996年)186-193頁。

12) ジョン・パーリン(安田喜憲・鶴見精二訳)『森と文明』(晶文社，1994年)188-200頁，210-223頁。

13) 水野祥子『イギリス帝国からみる環境史——インド支配と森林保護』(岩波書店，2006年)4-16頁参照。

14) ジャック・ウエストビー(熊崎実訳)『森と人間の歴史』(築地書館，1990年)66-76頁，95頁，Evans, supra note 6, pp. 42-44など参照。

15) Thomas Lekan and Thomas Zeller eds., *Germany's Nature: Cultural Landscapes and Environmental History* (Rutgers University Press, 2005) pp. 20-21.

16) Williams, supra note 10, pp. 204-205, 273-274；ウエストビー（熊崎訳）・前掲（注14）96-97 頁。

17) J. ヘルマント（山縣光晶訳）『森なしには生きられない——ヨーロッパ・自然美とエコロジーの文化史』34-35 頁。また，ドイツ林学の知識と技術は，訓練をうけたイギリス人などを通してインド植民地の森林管理に適用された。水野・前掲（注 13）64頁，75 頁。

18) ヘルマント（山縣訳）・前掲（注 17）34-37 頁。

19) Sandra Chaney, *Nature of the Miracle Years: Conservation in West Germany, 1945-1975* (Berghahn Books, 2008) pp. 24-25；ヘルマント（山県訳）・前掲（注17）34-37 頁，159 頁。

20) もうひとつの，自然保護に限らず環境保全の分野においてアメリカが発明し，世界に普及させることに成功した画期的なアイディアが，環境影響評価制度であろう。畠山武道・井口博編著『環境影響評価実務——環境アセスメントの総合的研究』（信山社，2000 年）1-2 頁〔畠山武道〕。

21) Hans Huth, *Nature and the American: Three Centuries of Changing Attitudes*, 2d ed. (University of Nebraska Press, 1990) pp. 148-149. なお，この法律では，park あるいは state park という用語は用いられていない。また今日，国立公園管理の理念と方法の基本を記したとされるオムステッド書簡でも，イギリスの私園に言及した個所を除き，park という表現は用いられておらず，ground という表現が用いられている。Lary M. Dilsaver ed., *American's National Park System: The Critical Documents* (Rowman & Littlefield, 1994) pp. 12-27.

22) 上岡克己『アメリカの国立公園——自然保護運動と公園政策』（築地書館，2002年）41-48 頁，鈴木光『アメリカの国有地法と環境保全』（北海道大学出版会，2007年）81-87 頁。イエローストンが国立公園に指定された経緯・社会的背景については，有名なキャンプファイアー物語の虚実も含めて，Richard West Sellars, *Preserving Nature in the National Parks: A History* (Yale University Press, 1997) pp. 7-11, 18-22, 294 n. 5 参照。

23) Dilsaver, supra note 21, pp. 28-29. なお，条文から明らかなように，1872 年法は「公共の公園」(public park) という表現を用い，国立公園 (national park) という表現を用いていない。この点は，ヨセミテに国立公園を設置した 1890 年法も同様で，同法は森林保護区 (forest reservation, reserved forest lands) という表現を用いている。筆者の調査によれば，法律上，最初に「国立公園」という表現を用いたのは 1890 年の「チッカマウガに国立戦場公園を設置する法律」である。同法 2 条では国立公園 (national park) という用語が用いられている。イエローストン国立公園という名称を用いた最初の法律は，1894 年の「イエローストン国立公園における鳥獣を保護し，公園内における犯罪を処罰し，およびその他の目的のための法律」である。

なお，1875年，ミシガン州マキナウ島(Mackinac Island)に合衆国で2番目の国立公園が設置されているが(1895年に州立公園に移管されて消滅)，これに関連する法律の中で「国立公園」という呼称が使用されているかどうかは未確認である。
24) 個々の国立公園が指定された経緯は，John Ise, *Our National Park Policy: A Critical History* (John Hopkins Press, 1961) pt.1 に詳しく描かれている。
25) 畠山武道『アメリカの環境保護法』(北海道大学図書刊行会，1992年)250頁，Dilsaver, supra note 21, pp. 446-447 参照。
26) Roderick Frazer Nash, The Invention of National Parks, *American Quarterly*, Vol. 22, No. 3 (Autumn, 1970) p. 726.
27) Alfred Runte, *National Parks: The American Experience*, 3d ed. (University of Nebraska Press, 1997) pp. 14-32, 48-64. See also Thomas Dunlap, *Nature and the English Diaspora: Environment and History in the United States, Canada, Australia, and New Zealand* (Cambridge University Press, 1999) p. 119; Ann and Malcolm MacEwen, *National Parks: Conservation or Cosmeyics?* (George Allen & Unwin, 1982) pp. 3-4; William Beinart and Peter Coates, *Environment and History: The Taming of Nature in the USA and South Africa* (Routledge, 1995) pp. 74-75. など。

ランテ学説の中の「無価値な土地」説については，様々の反論があるが，それが文化的ナショナリズムの鼓舞であったというランテの指摘については，さほど強い批判がない。たとえば，Beinart and Coates, supra note 27, pp. 74-75；田中俊徳「国立公園と国家アイデンティティ——イエローストーン国立公園誕生を例に」パブリック・ヒストリー第6号(2009年)126頁，134-136頁。
28) Sellars, supra note 22, pp. 8-11, 14-16
29) Richard W. Sellars et al., The National Parks: A Forum on the "Worthless Lands" Thesis, *Journal of Forest History*, Vol. 27, No. 3 (July, 1983) pp. 130-143; Thomas R. Cox, The "Worthless Lands" Thesis: Another Perspective, *Journal of Forest History*, Vol. 27, No. 3 (July, 1983) p. 144.
30) Ise, supra note 24, pp. 16-17 に引用された議員の発言を参照。See also Joseph Sax, America's National Parks: Their Principles, Purposes, and Prospects, *Natural History*, Special Supplement, October, 1976, pp. 62-65; Hans Huth, *Yosemite: The Story of an Idea* (Yosemite National History Association, 1984); Huth, supra note 21, pp. 148-155.
31) Nash, supra note 26, pp. 731-734.
32) Jane Carruthers, Nationalhood and National Parks: Comparative Examples from the Post-Imperial Experience, in Tom Griffiths and Libby Robin eds., *Ecology and Empire: Environmental History of Settler Societies* (Keele Univer-

sity Press, 1997) p. 125.

33) Ann and Malcolm MacEwen, *Greenprints for the Countryside?: The Story of Britain's National Parks* (Allen & Unwin, 1987), pp. 4-5 は，次のようにいう。アメリカの概念は 1969 年 IUCN によって公式に採用され，その条件に適合する国立公園が，現在世界中に設立されている。しかし，最も純粋な形式の IUCN 概念は，今日次第に疑問視されつつある。というのは，なるほど 1870 年頃は合衆国陸軍が先住アメリカ人をイエローストンから追い出すことが可能であったが，各所で長期にわたり確立されてきた放牧や狩猟の慣行を阻止するのは困難である(しばしば誤っている)ことが証明されているからである。イングランド・ウェールズの国立公園は，保全と地域コミュニティを調和させるという理念から出発している。しかし，その目的はアメリカモデルに基礎をおいている。

34) 以下の記述は，William R. Lowry, *The Capacity for Wonder: Preserving National Parks* (Brookings Institution, 1995) pp. 179-180; Sebastian Hutchings, *Banff: History, Attractions and Activities* (Altitude Publishing, 2002) pp. 5-9; Ise, supra note 24, at 659-61 による。

35) http://www.pc.gc.ca/eng/docs/v-g/nation/nation4.aspx (2010 年 2 月 5 日アクセス)。

36) Ise, supra note 24, p. 660; Lowry, supra note 34, pp. 18-23.

37) Dunlap, supra note 27, p. 119 は，ランテの「国立公園＝無価値な土地」テーゼは基本的に妥当であるとし，カナダでは，州や自治体が自己の区域内における国立公園の設置を阻止するためだけではなく，公園区域の線引きにおいても，森林地や鉱山採掘地を除外している，と批判している。なお，カナダは国土が広大であり，大部分がアクセス困難な未踏の地であることから，国立公園は都市に近接して設置されている。しかし，カナダの国立公園は，面積が広大で適切な管理には多額の費用を要することから，厳格な管理によって自然資源を保護することがきわめて難かしいとされる。Ise, supra note 24, p. 660; Lowry, supra note 34, pp. 18-23. とくに公園内の活動や開発の規制は合衆国に比較すると格段に緩く，公園区域内には，住宅，商業地，スキー場，ゴルフ場，野球場，ボウリング場，温泉保養施設，映画館，発電所，貯水池，駐車場などが林立し，いくつかの国立公園には鉄道が敷設されている。従って，カナダの国立公園は，アメリカと同じく公有地に設置されていながら，その実態は，経済的目的を第一義的に重視するレクリエーション地域であるとされる。Dunlap, supra note 27, pp. 118-119; Lowry, supra note 34, pp. 96-98.

38) Lowry, supra note 34, p. 132.

39) http://www.pc.gc.ca/eng/docs/v-g/nation/nation10.aspx (2010 年 2 月 5 日アクセス)。

40) アメリカ国立公園の影響は隣国メキシコに伝搬し，1898 年，当時の大統領ディア

ズ(Porfirio Diaz)が，メキシコ市郊外のエルチコ(El Chico)を燃料使用のための過剰な伐採から保護するためにヒダルゴ(Hidalgo)森林保護区に指定し，1922 年，それを国立公園に指定した。その後，メキシコ国内には，大小，様々な国立公園が設置され，その数は，1940 年には 31，1946 年には 46 に増加した。Ise, supra note 24, pp. 665-666.

41) Dunlap, supra note 27, pp. 50, 125.

42) Ise, supra note 24, p. 660. イエローストン国立公園が設置されて 2 年後，前総督フォックス(William Fox)は当時の総督フォーゲル(Julius Vogel)に対し，アメリカの例を引き合いにロトマハナ(Rotomahana)湖とその火口を保護地とすべきことを提案している。しかし，何の処置も執られなかった。Dunlap, supra note 27, p. 122. ダンラップは，ニュージーランドの国立公園は，アメリカ国立公園と同様に記念すべき景観を保存しているが，それは最初から国家的遺産の問題よりは金の問題であり，贅沢な海外旅行客を目当てにしたものであったという。Ibid., at 119.

43) Nancy Swarbrick, National parks, Te Ara － the Encyclopedia of New Zealand, http://www.TeAra.govt.nz/TheBush/Conservation/NationalParks/en (2011 年 10 月 28 日アクセス)

44) ニュージーランドの国立公園は，先住民であるマオリの土地を，政府が寄贈，有償購入，接収などの方法で権原を取得し，設立した国所有型の営造物自然公園である。しかし，1970 年代以降の民族意識の高まりの中で，マオリ諸部族が土地に対する権利(land rights)の奪還のために法廷闘争などを活発化させたことから，国立公園も紛争の中におかれることになった。トンガリロ国立公園についても，ホロヌクの土地寄贈は他の部族の意思を反映しておらず，無効であるとの主張がされている。Jacinta Ruru, A Maori Right to Own and Manage National Parks?, *Journal of South Pacific Law*, Vol. 12, (2008) p. 105; David Shom, *Heritage: The Parks of the People* (Lansdowne Press, 1987) p. 4.

45) ただし，実際に土地購入を終了したのは，1907 年である。その後，2 度にわたり拡張され，現在は 795.98 平方キロメートルの大面積となっている。なお，1908 年のトンガリロ国立公園の拡張を勧告するコミッショナー勧告は，「農業にとって，または製材用樹木を含む森林を含むことにより経済的価値のあるいかなる土地も，国立公園には含まれないものとする」という原則を第 1 に掲げたという。Dunlap, supra note 27, p. 119.

46) Dunlap, supra note 27, p. 122.

47) Carruthers, supra note 32, p. 125.

48) Williams, supra note 10, p. 328.

49) Dunlap, supra note 27, p. 122；A・J・クリストファー(川北稔訳)『景観の大英帝国──絶頂期の帝国システム』(三嶺書房，1995 年)224 頁。

50) Ise, supra note 24, pp. 662-663.
51) Sally M. Weaver, The Role of Aboriginals in the Management of Australia's Cobourg (Gurig) and Kakadu National Park, in Patrick C. West and Steven R. Brechin eds., *Resident Peoples and National Parks: Social Dilemmas and Strategies in International Conservation* (University of Arizona Press, 1991) pp. 311-333; Michael Adams, Beyond Yellowstone? Conservation and Indigenous Rights in Australia and Sweden (2005), p. 6, http://ro.uow.edu.au/scipapers/27 (2011年10月28日アクセス)。
52) M. A. Hill and A. J. Press, Kakadu National Park: An Australian Experience in Co-management, in David Western et al. eds., *Natural Connections: Perspectives in Community-based Conservation* (Island Press, 1994) pp. 135-157.
53) William Beinart and Lotte Hughes, *Environment and Empire* (Oxford University Press, 2007) pp. 346-348.
54) 詳しくは，Director of National Parks Annual Report 2009-10, http://www.environment.gov.au/parks/publications/annual/09-10/annualreport0910.pdf (2011年10月28日アクセス)を参照されたい。なお，Dunlap, supra note 27, p. 119によると，オーストラリアでは，第2次大戦後も，公園の選定にあたり「もし景色が素晴らしく，しかも誰もその土地を望まなければ，そこは公園となりうる」との原則が語られていたという。
55) Jane Carruthers, National Parks in South Africa, in Helen Suich et al., *Evolution and Innovation in Wildlife Conservation: Parks and Game Ranches to Transfrontier Conservation Areas* (Earthscan, 2009) pp. 37-38.
56) Beinart and Coates, supra note 27; Roderick P. Neumann, *Imposing Wilderness: Struggles over Livelihood and Nature Preservation in Africa* (University of California Press, 1998); William Beinard and JoAnn McGregor eds., *Social History and African Environments* (James Currey, 2003); Beinart and Huges, supra note 53 など。
57) アフリカにおける動物の大量殺戮の様子は，ハリエット・リトヴォ(三好みゆき訳)『階級としての動物──ヴィクトリア時代の英国人と動物たち』(国文社，2001年)第6章に詳しく描かれている。
58) Jane Carruthers, *The Kruger National Park: A Social and Political History* (University of Natal Press, 1995), pp. 7-8, Graham Child, Growth of Modern Nature Conservation in South Africa, in Brian Child ed., *Parks in Transition: Biodiversity, Rural Development and the Bottom Line* (Earthscan, 2004) p. 7; Beinart and Coates, supra note 27, pp. 27-28
59) Beinart and Hughes, supra note 53, pp. 66, 73.

5. 歴史の中の国立公園   279

60) Beinart and Hughes, supra note 53, pp. 66, 73; Beinart and Coates, supra note 27, p. 75. ブッシュマンランドに創られた最初のケープ保護区は，短命におわることが判明した。というのは，密猟人達はあまりにも巧妙で，殺戮を止めさせようという当局の努力に反して動物を殺し続けたからである。クリストファー(川北訳)・前掲(注49)224頁。
61) 1899年，当時の議会に国土の一部をイエローストン国立公園と同様の方式で管理するための法案が提出されたが，イギリス南アフリカ会社の権利と抵触するという理由で否決されている。Graham Child, The Emergence of Modern Nature Conservation in Zimbabwe, in Suich et al., supra note 55, pp. 67-68.
62) Carruthers, supra note 58, pp. 19, 22-23.
63) Ibid., pp. 26-28.
64) Beinart and Huges, supra note 53, pp. 73, 268; Beinart and Coates, supra note 27, p. 29. サビ保護区の設置については，1894年(1892年とするものもある)，クリューガー大統領が議会に設置を促したとの説が一般に流布している。しかしCarruthers, supra note 58, pp. 24-25 は，こうした説をありえないものとし，別の説明を試みている。
65) アフリカ諸国における国立公園の設置を促したのが，アフリカにおける野生動物，鳥類および魚類の保存に関する条約(Convention for the Preservation of Wild Animals, Birds and Fish in Africa)である。この条約はイギリス，フランス，ドイツ，ポルトガル，スペインなどの先進国が締結したもので，保護対象種の狩猟の制限，象牙の取引制限，十分な保護区の設置などを定めている。1903年，アフリカ全土で鳥獣保護区の設置を推進し，および条約の履行を監視するための独立した専門機関として，イギリスに帝国動物保存協会(Society for the Preservation of the Fauna of Empire)が設置されたが，同協会は，狩猟の規制や保護区の設置管理について国内外で強い影響力を発揮した。David K. Prendergast and William M. Adams, Colonial Wildlife Conservation and the Origin of the Society for the Preservation of Wild Fauna of the Empire, *Oryx*, vol. 37, No. 2 (April, 2003) p. 251, Carruthers, supra note 58, pp. 29-30.
66) Carruthers, supra note 58, pp. 47-66; Ise, supra note 24, pp. 662-663; Beinart and Hughes, supra note 53, pp. 346-348.
67) Beinart and Hughes, supra note 53, p. 73.
68) 南アフリカは，1930年頃までに，ボンテボック，マウンテンゼブラ，それにケープで唯一生存していたアド(Addo)のゾウの群れなどの希少種・絶滅危惧種を保存するために，いくつかの小規模な国立公園を設置した。また，さらにこの頃，イギリスの探検家，旅行家，科学者などの一部には，野生動物を帝国の遺産とみなし保護区や国立公園の設置を主張するものがあったが，さしたる進展はなかった。

Beinart and Hughes, supra note 53, p. 291
69) Ramachandra Guha, *Environmentalism: A Global History* (Longman, 2000) p. 46; Beinart and Hughes, supra note 53, pp. 270-272; Carruthers, supra note 58, pp. 65-66. あるいは,当時のヨーロッパ人は,野生生物が豊かなアフリカの風景を,保護し,保存すべき「失われたエデンの園」に見立てたのである。Prendergast and Adams, supra note 65, at 251.
70) Guha, supra note 69, p. 46; Beinart and Coates, supra note 27, p. 77; Neumann, supra note 56, pp. 31-34. クリューガー国立公園は,白人によるアフリカ人の体系的な支配のプロセスの一部であり,土地と労働をめぐる黒人と白人の抗争の他の要素でもあった。Neumann, ibid., p. 34.
71) Jane Carruthers, Creating a National Park, 1910-1926, *Journal of Southern African Studies*, Vol. 15, No. 2 (1989) pp. 188-216; Beinart and Hughes, supra note 53, p. 74; Carruthers, supra note 58, pp. 65-66. アフリカ諸国で国立公園の設置が進むのは,ナショナリズムが高揚し,ツーリズムが本格化した第2次大戦後である。たとえば,隣国の南ローデシア(ジンバブエ)では,1920年ころより,マトポス(Matopos)のセシルローズの墓地などが公園と呼ばれるようになったが,正式に法律によって国立公園とされたのは,1949年である。その他,ケニヤ(1945年),タンザニア(1948年),ウガンダ(1952年)で,国立公園命令が制定された。John M. MacKenzie, *Empire of Nature: Hinting, Conservation and British Imperialism* (Manchester University Press, 1988) pp. 269-272.
72) MacKenzie, supra note 71, p. 264.
73) Ise, supra note 24, p. 667; Beinart and Hughes, supra note 53, p. 291. 現在のヴィルンガ(Virunga)国立公園(コンゴ民主共和国)である。
74) 今日,先住民に厳しい負担を押し付け,土壌,森林およびその生産物の賢明な利用まで禁止した保護区の設置については,多くの批判があるが,他方で,植民地初期の野放図な資源略奪を防止するための短期的な対処方法としては,やむをえざる処置であったとの意見もある。問題なのは,厳正な保護区を設置し,先住民の生活を厳しく規制する一方で,鳥獣に対し,より長期的で決定的な損害をあたえた農地の拡大や無計画な土地利用が放置され,住民と野生鳥獣との軋轢が助長されたことである。Brian Child, Introduction, in Child ed., supra note 58, p. 1.
75) Beinart and Hughes, supra note 53, pp. 278-280, 292-294.
76) Graham Child, The Emergence of Parks and Conservation Narratives in South Africa, in Suich et al., supra note 55, pp. 20-21. こうした事情は,国立公園のモデルとされるアメリカ国立公園においても同様である。国立公園の資源および景観にとって先住民は妨害物である。そこで,アメリカ政府は,彼らに密猟者の汚名を着せて厳しく取り締まり,あるいは公園区域内から追い出し,そこを動物の天国や人

跡未踏の原生地に作りかえたのである。Peter Nabokov and Lawrence Loendorf, *Restoring a Presence: American Indians and Yellowstone National Park* (University of Oklahoma Press, 2002); Karl Jacoby, *Crimes against Nature: Squatters, Poachers, Thieves, and the Hidden History of American Conservation* (University of California Press, 2001). なお，上岡・前掲(注22)43-44頁にも同旨の指摘がある。

77) 川崎・前掲(注5)，ヘルマント(山縣訳)・前掲(注17)全体を参照。
78) ジョナサン・ベイト(小田友弥・石幡直樹訳)『ロマン派のエコロジー──ワーズワースと環境保護の伝統』(松柏社，2000年)99頁は，ラスキンをイギリス環境保護運動の創始者のひとりにあげている。また，ナショナルトラストとの関係については，I. G. Simmons, *An Environmental History of Great Britain: From 10,000 Years Ago to the Present* (Edinburgh University Press, 2001) p. 186；エイザ・ブリッグス(今井宏ほか訳)『イングランド社会史』(筑摩書房，2004年)299頁，ヘルマント(山縣訳)・前掲(注17)112頁，117頁など参照。ただし，ラスキンの奇癖性もあり，ナショナルトラスト運動の推進者オクタビア・ヒルとラスキンとの関係は，常に良好とはいえなかったようである。グレアム・マーフィ(四元忠博訳)『ナショナルトラストの誕生』(緑風出版，1992年)166-170頁ほか。
79) ヘルマント(山縣訳)・前掲(注17)153-154頁。
80) ここでは，同前・第5章全体を参照。なお，郷土保護運動については，本章で再度取りあげる。
81) James Sievert, *The Origins of Nature Conservation in Italy* (Peter Lang, 2000) p. 113.
82) Sievert, supra note 81, p. 126. とりわけ国際的な自然保護組織の結成に大きな役割をはたしたのが，サラジンである。彼は，1909年9月に予定されていた世界会議をアメリカ合衆国の新大統領タフトが中止した後も国際委員会の創設に奔走し，スイス政府をして，1913年11月，バーゼルで国際自然保護会議を開催させるまでにこぎつけた。会議にはアメリカ合衆国を除く16カ国が参加したが，6カ月後に大戦が勃発し，すべては無に帰してしまった。Roderick Frazier Nash, *Wilderness and American Mind*, 4th ed. (Yale University Press, 2001) p. 358.
83) Evans, supra note 6, p. 34; Max Nicholson, *The New Environmental Age* (Cambridge University Press, 1987) p. 25.
84) Evans, supra note 6, p. 37. なお，動物虐待防止協会には，16年後(の1840年)に勅許状が与えられ王立(RSPCA)となった。
85) 以上の経緯については，リトヴォ(三好訳)・前掲(注57)第3章に詳しい記述がある。その他，Evans, supra note 6, pp. 35, 41；遠山・前掲(注6)186-190頁参照。
86) Evans, supra note 6, pp. 37-39.

87) Ibid., pp. 41-42. なお，イギリスやドイツでは，労働組合のレクリエーション運動や中産階級のワンダーフォーゲルが，自然保護のうえで大きな力をもった。ヘルマント（山縣訳）・前掲（注17）第6章，Chaney, supra note 19, pp. 24-25.
88) Evans, supra note 6, p. 45.
89) Ibid., p. 46.
90) Ibid., p. 46.
91) Ibid., p. 45.
92) Ibid., p. 45.
93) Evans, supra note 6, p. 43；マーフィ（四元訳）・前掲（注78）181頁。
94) 以下の記述は，基本的に Raymond H. Dominick III, *The Environmental Movement in Germany: Prophets amd Pioneers, 1871-1971* (Indiana University Press, 1992); Kris Van Koppen and William T. Markham eds., *Protecting Nature: Organizations and Networks in Europe and the USA* (Edward Elgar, 2007) pp. 88-91, William T. Markham, *Environmental Organizations in Modern Germany: Hardy Survivors in the Twentieth Century and Beyond* (Berghahn Books, 2011) pp. 43-68による。なお，この時期の環境問題や自然保護運動を扱ったドイツ語文献は多数存在するが，Friedemann Schmoll, *Erinnerung an die Natur: Die Geschichte des Naturschutzes im deutschen Kaiserreich* (Campus Verlage, 2004)が，質・量ともに，最も重要である。同書については，浅田進史「書評・帝政期ドイツにおける「自然保護」の近代化」千葉大学公共研究2巻2号（2005年）324-325頁に紹介と批評がある。その他の文献については，Koppen and Markham, ibid, pp. 113-116を参照。
95) 保木本一郎「ドイツにおける営業警察の展開（3）」社会科学研究20巻2号（1968年）55-60頁。
96) ヘルトマン（山縣訳）・前掲（注17）153-154頁，Dominick, supra note 94, p. 26.
97) ロマン主義者の強い要請を受けて，1812年，ボン近郊ドラッヘンフェルズの30年戦争の痕跡をとどめる城跡の一部が，第2帝国によって買い取られ，保護区（Schutzgebiet）とされた。これがドイツで最も初期の公園とされている。Dominick, supra note 94, p. 28.
98) 「フォルク」については，浅田・前掲94)317頁注2参照。
99) Dominick, supra note 94, pp. 22-25.
100) Dominick, supra note 94, pp. 22-23；アルブレヒト・レーマン（識名章喜・大淵知直訳）『森のフォークロア──ドイツ人の自然観と森林文化』（法政大学出版局，2005年）16-22頁に詳しい。
101) Dominick, supra note 94, p. 23.
102) Koppen and Markham, supra note 94, p. 89.

103) ヘルトマン（山縣訳）・前掲（注17）154-155頁，Markham, supra note 94, pp. 50-51.
104) Dominick, supra note 94, p. 57; Markham, supra note 94, pp. 54-59 に詳しい。
105) Dominick, supra note 94, p. 36.
106) Dominick, supra note 94, p. 38; Markham, supra note 94, p. 49. ヘッケルは，今日に続くエコロジーの概念を提唱したことで知られるが，政治的には保守派で，汎ゲルマン同盟に所属し，後に国家社会主義の前身となるトゥーレ協会（Thule-Gesellschaft）に所属した。
107) Dominick, supra note 94, pp. 46-47.
108) Schmoll, supra note 94, pp. 264-267；浅田・前掲（注94）322頁。
109) Dominick, supra note 94, pp. 53-54; Schmoll, supra note 94, pp. 267-268.
110) Koppen and Markham, supra note 94, p. 90; Dominick, supra note 94, pp. 48-51; Schmoll, supra note 94, pp. 203-208 に詳しい。
111) Koppen and Markham, supra note 94, p. 91; Markham, supra note 94, pp. 63-64.
112) Sievert, supra note 81, pp. 109-113.
113) Markham, supra note 94, pp. 46-47; Schmoll, supra note 94, pp. 114-121.
114) Chaney, supra note 19, p. 23. なお，よく知られるように，天然記念物という用語を普及させたのは，フンボルトである。Markham, supra note 94, p. 46.
115) Chaney, supra note 19, pp. 22-23; Schmoll, supra note 94, pp. 148-150. この施設は1910年にベルリンに移転し，ヒットラー政権期の1935年にライヒ自然保護局（Reichsstelle für Naturpflege）に改組された。さらに同施設はイギリス占領地域で活動の継続を認可され，その後の改組を経て，現在は連邦自然保護・景観生態学研究所（Bundesforschungsanstalt für Naturschutz und Landschaftsökologie）となっている。浅田・前掲（注94）318頁。
116) Dominick, supra note 94, pp. 51-53. Sievert, supra note 81, p. 112.
117) Douglas R. Weiner, *Models of Nature: Ecology, Conservation, and Cultural Revolution in Soviet Russia* (University of Pittsburgh Press, 2000) pp. 11, 230. なお，日本植物学の泰斗・三好学は，1907年に発表した「名木ノ伐滅並ニ其保存ノ必要」において，当時ヨーロッパで評判の高かったコンヴェンツの『天然記念物の危機とその保存のための提案』（1904年）を引用し，さらに同年，『太陽』に「天然記念物保存必要並ニ其保存策ニ就イテ」を発表した。三好は，さらに1911年，帝国議会に「史蹟及天然記念物保存ニ関スル建議」を提出して採択され，1919年に史蹟名勝天然紀念物保存法が制定された。こう見ると，日本の天然記念物制度の導入にもコンヴェンツの影響を見て取ることができる。なお，三好は1891年から1895年までライプチヒ大学に留学したが，その時はコンヴェンツと出会う機会はなく，三好が1913年にヨーロッパ旅行した折に初めてコンヴェンツに面会したとされている。

酒井敏雄『評伝　三好學――日本近代植物学の開拓者』(八坂書房, 1998 年) 539-541 頁, 706 頁.
118) Dominick, supra note 94, p. 52; Schmoll, supra note 94, pp. 161-178. 彼の自然保護における成功は, 他方でコンヴェンツが, 工場公害に目を向けなかったとの批判を呼ぶことになる. Markham, supra note 94, p. 47.
119) 以下は, Dominick, supra note 94, pp. 54-55; Hermann Cordes, Naturschutz in der Lüneburger Heide, in Hermann Cordes et al. eds., *Naturschutzgebiet Lüneburger Heide: Geschichte-Ökologie-Naturschutz* (Verlag H. M. Hauschild, 1997) pp. 307-311 による.
120) 宮脇昭『森はいのち――エコロジーと生存権』(有斐閣, 1987 年) 138-143 頁.
121) Dominick, supra note 94, p. 55.
122) Koppen and Markham, supra note 94, p. 91; Markham, supra note 94, p. 58.
123) 以下の記述は, United Nations Environment Programme (UNEP) World Conservation Monitoring Centre, Protected Areas Programme, 1992 Protected Areas of the World: A Review of National Systems, Country Sheets: Switzerland による. 資料としてはやや古いが, 歴史的沿革の概略を知るには適切と思われる.
124) スイス自然保護連盟は, 現在 10 万人以上の会員を擁し, 連邦国立公園委員会の 9 名の委員のうち 3 名の委員を選出し, 公園管理予算の 7% (1991 年当時) を負担している. 連盟は, 国の補助金を得ながら, 国立公園の他に, 520 地区の 8 万ヘクタールにおよぶ自然保護区を所有または維持している. スイスでは, 連盟の他に, World Wide Fund (WWF) や多数のローカル団体が自然保護区の管理にあたっており, その顕著な成果が国の自然保護を支えているとされている. Country Sheets: Switzerland, supra note 123.
125) Sievert, supra note 81, pp. 109-111.
126) Ibid., p. 109.
127) Koppen and Markham, supra note 94, pp. 118-119. イタリアの自然保護団体は, 1914 年頃に最盛期を迎え, 5 つの準全国組織がほぼ全国をカバーしたとされる.
128) Ibid., p. 119. イタリアの自然保護運動は, 自然保護法の議会上程をめざし, 公的な場で戦闘的に活動する者が中心で, そのために大同団結を模索しつつも, 同一目的のもとに集結することが困難であったとされる.
129) Sievert, supra note 33, p. 111.
130) 以下, イタリア国立公園の沿革については, 本書第 6 章 (6.2)〔柿澤執筆〕を参照されたい. サルバトーレ・リブリコ＝コンソレ「自然保護地域設立のためのシチリア, イタリア, およびヨーロッパの法律」『イタリアの文化財保護制度の現在』(独立行政法人文化財研究所, 2006 年) 88-89 頁は,「最初の国立公園は, イタリア王国の時代に, それぞれの公園のための法律により, 設立目的や組織規則のまとまりなしに生

まれた。事実，これらは，王室の狩猟用地でしかなく(グラン・パラディーゾは国王の，アブルッツォは王位継承権をもつ皇太子のものであった)，王室の資金難のために，国王が公共財産に「無償で贈った」ものだった。だから，すべての運営費を公共機関に払ってもらうことになる(そして，王家は狩猟を続けることだろう！)」と，やや皮肉混じりに記している。なお，アブルッツォ国立公園の設立をいつとするのかについては諸説があるが，EUROPARC Federation, *Living Parks: 100 Years of National Parks in Europe* (oekom, 2009) p. 22 は 1923 年と表記している。

131) 以下の記述は，全面的に，Andreas Voth, National Parks and Rural Development in Spain, in Ingo Mose ed., *Protected Areas and Regional Development in Europe: Towards a New Model for the 21st Century* (Ashgate, 2007) pp. 141-143 に拠っている。なお，カタロニアでは，20 世紀初頭のピレーネズムやハイキングブームの影響で，1902 年，モンセラット山を国立公園に指定するための提案がなされたが，成立しなかった。

132) コバドンガは，718 年，西ゴート王国貴族を自称するペラヨがアストゥリアス王国を建国し，コバドンガの戦い(722 年)に勝利してレコンキスタ(国土回復運動)を開始した土地とされている。

133) 実際，コバドンガ公園はスペイン国内で最も訪問者の多い，有名観光地である。1995 年，より広範囲のピコス・デ・エウロパ国立公園に編入された。なお，1920 年代には，その他のいくつかの地域が「国家的に重要な自然地域」に指定された。しかし，スペインは市民戦争の混乱に巻き込まれてしまい，自然保護運動は崩壊した。

134) スペインで国立公園指定が進むのは，他のヨーロッパ諸国と同じように，戦後になってからである。1954 年，カナリア諸島の 2 つの火山が，観光ツーリズムの高揚を意識して国立公園に指定され，さらに 1955 年，アイギス・トルテス＝マウリシオ国立公園が指定された。これらの地域は，規模が小規模であり，観光地として人気を集めつつあった地域であり，あるいは人口が希薄な山岳地域であったことから，住民の抵抗や紛争が少なく，アメリカ型国立公園とは異なるスペイン型国立公園を設置するのに適切な場所であると考えられたからである。1969 年，WWF などの財政的支援を受けてドナナ国立公園が指定され，スペインで最も有名な国立公園となった。しかし，同公園は，農業，観光，湿地保護が激しくせめぎ合う場所であり，管理が極めて難しい公園とされている。その後，高まる自然保護ブームを背景に，大面積の国立公園，海洋国立公園が積極的に指定されている。

1989 年の自然地域・野生動植物保護法は，保護区を，①公園(Park とのみ定義)，自然保護(nature reserve)，自然記念物(natural monument)，それに景観保護区(protected landscape)の 4 種に区分しているが，同法は枠組み法であり，州政府が独自に法を制定し，独自の保護区区分を定めている。「公園」の定義も州によってまちまちで，さほど厳密な開発規制を実施していない地域を国立公園と称する例もあ

る。中央政府は，国立公園を保護地域のネットワークシステムの中心に位置づけ，高い保全基準と中央集権的管理(中央政府による排他的管理)を要求しているが，公園区域から人の活動や農耕牧畜を排除する伝統的なアメリカ国立公園モデルの押しつけには，州政府や農民の反発が強いとされる。

135) 詳しくは，本書第6章(6.4)〔山本・古井戸執筆〕参照。

136) 以下の記述は，Swedish Environmental Protection Agency (EPA), *Sweden's National Parks* (1998) pp. 11-12; Koppen and Markham, supra note 94, pp. 214-215によっている。また，スウェーデン国立公園の成立については，交告尚史「スウェーデンにおける総合的環境法制の形成——歴史と現状」畠山武道・柿澤宏明編著『生物多様性保全と環境政策——先進国の政策と事例に学ぶ』(北海道大学出版会，2006年)162-165頁に，的確な説明があるので参照されたい。

137) Swedish EPA, supra note 136, p. 12. EUROPARC Federation, supra note 130, p. 2 は，ヨーロッパ最初の国立公園は，「学術研究と愛国主義(後にツーリズム)を支援」することが目的であり，「科学者は土地を保存することを望み，ツーリズム派の議員は土地を保全することを望んだ」と記している。その後，国立公園設置運動は停滞した。1965年に自然保全法が新たに自然保護区制度を再編したことで，国立公園を含む各種の保護区の指定が，ようやく軌道にのることになった。1976年，環境保護ボード(1967年設立。後に環境保護庁となる)が森林局に代わって国立公園を所管することになり，それ以後，自然保護が本格化することになった。スウェーデンが，国立公園体系を見直し，選定基準や管理基準を整備し国立公園制度の整備を完了させたのは，1989年の「スウェーデン国立公園計画」である。詳しくは，本書第7章(7.2)〔交告執筆〕参照。

138) Jukka Ekholm et al. eds., *Finland's National Parks* (Finnish Forest and Park Service, 1995) p. 8. ノルデンショルドが国立公園の提唱者とされることについては，交告・前掲(注136)164頁，Schmoll, supra note 94, p. 215 参照(ちなみに両者の出典は同じである)。なお，ノルデンショルドは，この頃すでにフィンランドを追われ，スウェーデンに移住していたので，彼の提言が，どのような形でなされたのかは，明確ではない。

139) Country Sheets: Finland, supra note 123. フィンランドには，現在，35の国立公園，19の厳正自然保護区，171の保護湿地，12の原生自然地域，その他の保護区がある。http://www.metsa.fi/sivustot/metsa/en/NaturalHeritage/ProtectedAreas/SizesofProtectedAreas/ProtectedAreasmanage/Sivut/(2011年10月28日アクセス)。

140) Country Sheets: Norway, supra note 123. EUROPARC Federation, supra note 130, p. 36 によれば，ノルウェーには，35の国立公園がある。しかし近年数を増やしており，現在数は40を超えるようである。

141) Ise, supra note 24, p. 663.
142) Dunlap, supra note 27, pp. 98-99.
143) Nash, supra note 26, pp. 731-734.
144) ただし，この間も国立公園の指定が途絶えたわけではなく，各国が挙って国立公園を設置している(本章表5-1参照)。しかし，EUROPARC Federation, supra note 130, pp. 4, 5 が，「個々の立法の細部は異なるが，国立公園はひとつの共通のアイディアを有していた。すなわち，後世のために，および国の威信のシンボルとして野生の自然を保存するということである」「国立公園指定の動機は国毎に異なるが，国の威信が未だ大きな影響力を有していた」と明言しているように，この時期の国立公園設置は，国民のレクリエーション需要に応えることよりも，国威発揚が目的であったと推測できる。
145) Dunlap, supra note 27, p. 119.
146) しかしダンラップは，野生生物保護史研究者として，イエローストン国立公園においても，初期の狩猟，間欠泉への物の投げ入れ(いずれも現在は禁止)，野生動物の観光資源化，クマの餌付け，バッフローの道路周辺での飼育，増えた動物の間引きなど，観光化の弊害が目に付くという。Dunlap, supra note 27, pp. 120-121.
147) 日本で公園の分類として広く用いられているのが，営造物型公園と地域制公園という区分である。「営造物」とはドイツ行政法の概念で，「国または公共団体等の行政主体により，公の目的に供される人的および物的施設の総合体」を言うものとされ，国公立学校，病院，図書館等が例にあげられる。しかし「営造物」という概念は，今日，法的には意味がないとされ，行政組織法の教科書からは削除されている。塩野宏『行政法Ⅲ(第3版)』(有斐閣，2006年)356頁。「公の営造物」という概念は国家賠償法2条に明記されており，国家賠償の範囲を議論する場合にのみ法的な意義が認められる。しかし，国家賠償法でいう「公の営造物」は，国・地方公共団体が事実上管理している状態にあれば足りるという最高裁判決もあり，法律上の所有権あるいは管理権の有無とは関係がない。

　他方で，「地域制」という概念は行政法学には存在せず，都市計画法において「地域地区制」という用語が用いられるにとどまる。したがって，「営造物型」「地域制」という分類は，行政法学には存在せず(自有公物，他有公物という分類があるが，意味合いが異なる)，造園学や公園研究者に特有の用語法かと思われる。

# 6. 比較の中の国立公園
―― ヨーロッパ諸国の自然公園制度 ――

　第5章で見たように，諸外国は，これまで様々な形態の自然保護区制度を発達させてきた。その中で，イエローストン型の国立公園はひとつの理想とはされたが，各国は，国の歴史，自然状況，政治体制，文化的伝統などの違いに応じて，それぞれ異なる形で国立公園制度を受容し，あるいはそれとは異なる独自の自然保護区制度を作り上げてきたのである。とくに興味を引くのが，アメリカ以上に高い政治的・文化的伝統を有するヨーロッパ諸国の動きである。国によって違いはあるが，ヨーロッパ諸国は，イエローストン型の国立公園とは区別される独自の自然公園制度を発達させ，定着させてきた。第2章では，イギリス国立公園について，その独自のシステムと管理制度の現況を全般的に検討したが，本章では，さらにイタリア，スウェーデン，ドイツ，フランスの自然保護区制度を取り上げ，現在の制度の概要，管理の実際，地域住民や地域経済との関わりなどを，つぶさに検討することにしよう。それらの国との比較の中で，イギリス国立公園制度の特徴がさらに明確になり，国立公園および自然公園制度の未来像が具体化するはずである。

## 6.1. イタリアにおける自然公園制度と管理の実態

　イタリアはヨーロッパの中でも相対的に早く，1922年に国立公園を創設した。その後国立公園を始めとする自然公園の展開は順調とは言えなかったが，1980年代後半から制度面でも，実際の管理面でも自然公園のルネッサンスといえるような新たな展開が進んだ。ここでは自然公園制度の歴史的な

展開と現状を述べ,さらに事例をあげながら管理の実態について見てみよう。なお,イタリアでは州レベルでも自然公園制度があり,多数の公園が設立されているが,州毎に大きく制度が異なり,複雑であるため,本項では国立公園に焦点をあてて述べることとする。

### 6.1.1. 自然公園制度の歴史

イタリアでは19世紀末から20世紀前半にかけて自然保護をめぐる運動が活発化してきた。歴史的遺産の保護と関わって自然の保護をめざすもの,動植物などの保護をめざすもの,ツーリズムのために自然環境の保全をめざすものと,大きく3つの流れがあった。また,これら運動はいずれも自然美を保護する法律と国立公園を創設することを大きな目標としていた。

こうした中で1902年には都市公園や庭園など美的価値・歴史性をもった記念物を保護する法律が制定され,さらに1922年には自然美を保護する法律(法律778号)が制定され,自然の美しい景観を保護するしくみが作られた[1]。一方,グラン・パラディーゾとアブルッツォの2つの地域で,国立公園の創設をめざした運動がそれぞれ独立して始まり,前者は1922年,後者は1923年に,それぞれ独立した法律により国立公園に指定された[2]。

このように環境保護運動の展開もあって20世紀初頭には自然環境保全に関わる制度が形成され始めるとともに,国立公園制度がスタートした。しかしその後の歩みは必ずしも順調なものとは言えなかった。

1930年代に新たに2つの国立公園が指定されたものの,それ以降1989年まで新たな指定は行われなかった。さらにグラン・パラディーゾおよびアブルッツォ国立公園は当初は意欲的な管理を行っていたが,1933年にいずれも管理が林野庁に移管されることとなり,1930年代に新たに指定された2つの公園も当初から林野庁の管理下におかれた。林野庁は公園管理の能力も意思もなく,森林伐採や狩猟の支援を活発に行い,実質的な公園管理はほとんど行わなかった[3]。なお,土地利用計画をめぐってはファシスト政権下の1939年に自然美の保護に関する法律(法律1497号)が制定され,土地利用計画によって建築による景観への影響のコントロールが可能となった。

戦後，1945年にグラン・パラディーゾ国立公園で独立した予算をもつ公園管理局を設立し，林野庁の手から管理を取り戻し再建が始まる。ビデゾット(Videsott)が公園局長に就任し，自然保護を最重点課題とした管理を行った。このため厳しい規制を受けた開発業者や地元住民から大きな反発を受けつつも，ヨーロッパの国立公園のひとつのモデルとなったとされている[4]。一方，アブルッツォ国立公園では1951年に林野庁が公園管理権限を失うが，開発に関わる既得権益を維持したい林野庁は地域社会の後ろ盾を得ながら居座った。このため公園管理局は管理権を取り戻すための努力を強いられ，林野庁などとの争いの中で1960年代には6年間も局長不在の時代が続いたが，69年になって新たな局長の選任に成功，公園管理を軌道に乗せていった[5]。

自然環境保全に関わる法制度であるが，まず1948年に制定された憲法は景観を守るべきことを国に義務付けた。しかし，具体的な景観保全の法制度の整備が行われることはしばらくなかった。

こうした状況が変化し始めるのは1970年代以降である。1970年に分権法によって，環境規制・保護区設定・都市計画・土地利用計画に関わる権限を州に移譲することが定められ，1977年には大統領令616号によって国立公園や国家レベルの保護区を除く自然保護区・自然公園の設立・管理に関わる権限を地方に委譲した。これによって地方レベルでの自然公園の設置が進んだが，州毎に制度がばらばらであり統一性がないことが問題として指摘されていた[6]。

1985年には通称ガラッソ法として知られる法律431号「環境価値の高い地域の保護のための法律」が制定され，歴史的資産を保護し自然環境を保全するために，州に風景計画の策定を義務付けた。これまでの法制度が自然美に焦点をあてていたのに対して，この法律は環境の観点から土地利用に関わる計画体系を導入した点で画期的であり，国立公園およびその周辺域の環境保全に大きな役割を果たしているとされている。ただし，州毎に計画策定作業が行われたため，計画内容とその実行は州の自然環境行政能力と政治的環境によって大きく左右され，計画策定が大きく遅れた州や，不適切な計画を策定した州，実行が十分伴わない州があることなどが指摘されている[7]。

1986年には環境省が設立され，環境政策に関わって中央政府が積極的に関与する方針が打ち出され，1987年には大統領令306号で環境省の職務が公害，自然保護，アセスメント・環境情報であることが明記された。同年10月には環境大臣が「国立公園の第2世代がまもなくつくられる」と発言し，停滞していた国立公園の設立に新たに取り組むことを宣言した。1989年に制定された法律350号は環境保護の3カ年計画を含んでおり，議会は7つの新しい国立公園をできるだけ早く設立する必要があることを認めた。さらに1991年には法律394/91号「保護区に関する枠組み法(Legge Quadro Sulle Aree Protette)」が制定された。この法律はイタリアで初めて保護区や自然公園の指定・管理などに関して包括的に定めた法律であり，ヨーロッパで最も進んだ保護区に関する法律と指摘する論者もいる[8]。

以上のような動きを受けて，1989年以降急速に国立公園の指定が進み，2004年までに24の国立公園が指定されている。表6-1に，イタリアの国立公園の指定年・面積を一覧にして示した。

国立公園の新たな展開は量的な拡大にとどまらず，管理のあり方も大きく変化した。イタリアの国立公園はトップダウンで指定・管理を行い，地元社会との合意を十分形成することなく規制を進め，地元との良好な関係を築けなかったことが課題として指摘されてきた[9]。これに対して1990年代の半ばからは，地域社会との良好な関係の形成を重要な課題として認識し，国立公園が単に規制をもたらすだけではなく，地域活性化などを進める上でのチャンスであることを積極的に打ち出すようになってきた。

以上のようにイタリアにおいても，1990年代以降自然公園は新たな展開——ルネッサンスが進んでいるといえる。以下，国立公園に焦点をあてつつ，制度的な枠組みと，公園管理の実際についてみてみたい。

### 6.1.2. 自然公園制度の概要

前述のようにイタリアの自然公園に関して，1991年制定の保護区に関する枠組み法(以下，枠組み法と略す)が基本的な法律となっている。そこで，主としてこの法律によりながら自然公園制度についてみてみよう。

## 6. 比較の中の国立公園    293

**表6-1 イタリアにおける国立公園の一覧**

| 公園名 | 指定年 | 陸地面積(ha) | 海洋面積(ha) |
|---|---|---|---|
| グラン・パラディーゾ | 1922年 | 70,318 | |
| アブルッツォ，ラツィオおよびモリーゼ | 1922年(1923年)[注] | 50,683 | |
| チェルチオ | 1934年 | 8,440 | |
| ステルヴィオ | 1935年 | 134,620 | |
| トスカーナ群島 | 1989年 | 17,694 | 61,474 |
| アスプロモンテ | 1989年 | 76,053 | |
| ポッリーノ | 1990年 | 182,180 | |
| チレントおよびディアノ渓谷 | 1991年 | 181,048 | |
| グランサッソおよびラーガ山脈 | 1991年 | 141,341 | |
| マジェラ | 1991年 | 74,095 | |
| ヴェスヴィオ | 1991年 | 8,482 | |
| ヴァル・グランデ | 1992年 | 14,598 | |
| ドロミティ・ベルネッジ | 1993年 | 31,512 | |
| カセンティネージの森，ファルテローナ山，カンピーニャ | 1993年 | 36,400 | |
| シビッリーニ山脈 | 1993年 | 69,722 | |
| ガルガーノ | 1995年 | 121,118 | |
| マッダレーナ群島 | 1996年 | 5,134 | 15,046 |
| アシナーラ | 1997年 | 5,170 | 21,790 |
| シーラ | 1997年 | 73,695 | |
| ジェンナルジェントゥ | 1998年 | 73,935 | |
| チンクエ・テッレ | 1999年 | 3,860 | |
| トスカーナ・エミリア地方アペンニーニ | 2001年 | 22,792 | |
| アルタ・ムルジャ | 2004年 | 67,739 | |

注：アブルッツォ国立公園は民間主導で1922年に設立されたが，国によって指定されたのは1923年である。

　枠組み法では自然公園の種類のリストを策定することを国に求めている。現在適用されているリストは，環境省に設置された自然保護委員会が1996年12月に決定したものであり，以下のようになっている。

　　a) 国立公園，b) 国立保護区，c) 州間自然公園，d) 州立自然公園，
　　e) 州立自然保護区，f) 海洋保護区，g) ラムサール条約指定地，
　　h) その他保護区

また主要な保護区は次のように定義されている。

国立公園：土地・河川・湖沼および海洋域からなり，ひとつ以上の原生的あるいは人間活動によって部分的にのみ劣化した生態系，ひとつ以上の国際的・国内的に自然的・科学的・美的・文化的・教育的・レクリエーション対象として重要な地質学・地形学・生物学的構造が存在し，現在そして将来世代に向けて国が介入して保護することが必要な地域

州立自然・州間自然公園：土地・河川・湖沼，また沿岸域も含むことがあり，大きな自然的・環境的価値をもち，ひとつのまとまりをもった地域(2つ以上の地域にまたがる場合もある)。その価値は，地域の自然資産，優れた景観，地域住民の美術的・文化的伝統なども含む

自然保護区：土地・河川・湖沼および海洋域からなり，ひとつ以上の保全上重要な動物あるいは植物種が生息するか，ひとつ以上の生物多様性もしくは遺伝子資源保全上重要な生態系をもつ地域

以下，国立公園に焦点をあてて管理組織や計画などの概要についてみてみよう。

まず公園管理組織であるが，枠組み法第9条で以下のように規定されている。

公園の代表となるのは公園局長(Presidente)であり，地元州の同意を得て環境大臣が指名する。公園管理に関わる重要な事項を審議決定するのは評議会(Consiglio Direttivo)である。構成員は13名と定められ，公園局長の他に公園共同体(後述)から5名，学識経験者から2名，政府認定の環境団体から2名，農林大臣の指名1名，環境大臣の指名2名によって構成することとされている。また公園の日常的な管理を行う管理部門の長として事務局長(Giunta Esecutiva)がいる。

イタリアの管理組織でユニークなのは，各国立公園に公園共同体(Comunità del Parco)を設置することを義務付けていることである。この組織は公園に含まれるすべての州・県・コムーネ[10]の首長と山岳共同体(Comunita Montane)[11]の首長から構成され，公園指定地域およびその周辺の社会経済発展計画を策定するほか，評議会に対する提案権をもっている。また評議会は公園組織の管理運営の重要事項について公園共同体に協議をすることとさ

れ，特に公園管理規則・計画の策定，予算等については協議を義務付けている。

次に公園管理の規則・計画であるが，公園の基本的な規則となるのは公園管理規則(Legoramente)である。規則では許可が必要な行為などについて規定する他，動植物の保護，採石場・鉱山開発の禁止，水系を変化させることの禁止，公園アクセスやレクリエーション利用，地域住民の伝統的利用の保護等について規定することを求めている。規則は評議会で決定し，環境大臣が認可するが，事前に地元州・県などの合意を取り付けることを義務付けている。

また公園土地利用計画(Piano del Parco)を策定することを義務付けられている。公園土地利用計画では公園地域内を以下の4地区にゾーニングすることとしている。

　　Aゾーン　原生保護地域(Riserve Integrali)：自然環境をそのまま保全する。

　　Bゾーン　一般保護地域(Riserve Generali Orientate)：建築物の新築・増築，土地形状の変更等は許されない。伝統的な生産行為，最低限のインフラ整備，現在の施設の維持などが可能。

　　Cゾーン　保全地域(Aree di Protezione)：公園の方針に適合するような形で行われる有機的農業，農林草地複合経営，水産業，自然資源の収穫などが可能。

　　Dゾーン　経済社会発展地域(Aree di Promozione Economica e Sociale)：人間活動によって改変された地域(主として集落)であり，地域住民の社会文化的生活の向上と訪問者の楽しみのため管理する。

以上の規則・計画策定にあたって公園当局は，州が策定する土地利用計画[12]を尊重しなければならないが，公園規則・計画は国レベルで最終決定されるため，最終決定後は州の計画に優越する。

以上のような公園規則・計画に連携して，公園共同体は社会経済発展計画を策定する。この計画には地域の伝統的な事業，環境配慮型事業，エコツーリズム，社会サービスの推進や，若年者の雇用や障害者の利用促進配慮など

を盛り込むことが求められている。公園当局はこうした計画に即して生産される地域産品などに対して公園の名前やエンブレムの利用を許可できる。

以上のように国立公園の管理運営に関わって、地域社会の関与を明確に位置づけ、また規制的な規則・計画だけではなく、社会経済のあり方についての計画を策定しようとしている点が特徴といえる。

### 6.1.3. 公園管理の実例

以下、公園が実際にどのように管理をされているのかについて見ていくこととする。イタリアで最も早く指定されたアブルッツォ国立公園と、90年代以降に新たに指定された国立公園であるドロミティ・ベルネッジ国立公園を事例として取り上げることとしたい。

#### 6.1.3.1. アブルッツォ国立公園

アブルッツォ国立公園(現在の正式名称はアブルッツォ、ラツィオおよびモリーゼ国立公園)は、前述のようにイタリアで最も早く設立された国立公園のひとつで、他の国立公園と比べて格段に手厚い予算配分を受けている。アペニン・ヒグマ、オオカミ、レイヨウといったイタリアでも最も希少な種が生息する公園として重要であるほか、アペニン山脈の中で最大のブナ林が存在している(図6-1)。

もともと王室の狩猟場として保護されており、またクマの生息地として知られており、20世紀に入った直後から国立公園設立運動が始まった。1922年には民間の資金によりアブルッツォ国立公園局を設立したが、公園面積は500ヘクタールにすぎなかった。翌23年には国立公園として指定する法律が成立し、正式に国立公園として発足し、面積も1万8000ヘクタールへと拡大した。

現在の公園面積は5万600ヘクタールであるが、そのうちコムーネが約8割を所有しており、国有地は存在しない。また土地利用についてみると、約60%が森林、約20%が牧畜用地、約15%が農地、約5%が居住地となっている。また森林の約8割がブナ林、2割がナラ・カシ林となっている。人口減少と高齢化が大きな課題となっており、伝統的な農業の担い手の減少が公

図 6-1 イタリア・アブルッツォ国立公園の景観

園維持の観点からも問題である。

　管理組織は前述の枠組み法に沿って公園局長・評議会・事務局長・公園共同体が選任・設置されている。公園共同体は公園内に含まれる 25 のコムーネ，6 の山岳共同体，3 つの県，3 つの州から構成されている。(図 6-2)

　アブルッツォ国立公園の特徴は長い歴史をもっていることから組織体制が整備され，手厚い予算配分を受けていることである。職員数は事務局長を頂点として 125 名にも及び，グラン・パラディーゾ国立公園と並んで，他の国立公園と比較して別格ともいえる職員数となっている。他の国立公園が日常的な公園管理を農林省林野庁に依存しているのに対して，この 2 つの国立公園のみが自前の職員によって日常的な公園管理を行っている。また 2500 名ものボランティアを抱えており，登山道の整備など様々な活動を行っている。

　財政状況を見ると，年間の収入は約 700 万ユーロで，このうち環境省からの割り当てが 500 万ユーロ，自己収入 100 万ユーロ，その他 100 万ユーロとなっている。これに対して支出は，人件費が約 400 万ユーロと過半を占めて

図6-2 イタリア・アブルッツォ国立公園事務所

おり，コムーネに対する支払い50万ユーロ(後述)，動物被害に対する補償30万ユーロ，一般管理費30万ユーロなどとなっている。財政的に他の国立公園より恵まれていると言いながらも，そのかなりの部分を人件費や地元への補償に費やしていることがわかる。

　枠組み法にもとづき，公園土地利用計画と公園管理規則を策定しているが，社会経済発展計画については現在策定中である。

　ゾーニングはすでに1984年から行っており，Aゾーンを増やす方向で土地利用計画の改正を進めてきている。ゾーンごとの現在のおおよその面積比率は，Aゾーンが15%，Bゾーンが75%となっており，両者の面積比率が高くなっている。居住地域とその周辺のDゾーンについてはコムーネの土地利用計画と公園土地利用計画を同時に策定し，コムーネとの合意を図りつつ齟齬がないようにしている。公園管理規則においては各ゾーンの利用の仕方などを詳細に規定しており，たとえば放牧にしても，どの場所でどのくらいの密度で可能なのかといったところまで規定している。

図6-3　アブルッツォ国立公園に広がるブナ林

　公園土地利用計画・管理規則の策定に際しては公園当局が主体となって行うが，住民参加の機会を設けるほか，州政府とは話し合いのうえで合意を形成している[13]。なお，国との関係であるが，公園当局による計画・規則の策定・実行が，国が決めた枠組みを逸脱していない限りは，基本的に介入することはない。

　公園面積の6割を占める森林の扱いについて少し詳しく見てみよう。現行の公園土地利用計画ではAゾーンでは伐採を禁止しているほか，B・Cゾーンについては伐採許可制としている。再植林についてもAゾーンは禁止，B・Cゾーンでは許可制としている。Bゾーンはさらに細かいゾーニングを行っており，一番面積の大きなB2ゾーンではある程度の伐採が許容され，次に面積の大きいB3ゾーンでは伝統的な伐採のみを可能としている(図6-3)。

　森林を所有しているコムーネは森林計画を策定する必要があり，公園土地利用計画を念頭におきながら策定している。コムーネによっては，公園当局

に計画の策定から，伐採・管理までを委託するケースもある。なお，生物多様性などのために特別な管理や施業を行うことは，財政的な制約もあり行っておらず，基本的にはゾーニングによる規制が中心となっている。

　地元社会との関わりで重要なことは，A・Bにゾーニングしているコムーネ所有地は公園管理局が有償で借り上げているほか，B・Cゾーンで伐採を不許可にした場合には補償金を払うことである。公園内の森林の約8割はコムーネの共有林であり，地域住民は伐採の権利をもっているため伐採の制限が困難であり，歴史的に公園管理上の問題であった。公園による規制によって生じる地元社会の不利益に対して，財政的な措置を講じることによって影響を緩和し，地元社会の理解を得て，森林の利用規制を行っているのである。ただし，この措置はこの国立公園が財政的に豊かであるために可能なのであり，他の国立公園では行われていない。

　アブルッツォ国立公園のゾーニングについてもうひとつ特徴的なことは，公園周辺に約3万ヘクタールのバッファーゾーンを設定し，公園局が緩やかな規制を行っていることである。また，アブルッツオ国立公園の周辺にはグラン・サッソおよびラーガ山脈国立公園，マジェラ国立公園とシレンテ・ベリーノ州立自然公園があり，図6-4に示すようにこれら公園によって保護区のコリドーとも言うべき地域を形成している。ただし，州立自然公園は地元コムーネが地域活性化をめざして指定を申し出たものであり，コリドーを意図的に形成しようとして指定されたものではない。

　ここでシレンテ・ベリーノ州立自然公園を例にとって州立自然公園の管理についても簡単にふれておこう。シレンテ・ベリーノ州立自然公園は上述のようにコムーネからの申し出により1989年に設立された公園で，面積は約5万ヘクタールである。州立自然公園内には21のコムーネがあり，約1万3000人が居住している。過疎化・高齢化に悩んでいたことから，州立自然公園に指定されることによって，経済面で援助が得られることを期待し，また観光客の集客がやりやすくなると考え指定運動をした。国立公園は上からの規制がかけられるという点で反発をもっていたが，州立の場合はボトムアップが機能し，コムーネが管理に関わりやすいと考えて州立自然公園とし

図 6-4　アブルッツォ州の自然公園

ての指定をねらった。ただし，地域への経済的な効果は短期的に現れるものではなく，公園指定によって狩猟が禁止されたり，イノシシなどによる獣害が悪化するなどの問題が発生し，地元には公園指定に対する反発がある(図6-5)。

　公園管理組織は基本的には国立公園と同様であるが，評議会は公園共同体から6名，州の代表2名，学識経験者2名，環境団体から1名の計11名で構成されている。また職員数は6名，州からの年間予算配分は75万ユーロである。公園計画は現在策定中で，ゾーニングもまだ行われていないが，州政府の公園の規則があるので，それにもとづいて管理を行っている。森林伐採規制なども行っており，これに対する補償措置なども講じている。

　以上のように，国立公園に比べて財政的・組織的に弱体であり，計画・規

制も十分には行われていない。また，国立公園に比べてより地域社会活性化という目標が重視されていることも指摘できる[14]。

### 6.1.3.2. ドロミティ・ベルネッジ国立公園

1970年代に公園化の動きがあり，1万6000ヘクタールの私有地を当時の農林省が購入して保護区とした。購入した私有地は過疎化で不在村所有となり，利用放棄されていたところであった。その後1990年に国立公園の境界線が設定され，93年に公園局が設置され，正式に国立公園として発足した。公園として指定されたのは，氷河にあまり覆われなかったためにアルプス地域の固有種が多く残っており，また北方とバルカン半島系の生物種が混交している点で，生物多様性保全上重要な地域であったためである(図6-6)。

3万2000ヘクタールに及ぶ公園内の土地所有は，1万6000ヘクタールが国有地，1万ヘクタールがコムーネ所有地，5000ヘクタールが私有地等となっている。公園は基本的に居住地を含めずに指定しており，公園内の居住者は88人にすぎない。また公園内で農地として利用されているのは約2000ヘクタールである。一部でも公園に指定されているコムーネは15に及び，これらコムーネの総人口は10万4000人に上る。過去30年の間に農業生産が5割，畜産が9割減少するなど1次産業の衰退・過疎化が深刻な地域である。

管理組織であるが，法律に従って評議会，公園共同体が設置され，公園管理局長・事務局長が任命されている。公園局長は政治的任用で，前は地元ベタベーノの市長，現在はチビターナの市長が任命されている。職員は13名とアブルッツォ国立公園と比較して小規模である。予算・事務などを預かる総務部は管理職3名，一般職員5名，許認可・研究・ビジターセンター運営などに関わる管理部は管理職2名，一般職員3名となっている。公園内の監視など日常の管理は林野庁が行っており，4つのステーションに38名の職員が配属されている。具体的には密猟・盗伐の監視，研究などのサポート，モニタリング，観光客の管理などを行っている。公園管理の年間予算は200万ユーロで，国からの収入は半分で，残り半分はEU，ベネト州からの収入となっている(図6-7)。

6. 比較の中の国立公園　303

図 6-5　イタリア・シレンテ・ベリーノ州立自然公園事務所

図 6-6　ドロミティ・ベルネッジ国立公園の景観

図6-7 ドロミティ・ベルネッジ国立公園管理事務所

　この国立公園は2007年の調査時点では全国で唯一，公園土地利用計画と社会経済計画をともに決定済みの国立公園であった。公園内にはスキー場など大規模なレクリエーション施設はなく，また居住者も少ないので，公園管理上の問題が相対的に少ないため迅速な策定が可能であったとみられる。管理上の最大の問題は公園内の河川・ダム湖の水量維持で，発電・灌漑利用のためにダム湖の水位が夏の間に30メートルも下がるため，景観上・生態系保全上大きな問題となっている。このため，水利権の見直しを進めているほか，発電施設を所有している企業に対して，月別の放水量を自然状況を反映したものへと変更することを要請している。
　なお，他の保護区とつなぐ生態的なコリドーを確保するため，公園地域を拡大する検討を行っている。
　次に地元との関係について見てみよう。公園に指定された当初は，指定への住民の反発があり，規制がかかることによる影響が強く危惧されていたが，公園当局の努力で次第に公園は地域社会に受け入れられてきている。2003

年に地元の大学が地域住民へのアンケートを行ったが，公園を良くないとしたもの5％，良いとしたものが45％，良くも悪くもないとしたものが50％であった[15]。公園当局としては最後のグループに対して公園の理解を働きかけていきたいと考えている。また，長い伝統をもつコムーネにおいて，「新参者」の国立公園が認知されるためには，国立公園局が先進的な発想をもった取り組みを進め，地域への貢献を行い，また公園組織が高い能力をもっていることを示していかなければならないと事務局長は考えている。

　公園当局の地元への働きかけは，広報誌の発行など日常的なもののほか，社会経済的な活性化の支援と，持続的な地域づくりの先導者という2つの方向から行われている。まず前者についてであるが，地元の農家，業者で公園に関わって活動しているものは小規模なものが多いので，公園がその活動支援を行っている。たとえば，公園管理の趣旨を尊重して事業を行っている業者は公園のマークをつけて商品を販売できるようにしており，マークを誰がどのような基準で利用できるのかを社会経済計画で決めている。また，アルプス放牧の伝統的な施設であるマルガ[16]を，放牧地・宿泊施設・チーズ工場をセットで公園独自の財政で整備し，地元の農家に経営を委託し，伝統的酪農業・草地利用の保持と農家の副業収入確保を同時に図る試みも行っている。さらに，レストラン経営など公園サービスに関してはコムーネが共同で設立した協同組合に委ねているほか，ビジターセンターなどの運営はガイド組合に任せており，ガイドに対する教育機会の提供なども行っている。こうした委託にあたっては，施設整備の初期投資を回収しようという考えはなく，地元の人に雇用・事業の機会を提供して地元貢献をすることを大きな目標としている。なお，個人用の薪の採取は簡単な手続きで許可されている（図6-8，6-9，6-10）。

　後者については，アジェンダ21にもとづく地域アジェンダの設定にまず取り組み，さらにISO 9000と14000をイタリアの国立公園としては初めて取得しているほか，EMAS(Eco-Management Audit Scheme)[17]の認証も取得している。化石燃料を使用しない公園管理をめざしており，山小屋などは木質バイオマスや太陽電池など自然エネルギーを利用している。ISOの取得

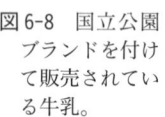

図6-8 国立公園ブランドを付けて販売されている牛乳。

図6-9 ドロミティ・ベルネッジ国立公園　地元農家に経営委託しているマルガ。

図6-10 ドロミティ・ベルネッジ国立公園　地元協同組合に経営を委託している売店。

などは公園内のコムーネにも拡大してきている。

## 6.2. スウェーデンの自然保護地域制度

### 6.2.1. 国立公園と自然保護地域の役割分担

　スウェーデンにおける代表的な自然保護区の制度は，国立公園 (Nationalpark) と自然保護地域 (Naturreservat) であり，ともに環境法典 (Miljöbalken) の第2部第7章に規定されている。筆者はすでにこれらの制度を紹介したことがある[18]ので，詳細はそちらを参照していただくとして，ここでは両制度の特質について要点をまとめておく。

　スウェーデンの国立公園は，自然を始源状態で残すことを主眼とした制度であり[19]，全体的に見て国民が気軽に訪問して余暇を過ごせるような場所ではない。そして，国立公園はすべて国有地であり，国有地でない所は国が買収したうえで指定する。それに対して，自然保護地域の方は，民有地についても指定が可能であり，国民の野外生活の楽しみをも考慮に入れた制度である。もちろん，自然的価値の保存も制度目的であり，場所によって国民の野外生活の楽しみが優先することもあれば，自然的価値の保存が前面に出ることもある。さらには，両目的が同程度の重みで併存する場合もある。したがって，イギリスの国立公園と比較する場合，国民の利用という観点からは，むしろ自然保護地域を取り上げた方が良さそうである。

### 6.2.2. 自然保護地域の制度的特色
#### 6.2.2.1. 指定の状況

　現在，自然保護地域の数は，全国でおよそ2700地域に及ぶ[20]。自然保護地域の指定は，伝統的に県レベルでなされてきたが，1999年1月1日に発効した環境法典により，市町村も正規の指定主体として認められた。このように指定箇所が多数に上ること，そして市町村レベルでも指定できることが，スウェーデンの自然保護地域の第一の特色といえよう。

## 6.2.2.2. 指定の手続の特色

　指定の手続に見られる特色としては，まず自然的価値に関するデータの豊富な蓄積を指摘したい。特定の場所を自然保護地域に指定することが決まってから調査するのではなく，自然調査をひとつの独立した活動として継続し，その結果を報告書にまとめたりデータベース化したりして，必要に応じていつでも使えるようにしておくのがスウェーデンの伝統である。

　そのようにして集積されたデータは，ルール作りの段階で大きな意味をもつ。スウェーデンでは，自然保護地域での土地所有者・権利者の活動を規制するルールと，当該地域で野外生活を楽しむ者の行為を規制するルールを，自然保護地域毎に作って指定文書に記載する。行為規制の内容も指定地域全体で一律ではなく，鳥の営巣が見られる部分では繁殖期における立入りを禁止するとか，希少な昆虫が生息するところについては一定期間の火入れを禁ずるというように，自然的価値の有り様に応じて，それに相応しいルールを決めていく。その際に，自然的価値に関する豊富なデータが活用されるのである。

　ルールの原案ができた段階で，レミス(remiss)という手続が行われる。これは，担当の行政機関が他の行政機関や専門知識を有する団体などに文書を発して意見を求める手続である。行政機関には行政手続法により応答が義務付けられているが，民間団体ないし個人の場合は応答するかどうかは自由である。先の例との関わりでは，たとえば昆虫の保護が課題になる地域については，スウェーデン昆虫協会の当該地域の支部にレミスをかけることになるであろう。その種の団体はたいてい会員の知識を結集して回答するので，専門性の裏付けがより確かなものになると考えられる。

　それに対して，住民参加に関する議論はスウェーデンではあまり耳にしない。その理由を考えてみると，同国では，住民参加によって様々な利益を調整することが，少なくとも自然保護区の設定という局面では，それほど必要にならないのではないかと思われてくる。そのことを，少し詳しく説明しよう[21]。

　まず，スウェーデンにアレマンスレット(allemansrätt)という文化現象があ

図 6-11　ティーレスタ(Tyresta)国立公園
都市近郊型国立公園として，1993 年，ストックホルムの 20 キロ南に設置された。

ることを知っていただきたい。アレマンスレットというのは，万民自然享受権と訳されることからも分かるように，誰でもが自然の中に入って行って楽しむことができるということを意味する。他人の森であっても，そこでブルーベリーをとったり，2, 3 日キャンプしたり，カヌーを楽しんだりすることは，節度を守る限り基本的に許されるのである。そのようなことが法律に書いてあるわけではなく，スウェーデンの農業社会に生成した慣習である。ともかくアレマンスレットが原則であるから，地主としては，他人が入ってくるのを正面切って拒むことはできない。それに，スウェーデンでは，少数の都市を除けば人口密度がかなり低く，住居もかなり離れて存在しているので，静謐という利益を声高に主張しなければならない状況は生まれ難いといえる。

　次に，スウェーデン人が自然とどう付き合っているかであるが，彼らの楽しみ方の中心はウォーキングと鳥の観察である。ウォーキングというのは単なる散策ではなく，かなりの距離をしっかり歩くので，どうしても広大な自

然空間が必要となる。他方，滑り台や観覧車を設置するとか，土産を買うといったことは，大体において彼らの関心外である。従って，営業の利益というものはほとんど生まれる余地がないと推測される。

そうすると，自然保護のために規制をかけることに対抗する利益として問題になるのは，地主の土地利用に関わる利益のみということになる。このことは，指定を行う行政機関の方では十分に考慮しており，事前に補償の交渉が行われるし，個々の地主にも送付される指定文書には争訟方法が明記されている。つまり，相応に交渉を重ねてもなお残る不服は争訟手続で争ってもらうという割り切りになっているのである。また，スウェーデンでは，電話が行政への日常的なアクセス方法になっている。行政機関のホームページを開けば自然保護地域関係の多数の情報に接することができるが，そこには必ずコンタクトをとるべき行政職員数名の名前とそれぞれの電話番号とが列挙されている。

### 6.2.2.3. 管理面での特色

スウェーデンでは，自然保護地域を指定する際に，その都度その自然保護地域に相応しい管理者を指定する。それは県レベルの行政機関であったり，市町村であったり，自然保護の団体であったりする。自然保護の団体の場合には，その運営委員会が社会の様々な利益を反映させる場となりえる。

### 6.2.3. 文化保護地域について

スウェーデンの自然保護地域はもともと景観の文化的価値をも重視する制度であったが，環境法典において，新たに文化保護地域(Kulturreservat)という制度が設けられた。環境法典の自然保護の部に，自然保護地域と並んで文化保護地域の規定がおかれている。このようなしくみが新たに導入された背景とその意義について，簡単に説明しておくことにしたい[22]。

スウェーデンでも，そもそも文化的な景観とは何かということについてはいろいろな見解があり，政府の見解にも変化が見られたようであるが，伝統的な耕作風景を残したいという点では一貫していた。伝統的な耕作風景を残すということは，牛馬のための採草地や放牧地があるところではそれを保存

するということであるから，それは草原性の生態系を保全するということでもある。

その事情を反映して，耕作風景を維持する手段を模索する動きにも，2つの流れがあった。ひとつは環境法典を準備する委員会の作業であり，もうひとつはそれとは別に進められた文化財保護系の委員会による検討である。両委員会とも文化保護地域制度の必要性を認識したのであるが，当然ながら前者はそれを環境法典に入れようとし，後者は文化財保護法に導入することを提言した。最終的に政府が選択したのは，環境法典に規定をおく案である。

先に述べたように，伝統的な耕作風景を残す地域は，それによって特色付けられた独特の生態系を有しているわけであるから，そこを自然保護地域に指定することも可能である。とくに文化的な景観を重視したいときには文化保護地域に指定するのであるが，どちらにするかは，指定を行う行政機関の裁量である。指定の手続などは同じであるが，文化保護地域にした場合は，それに相応しい管理者を選ぶことになろう。そして，その地域には文化財に指定された建物の存することが予想されるが，その場合は，文化財保護法に規定された建造物保全の手段を併用することができる。

要するに，文化保護地域の位置づけは，文化的景観に着目した場合に最も適切な保全のしくみということになる。現在の指定状況について正確な情報は把握していないが，インターネットで検索してみると，全国各地で指定がなされていることが分かる。

## 6.3. ドイツの自然公園制度

### 6.3.1. ドイツの保護地域
#### 6.3.1.1. はじめに
中世の雰囲気を色濃く残す町が点在し，その周囲には森林と農地が織り成す美しい風景が広がる国ドイツ。南部のアルプス地方を除いて，全体的に起伏の緩やかな山地や丘陵地帯が延々と続くこの国のおよそ5割を農地が占め，3割は森林が覆っている。こうした森林と農地が交互に展開するモザイク景

観の多くは，長年にわたって人の手が作り出したものである。ドイツの人々が愛するこのような美しい田園風景の多くは自然公園(Naturpark)に指定され，休日ともなると多くの人が農山村地域の散策を楽しむ(図6-12)。

ドイツにおける自然公園の始まりは，1909年に遡る。北ドイツにあるリューネブルク近郊で，ピンク色の花で野を染めるエリカ(英語名でヒース)によって特徴づけられるハイデ(原野)景観(図6-13)を保護するために，「自然保護公園リューネブルガー・ハイデ(Naturschutzpark Lüneburger Heide)」が，ドイツ初の自然公園組織として設立された。1956年にこの団体は自然公園の指定を政府のプログラムとして実施するよう，ドイツ連邦共和国に要求した。そしてプログラム実施についてのアイデアは，ほとんどすべての連邦州において肯定的な反響を得，その後実施に移されることになる。

さて，自然公園設立当時のコンセプトとして設定されたのは，人間と自然の出会いの場，自然と風景の美しさを体験する機会を確保するとともに，自然保護と余暇活動を対等に取り扱うことであった。このコンセプトに相応して，農村地域における余暇活動の促進が前面におかれることになった。戦後ドイツの経済成長に伴って農村地域への来訪者，観光客も増加し続けた。しかしこれは同時にレクリエーション圧を増加させることにもなり，来訪者の増加に伴う負荷を有効にコントロールすることが必要となってきた。その結果，風景と調和した余暇活動のための施設整備や，自然保護と余暇活動の間のコンフリクトを調整するために自然公園を整備することが，重要な課題のひとつとして認められるようになったのである。その後，市民，とくに都市住民に休暇，週末の余暇活動の機会を提供する場所としての自然公園の役割はますます重要性を帯び，自然公園政策の主要課題として中心的な位置づけをあたえられることになった。

以上のような経過を経て，自然公園の整備はドイツ国民のための余暇活動の場としての重要な意義をもつようになったが，自然公園運動のそもそもの始まりが自然景観の保護から発しているように，自然景観の環境的，生態学的価値を保護するという点についても，生物多様性の保全など近年の自然保護に対する要請を受けて，その重要性はますます高まってきている。

6. 比較の中の国立公園　313

図 6-12　自然公園で散策を楽しむ人々

図 6-13　北ドイツに見られるハイデ景観

一方，自然公園とはまったく異なる制度として国立公園(Nationalpark)がある。最初の国立公園が指定されたのは遅く，後で紹介するバイエリッシャー・ヴァルト国立公園が1970年に指定されたのが最初である。

　さて，第2次大戦後東西に分裂していたドイツは，1989年のベルリンの壁の崩壊によって再統一が実現した。この歴史的大事件は，保護地域についても大きな変化をもたらした。旧東ドイツ時代には不十分であった自然保護政策の充実を図るため，旧東ドイツには存在しなかった国立公園および自然公園の設置が進められた。その結果，ドイツ統一直後の1990年に5カ所の国立公園の指定が行われたとともに，自然公園についても多くの新規指定が行われたのである。

### 6.3.1.2. 保護地域のカテゴリー

　ドイツは16州によって構成される連邦国家であり，保護地域制度はドイツ連邦全体を対象とする枠組み法としての連邦法と，州毎に作られる州法の双方によって定められている。制度の共通的な性格については，連邦法である「自然保護および景観保全に関する法律(Gesetz über Naturschutz und Landschaftspflege：連邦自然保護法)」によって規定されているが[23]，各公園の設置や管理運営組織の構成内容については，公園毎に定められる条例や規則によって定められている。本法では自然保護を目的とした保護地域制度として，いくつかのカテゴリーを定めている。その中にはドイツ独自の制度はもちろんのこと，ヨーロッパ連合(EU)によって実施されているNatura 2000や，UNESCO(United Nations Educational, Scientific and Cultural Organization)の承認を受けて指定される生物圏保存地域(Biosphere Reserve)なども規定されているが，ここではドイツ独自の制度であり一定面積規模以上を対象に指定される自然保護地域(Naturschutzgebiet)，景観保護地域(Landschaftsschutzgebiet)，国立公園，自然公園(Naturpark)の4つのカテゴリーについて，条文からその定義を抜粋する[24]。

　　自然保護地域

　　　法的に範囲が確定された地域であり，その全体もしくは個別部分にお

いて，
　ア）ビオトープもしくは群集として特定された野生動植物種の維持，発展または修復のために，
　イ）科学的，自然史学的，地域学的根拠または，
　ウ）その希少性，特異的固有性もしくは際立った美しさという点から，自然および景観の保護が必要な地域である(23条)。

景観保護地域
　法的に範囲が確定された地域であり，
　ア）多様性，固有性および美しさ，または景観の有する特別な文化歴史的意味もしくは，
　イ）その地域がもつレクリエーション的な意義から，
　ウ）自然生態系の生産力および機能もしくは，自然資源の再生力および持続的利用可能性の維持，発展または修復が必要な地域である(26条)。

国立公園
　a）法的にひとつのまとまりとして範囲が確定された保護地域であり，以下の要件を満たすものとする。
　　ア）面積が大きくかつ際立った特長を有する
　　イ）地域の大部分が自然保護地域の要件を満たす
　　ウ）地域の大部分が人間の影響をまったくもしくはほとんど受けていない状態である，もしくは自然のダイナミクスにおける自然遷移プロセスへの干渉をできる限り排除することが保証される状態を作り出すか，状態が作り出されるのに適している
　b）国立公園ではその大部分において，自然のダイナミクスにおける自然遷移プロセスへの干渉をできる限り排除することを目的とする。保護目的と矛盾しない限りにおいて，国立公園は科学的環境モニタリング，自然教育，自然体験の利用にも供しなければならない(24条)。

自然公園
　　a）ひとつのまとまりとして保全および管理を行うための地域であり，以下の要件を満たすものとする。
　　　ア）面積が大きい
　　　イ）公園地域は主に景観保護地域または自然保護地域からなる
　　　ウ）景観的な条件からレクリエーションに特に適しており，持続的ツーリズムの実現を目標とする
　　　エ）空間整備計画の前提条件にもとづいてレクリエーションのために計画される
　　　オ）多様な利用によって特徴づけられた景観および種，ビオトープ多様性の維持，発展もしくは修復を図るとともに，この目的のために持続的な環境にやさしい土地利用の実現をめざす
　　　カ）とくに，地域の持続的発展を支援するのにふさわしい
　　b）自然公園は自然保護および景観保全の目的および根拠に配慮しつつ，上の項に規定されている目的に従って計画および区分，開発，再整備されなければならない(27条)。

　以上のように，自然保護地域は貴重な動植物の生息域や科学的，歴史的に貴重な地域の保護を目的とする地域であり，景観保護地域は特徴のある景観や美しい景観の保護を目的とする地域である。また，国立公園は比較的大面積の地域を対象に，人為を極力排除しながら自然生態系の保護を行うことを目的とする地域であり，自然公園は比較的面積の大きい地域で，自然の保護とレクリエーション利用を図ることを目的とする地域である。国立公園は生態系の保護とともにレクリエーション，環境教育，研究の場として利用することを特徴としており，自然度の比較的高い地域を主体としつつ生態系の自然遷移プロセスの保護を目的に，人為的な影響を極力排除するよう管理される。開発が比較的進んだドイツでは原生自然はほとんど存在せず，国立公園内の森林といえども厳密な原生林というのは存在しない。そのため，国立公園では将来的には森林を本来の原生林に近い状態に戻すことを管理方針とし

表 6-2 保護地域制度の目的

| | 保　護 | | レクリエーション |
| --- | --- | --- | --- |
| | 自然保護 | 景観保護 | |
| 自然保護地域 | ○ | | |
| 景観保護地域 | | ○ | ○ |
| 国立公園 | ○ | ○ | ○ |
| 自然公園 | △ | △ | ○ |

○：主たる目的である。
△：主たる目的であるものの，直接的な規制手段を持たない。

ている。一方，自然公園は多様な土地利用を前提とした地域で，自然保護とレクリエーション利用および地域振興を目的としているのが特徴であり，森林の他農地も混在する農林地景観が広がり，集落地域も多数含まれている[25]。

　表 6-2 は，保護地域の主要目的を整理したものである。国立公園では自然保護，景観保護，レクリエーションの 3 つすべてが目的となっており，そのための手段が備えられている。一方，自然公園では自然保護，景観保護のための直接的手段をもたず，後述するように自然保護地域や景観保護地域を重複指定することによって補っている。このようにドイツではタイプの異なる 2 つの公園制度を，自然保護の目的や状況に応じて使い分けている点に特徴がある。

#### 6.3.1.3.　保護地域の指定状況

　現在の各保護地域の指定状況[26]は，自然保護地域が 8413 カ所，127 万 1582 ヘクタール，景観保護地域が 7409 カ所，約 1020 万ヘクタール，国立公園 14 カ所，102 万 9316 ヘクタール（図 6-14），自然公園が 102 カ所，約 950 万ヘクタール（図 6-15）となっている。箇所数では自然保護地域，景観保護地域が多いが，総面積では景観保護地域と自然公園の面積が大きく，1 カ所あたりの面積では自然保護地域が 151 ヘクタールと最も小さく，最も大きい自然公園のおよそ 9 万 3000 ヘクタールと比べると大きな違いが見られる。また，国土に占める面積は自然保護地域 3.6％，景観保護地域 28.5％，国立公園 0.5％（水面域は除く），自然公園 27％となっており，国立公園の指定割合は最も低く，景観保護地域や自然公園の割合はかなり高いことがわかる。

図 6-14　国立公園の位置
出典：ドイツ自然保護庁ホームページを参考に一部改変。

　このような指定面積の差は，各保護地域の目的の違いが大きく関係している。自然保護地域や国立公園では自然度の高い地域の保護が目的であるため，規制の厳しいこれらの保護地域の指定は容易ではない。一方，景観保護地域，自然公園では景観の保護やレクリエーション利用が主目的であるから，比較的容易に区域指定が行える。また，自然公園の区域取りは大きな特徴が見ら

6. 比較の中の国立公園    319

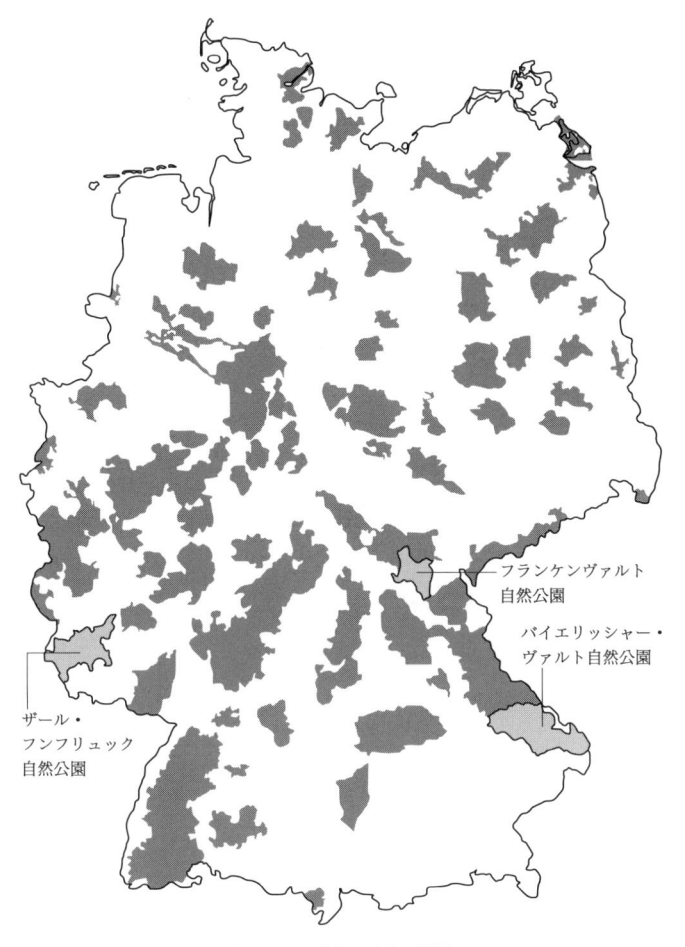

図6-15  自然公園の位置
出典：ドイツ自然保護庁ホームページを参考に一部改変。

れる。国立公園は自然保護地域，景観保護地域，自然公園と地域が重複することはないが，自然公園は通常，自然保護地域，景観保護地域と重複するように指定される(図6-16)。これは，自然公園制度自体は自然保護のための規制手段をもっておらず，自然保護地域，景観保護地域がその部分を担っているためであり，保護地域制度の役割の違いを前提とした重層的な制度となっ

図 6-16　保護地域間の関係

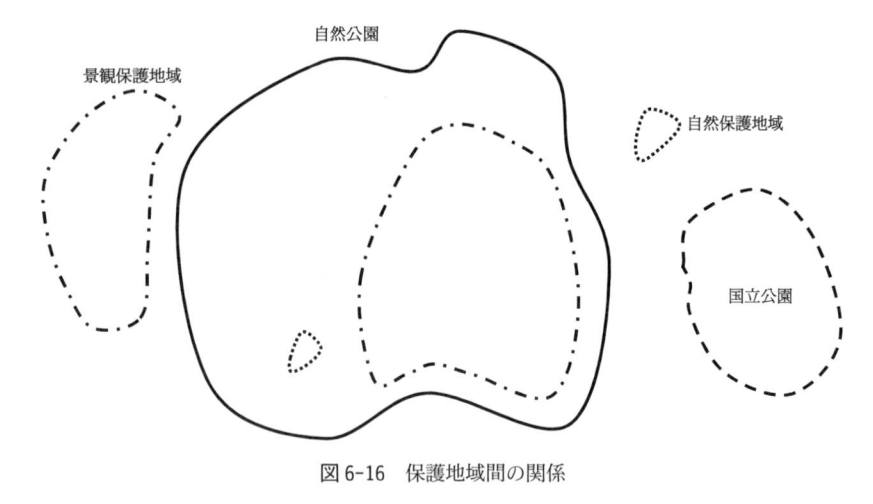

ていることが特徴的である．その結果，自然公園区域の 56% は景観保護地域または自然保護地域に重複指定されている．

　現在，自然公園はドイツ国土の 27% を占め，わが国の自然公園システム全体の 14.3% と比べると，その割合ははるかに高い．ドイツは日本と比べて地形が緩やかであり，国土の大半を農地と森林が占める．丘陵地帯には農地と森林が交錯する景観が拡がっており，このような景観が拡がる丘陵地帯から山地にかけて自然公園が指定されている．ドイツの自然保護政策では，農林業によって維持されてきた文化的景観を保全することの重要性が高く，その手段として自然公園が活用されているのである．

　なお，図 6-15 に見るようにドイツの全域に自然公園が分布しているが，ここで興味深いのは急峻な山岳地形が広がるドイツ南部バイエルン州のドイツアルプス地域（図中右下）には自然公園がまったく指定されていない点である．緩やかな丘陵地形が広がるドイツの国土にあって，アルプスの切り立った山岳景観はとくに印象的に映るが，一部が国立公園や自然保護地域に指定されているのを除いて，自然公園が存在しないのは何とも不思議な感じである．知人のドイツ人研究者によると，アルプス地域はすでに十分に観光地域化しており，自然公園にあえて指定する必要性は乏しいとの認識があるとの

表 6-3　国立公園の指定状況

| 国立公園名 | 指定年 | 面積(ha) | 特　徴 |
|---|---|---|---|
| バイエリッシャー・ヴァルト | 1970 | 24,217 | モミ，トウヒの混じる高地性ブナ混交林 |
| ベルヒテスガーデン | 1978 | 20,804 | アルプスの山岳環境 |
| シュレスピッヒホルシュタイネス・ヴァッテンメア | 1985 | 441,500 (約97.7%は水面) | ヴァッテン海の生態系，汽水性湿地，砂丘 |
| ニーダーゼクズィッシェス・ヴァッテンメア | 1986 | 345,000 (約93%は水面) | ヴァッテン海の生態系，汽水性湿地，砂丘 |
| ハンブルギシェス・ヴァッテンメア | 1990 | 13,750 (約97.1%は水面) | エルベ川河口の干潟 |
| ヤースムント | 1990 | 3,003 (約22%は水面) | 石灰岩土壌の上に広がるブナ林や湿地，草原 |
| ハルツ | 1990/1994 | 24,732 | 高地性トウヒ，ブナ林，湿地，草原 |
| ゼクズィッシェ・シュヴァイツ | 1990 | 9,350 | 砂岩壁，乾燥性森林 |
| ミューリッツ | 1990 | 32,200 | マツ，ブナ，ハンノキ，シラカバ林，湖沼 |
| フォアポンメルシェ・ボーデンラントシャフト | 1990 | 80,500 (約84%は水面) | 汽水性湿地，砂丘 |
| ウンテレス・オーデルタル | 1995 | 10,323 | 氾濫原景観，湿性草原 |
| ハイニッヒ | 1997 | 7,513 | 落葉混交林，ブナ林 |
| アイフェル | 2004 | 10,700 | 亜高山性，ブナ，トウヒ林，やせた草原 |
| ケラーヴァルト・エーデルゼー | 2004 | 5,724 | 亜高山性ブナ林，乾燥性森林草原 |

ことであった。美しい風景の保護を主目的とする日本の制度とは，考え方が基本的に異なっているようである。

## 6.3.2.　国 立 公 園
### 6.3.2.1.　国立公園の概要

　前述のとおり，ドイツで最初の国立公園が指定されたのは1970年と比較的遅い。その後，指定箇所数は徐々に増え，現在では14カ所の国立公園があるが(表6-3)，水面域を除く国土面積に占める国立公園の指定割合は0.5%程度と，かなり限定的である。また，2006年には州をまたいで別々の国立公園であったハルツとホッホ・ハルツが統合され，ひとつの公園として管理運営されることになった。

図6-17　ベルヒテスガーデンの町から国立公園を望む。

　法律の定義にも記されているように，ドイツの国立公園の目的は原生的自然の保護にある。しかしドイツでは国土の隅々まで開発が進められ，原生的自然と呼べるものは存在しない。そこで，将来的に原生的な自然を復元することをめざしている（図6-17, 6-18, 6-19）。ドイツの国立公園は国土の南北にわたり，アルプスの高山地域から，鬱蒼とした森林，北海沿岸の干潟地帯まで，多様な自然環境が含まれている。ドイツの国立公園は，いわば生態系保護のための核心地域としての役割を果たしており，2004年に指定されたアイフェルおよびケラーヴァルト・エーデルゼーは，それまでの国立公園ではカバーしていない生態系タイプを保護することを目的として指定されたものであり，異なる生態系タイプを網羅するべく国立公園の指定が行われている。
　国立公園における土地所有区分を見ると，全体的傾向として，連邦有地または州有地が占める面積の割合が高く，後述のバイエリッシャー・ヴァルト国立公園やベルヒテスガーデン国立公園では100％が州有地である。一方，

図 6-18　ハルツ国立公園
森林は，モミやトウヒを主体とする人工林が大半を占めているが，将来的には原生林に戻す方針である。

図 6-19　ハルツ国立公園で伐採される森林認証材

表6-4 国立公園のゾーニング

| 国立公園名 | 割合(%) |||
|---|---|---|---|
| | コアゾーン | 開発・保全ゾーン | レクリエーションゾーン |
| バイエリッシャー・ヴァルト | 52.0 | 46.0 | 2.0 |
| ベルヒテスガーデン | 66.6 | 33.4 | |
| シュレスビッヒホルシュタイネス・ヴァッテンメア | 36.0 | 64.0 | |
| ニーダーゼクズィッシェス・ヴァッテンメア | 60.8 | 38.6 | 0.6 |
| ハンブルギシェス・ヴァッテンメア | 91.5 | 8.5 | |
| ヤースムント | 86.6 | 13.4 | |
| ハルツ | 41.1 | 58.5 | 0.4 |
| ゼクズィッシェ・シュヴァイッツ | 37.3 | 57.6 | 5.1 |
| ミューリッツ | 29.0 | 71.0 | |
| フォアポンメルシェ・ボーデンラントシャフト | 17.8 | 82.2 | |
| ウンテレス・オーデルタル | 50.2 | 49.8 | |
| ハイニッヒ | 75.0 | 25.0 | |
| アイフェル | 82.0 | 18.0 | |
| ケラーヴァルト・エーデルゼー | 90.0 | 10.0 | |

公有地面積の割合が最も低いウンテレス・オーデルタル国立公園において公有地の占める割合は21%にとどまっている。

ドイツの国立公園では,わが国と同様にゾーニングを採用しており,3つのゾーンに区分され管理が行われている(表6-4)。コアゾーンは開発や利用が厳しく制限される地域であり,一切の人為が禁じられる。開発・保全ゾーンは自然保護や文化的景観の保全を目的とした行為は許容され,適切な人為を加えながら管理が行われる地域である。また,レクリエーションエリアが設置される地域はレクリエーションゾーンに区分される。

### 6.3.2.2. バイエリッシャー・ヴァルト国立公園

本公園はドイツ南部バイエルン州に位置しており,ドイツで最初に指定された国立公園である。公園はチェコと国境を接する森林地帯に指定されており,公園区域のほとんどが森林に覆われている。バイエルンの森は辺境地域ゆえに開発が遅れ,鬱蒼とした森林が残されている。ヨーロッパで絶滅の危機にあるヤマネコが生息する,この国境地域に広がる森林の一部がバイエリッシャー・ヴァルト国立公園に指定されている。

本公園の指定の発端となったのは,大きな市民運動であった。当時,旧東

6. 比較の中の国立公園　325

図6-20　バイエリッシャー・ヴァルト国立公園に広がる枯死林

　ヨーロッパ諸国から風に乗って流されてくる煤煙によって，旧東側と接していた国境森林地帯では，酸性雨が大きな問題となっていた。この影響によって衰弱したと考えられる立木にキクイムシが大発生したことによって，大量の枯損木が生じ，その伐採をめぐって，激しい反対運動が起こった(図6-20)。国立公園に指定されている地域は当時，州の林業局によって管理されていたが，激しい論争のすえ，ドイツ最初の国立公園として指定され，その後，州環境省の管理となり現在に至っている。
　ドイツにおいて国立公園の管理運営を行うのは各国立公園に設置される国立公園局(Nationalparkverwaltung)である。本公園では公園局長以下200名のスタッフによって管理運営が行われており，管理体制がドイツの国立公園の中でも最も充実しているといわれている。原生自然の復元が本公園の管理目標の中心となっているが，コアゾーンにおいては自然の推移に委ねるという方針のもと，上記の枯損木もそのまま放置されている。一方，開発・保全ゾーンでは，国立公園化の以前から存在する針葉樹人工林において，将来的

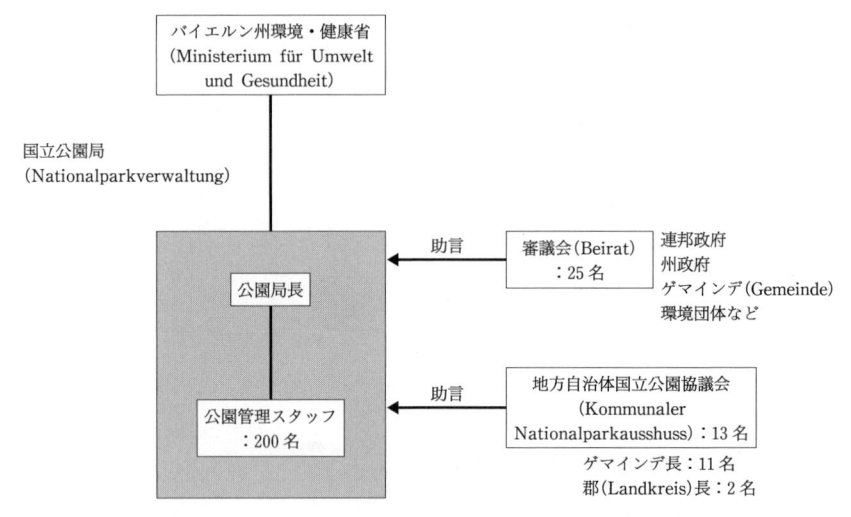

図6-21　バイエリッシャー・ヴァルト国立公園の管理体制

に天然林へと誘導することを目的とした森林施業が行われている。

　本公園は100％が州有地であるため，管理運営は公園局によって行われているが，公園局に対して助言を行うための機関として審議会があり，その構成は州，ゲマインデ，環境団体などの代表25名である。また，関係する市町村(ゲマインデ)が参加できる話し合いの場として，本公園の管理運営について定める州条例(Verordnung über den Nationalpark Bayerischer Wald)にもとづき，関係するゲマインデ[27]が加わる地方自治体国立公園協議会が設置されている(図6-21)。この協議会の役割は，公園局に対して地元ゲマインデの立場から助言や提言を行うことであり，その構成は関係するゲマインデ長11名，郡長2名の13名であるが，公園局長および隣接する自然公園の理事長も会議に同席することとなっている。公園の指定当時はこの協議会は設置されていなかったが，公園管理に対して地元が発言する機会があたえられないことに対する不満から，1997年に設立された。このような組織の設置はドイツ国内でも一定の評価を得たため，他の国立公園でも同じような組織の設置が検討されている。

後述する自然公園とは異なり，国立公園は生態系の保護を中心としながらレクリエーション，環境教育，研究の場として利用されている。自然公園には森林のほか農地も混在する農林地景観が拡がり，集落地域も含まれているのに対して，国立公園は森林地域が主体となり森林生態系の自然遷移プロセスの保護を目的に，人為的な影響を極力排除するよう管理されている。国立公園内の森林にも伐採が入った過去があり，厳密には原生林とはいえないが，将来的には本来の原生林に近い状態に戻すことが管理方針となっている。

### 6.3.3. 自 然 公 園
#### 6.3.3.1. 連邦自然保護法の改正と自然公園

前述の連邦自然保護法27条では，自然公園の定義に関して非常に興味深い規定が見られる。一部抜粋すると，「自然公園は……持続的な環境にやさしい土地利用の実現をめざす。とくに，地域の持続的発展を支援するのにふさわしい」と規定されている。ここに見られる「持続的な環境にやさしい土地利用の実現」，「地域の持続的発展の支援」という規定は，わが国の自然公園の役割としてはなじみが薄い[28]。なぜこのような定義が明記されているのだろうか。

1992年にブラジルのリオデジャネイロで開かれた環境と開発に関する国連会議(地球サミット)では，「持続性」という言葉がキーワードとなり，持続可能な発展のための行動指針としてアジェンダ21が作成された。その中で，次世代のための生活基盤の持続性を保証するために，環境保全と経済的発展・社会的発展とが同等の重要性をもって取り扱われることになった。

これを受けて，2001年11月15日に改正されたドイツ連邦自然保護法において，アジェンダ21の考え方が自然公園の定義にも導入された。それまで自然公園には，保護のための規制手段が制度上ないことに加えて，ツーリズムの振興が目的の中心となっており，自然保護地域としての意義がほとんどない，という批判が存在していた[29]。このような中で，自然公園に課せられた役割が大きく変貌を遂げることになったのである[30]。

つまり，法改正によって持続性の概念を中心に据えて地域づくりを支援す

るためのモデルとして，自然公園は再定義されたのである。自然公園の新たな規定は，一見すると「自然保護を目的として区画された地域」という狭義の保護地域の一般的な定義からは大きく逸脱するようにも見受けられる。しかしながら2001年の法改正によって，自然保護やレクリエーション利用，持続的ツーリズム[31]，環境と調和した土地利用を支援することによって，持続的な地域発展へ寄与するという新たな役割が付与され，自然公園の意義はますます深化した。自然公園は，新たに掲げられた目標の実現に向けて，さらなる発展の途上にあるといえる。

### 6.3.3.2. 自然公園の運営形態

ドイツの自然公園を日本と対比したとき，最も興味深いのがその運営形態である。日本の場合は，国立公園では環境省が，国定公園，都道府県立自然公園では都道府県行政が，その中心となっており，それに地域の様々な組織が協力するという形をとっている。一方，ドイツの自然公園の運営形態は，日本とはかなり異なっている。

ドイツにおける自然公園の連合組織であるドイツ自然公園連合は，2002年に自然公園の運営形態に関する調査報告を出した[32]。それによると，問い合わせに対して回答のあった56公園の運営主体は，社団法人(eingetragener Verein)の形態をとるものが25公園，公共事業などの共同事業の実施を目的として自治体などによって設立される目的連合(Zweckverband)の形態をとるものが10公園，州の管理によるものが13公園，その他が8公園であった。

全体の45％を占める社団法人という形態は，自然公園の趣旨に賛同する者からの会費を徴収し，それをもとに公園の管理運営を行うものである[33]。会員の主たる構成員は，自然公園地域に含まれる自治体である。他に自治体の上位に位置する行政組織である郡のほか，地元観光協会，ウォーキングクラブ，自然保護団体などの地域NGO，民間業者，個人が会員になっている場合が多い。会員数の規模は8から100以上の団体または個人と，公園によって異なる。会員規模別に見ると50以下，50以上100未満，100以上でそれぞれ3分の1ずつを占めている。公園の管理運営に関する諸決定は，通常1年に1，2回程度開催される総会(Mitgliederversammlung)で決議される。

18％を占めている目的連合は，自治体や郡のほか，郡に属さずに自治裁量権を有する特別市(kreisfreie Stadt)が構成員となっている。構成員の規模は2から16であり，民間企業や団体，クラブなどのNGOは法的な制約から構成員となることはできない点が社団法人の場合とは異なる。

州の管理によるもの(13ヵ所)は旧東ドイツに多く，旧西ドイツ側で州による管理が行われているものは，バーデン・ヴュルテンベルク州の1公園のみにすぎない。残り12の公園は旧東側にあるが，ドイツ再統一の際に旧東側の自然保護政策を迅速に進める意図で，公的管理方式が選択されたという経緯がある。ちなみに，本調査で回答のあった旧東側の自然公園は16ヵ所であるから，旧東側の75％が州による管理である。なお，その他の8ヵ所については，ゲマインデ独自の設置によるもの6ヵ所，社団法人としての資格を有しない組織形態によるもの2ヵ所となっている。

自然公園の運営形態は以上のように分類され，旧東ドイツを中心として数多く見られる州による管理形態を除けば，自然公園の管理運営は地域の諸団体が中心となって行われていることがわかる。制度の発展途上にある旧東側を除いて旧西側のみに話を限定すると，1ヵ所を除くすべての公園が地域組織によって管理運営されている。また，旧西側にある自然公園40ヵ所のうち，社団法人による管理運営は22ヵ所であり，全体の55％は社団法人の管理運営である。このように，自然公園では地域の主体によって設立された，社団法人という形態が重要な位置を占めている。

ドイツの自然公園では，日本の自然公園のように国や都道府県といった行政官庁による保護規制を主体とする管理運営システムにはなっていない。地域を主体とした組織体によって管理運営がなされている点が，大きな特徴なのである。

### 6.3.3.3. 自然公園の運営組織

ここでは，ザール・フンスリュック自然公園を例に，運営組織の実態を見てみよう。本公園はドイツ西部ザールラント州の北西部に位置し，隣接するラインラント・プファルツ州との州境をまたいで指定されている。本公園の指定は1980年であり，公園面積は19万5069ヘクタール，そのうちの

52.9％がザールラント州側に指定されている。公園区域内にある自然保護地域，景観保護地域の割合は各々約2,40％となっており，公園区域内の農地，草地の面積率はおよそ55％，森林は35％である。公園全体の居住人口は12万人程度で，ザールラント州側にはそのうちの7万人程度が居住している。

本公園の運営組織は，ザール・フンスリュック自然公園ザールラント協会 (Vereins Naturpark Saar-Hunsrück/Saarland e.V) である。協会規約より，協会の設立目的を見てみる。

ア．本協会は，ザール・フンスリュック自然公園に関心を持つ諸団体と協力して，その公益的な役割を促進するとともに，その概念を支援し普及に努めることを目的とする。これらの目的は，特に以下のことを通して達成されなければならない。
 a) 自然公園およびそのレクリエーション利用に関する計画，対策，整備の拡充に対する助成
 b) 自然公園および自然保護に関するPRの実施
イ．ラインラント・プファルツ側の自然公園を運営するザール・フンスリュック自然公園ラインラント・プファルツ協会との協力体制を築く

以上のように，自然公園の活動に関心のある諸団体との連携および，ラインラント・プファルツ側の自然公園協会との協力体制を築きながら，自然公園の運営を行うことが本協会の目的である。

現在の協会員は，公園区域内の18市町村および4郡の長の合計22名である。協会規約によると，会員には公益目的の諸団体や個人もなることができると規定されているが，今のところ市町村および郡が会員となっているのみである。協会組織は前例同様，理事会，総会，審議会から成り立っている（図6-22）。理事会には，会員から選出された理事長および10名の役員が就任するが，理事長には自然公園地域を管轄する4つの郡の長のうちのひとりが事実上選ばれている。総会は年に1度開催され，公園運営に関わる予算や事業の最終決定が行われる。審議会は理事会に対して助言をあたえたり，協

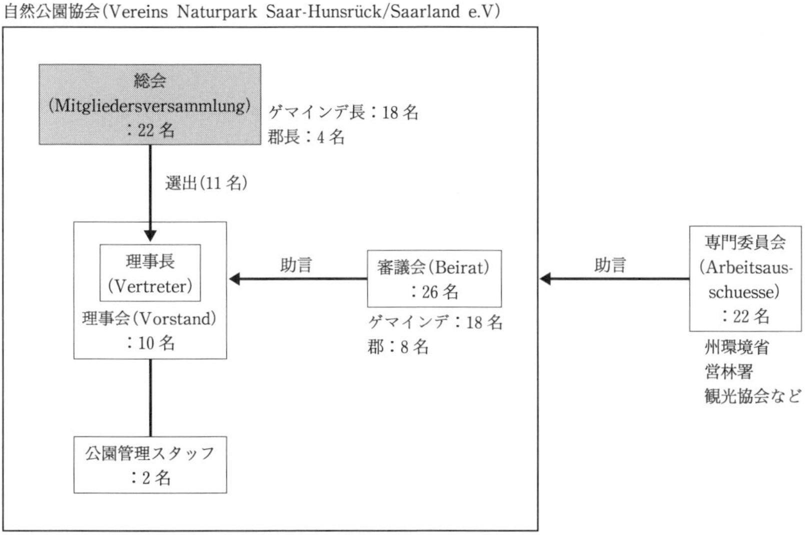

自然公園協会(Vereins Naturpark Saar-Hunsrück/Saarland e.V)

```
総会(Mitgliedersversammlung)：22名
  ゲマインデ長：18名
  郡長：4名
  ↓選出(11名)
理事長(Vertreter)　←助言─　審議会(Beirat)：26名　←助言─　専門委員会(Arbeitsausschuesse)：22名
理事会(Vorstand)：10名　　　ゲマインデ：18名　　　　　州環境省
                              郡：8名                   営林署
                                                        観光協会など
公園管理スタッフ：2名
```

図6-22　ザール・フンスリュック自然公園の管理体制

会の基本方針を示すことを目的として設置される。審議会のメンバーは，各市町村からの代表ひとりずつと各郡から2名ずつの代表の合計26名で構成され，最低年に1回，必要に応じて召集される。

　また，公園の運営について専門的な立場から助言を行うものとして，専門委員会がある。委員は協会員外から選出され，州環境省や営林署，観光協会など，公園の運営に関係する組織から出された22名によって構成されている。

　協会の運営予算は，郡および市町村から人口ひとりあたり0.2ユーロずつ，それぞれの人口に応じて拠出されているほか，州，EUの農村開発補助金を得ている。

### 6.3.3.4. ドイツの自然公園運営の特色

　以上のように，日本とは異なるしくみをもつドイツの自然公園運営の特色について整理したい。まず1点目は，地域主体の組織による公園運営形態である。自然公園は，地域における様々な主体の連合体による社団法人などの

組織によって運営されている。組織の中心となるのは，郡や市町村といった行政体であるが，行政以外の地域 NGO などが会員として加盟することもある。自然公園の運営は地域の役目であり，自然保護地域や景観保護地域の管理が州の自然保護部局の役割とされているのとは対照的である。このような違いは後で述べるように，公園運営が地域のための事業実施を中心として行われている点と密接に関係している。地域による，地域のための公園運営が，ドイツの自然公園の大きな特色である。

2 点目が，市町村連携による広域化とブランド化によるメリット形成である。ドイツの市町村は日本と比べて規模が小さい（第 7 章を参照）。そこで，市町村間の連携を図りながら自然公園を運営する場となるのが，社団法人などの自然公園運営組織である。単一の市町村では困難な事業を，自然公園というまとまりを作って実施していこうとするのが，運営組織の役割である。一体性のある観光地域としてのイメージを形成することによって認知度が増し，観光地域としてのイメージアップにつながる。

3 点目が，事業を中心とした運営形態である。日本の自然公園制度とは異なり，ドイツの自然公園制度自体には保護のための規制手段がない。自然公園内における保護のための規制は，州自然保護部局による自然保護地域，景観保護地域の指定を通して行われている。一方，自然公園を指定する目的は，レクリエーションのための整備や地域資源の有効活用に寄与する事業の立案，実施にある。そして，それを担うのが地域主体の運営組織である。野外レクリエーションを中心とした観光振興のための事業の実施にあたっては，地域の諸主体の発想や協力体制が欠かせない。そこで，公園運営組織がそれを取りまとめ，実施する機能を担っている。また，次で述べるように，地域資源の活用を図るための事業の実施も，地域の観光資源でもある農林業景観の保全を図るためには重要である。自然保護地域，景観保護地域が，規制という直接的ではあるが受動的な自然保護の手段であるのに対し，自然公園は間接的ではあるが能動的な自然保護の手段であるといえる。

4 点目が，自然公園が地域資源の持続的利用の支援を行っていることである。連邦自然保護法 27 条に規定されているように，ドイツの自然公園は持

続的発展による地域づくりを支援するためのモデル地域として位置づけられている。既述のように，従来の自然保護やレクリエーション利用に加えて，環境に配慮した土地利用を通して地域の持続的な発展へ寄与するという役割が自然公園に新たに付け加えられたのである。ドイツは日本と比べて緩やかな地形が多く，国土の改変も進み，その約5割が農地として利用されている。このような事情から，ドイツの自然保護政策においては，農林業によって維持されてきた文化的景観の保全が重要である。国家レベルではないものの地域レベルで重要な農林業景観を保全していくためには，地域が主体となって農林業と観光・レクリエーションをリンクさせる努力が不可欠である。ここに，地域主体による自然公園運営の意義が見出される。

### 6.3.3.5. 自然公園の運営事例[34]

次に，自然公園の運営事例を紹介しよう。まずは，上で取り上げたザール・フンスリュック自然公園である。本公園では，地域農林業の維持とともに，農林業景観の保全をコンセプトとした「自然公園の村」プログラムを実施している。これは，自然公園の主要な景観構成要素ともなっている農林業景観を維持するとともに，それを作り出している農林業の振興をめざして1995年から実施されている事業である。地域における農林産物の新たな販路を開拓することによって農林業を活性化させると同時に，農林業を通した地域文化景観の維持も意図したものである(図6-23)。このプログラムによって，木質バイオマスのエネルギー利用や菜種油を使ったエタノール生産が行われており，地域エネルギーの活用による新たな市場開拓とともに，林地景観，農地景観の維持にも貢献している。またこのプログラムから発展して，バイオマスのほか風力，水力，太陽エネルギーなど地域の自然エネルギーの有効活用による地域発展をめざした「農村のエネルギーミックス」という事業も展開している。この事業も自然公園区域内を対象としており，公園協会がイニシアティブをとりながら様々な主体の協力を得て進められている。

バイエルン州東部，チェコとの国境に接してバイエリッシャー・ヴァルト自然公園が指定されている。チェコと国境を接する森林地域の一部はバイエリッシャー・ヴァルト国立公園に指定されており，国立公園を囲むように自

図 6-23　利用を通して保全されるブナ林の景観

然公園が指定されている。国立公園は森林地域を主体に指定されており，森林生態系の遷移を保護することを目的として，人為的な影響を極力排除することが管理方針となっているが，自然公園の方は森林のほか農地も混在する農林業地域が主体である。公園面積は 28 万 3200 ヘクタールであり，公園内における自然保護地域の面積は約 2％，景観保護地域は 65％となっている。また，公園区域内の森林面積の割合は約 50％，公園内に居住する人口は約 29 万人である。本自然公園の運営主体は，バイエリッシャー・ヴァルト自然公園協会(Vereins Naturpark Bayerischer Wald e.V.)である。本公園の管理事務所を兼ねるインフォメーションセンターは，来訪者に対して自然公園に関する様々な情報を提供する機能はもちろんのこと，木質ペレットによる暖房や太陽電池パネルを積極的に導入し，施設のエネルギー供給の大半をまかなっているほか，地域の自然エネルギー利用を来訪者が身近に体験できるように解説パネルなどを展示している(図 6-24)。木質エネルギー原料は，公園地域内にあるペレット工場から供給され，地域経済にも一役買っている。公

図 6-24　自然エネルギーおよび地域産材を活用したインフォメーションセンター

　園内にはこれ以外にも 13 カ所の情報提供施設が設置され，公園来訪者に公園に関する様々な情報を提供する拠点となっているほか，25 カ所の自然観察路が整備されている。
　フランケンヴァルト自然公園はバイエルン州北部，チューリンゲン州との界に位置する。公園面積は 10 万 2250 ヘクタールであり，公園内における自然保護地域の割合は 0.8％，景観保護地域は 50.2％ となっている。森林率は 52％ であり，約 13 万人が公園内に居住する。本自然公園の運営組織は，フランケンヴァルト自然公園協会(Vereins Naturpark Frankenwald e.V.)である。本公園では，持続的ツーリズムのためのビジョン策定を行っている(図 6-25)。これは，ヨーロッパ保護地域連合(Europarc)によって進められている「保護地域における持続的ツーリズム憲章」[35]によるモデル地域のひとつとして選定されたものであり，地域の自然，社会，経済の均衡ある持続的発展というコンセプトにもとづいて，とくに観光の側面からのアプローチを具体的に推進していくための取り組みである。このプログラムは 2002 年から開始され，

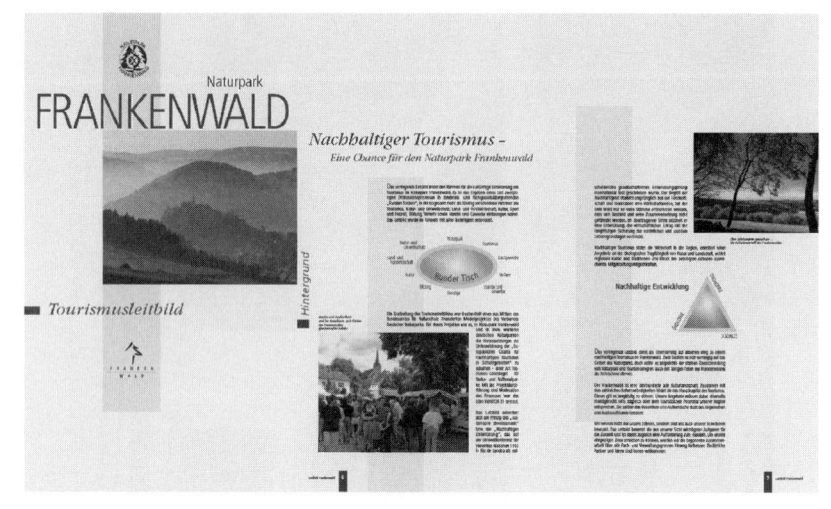

図 6-25　持続的ツーリズムビジョン

2007年まで5年間にわたって実施されたものであり，ヨーロッパの保護地域における持続的なツーリズム実現のためのパイロット事業として位置づけられている．本事業の実施にあたっては，農林業，飲食業，宿泊業，運輸業など自然公園地域内の様々な主体の協力が不可欠であった．ここでは「自然公園」という範囲で地域的なまとまりが作られたとともに，公園協会が事業推進の母体として重要な役割を果たしている．

6.3.4. おわりに

　古くから開発が進むドイツでは，原生的自然の多くがすでに失われてしまっており，その維持・復元が重要課題である．一方，農林業によって生み出された美しい農村景観は文化的景観としての価値を有するとともに，観光，レクリエーションの場として人々が楽しむための空間となっている．このように，性格のまったく異なる2つの自然環境を保全するために，ドイツでは国立公園と自然公園という異なる公園制度を活用した自然保護を行っているが，役割の異なる公園制度を活用しながら自然保護を行っている事例は，本

書でも紹介しているイタリア，フランスのほか，オーストリア，スペインなどでも見ることができる。

## 6.4. フランスの地域自然公園(PNR)制度

### 6.4.1. フランス PNR[36] とは

フランスの PNR (Parc Naturel Régional) 制度は，そのゾーニング(圏域設定)および計画の手法，これに参画するステークホルダーおよび管理運営主体の多様性，国・地方自治体との関係などにおいて，示唆に富む仕掛けをもっている。2008年2月現在，21の州，68の県，300万人が暮らす3706のコミューン[37]，フランス国土の13%にあたる700万ヘクタール(ギアナとマルチニーク島を含む)をカバーする45のPNRがある(表6-5, 図6-26)。これらは，観光客の受け入れ，歴史的遺産および景観の保全につとめる一方で，住民の生活に直結する地域の持続的発展のツールとして機能している。これら「公園」というひとくくりの圏域は，日本における公園のイメージとはまったく異なり，意志をもつ主体として存在する。つまり，公園そのものが財源をもつ，国と対等な関係で計画のための協定(憲章)を結び，主体的に運営される持続的地域なのである。圏域の中で，多くの所有者と利用者を含みつつ，管理主体および運営目的を明確としたゾーニングのあり方である。

国立公園や自然保護地域など他の保護区域と比べた場合，PNRの決定的な独自性は，決められたルールの中で保護管理が実施されるのではなく，開発と保護の目的間で調整が行われること，コミューン，州，県および国を含むすべてのパートナーの自発性において，憲章の契約(協定)という手法で活動が遂行されることである。そのキーワードは，圏域(territoire)[38]，企画(projet)，契約(contrat)で示される。

### 6.4.2. 歴史的背景

フランスにおける国立公園の設置は1960年で，アメリカ(1872年)，スウェーデン(1909年)，スイス(1914年)などと比べ欧米でも遅い方であった。

表 6-5 フランス地域自然公園 45 カ所の組織概要

| | 地域自然公園 | 管理組織 | 州 | 県 (県番号) | コミューン数 | 面積 | 1999年人口 | 創設・改訂年ほか |
|---|---|---|---|---|---|---|---|---|
| 1 | アルピーユ | S.M. | プロヴァンス・アルプ・コート・ダジュール | ブーシュ・デュ・ローヌ 13 | 16 | 51,000 | 42,000 | 2007/2/1 |
| 2 | アルモリック | S.M.O. | ブルターニュ | フィニステール 29 | 39 | 112,000 | 55,670 | 1969/9/30<br>1997/9/10 改訂 |
| 3 | アヴェノワ | S.M.O. | ノール・パ・ド・カレ | ノール 59 | 129 | 125,000 | 131,000 | 1998/3/13 |
| 4 | バロン・デ・ヴォージュ | S.M.O. élargi | アルザス フランシュ・コンテ ロレーヌ | オー・ラン 68 テリトワール・ド・ベルフォール 90 オート・ソーヌ 70 ヴォージュ 88 | 203 | 291,500 | 253,500 | 1989/6/5<br>1998/6/5 改訂 |
| 5 | ブークル・ド・ラ・セーヌ・ノルマンド | S.M.O.* | オート・ノルマンディ | ウール 27 セーヌ・マリティーム 76 | 72 | 81,000 | 58,000 | 1974/5/17<br>1994/6/13 改訂<br>2001/4/14 改訂 |
| 6 | ブレンヌ | S.M.O. | サントル | アンドル 36 | 46 | 166,000 | 30,000 | 1989/12/22<br>1998/9/9 改訂 |
| 7 | ブリエール | S.M.O. | ペイ・ド・ラ・ロワール | ロワール・アトランティック 44 | 18 | 49,000 | 75,000 | 1970/10/16<br>1992/7/17 改訂<br>2001/6/6 改訂 |
| 8 | カマルグ | S.M.O. | プロヴァンス・アルプ・コート・ダジュール | ブーシュ・デュ・ローヌ 13 | 2 | 86,500 | 8,000 | 1970/9/25<br>1998/2/18 改訂 |
| 9 | カップ・マレ・ド・パール | S.M.O.* élargi | ノール・パ・ド・カレ | パ・ド・カレ 62 | 152 | 132,000 | 186,500 | 1986/2/11<br>2000/3/24 改訂 |
| 10 | コース・ド・ケルシー | S.M.O.* | ミディ・ピレネー | ロット 46 | 97 | 175,000 | 25,000 | 1999/10/1 |
| 11 | シャルトルーズ | S.M.O. | ローヌ・アルプ | イゼール 38 サヴォワ 73 | 52 | 69,000 | 35,000 | 1995/5/6 |
| 12 | コルス | S.M.O.* | コルス | コルス・デュ・スュッド 20 オート・コルス 20 | 143 | 375,000 | 26,000 | 1972/5/12<br>1999/6/9 改訂 |
| 13 | フォレ・ドリアン | S.M.O. | シャンパニュー・アルデンヌ | オーブ 10 | 50 | 71,500 | 20,000 | 1970/10/16<br>1997/3/26 改訂 |
| 14 | ガティネ・フランセ | S.M.O. | イル・ド・フランス | エソンヌ 91 セーヌ・マルヌ 77 | 57 | 63,500 | 70,000 | 1999/5/4 |
| 15 | グラン・コース | S.M.O.* élargi | ミディ・ピレネー | アヴェロン 12 | 94 | 316,000 | 63,500 | 1995/5/6 |
| 16 | オート・ジュラ | S.M.O.* | フランシュ・コンテ ローヌ・アルプ | ジュラ 39, ドゥー 25, アイン 01 | 105 | 164,000 | 70,000 | 1986/4/12<br>1998/8/17 改訂 |
| 17 | オー・ラングドック | S.M.O. | ラングドック・ルシオン ミディ・ピレネー | エロー 34 タルヌ 81 | 93 | 260,500 | 82,000 | 1973/10/22<br>1999/7/13 改訂 |

6. 比較の中の国立公園　339

| | | | | | | | |
|---|---|---|---|---|---|---|---|
| 18 | オート・ヴァレイ・ド・シェヴリューズ | S.M.O. | イル・ド・フランス | イヴリーヌ 78 | 21 | 24,500 | 46,500 | 1985/12/11<br>1999/1/19 改訂 |
| 19 | ランド・ド・ガスコーニュ | S.M.O. | アキテーヌ | ジロンド 33<br>ランド 40 | 41 | 303,000 | 55,000 | 1970/10/16<br>1994/6/29 改訂<br>2000/7/17 改訂 |
| 20 | リヴラドワ・フォレ | S. M. O. | オーヴェルニュ | ピュイ・ド・ドーム 63<br>オート・ロワール 43 | 170 | 310,000 | 98,000 | 1986/2/4<br>1998/6/24 改訂 |
| 21 | ロワール・アンジュ・トゥレーヌ | S.M.O.* | サントル ペイ・ド・ラ・ロワール | アンドル・エ・ロワール 37<br>メーヌ・エ・ロワール 49 | 136 | 253,000 | 177,000 | 1996/5/30 |
| 22 | ロレーヌ | S.M.O. élargi | ロレーヌ | ムーズ 55, モゼル 57<br>ムルト・エ・モーゼル 54 | 188 | 219,500 | 72,090 | 1974/5/17<br>1994/6/28 改訂<br>2003/1/31 改訂 |
| 23 | リュベロン | S.M.O. | プロヴァンス・アルプ・コート・ダジュール | アルプ・ド・オート・プロヴァンス 04<br>ヴォークリューズ 84 | 71 | 165,000 | 148,000 | 1977/1/31<br>1997/5/28 改訂 |
| 24 | マレ・デュ・コタンタン・エ・デュ・ベサン | S.M.O. | バス・ノルマンディ | マンシュ 50<br>カルヴァドス 14 | 144 | 145,000 | 64,500 | 1991/5/14<br>1998/3/31 改訂 |
| 25 | マッシフ・ド・ボージュ | S.M.O.* | ローヌ・アルプ | サヴォワ 73<br>オート・サヴォワ 74 | 58 | 81,000 | 52,500 | 1995/12/7 |
| 26 | ミルヴァシュ・アン・リムーザン | S.M.O. | リムーザン | コレーズ 19,<br>クルーズ 23<br>オート・ヴィエンヌ 87 | 113 | 300,000 | 38,000 | 2004/5/18 |
| 27 | モンターニュ・ド・ランス | S.M.O. | シャンパニュー・アルデンヌ | マルヌ 51 | 69 | 50,000 | 35,000 | 1976/9/28<br>1997/4/14 改訂 |
| 28 | モン・ダルデッシュ | S.M.O. élargi | ローヌ・アルプ | アルデーシュ 07 | 132 | 180,000 | 56,000 | 2001/4/9 |
| 29 | モルヴァン | S.M.O. | ブルゴーニュ | コート・ドール 21<br>ニエーヴル 58<br>ヨンヌ 89<br>ソーヌ・エ・ロワール 71 | 94 | 226,000 | 33,000 | 1970/10/16<br>1979/1/17 改訂<br>1997/4/28 改訂 |
| 30 | ナルボネーズ・アン・メディテラネ | S.M.O. élargi | ラングドック・ルシオン | オード 11 | 20 | 80,000 | 28,000 | 2003/12/18 |
| 31 | ノルマンディー＝メーヌ | S.M.O. | バス・ノルマンディ ペイ・ド・ラ・ロワール | マンシュ 50<br>マイエンヌ 53,<br>オルヌ 61<br>サルト 72 | 150 | 234,000 | 85,500 | 1975/10/23<br>1996/5/23 改訂 |
| 32 | オワーズ・ペイ・ド・フランス | S.M.O. | ピカルディ イル・ド・フランス | オワーズ 60<br>ヴァル・ドワーズ 95 | 59 | 60,000 | 110,000 | 2004/1/15 |

| | | | | | | | | |
|---|---|---|---|---|---|---|---|---|
| 33 | ペルシュ | S.M.O. | バス・ノルマンディ サントル | オルヌ61 ウール・エ・ロワール28 | 118 | 182,000 | 74,000 | 1998/1/16 |
| 34 | ペリゴール・リムーザン | S.M.O. | アキテーヌ リムーザン | ドルドーニュ24 オート・ヴィエンヌ87 | 78 | 180,000 | 50,000 | 1998/3/9 |
| 35 | ピラ | S.M.O. | ローヌ・アルプ | ロワール42 ローヌ69 | 47 | 70,000 | 48,000 | 1974/5/17 1991/12/24 改訂 2001/2/6 改訂 |
| 36 | ピレネー・カタラーヌ | S.M.O.* élargi | ラングドック・ルシオン | ピレネーゾリエンタル66 | 64 | 137,100 | 21,000 | 2004/3/5 |
| 37 | ケラ | S.M.O. | プロヴァンス・アルプ・コート・ダジュール | オートザルプ05 | 11 | 60,000 | 3,000 | 1977/1/31 1997/4/14 改訂 |
| 38 | スカルプ・エスコ | S.M.O. | ノルド・パ・ド・カレ | ノール59 | 48 | 45,000 | 162,000 | 1968/9/13 1986/2/11 改訂 1998/4/17 改訂 |
| 39 | ヴェルコール | S.M.O. | ローヌ・アルプ | ドローム26 イゼール38 | 68 | 178,000 | 30,500 | 1970/10/16 1992/7/17 改訂 1997/9/9 改訂 |
| 40 | ヴェルドン | S.M.O.* | プロヴァンス・アルプ・コート・ダジュール | アルプ・ド・オート・プロヴァンス04 ヴァール83 | 45 | 180,000 | 22,000 | 1997/3/3 |
| 41 | ヴェクサン=フランセ | S.M.O. | イル・ド・フランス | ヴァル・ドワーズ95 イヴリーヌ78 | 94 | 65,500 | 79,000 | 1995/5/9 |
| 42 | ヴォルカン・ドーヴェルニュ | S.M.O. | オーヴェルニュ | カンタル15 ピュイ・ド・ドーム63 | 153 | 395,000 | 88,000 | 1977/10/25 1993/3/24 改訂 2000/12/6 改訂 |
| 43 | ヴォージュ・ド・ノール | S.M.O.* | アルザス ロレーヌ | バス・ライン67 モゼール57 | 111 | 130,000 | 83,000 | 1976/2/14 1994/6/28 改訂 2001/7/9 改訂 |
| 44 | ギアナ | S.M.O. | ギアナ | ギアナ97-3 | 3 | 224,700 | 8,106 | 2001/3/26 |
| 45 | マルチニック | S.M.O. | マルチニック | マルチニック97-2 | 32 | 63,000 | 100,000 | 1976/9/10 1997/3/14 改訂 |
| | | | 計 | | 3,706 | 7,129,800 | 3,098,866 | |

出典：フランス地域自然公園連盟資料より。
注1：S.M.O.：諸地域団体のオープンな混合組合。コミューン，県，州と EPCI：広域行政組織による公園(アスタリスクの付いているものはいずれかの EPCI を持つ)。
注2：S. M. O. élagi：拡大した S.M.O.。コミューン，州，県，EPCI(＊印による公園)公施設法人，領事会議所 Chambres consulaires(訳注：手工業者，農業会議所，商工業会議所などを指す総称)など。
注3：No.8 のカマルグ，11 のシャルトルーズ，15 のグラン・コース，25 のマッシフ・ド・ボージュ，29 のモルヴァン，34 のペリゴール・リムーザン，39 のヴェルコールは，森林憲章も作成している。

6. 比較の中の国立公園　341

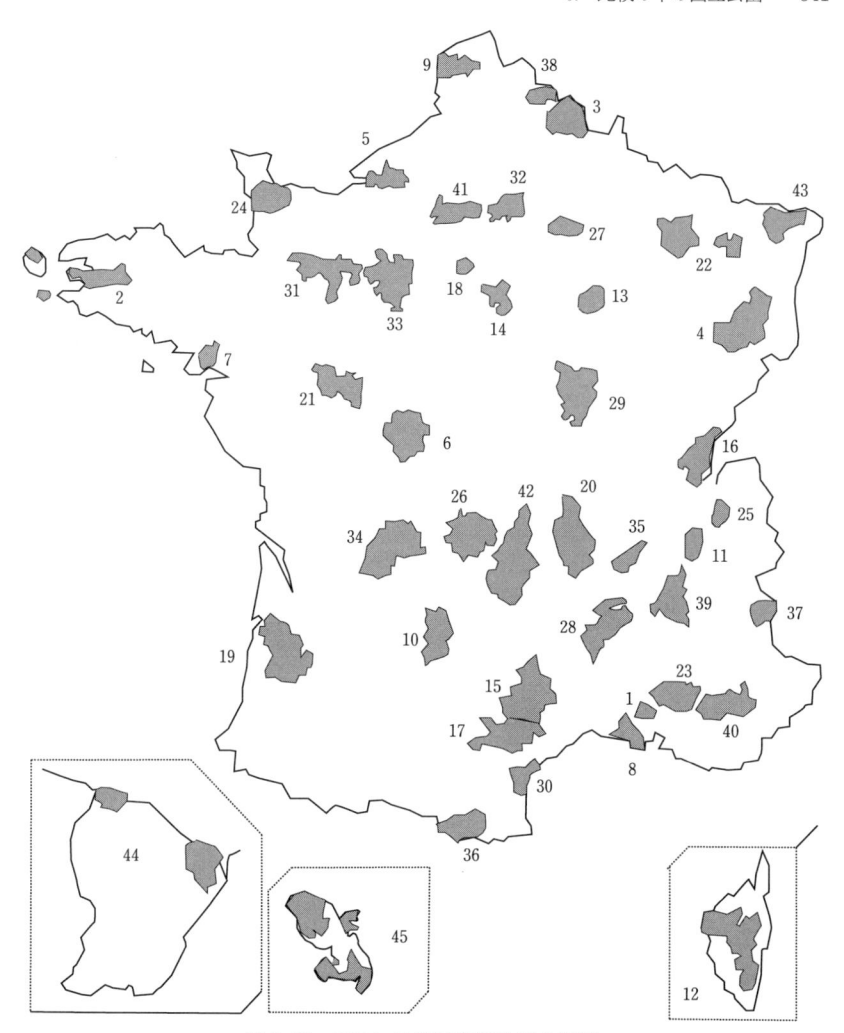

図 6-26　フランス地域自然公園の位置
注：番号は表 6-5 に対応する

社会文化や経済活動の中で二次的自然や景観が存在するフランスでは、アメリカのように広大な原生的自然を対象とする「国立公園」制度は馴染みやすいものではなかった。そのため、国立公園の設置は少なく、現在も海外領土を含め9カ所しかない[39]。国立公園に代わるフランスらしい制度ということで考え出されたのがこのPNRである。

フランスのPNR制度は、創設45年と比較的新しいものであるが、その背景には、建国以来の中央集権と地方分権とのせめぎ合いの歴史がある。元来、言語や習慣にもまったく固有の伝統をもつ諸地域がひとつの国家を作り上げていく中で、フランスは強力な中央集権を必要とした。しかし同時に、異質な諸地域が集まった中央集権国家は、中央と地方との間に様々な格差を伴いつつ社会不安の要素を抱え込むことになる。

杉本定夫氏訳のJ. P. Reqvillart著『地方公園の誕生』によれば、「地方公園(原文ママ)」の考えが生まれたのは、1963年の「水資源森林庁(Direction Général des Eaus et Forêts, 原文ママ)」の自然保護国立公園部においてであった。エドガール・ピザニー農務大臣はこの提案を受け、1964年に先進事例である西ドイツのベルリン自然公園へ調査団を派遣し、ドイツの自然公園制度から多くを学んだ、とある。報告で地方自然公園(原文ママ)についての3つの大原則として「地域に応じた柔軟な保護」、「観光教養利用」、「地方の参加」が提起され、国立公園とは趣旨の異なるPNRのあり方が検討されている[40]。

PNRの制度が生まれた1960年代は、戦後の経済成長の中で中央と地方との格差が拡大し、地方経済の疲弊、田園景観の破壊などが目に見えて深刻化し、若者を中心に中央集権の否定、平和運動、エコロジー主義、フェミニズム、第3世界との連帯などが謳われた時期でもあった。1968年3月、リヨンにおいてド・ゴール大統領は「フランスの統一に必要であった中央集権への努力はもう必要なく、今後は、経済的な原動力として地域的な諸活動が必要である」と述べ、地方分権の必要性を訴えた。しかし、1969年にド・ゴール大統領による地方分権に関する国民投票は反対53%で否決され、地方分権への本格的歩みは、その後、地方分権法が発布され(1982年)、国土整備計画と密接に関連しながら急展開する1980年代まで待たねばならない。

80年代の一連の改革によって，中央政府の地方に対する事前後見監督制度は廃止され，州も公選の議会議員と議長を備える地方自治体となった。このような中で，PNR制度はいわば地方分権に先立つ形でスタートし，その後，重要なアクターとなって頻繁に登場するのである。

### 6.4.3. 使命・活動と指定基準

フランスPNRはその使命として，環境に配慮しつつ経済，社会，文化の整備・発展の革新的政策を実施する一方で，その圏域にある自然・文化および人的遺産を保護・活用することを掲げる。

具体的な活動としては，①自然資源と景観の保護および管理，②文化的遺産の価値付けと活性化，③経済的社会的活動の支援および増進，④観光客受け入れ，世論の喚起，情報提供，の4点があげられる。①については，学術研究の支援，動植物，景観の保護・管理手段の実行，都市化の制御，景観における構造物の侵入に対するコミューンへの助言，EUのNatura 2000[41]など保護政策の実施も含まれる。②については，博物館や公共空間，常設展示会などを通じて地域住民の伝統，生活様式などに光をあてること，祭りや音楽・演劇などで地域振興を図ること，さらに地域文化の担い手の支援などが挙げられる。③については，持続的農業，観光，CSR(Corporate Social Responsibility：企業の社会的責任)への関与とともに，2001年から導入された森林憲章(Charte Forestière de Territoire)に関わって，公有林と私有林の連携なども視野に入れられている。さらに，④については，公園事務所や情報センターなどを通した情報発信，野外活動および教育への支援などがあげられる。

公園指定を受ける基準として，地域遺産の質と関連する圏域の脆弱さ，そこで取り組まれている地域プロジェクトの質，プロジェクトを主導する管理主体の能力，プロジェクトを遂行する団体と利害集団の決意が備わっていることが挙げられる。

### 6.4.4. 公園創設の手続および指定更新

PNRの創設に際しては，州議会がこれを発議する。州議会，県議会，地

図 6-27 シャトラール村の朝。
フランス・ボージュ山塊 PNR。

図 6-28 絵本に出てくるような村役場兼ツーリストオフィス。
フランス・ボージュ山塊 PNR。

方団体およびすべてのステークホルダーを巻き込み，多くの議論を重ねたうえで地域のために描き出される開発と保護計画が練り上げられ，形成された最終的な合意は，協定という形で公園憲章として具体化される。憲章は，公園圏域内の保護，改良，開発のための目的と手段を設定し，多様な当事者によって達成される諸活動間の調整を支援する。

　すべてのステークホルダーが憲章に合意した後，州は環境省に対しPNRの指定申請を行い，環境省，PNR連盟，その他の関連大臣がこれを認可した後，公園は首相によって最長12年間の指定を受ける。指定の更新に関しては，10–12年間になされた公園の諸活動および地域振興に対する評価にもとづいて公園運営組織が改訂手続きを行い，次の新しいプロジェクトが検討される。新規の際と同様に，すべてのステークホルダーと州がこれに合意した後，環境大臣によって更新が認可される。地域内で合意に達することができずに指定を取り消された例（PNRマレ・ポワトヴァン：1996年に指定解除）もある。

## 6.4.5. ゾーニング（圏域設定）

　PNRの圏域は，その州にとって際立った自然と景観を代表するものであり，その利益は全国的レベルで認められるものである。その境界線は，所与の行政区分や機械的な線引きなどではなく，公園に関与するすべての利害関係者の間で協議され，最終的には，公園憲章を積極的に支持するコミューンの住民によって決定される。コミューンは，PNRの指定を受けるか否かを，具体的には公園憲章を認めるか否かで，自発的かつ個別的に決定することができる。

　従って，そのゾーニングは特定の行政区分に従うものではなく，ケース・バイ・ケースで，いくつかのコミューン，コミューン間広域行政組織，カントン，県もしくは州とオーバーラップすることもありうる。こうして設定されたひとまとまりの圏域＝PNRは，地域の際立った遺産を中核とし，地域の持続的発展のビジョンと強烈なアイデンティティをもつ，主体的地域である。

PNRは，最も小さなものは，イル・ド・フランスにあるオート・ヴァレイ・ド・シェヴリューズで，2万4500ヘクタールの面積に21のコミューンが含まれる。最も大きなものは，オーベルニュにあるヴォルカン・ドーヴェルニュで，39万5000ヘクタールの面積に153のコミューンが含まれる。ひとつのPNR内に含まれるコミューンの数は，平均すると約80である。

### 6.4.6. 国土整備における位置づけ

フランスにおける国土整備(aménagement du territoire)は，事業計画と費用負担に関して，国と地方が協議のうえ契約を結び，協力して計画を遂行する計画契約制度(Contrat de Plan)[42]という独自のしくみをもつ。これは，歴史・文化のうえでも極めて異質のものを含むフランスという国家が，中央政府から離れた地方と連携体制を構築しつつ国土整備を行っていくために採用されたツールで，フランス人が社会生活のうえで日常的・伝統的に馴染んできた「契約」による国づくりとでも呼ぶことができるだろう。

契約にもとづく国土整備の手法としてまずあげられるのが，国・州間計画契約制度(contrat de plan État-région)である。地方分権改革の柱として1983年に導入された当制度は，国と州が域内の全体的戦略や財政負担について契約するものである。国と地域の関係者が協力し合うことで，EUの資金も得ることができる。州の域内全体に対する契約であるため，戦略的対策を最も必要とする小規模コミューンをも組み込むことができる[43]。PNRは，憲章にもとづく地域計画の遂行という点で，この国・州間計画契約に先立って制度設計上のアイデアを提供したともいえる。

現在，フランスの地方自治の構造は，最小単位であるコミューン(commune，約3万7000)，県(département，本土69，海外県4)，州(région[44]，本土22，海外4)の3層をベースとする。1990年代後半から2000年にかけて，国土整備に関する重要な法律が立て続けに出され，そのなかで，都市圏(agglomération)とペイ(pays)[45]という地域単位が，PNRに加えて，国・州間計画契約を結びうる主体として設定された。

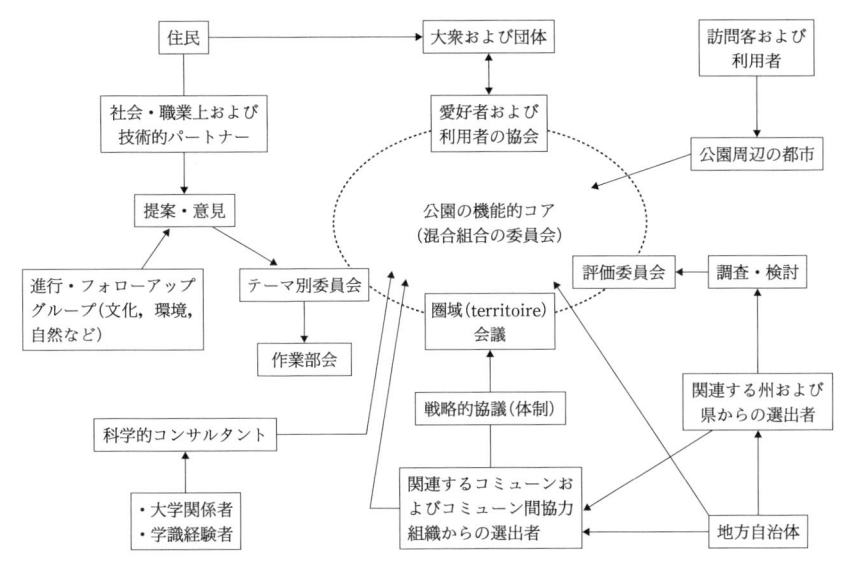

図6-29 公園の機能における参加のシステム
出典：フランス地域自然公園連盟資料(2005年2月)(山本訳)

## 6.4.7. PNRの組織と運営

　PNRの運営主体となるのは，異なるレベルの地方自治体(コミューン，県，州)および他の公法人(広域行政組織，商工会議所，農業会議所など)の間で，性格の異なるメンバーによって構成される混合組合(syndicat mixte)である。混合組合は，法律上は，特定の公役務の遂行のために設立される公法人である公施設法人(établissement public)[46]で，構成員の中に地方団体または広域行政組織が少なくともひとつは含まれなければならない。混合組合は，委員会や協議会を設けて，地域のステークホルダーを広範囲に招集し意見交換の場を作り，それを公園運営に結びつけていく。つまりこの混合組合の力量が地域運営に大きく関わってくるともいえる(図6-29)。

　PNRは，独自の運営予算と，地方当局の会計規則に準ずる予算とをもつ。運営予算は，運営組織の構成員によって提供され，環境大臣からの補塡によって充足される。PNRが実施するプログラムについては，地方当局，関

連省庁(主に環境省,農務省,文化庁など)によって,ときにはEUプログラムの枠の中で,様々な比率で相互に財政的補助がなされる。PNRは,国・州間計画契約におけるプログラムの実施にあたり,その公園憲章にもとづいて,国と州から財政上の対策を得ることができる。

　PNRの広範囲の運営資金は,2006年には平均230万ユーロ(州が48%,県,コミューン,コミューン間広域行政組織EPCI[47]などの地方団体が32%,国(主に環境省)が12%,EUの貸付金が5%,自前の財源および経済活動によるものが3%)である。

　参考までに,PNRの経済的指標について,1986年のINSEE(フランス統計経済研究所)による環境勘定についての研究が,興味深い指摘をしている。①地方自然公園(原文ママ)は経済的指標によって,依然として農業重視で人口減少という特徴があるもの,労働者雇用によって主に特徴づけられるもの,国立公園のような「観光的」なもの,の3つに区分できる,②国・州・県による補助金のほか,財源として公園が得る財・サービスの販売収入については,地方自治体もしくは団体が獲得するが,一般に,優れた観光資源をもつ地域に位置する公園は,営利活動の恩恵に浴している,また,雇用のための支払が運営支出の中で大きな比重を占めている,③粗貯蓄や借入金に関して,公園によって大きな差がある。粗貯蓄がマイナスで財源を投資に回せない公園もあれば,反対に粗貯蓄や借入金が重要な資金調達の源泉である公園もある。総じて,PNRの経済状況はそれぞれ様々であるが,そのほとんどは赤字経営ではなく,元来経営上の「儲け」を意図したものではなくても,現実的にはかなり黒字となっているものもある,などの分析がなされている。

## 6.4.8. 全国組織の概要

　45のPNRは,その全国組織としてPNR連盟を組織する。連盟総会は,年1回招集され,連盟の方針について議論し,目標を定める。総会において次の3つの集会がもたれる。すなわち,①すでに指定された45のPNRの代表者会議,②2006年現在,18の州代表者会議,③開発,土地所有者,土地管理者,自然および文化遺産,観光業,野外活動からのそれぞれ全国代表者会議,である。運営委員会は,総会の各団体を代表するメンバーが集まっ

て年2回行われ，そこで連盟議長を選出し，事務局メンバーを指名し，様々な委員会が設けられる。運営委員会によって指名された24名のメンバーが事務局として組織される。

連盟の目的として以下のものがあげられる。国家およびIUCN(International Union for Conservation of Nature：国際自然保護連合)，ヨーロッパ保護地域連合(Europarc)，ユネスコのMAB(Man and Biosphere)ネットワークなどの国際的なオーソリティに対してPNRの集団的関心事の表明，フランスの地方の利益となるように政策の明確化と遂行に参加する。フランスおよび海外におけるPNRの理念と活動を表明する，公園間の情報交換を確かにし，経験の共有を手助けし，フランスおよび諸外国の保護地域との交流を発展させる。特に公園創設と手続の改訂時に，公園の管理と研究を託されている組織を支援する。指定もしくは指定更新についての意見を述べる。さらには，PNRのブランドマークを監視し保護する。PNRのブランドマークは，中央政府によって使用権限が許可される団体商標で，各々の公園はこのマークを使用することで，経済的利益を得るとともに自らの地域イメージのブランド化および質的向上に努め，地域の観光などの社会的経済的発展をも促進させていく。地域の努力が払われずに地域自然公園の質的な低下が見られた場合には，このブランドマークの証書は取り消される。

連盟の活動予算は，2007年に300万ユーロに達した。26％が構成員(PNR，州，全国的組織のパートナーからの会費)，35％が国(協定の枠内で，環境省，国土開発整備・地域振興庁[48]，農務省，観光省，文化省などからの補助金)，9％がEU補助金(EUプログラムであるLEADER[49]，EQUAL[50]など)，12％が他の公共機関，3％が民間組織(預金供託銀行，ADEME[51]など)，11％がその他金融機関，4％が独自の資金源(出版物収入，様々な活動およびサービスなど)による。

### 6.4.9. 森林憲章──森林政策への制度上の応用

2001年改正森林法典に謳われたフランスの森林憲章(Charte Forestière de Territoire)は，PNRの制度から多くのアイデアを取り入れた形となっている。従来，中央集権的であった森林政策において，森林所有者と関係主体を広く

含むボトムアップ型の合意形成手法をとり，地域社会にとって何が必要とされ，そもそも地域とはどの圏域(territoire)かという判断と選択を地域の主体的取り組みに委ねるしくみである。森林憲章の推進主体として目立つのが，コミューンを構成要素とした様々なコミューン間広域行政組織 EPCI と，先述したペイ，ならびに PNR である。活動の地理的範囲と推進主体が同じであれば，森林憲章を地域戦略として進めるうえでやりやすいということを示している。

2008年現在，76の森林憲章のうち少なくとも11事例が，PNR をその圏域・推進主体としている。森林憲章は，PNR の側から見れば，全体目標としての公園憲章の森林部分を補強する位置づけともなりうる。放棄農地への森林の侵入および私有林の施業放棄への対応，零細林の団地化，GIS の整備，製材工場の合理化，Natura 2000 への対応，狩猟計画，レクリエーション対応など，地域森林管理をめぐって従来型の縦割り部局対応では処理できない案件が増えており，これが森林憲章作成の社会的動機ともなっている。関係主体を同じテーブルにつかせ，地域の問題群を洗い出し，議論を経て調整を図ることが求められた際，PNR がこれまで培ってきた地域情報，人的ネットワークやノウハウを活用することができる。また，全国組織との連携が必要な場面や，EU の Natura 2000 については，特定の立場から中立的である PNR が窓口となることで関係者との利害調整が図りやすいなどの利点がある。PNR と森林憲章，両者の動向は，フランスの地域森林管理制度を見る際のよい窓口ともいえる[52]。

〈注〉
1) James Silvert, *The Origins of Nature Conservation in Italy* (Peter Lang, 2000) pp. 17-164；温井亨「ガラッソ法とイタリアの風景保全」造園雑誌56巻5号(1993年) 79-84頁。
2) ただし，アブルッツォは1922年に民間のイニシアティブで国立公園が設立されていた。
3) Silvert, supra note 1, pp. 199-214.
4) Ibid., pp. 217-228.

5) Ibid., pp. 235-249.
6) IUCN, Protected Area of the World: A review of national systems (1992).
7) 辻保人・森田康夫・山田直也・鈴木学「景観・環境形成のための国土計画のあり方に関する研究――欧州(独・英・仏・伊)の国土計画・土地利用規則と風景保全」(建設省建設政策研究センター，2000 年) 83-84 頁。
8) Silvert, supra note 1, pp. 251-259.
9) 源氏田尚子「欧州の地域制国立公園の管理運営体制について」国立公園 668 号 (2008 年) 17-19 頁。
10) イタリアの基礎自治体。日本の市町村にあたる。
11) 山岳共同体とは，その全部または一部が山岳地帯に位置するコムーネによって組織される広域行政組織であり，コムーネ間での事務の協働処理を目的としている。山岳共同体の設置は各州の規定にもとづいて州知事が定める。工藤裕子・森下昌浩・小黒一正「イタリアにおける国と地方の役割分担(主要諸外国における国と地方の財政役割の状況整理)」(財務省財務総合政策研究所，2006 年) 523 頁。
12) イタリアでは州，コムーネなどの自治体は，国家都市計画法のもとでの土地利用計画を策定することが義務付けられているほか，州はガラッソ法のもとでの風景計画を策定する。
13) 州の計画と齟齬がないように計画策定を進めるが，州の景観計画は「外観」を中心としており，公園計画が生物多様性などを含めた保全を考えている目的とするものと異なっているため，齟齬が生じる場合もある。
14) ただし，州によって異なる。また国立公園でも地域活性化を中心的な課題として指定が行われることがある。たとえばアスプロモンテ国立公園がそうである。M. Fonte, S. Capogna and S. Grando, Calabria‐The Aspromonte National Park (CORASON Project, 2005).
15) 公園に対して否定的な意見をもっているのは主として狩猟関係者であり，公園指定に伴って公園指定地域内が禁猟とされたことがその理由である。
16) マルガはアルプス地方の夏季放牧施設。放牧地・住居・チーズ加工施設などがセットで作られている。
17) EMAS は EU の環境管理制度。企業・組織などが基準を満たしていると認められると EMAS のロゴを使用することができる。
18) 交告尚史「スウェーデンにおける総合的環境法制の形成――歴史と現状」畠山武道・柿澤宏昭編『生物多様性保全と環境政策――先進国の政策と事例に学ぶ』(北海道大学出版会，2006 年)第 4 章。
19) スウェーデンで(ヨーロッパレベルで見ても)最初に国立公園が指定されたのは 1909 年であるから，2009 年はそれから 100 年目にあたる。スウェーデン自然保全庁 (Naturvårdsverket)のホームページに「自然保護 100 年」という企画があり，1909

年当時議会が国王にあてた国立公園設置の提案書(Riksdagens Skrivelse N:o173)を読むことができる。その文書の最初に,「国土の自然を知るうえで特に重要な」とか「土地の自然的特質ゆえに(……将来に向けて保護されるべき……)」といった表現が見える。
20) 自然保護地域の指定の現状については,スウェーデン自然保全庁のパンフレット『スウェーデンの自然保護地域』(Naturreservat i Sverige)を参照。
21) 以下に述べることは,スウェーデン自然保全庁が出している『こうして自然保護地域は設けられる——土地所有者からのよくある質問に対する回答』(Så bildas naturreservat‐svar på vanliga frågor från markägare)というパンフレットを参考にして,筆者が自分なりの思索をまとめたものである。
22) 以下の説明に関しては,スウェーデン文化財保護庁(Riksantikvarieämbetet)の『文化保護地域——環境法典第7章第9条に基づく文化保護地域の指定,管理および発展のためのハンドブック』(Kulturreservat‐en handbok för bildande, förvaltning och utveckling av kulturreservat enligt 7 kapitlet 9§ Miljöbalken)を参考にした。
23) 八巻一成「ドイツの自然公園運営組織に関する考察」ランドスケープ研究68巻5号(2005年)607-612頁。
24) 2001年の本法の改正によって自然公園の定義も改定された。改定前の定義は八巻・前掲(注23)を参照。
25) Verband Deutscher Naturparke e.V., Die Deutschen Naturparke‐Aufgaben und Ziele, Vol. 2, Fortschreibung (Bispingen, 2001).
26) 連邦自然保護庁(Bundesamt für Naturschutz)ホームページ, http://www.bfn.de/0308_gebietsschutz.html
27) ドイツの地方自治組織は上位のものから順に州(Staat),郡(Landkreis),ゲマインデ(Gemeinde)となっている。
28) イギリスの国立公園に関しても類似の記述が見られ,国立公園・カントリーサイドアクセス法(1949年)では,自然美や野生生物,文化遺産の保全,および地域に対する人々の理解や楽しみの向上という2つの目的のほかに,公園区域内コミュニティにおける経済発展,社会福祉の増進を図ることが義務であると規定されている。
29) Axel Ssymank, Naturschutzkategorien nach dem Bundesnaturschutzgesetz, in W. Konold, R. Böcker und U. Hampicke eds., *Handbuch Naturschutz und Landschaftspflege* (Ecomed, 1999).
30) Herbert Günter und Ulrich Köster, Neue Aufgaben für die Naturparke, *Nationalpark*, 2002/1, pp. 28-31.
31) Verband Deutscher Naturparke e.V., Nachhaltiger Tourismus in Naturparken: Ein Leitfaden für die Praxis (2002).
32) Verband Deutscher Naturparke e.V., Naturparkplanung in der Region-Eine

Untersuchung unter Berucksichtigung der Beziehung zwischen Naturpark und Kommunen (2002).
33) 多くの州では，運営費として州から補助金が出ている。
34) 以下の事例は，EU の農村開発事業の資金を獲得して実施されており，自然公園協会が農村開発事業の実施主体という役割を担っていることがわかる。
35) ヨーロッパ保護地域連合ホームページ，http://www.europarc.org/international/europarc.html(2009 年 1 月 7 日アクセス)参照。
36) Parc Naturel Régional は，région をどう訳すかによって「地方自然公園」「レジオン自然公園」「州立自然公園」などという訳もあてられている。本章では，便宜上「地域自然公園」の訳をあて，PNR と表記した。その設立に行政単位としての région が大きく関わっていることから，「州立」という訳もなされているが，PNR 制度は，région が 1982 年に地方団体に昇格する以前の 1960 年代にスタートし，その後 région が名実ともに地方分権の大きな柱として位置づけられてくる中で，相互に制度として成熟してきたものである。従って，現状では「州立」として違和感はなくても，本章の趣旨に照らしあえてこのような表現を用いていない。
37) commune(コミューン)は，中世の教区(paroisse)に起源をもつ最小行政単位のことであるが，今日における日本の市町村とは本質的に異なる。フランス本土には約 3 万 6000 のコミューンがあるが，パリ，リヨン，マルセイユなど人口 30 万人以上の大きなものから，50 人未満のものまで存在する。その約 9 割が人口 2000 人未満で，日本の市町村と比べるとかなり規模が小さい。
38) territoire とは，territoire français「フランス領土」，territoire de la commune「コミューンの圏域」など，面積の大小を問わず，あるひとまとまりの土地を指す。国土整備，森林管理，地方分権に関する文献においてはとくに重要な用語のひとつであるが，文脈によって圏域，地域，領域，国土，などと訳出方法を変えた。
39) Vanoise(1963 年設立)，Port-Cros(1963 年)，Pyrénées(1967 年)，Cévennes(1970 年)，Ecrins(1973 年)，Mercantour(1979 年)，Guadeloupe(1989 年)年，La Réunion(2007 年)，Guyane(2007 年)の 9 つで，Calanques で設立準備が進められている。このうち，Guadeloupe，La Réunion，Guyane は海外領である。
40) J. P. Requillart (杉本定夫訳)『地方公園の誕生』(科学技術庁資源調査所，1972 年)37-58 頁。
41) 1979 年の鳥類保護指令(Bird Directive)および 1992 年の生態系保護指令(Habitat Directive)を基礎とした EU レベルの包括的自然保護政策である。指令(Directive)という形をとるため法的拘束力を伴い，違反した場合には厳しい制裁措置も用意されている。詳しくは，八巻一成「EU の自然保護政策，Natura 2000」石井寛・神沼公三郎編著『ヨーロッパの森林管理――国を超えて・自立する地域へ』(日本林業調査会，2005 年)63-90 頁を参照。

42) plan は，元来，「平面の，平面，地図，設計図，見取り図」というニュアンスを強く意味するものから，総じて(日本語の)プラン，計画，(国家規模の)総合政策という幅広い概念をもつようになった言葉であり，通常「計画」と訳されている。しかし，契約制度の柱となる3つの要素 territoire, projet, contrat のひとつである projet とは区別して用いられていることから，plan には単に「計画」と訳するニュアンス以上に「設計図」的な意味合いが強く込められていると考えられる。たとえば是永東彦氏によれば Contrat de Plan は「プラン契約」で plan の意味合いを強く意識した訳語となっている。しかしながら，日本語の「プラン」は以上の区別なくあいまいに用いられているため，訳語としてこなれないと判断し，本章においては plan を「計画」とし，projet は「企画」とした。
43) 略称は CPER。契約内容は，プロジェクト，出資計画および複数年計画にもとづく具体的かつ綿密なプログラムに対して結ばれる。州地方長官と州議会議長は，契約交渉に入る前にまず地域開発の優先課題を決定する。州はあらかじめ契約の基盤となる開発計画を作成しておく必要があり，全体の75%は国の必須事業である輸送基盤整備，都市政策，教育・文化施設整備としなければならず，残りの25%が州地方長官の判断に任せられている。自治体国際化協会『フランスの地方自治』(2002年)76頁。なお，CPER については，région および前掲注の通り plan の訳し方によって，数通りの訳があてられている。
44) 行政区分上は，フランス本土に22の région があり，「地域圏」「レジオン」としている訳も見られる。厳密にいえば合衆国などの「州(states)」とは位置づけが異なり，states に対応するフランス語は états であるが，本章では région を州と訳した。なお，région には，「国」「中央」に対する「地方」というニュアンスもあり，文脈によって適宜「州」，「地域」，「地方」と使い分けた。
45) pays(ペイ)は，1999年に国土整備政策の枠組みが改正される中で法定された国土開発整備における地域区分。国土整備および持続的開発のための基本法(いわゆる LOADDT)通称「ヴォワネ」法において，地理・経済・文化・社会の各面において均一性を示すひとまとまりの圏域をさす用語として設定された。ただし，フランス語の pays には，「郷里」「ふるさと」というニュアンスとともに，文脈によっては「国」という意味でも用いる。つまり，歴史的背景をもつ古い用語としても，国土整備上の行政用語としても用いられている。文献によっては，「小地域」「郷土地区」「ふるさと圏」「特別地域」など様々に訳出されている。
46) 中央行政機関が出先機関に権限を行使させる事務分散に対して，国よりも下位の独立した法人格を有する分権団体に権限を委譲する分権(décentralisation)がある。分権団体は一定の自立性を有しているため，これに対して国は階層的監督よりも弱い後見監督(contrôle de tutelle)(1982年の分権化法以降は，行政監督(contrôle administratif)および財政監督となる)を行使する。分権の形態には，地域的に限定はあるが

扱う事務に一般性がある地方分権（décentralisation territoriale）と地域的に限定はないが扱う事務に特定性（spécialité）がある役務分権（decentralisation par service）との2つの形態がある。地方分権を担う公法人が地方公共団体であり，役務分権を担う公法人が公施設法人である。滝沢正『フランス法（第2版）』（三省堂，2002年）154頁。なお，公施設法人の歴史的理解については，李得竜『世界の公企業経営』（運輸調査局，1974年）116頁を参照のこと。

47) établissement public de coopération intercommunale は，州，県，コミューンと同列の「第4の地方団体」ともいわれる。最小基礎自治体であるコミューンは約3万6000と極めて多くしかも約9割が人口2000人未満で，行財政能力が弱く幾度か合併が推進されてきたが，ほとんど失敗に終わった。合併が進まないコミューンの代わりに，コミューン間の協力組織である EPCI が政策的に支援された。1999年に制定された「コミューン間協力の強化と簡略化に関する法律（通称：シュヴェヌマン法）」において，EPCI は次の7つに再編された。固有の財源をもつものとして，①人口50万人以上の「大都市共同体」（CU：communautés urbaines），②人口5万人以上50万人未満の「都市圏共同体」（CA：communautés d'agglomération），③人口5万人未満の「コミューン共同体」（CC：communautés de communes）の3つがある。この他に，財政的な自治権をもたないかわりに創設に際して構成コミューンの地理的範囲や人口による制限を受けず，比較的簡易に組織することができる事務組合として，④複数のコミューンが共同でひとつの事業を行うコミューン間単一目的事務組合（SIVU：syndicats intercommunaux à vocation unique），⑤複数の事業を行うコミューン間多目的事務組合（SIVOM：syndicats intercommunaux à vocation multiple），⑥複数のコミューンが他の公法人とともに創設する混合事務組合（syndicat mixtes），⑦コミューンが複数の事業の一部を選択して加入できる選択式事務組合（syndicats à la carte）がある。コミューン間広域行政組織は，通常，公法上の公施設法人として性格づけられる。

48) DATAR：delegation a l'amenagement du territoire et a l'action regionale

49) Liaison Entre Actions de Developpement de l'Économie Rurale（農村経済発展の行動連携）

50) 雇用における機会均等を図る EU 構造基金によるプログラム。1999年10月に欧州委員会が指針公表し，2000年4月に正式に採択となった。①性別，人種的又は民族的出身，宗教又は信条，障碍，年齢，性的嗜好という理由による差別と不平等を法的に禁止する男女均等諸指令，人種・民族均等指令及び一般機会均等指令によって，予算措置による改善策を講じることと，②社会的疎外との戦いを正面から取り上げ，解決を図ることを目的とする。

51) Agence de L'environnement et de la Maîtrise de l'Énergie エネルギー抑制および環境についての機関

52) 本節は，山本美穂・古井戸宏通・鯨井祐士「解題と翻訳資料――フランス地域自然公園40年史」林業経済62巻3号(通号728号)(2009年6月)11-29頁のうち解題部分に加筆・修正したものである。

# 7. 自然公園の将来展望

## 7.1. 日本の自然公園をとりまく状況の変化

わが国の自然公園をめぐる状況は，近年めまぐるしい変化を見せている。地方行財政改革の推進を目的とするいわゆる「三位一体改革」の中で，自然公園(国立公園，国定公園，都道府県立自然公園)に対する国と地方の役割が整理され，2005年度から国の自然公園関係補助金の見直しが行われた[1]。これによって，国立公園の特別保護地区，第一種特別地域を中心とする区域は国の直轄による整備，国定公園に対する補助金は交付金化，都道府県立自然公園に対する補助金は廃止となり，自然公園管理に対する国と地方の関与のあり方に変化が求められることとなった[2]。

また，2007年3月には「国立・国定公園の指定及び管理運営に関する提言——時代に応える自然公園像を求めて」が環境省より出された。この中では，様々な主体の参画による公園管理の必要性や地域振興に寄与する国立・国定公園といった点が改めて強調されている。同年8月には，日光国立公園から分離し新たな区域を含む形で尾瀬国立公園が釧路湿原以来20年ぶりに設立され，尾瀬保護財団を始めとする様々な関係者との協働による管理を主軸とした公園として出発している。同月には丹後天橋立大江山国定公園が若狭湾国定公園から分離独立して，国定公園としては17年ぶりの新規指定となった。この新たな公園の特色は，天橋立などの旧来からの風景地に加えて，棚田や茅葺集落の景観が残る里地・里山の景観を保全することを目的として区域拡張が行われている点である。

このような近年の自然公園をめぐる動きの中で共通するものが，地域の様々な主体との関わりの重視である。上述の尾瀬は言うまでもなく，丹後天橋立大江山国定公園の棚田，茅葺集落景観も地域の保全活動によって支えられている。また，阿蘇くじゅう国立公園における大規模な草地景観を維持するために，多様な主体の協働による維持管理が行われている例は多くの知るところである[3]。このように，自然公園管理は従来から様々な関係主体との協力を通して行われてきたわけであるが，ここに来て協働の重要性が改めて高まってきているということであろう。

　アメリカの国立公園のような土地所有権等の権原にもとづき公園区域を管理するいわゆる営造物公園とは異なり，わが国のように土地所有に関わりなく地域指定を行う地域制を採用する公園制度は，地図上に境界線が引かれただけで，実際にはほとんど管理が行われていない公園を意味する「ペーパーパーク」と呼ばれることが，これまでしばしばあった。この背景として，土地所有に関わりなく区域が設定されることから生じる開発や各種行為に対する規制の限界が指摘されてきた。たとえば，わが国の自然公園における普通地域では，土地利用改変などの開発行為を防ぐための規制力が非常に弱く，自然公園制度のみで自然環境を保全するのは難しい。加えて，管理運営のための人員や予算が不十分であるなど，制度面での不備も存在する[4]。もちろん，様々な問題を克服しながらも，公園管理の充実を図ろうと努力している事例も多数ある。

　一方，本書で述べたように，イギリスに代表されるヨーロッパの自然公園は，日本と同じく地域制公園でありながら，これらの限界の克服をめざし，さらに地域環境ガバナンスとしての可能性を求めて制度の成長を着実に進めてきた。本章では，これまでの分析を踏まえながら，わが国の自然公園制度の将来について展望してみたい。

## 7.2. 自然公園に関する日本とヨーロッパの共通点

　わが国における自然公園の歴史は，1934年の瀬戸内海，雲仙，霧島の国

立公園指定に始まる。自然公園は法律上，自然公園法によって規定された国立公園，国定公園および都道府県立自然公園の3つを指す。2011年現在の自然公園の指定数は，国立公園が29ヵ所，国定公園が56ヵ所，都道府県立自然公園が313ヵ所であり，合計398ヵ所，総面積542万ヘクタールであり，国土の14.3%を占める。

　世界的に見ても，国立公園などの保護地域は生物多様性の保全や優れた自然景観の保護を目的として，各国に広まっている。しかしそこには様々なタイプが見られ，「国立公園」という名称の保護地域を見てもその状況は国によって異なっている。国際自然保護連合(International Union for Conservation of Nature：IUCN)では保護地域を7つのカテゴリーに分類している(表7-1)。この中でII型は「国立公園」というネーミングをあたえられているが，各国の国立公園がすべてこのカテゴリーに含まれているわけではない。たとえば，日本の国立公園にはII型とV型の両方が存在する。V型は「景観保護地域」と呼ばれ，原生的な自然の保護ではなく人為的影響下にある景観の保護を主体とする地域である。後述のように，ヨーロッパにおける自然公園の多くがこのV型に分類されているが，このV型に属する自然公園が果たす役割について世界的な関心が高まってきている[5]。日本の自然公園においても，国立公園を始めとして国定公園，都道府県立自然公園の多くが原生自然の保護のみならず景観保護を主体としたV型の保護地域であり，その意義と役割を改めて問い直してみることが重要である。

　ここで，ヨーロッパ地域における保護地域の現況を見てみよう。IUCNカテゴリーのうち，最も割合の高いのはV型(景観保護地域)の61.6%であり，次いでIV型の12.6%，II型の12.4%となっている(表7-2)[6]。同様に日本の状況を見てみると，最も割合の高いのはV型の71.6%であり，次いでII型の11.4%，IV型の8.7%となっており，ヨーロッパ地域と日本で共通するのは，V型の割合が非常に高い点である。一方，アメリカ合衆国の場合，最も割合が高いのはVI型の45.7%であり，次いでIb型の24.4%，II型の10.2%となっており，V型の割合は低い。このように，ヨーロッパ地域と日本にはV型保護地域が占める割合が非常に高いという点で類似点が見られるのである。

表7-1 IUCNによる保護地域のカテゴリー分類

| 区分 | 名称 | 定義 |
|---|---|---|
| Ia型 | 原生自然保護地域<br>(Strict Nature Reserve) | 学術研究を主たる目的として管理される保護地域 |
| Ib型 | 原生地域<br>(Wilderness Area) | 原生自然の保護を主たる目的として管理される保護地域 |
| II型 | 国立公園<br>(National Park) | 生態系の保護およびレクリエーションを主たる目的として管理される保護地域 |
| III型 | 天然記念物<br>(Natural Monument) | 特徴的な自然物の保全を主たる目的として管理される保護地域 |
| IV型 | 生息地・種管理地域<br>(Habitat/Species Management Area) | 生息地や種の保全を主たる目的として管理される保護地域 |
| V型 | 景観保護地域<br>(Protected Landscape/Seascape) | 陸地及び海域の景観の保護，レクリエーションを主たる目的として管理される保護地域 |
| VI型 | 資源管理型保護地域<br>(Managed Resource Protected Area) | 自然生態系の持続的利用を主たる目的として管理される保護地域 |

表7-2 ヨーロッパ地域，アメリカ合衆国，日本における保護地域カテゴリー別の面積および割合

面積(ha)

| | Ia | Ib | II | III | IV | V | VI | 合計 |
|---|---|---|---|---|---|---|---|---|
| ヨーロッパ地域 | 667,265 | 3,219,589 | 5,969,297 | 409,132 | 6,076,973 | 29,742,188 | 2,170,794 | 48,255,238 |
| アメリカ合衆国 | 3,569,230 | 35,817,269 | 14,925,450 | 6,314,227 | 12,313,691 | 6,721,668 | 67,026,501 | 146,688,036 |
| 日本 | 4,957 | 262,865 | 370,013 | 0 | 283,004 | 2,325,145 | 0 | 3,245,984 |

割合(%)

| | Ia | Ib | II | III | IV | V | VI | 合計 |
|---|---|---|---|---|---|---|---|---|
| ヨーロッパ地域 | 1.4 | 6.7 | 12.4 | 0.8 | 12.6 | 61.7 | 4.5 | 100.0 |
| アメリカ合衆国 | 2.4 | 24.4 | 10.2 | 4.3 | 8.4 | 4.6 | 45.7 | 100.0 |
| 日本 | 0.2 | 8.1 | 11.4 | 0.0 | 8.7 | 71.6 | 0.0 | 100.0 |

7. 自然公園の将来展望　361

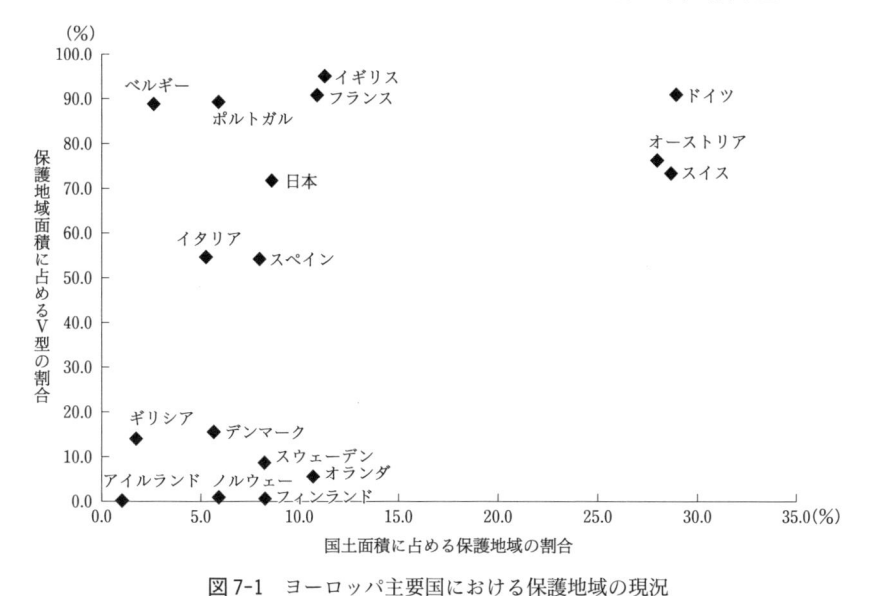

図7-1　ヨーロッパ主要国における保護地域の現況

出典：Lockwood, M., Worboys, G.L.. and Kothari A. eds. *Managing Protected Areas: A Global Guide* (Earthscan, 2006) 総務省統計局(2011)世界の統計 2011。

　さてここで，筆者らが注目している西ヨーロッパ主要国における IUCN カテゴリーに分類された保護地域の現状について比較してみよう(図7-1)。図の横軸を見ると，国土に占める保護地域面積の割合は5%未満のアイルランド，ギリシア，ベルギーから，30%弱のドイツ，オーストリア，スイスまで，国によって大きな開きが見られる[7]。同様に，図の縦軸を見ると，保護地域に占めるV型の割合が国によって大きく異なっている。この図より，西ヨーロッパ諸国における保護地域の指定割合には，大きく3つのタイプが存在することがわかる。国土面積に占める保護地域の割合と，保護地域面積の割合に占めるV型の割合の双方が高い第1のタイプには，ドイツ，オーストリア，スイスが含まれ，これらは保護地域面積の大半がV型であり，しかもV型保護地域を活用して国土に広大な面積の保護地域の指定を進めている国々である。第2のタイプは国土面積に占める保護地域の割合は第1のタイプほど高くないものの，保護地域面積の割合に占めるV型の割合が高いタイ

プであり，本書で中心的に扱ったイギリスのほか，フランス，イタリア，スペインなどが含まれる。これらの国々は，国土面積に占める保護地域の割合は高くはないが，第1のタイプと同じくV型保護地域が指定の中心となっており，日本もこのタイプに含まれる。第3のタイプは国土面積に占める保護地域の割合と，保護地域面積の割合に占めるV型の割合の双方が低いタイプであり，アイルランド，ギリシア，デンマーク，スウェーデン，オランダといった国々が該当する。これらの国では保護地域の指定においてV型以外のカテゴリーがその多くを占めており，第1，第2のタイプほどV型保護地域の役割は高くはない。

　このように，西ヨーロッパ諸国にはV型保護地域が保護地域指定の中心となっている国が多く存在し，その中には本書で取り扱ったイギリスも含まれているが，日本の状況と類似性が見られることから，イギリスにおける保護地域政策の現状を明らかにすることは，わが国における保護地域政策のあり方を考えるうえで非常に有益な示唆をあたえる。

　以上，ヨーロッパ主要国においてV型に類型化される保護地域が非常に重要な役割を担っている実態を明らかにした。このV型に分類される保護地域としては，ドイツ，オーストリアの自然公園(Naturpark)や，フランスの地域自然公園(Parc Naturel Régional)，イタリアの州立自然公園(Parco Naturale Regionale)，イギリスの国立公園(National Park)，特別自然景勝地域(Areas of Outstanding Natural Beauty：AONB)などがある。すべての制度がIUCNのカテゴリー上は景観保護を主とする保護地域であるが，制度の運用については各国の法制によって独自に定められており，その実情は国によって異なる。しかし，各国でほぼ共通するのは，V型の自然公園が設置される地域の多くが丘陵地域や山間地域，低湿地帯など，農業生産性が低い条件不利地域という点である。このような側面もまた，ヨーロッパの自然公園の性格を考える際に重要である。

## 7.3. 自然公園とゾーニング

### 7.3.1. 自然公園と土地所有

　自然公園制度を考えるうえでの最も重要な点として，公園区域と土地所有との関係がある．世界中には様々な形態の自然公園が存在しているが，土地所有の面から見た場合，大きく2つに分けられる．日本の造園学では，アメリカの国立公園のように，公園区域を土地所有権などの権限にもとづき管理する公園を営造物公園と呼んできた．一方，日本の自然公園のように，所有権等には関係なく，ある地域を公園区域に指定し，法律にもとづき管理する公園を地域制公園と呼んできた．従って，公園区域の中には，国有地や公有地のほか，私有地などが含まれており，公園の管理には他の様々な土地利用との調整が不可欠となってくる．

　つまり，地域制自然公園に指定されたからといって，公園内を利用者が自由に利用できるわけではない．たとえば，わが国の自然公園の目的は，優れた自然風景地を保全するとともにそのレクリエーション利用を図ることであるから，それ以外の土地利用，たとえば農林漁業，鉱業などとの利用目的上の対立が生じる場合には，他の法令との調整のもと管理が行われる．また，そこが私有地であれば土地所有権が及ぶので，土地所有者以外の者は原則として自由に立ち入ったりすることができない．さらに，入会地など地域住民によって薪炭材や肥料，山菜採取などのために慣行的に利用されてきた土地の場合，地域外の利用者は資源を自由に利用できない．

　このように，地域制という制度のもとでの自然公園では，土地所有や資源利用の歴史的な権利関係から，誰でも自由に利用できるわけではないのである．私有地であれば，土地所有者がその土地の利用について第一義的な権利を有しており，入会地であればその地域の入会権をもつ人々が利用のあり方についての優先的な権利をもっている．所有や利用などの複雑な権利関係のもとに設置される地域制自然公園では，国民や来訪者のニーズと，これらの権利との間の調整が不可欠となってくる．つまり，多様な土地所有と資源利

用の権利関係のうえに，優れた景観や生物多様性の保全，レクリエーション利用の促進という国民的要求を満たすために被せられたものが，地域制自然公園制度なのである。このように，地域制自然公園では，農林漁業や鉱業などの様々な土地利用が行われているのが一般的であるが，日本の自然公園では土地利用との調整を図るための手法として，地種区分と呼ばれるゾーニングにもとづく行為規制が行われている。

### 7.3.2. 公園区域内におけるゾーニング

まず簡単に，日本の自然公園におけるゾーニングについて見ておこう。わが国の自然公園では，適切な保護と利用を図ることを目的として公園計画が定められる。公園計画は公園区域における管理方針を空間的に定めたものであり，公園計画は規制計画と施設計画に分けられる。前者は保護のための規制を中心とする計画である保護規制計画と利用規制計画，後者は利用や保護のための施設の配置等を定めた計画である利用施設計画と保護施設計画で構成されている。

このうち，保護規制計画がゾーニングとの関係がとくに深い。この計画は，自然公園内の自然景観を保護するために様々な人為的行為や開発行為に対して規制を行うもので，地種区分によって区域が分けられ規制の強弱がコントロールされる。わが国の自然公園においてゾーニングといった場合，この地種区分を一般的に指している。地種区分では規制の程度によって特別保護地区，第一種-第三種特別地域，普通地域，および海域公園の6つのゾーンにランク分けされる(なお，都道府県立自然公園には，特別保護地区および海域公園がない)。最も規制の厳しい特別保護地区では，落葉落枝の採取も含めて多くの行為が規制の対象となる一方，最も規制の緩い普通地域では多くの行為が届け出のみで実施可能である。また，特別地域を対象に指定されるものとして，乗入れ規制地区と立入り規制地区がある。前者は，四輪駆動車やスノーモービル等の乗入れによる自然環境の破壊を防ぐための制度であり，指定地区内では車馬の乗入れが規制される。後者の立入り規制地区は，湿原その他これに類する地域で環境大臣が指定する区域について一定期間内の立入りを規制

するものである．なお，2009年の改正により，在来動植物種以外の種の植栽や放出を規制するための植栽規制地区および動物放出規制地区が設けられた．その他，利用規制計画としては，自動車利用適正化(マイカー規制)および利用調整地区という制度がある．マイカー規制は，自動車による排気ガスや交通渋滞による自然環境および利用環境の悪化を防ぐことを目的としたもの，利用調整地区は利用者の増加によって悪化した地域の自然環境を保全するために，利用者数のコントロールを行うことを目的としたものであり，これらも特定の目的のために区域を指定しているという点で，ゾーニングであるといえる(利用調整地区は海域公園内にも設置できる)．

### 7.3.3. 自然公園の「内」と「外」

　もうひとつ指摘しておくべき点として，「自然公園」の指定という，公園区域自体がもつゾーニング的な意味，つまり公園の指定によって生じる公園区域の「内」と「外」という違いがもつ意味について考えてみよう．

　特別保護地区や第一種特別地域などの規制の厳しい地域に指定されれば，保護という面で明らかに公園区域の内と外で違いが生まれる．また，国立，国定公園内の特別保護地区，第一種特別地域に含まれる民地においては固定資産税の非課税措置があり，公園としての資質の保全や自然環境の維持に一定の役割を果たしている[8]．しかし，普通地域や第三種特別地域などの規制の緩い地域では，自然環境の保全が十分に図られるとは限らない．ヨーロッパのV型保護地域の多くでも，公園区域全体に強い規制がかけられているわけではない．ペーパーパークといった揶揄の多くが，このような規制の緩い地域における開発や土地利用改変に対してなされるものである．地域の大半が普通地域のような規制の緩い区域ばかりが指定されても，あまり意味のあることではないように思われる．この点について以下で詳しく検討していこう．

### 7.3.4. 自然公園というゾーニングの性格

　古井戸[9]は，ゾーニングを「一定の単位の空間を，何らかの公的関与に

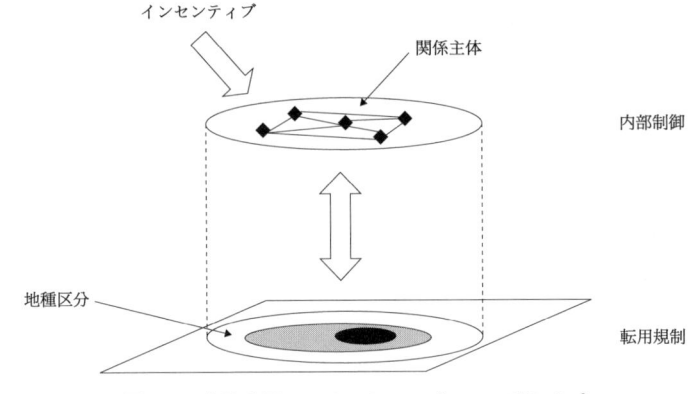

図7-2 自然公園における2つのゾーニングタイプ

よって長期的に差別化すること」と定義している。一般的に「ゾーニング」という用語で理解されるのは，開発などによる土地利用の転用を規制する「転用規制」であるが，古井戸は「一定の空間におけるアクティビティを誘導ないし規制すること」を転用規制と区別して「内部制御」的ゾーニングと規定している。

　この定義に従って，公園区域内におけるゾーニングの性格を見てみると，地種区分は各種行為の規制を行うものであり，「転用規制」に該当する。一方，公園区域自体のゾーニング的な意味はどうだろうか。ある地域を自然公園へ指定することは，「公的関与」による「一定の単位の空間」の「長期的差別化」であり，ゾーニングの要件を満たしている。しかし，普通地域のように転用規制という面での規制力が弱い地域であれば，公園の内と外との違いはそれほどあるようには思われない。しかしここで，公園区域の内部制御的ゾーニングとしての側面から，公園区域であることの意味を今一度考えてみる必要がある。たとえば，公園区域というゾーンの中で自然環境を良好に保全しようとするコンセンサスを関係者が共有し，そのための管理運営体制が作られた場合には補助金などのインセンティブを付与するとしよう（図7-2）。このようなしくみが創設されれば，公園区域の内と外は明確な差別化が図られることになる。地種区分などの従来からの転用規制は，どちらかと

いうと受動的な保護の性格を強くもっていた。しかし，地域制というシステムを採用している自然公園においては，地域の関係主体の自主的な関与にもとづいた自然環境保全のしくみづくりも，併せて考える必要がある。つまり，地域制自然公園においては地域の主体性を引き出すための誘導策が必要なのであり，そのための範囲を括るための枠として自然公園という区域が重要な意味をもつのである。

しかし，わが国の自然公園におけるゾーニングは，制度的に転用規制という側面が中心となってしまっており，自然公園という区域自体を内部制御的ゾーニングとして位置づけることによって，関係者に対するインセンティブ付与のための範囲としてとらえようという発想はもっていない。そのため，規制が緩い地域では自然公園として管理しようとするインセンティブが働きにくく，結果としてペーパーパーク化を免れないという事態に陥ってしまっているのである。一方，日本と同じく地域制を採用するヨーロッパ諸国の自然公園は，公園区域を内部制御的ゾーニングとしての性格を有する範囲としてとらえることによって，地域の関係主体による自律的な自然公園の構築を進めている。これは本書でこれまで述べてきた通りである。そこで次に，ヨーロッパの自然公園制度について，その特徴を見ていくことにしよう[10]。

## 7.4. ヨーロッパにおける自然公園政策の変遷

### 7.4.1. 保護地域パラダイムの転換

ヨーロッパで最初の自然公園は，1909年，スウェーデンで指定された国立公園である。この公園は人口密度の希薄な北欧にあってもとくに密度が低い北部で指定されたものであり，いわばアメリカ型の原生自然の保護を主目的とする国立公園であった。国立公園の指定はその後，スイス(1914年)，スペイン(1918年)，イタリア(1922年)と続くが，それらは人為的影響の少ない自然地域の保護を目的としたものであった(本書第5章(5.6.4)[畠山執筆])。一方，ドイツではこれらの国とは若干異なる性格の自然公園の設立をみた。1909年，自然保護公園協会という団体が組織され，リューネブルガー・ハ

イデ自然保護公園が設立された。この公園は自然公園として現在でも存在するが、その目的は原生自然の保護ではなく、伝統的な土地利用のもとで成立している植生景観を保護することにあった。イギリスではさらに時代が下った1951年に最初の国立公園が設置されているが、そのすべてがIUCNのV型に相当する景観保護地域である。なお、ドイツにおける国立公園の指定は遅く、1970年に指定されたバイエリッシャー・ヴァルト国立公園が最初であるが、こちらは、原生的な自然の復元を目的に指定されたものである。

このように、当初はアメリカ型の原生自然の保護を目的とする国立公園の設立から始まったヨーロッパの保護地域指定であるが、その後ドイツの自然公園、イギリスの国立公園に代表されるような、人為的影響下にある自然地域を対象とした保護地域の指定が積極的に行われるようになる。1971年にはUNESCOのMAB(Man and Biosphere)計画によって、生物圏保存地域の設定が提案されている。これは、人間活動を排除した原生保護地域ではなく、人間の影響を前提とした人と環境の共生関係のうえに成り立った自然の保護を目的とする保護地域の設定を国際レベルで進めようとするものであり、人為的影響を排除した核心地域(コアゾーン)と人為的影響を認めながら共存を図る周辺地域(バッファーゾーン)に分けて管理することを提唱している。わが国の国有林における森林生態系保護地域も、この考え方にもとづくゾーニングを行っている。続く1972年には、国連人間環境会議(ストックホルム会議)が開催された。この会議では、各地で進行する公害や環境破壊が深刻になる中、歴史上初めて環境問題が国際舞台で議論された場となり、人と環境の共生の重要性が確認された。このようなイベントもまた、人為的影響下にある自然地域を対象とした保護地域の拡充を大きく後押ししたのである。

人間環境会議から20年後の1992年、環境と開発に関する国連会議(地球サミット)が開催された。この会議では自然環境の保全と持続可能な発展が中心テーマとなり、これ以降、環境に関わる様々な政策の局面で、「持続可能な発展」が重要な位置づけをあたえられることになった。そのような中、保護地域政策も持続可能な発展という面からとらえ直す機運が高まってきたのである。そのひとつの表れが、6章で述べたドイツの自然公園制度の再定義で

ある。自然公園の指定対象となる地域の多くが条件不利地域であることからも分かるように，自然公園という制度が地域に受け入れられるためには，それが地域社会に貢献する制度でなければならない。そこで，自然環境の保全とともに，農林業などの伝統的な土地利用の維持，およびそれによって作られた美しい景観を活用しながら観光などによる条件不利地域の振興を図っていくことを目的として，地域の持続的発展という面を新たに加えた自然公園の再定義がなされたのである。

以上のように，ヨーロッパにおける保護地域政策はここ一世紀の間に，原生自然の保護を主体としたものから保護と利用の共存を目指す保護地域へと，その裾野を広げていくことになった。これは Mose and Weixlbaumer[11] が言うところの，保護すべき場所と利用する場所とを分けようとする分離(segregation)アプローチによる保護地域から，保護と利用の共存を図ろうとする統合(integration)アプローチによる保護地域への対象の拡大を意味する[12]。

たとえば，農林業などの伝統的な土地利用によって維持されてきた景観は文化的景観と呼ばれるが，文化的景観を保護するためには伝統的な土地利用の維持も同時に図っていく統合アプローチが必要である。分離アプローチによる保護地域の場合は，人為的行為の規制によって保護目的が達成されるのに対して，統合アプローチによる保護地域の場合は保護目的に合わせた人間側の積極的な介入によって，伝統的な土地利用を持続させることがときには必要となるからである。そしてそのためには，農林業などに関わる地域の関係主体の協力が不可欠である。このような統合アプローチによる保護地域が，地域の持続的発展という方向性とも極めて親和性が高いことは明白であろう。統合アプローチによる管理が求められる地域制自然公園においては，地域社会へ貢献する制度づくりこそが自然公園を機能させるための前提条件ともいえるものである[13]。

### 7.4.2. 内部制御的ゾーニングとしての自然公園

統合アプローチによる自然公園の管理運営を行う際に鍵となるのが，内部制御的ゾーニングとしての機能をいかに付与するか，つまり何らかのインセ

ンティブをもった空間としての公園区域と外部との差別化をどう図るかである。分離アプローチによる保護地域，たとえばアメリカの国立公園では国立公園局という公的機関が管理を担っており，管理主体と管理目標が明瞭である。しかし，統合アプローチによる保護地域の場合，公園の運営には様々な主体が関わっていることから，コンセンサスにもとづく管理運営が求められる[14]。統合アプローチによる保護地域の典型例ともいえるドイツの自然公園の場合，公園区域に含まれる市町村や州，地域の諸団体などが集まって組織を作り，公園の管理運営にあたっている。ヨーロッパの他の国においてもほぼ同様の組織が作られている場合が多く，関係主体が寄り集まった組織体が公園の管理運営を実質的に担っているのが一般的である。このように，関係する様々な主体が関わりながら，自然の保護と自然を活用した地域の持続的発展への寄与をめざす体制が，内部制御的ゾーニングとしての性格を有する統合アプローチによる自然公園の管理運営には求められているのである。

　もちろん，このような自然公園組織を機能させるためには，法制度による裏付けに加えて，財政的措置の整備も不可欠である。たとえば，ドイツの自然公園では運営費用として州からの補助金が出されており，それに加えて様々な資金によって自然公園の運営が行われている。また，EUによる条件不利地域振興策のひとつであるLEADER(Liaison Entre Actions de Développement de l'Économie Rurale)と呼ばれる補助事業があるが，自然公園の運営組織がこの事業の受け皿となっている例も多い。これは地域の自治体に代わって自然公園が事業の実施主体としての役割を担っている例であるが，地域振興の担い手として自然公園の運営組織が認識されている点は非常に興味深い[15]。もちろんその台所事情は公園によって異なっており，管理運営組織の活動が活発ではなく，財政基盤も弱い公園も存在する。このような場合，いわゆるペーパーパーク的な状況に陥りやすい。

　以上のように統合アプローチによる自然公園は，法制度および財政的措置によって公園区域を他の地域と明確に差別化するしくみによって支えられている。つまり，インセンティブを付与することによって地域の内発力を引き出し，地域の持続的発展を通して自然保護を同時に図ろうとするのが，ヨー

表 7-3　各制度の目的

|  |  | 原生的自然の保護 | 科学研究 | 景観保護 | 教育，レクリエーション | 文化的価値の保護 | 地域発展 |
|---|---|---|---|---|---|---|---|
| イギリス | 国立公園 |  |  | ○ | ○ | ○ | ○[1] |
|  | 特別自然景勝地域 |  |  | ○ | ○ | ○ | ○[1] |
| ドイツ | 国立公園 | ○ | ○ | ○ | ○ |  |  |
|  | 自然公園 |  |  | ○ | ○ | ○ | ○ |
| イタリア | 国立公園 | ○ | ○ | ○ | ○ | ○ | ○[2] |
|  | 地域自然公園 |  |  | ○ | ○ | ○ | ○[2] |
| 日本 | 国立公園 | ○ |  | ○ | ○ |  |  |
|  | 国定公園 | ○ |  | ○ | ○ |  |  |
|  | 都道府県立自然公園 | ○ |  | ○ | ○ |  |  |

注 1）法律上は管理当局の義務とされている。
注 2）保護地域制度全体の目的となっている。

ロッパで見られる統合アプローチによる自然公園の形といえる。

### 7.4.3.　自然公園への地域の関わり方

　さて，ヨーロッパの自然公園において，地域がどのように関わっているのかを見るために，様々な関係主体の管理運営への関与の実態を比較することにしよう。ここでは，イギリスのピークディストリクト国立公園，コッツウォルズ特別自然景勝地域，ドイツのバイエリッシャー・ヴァルト国立公園，ザール・フンスリュック自然公園，イタリアのアブルッツォ，ラツィオおよびモリーゼ国立公園，シレンテ・ベリーノ州立自然公園を事例として取り上げる。

　法律に規定されている各国の自然公園制度における管理目的は，表 7-3 に示すとおりである。原生的自然の保護および科学研究の場としての目的を掲げているのは，ドイツおよびイタリアの国立公園の 2 つである。一方，景観保護および教育，レクリエーション利用についてはすべての制度において目的として掲げられている。また，ドイツの国立公園以外では文化的価値の保護が目的となっているとともに，地域発展についても重要なものと位置づけられている。とくに，ドイツの自然公園では法律上に地域の持続的発展の支

表7-4　公園管理への関係主体の関与

|  |  | 国 | 地方(カウンティ,州,県等) | 地域(ディストリクト,郡等) | パリッシュ,ゲマインデ,コムーネ,市町村 | 環境NGO | 学識経験者 |
|---|---|---|---|---|---|---|---|
| イギリス | 国立公園 | ○ | ○ | ○ | ○ | (○) | (○) |
|  | 特別自然景勝地域 | ○ | ○ | ○ | ○ | (○) | (○) |
| ドイツ | 国立公園 | △ | ○ | △ | △ | △ | △ |
|  | 自然公園 |  | △ | ○ | ○ | △ | △ |
| イタリア | 国立公園 | ○ | ○ | ○ | ○ | ○ | ○ |
|  | 地域自然公園 |  | ○ | ○ | ○ |  |  |
| 日本 | 国立公園 | ○ | △ |  | △ | △ | △ |
|  | 国定公園 | △ | ○ |  | △ | △ | △ |
|  | 都道府県立自然公園 |  | ○ |  | △ | △ | △ |

注：○，意思決定に直接関与する。(○)，意思決定に関与する場合もある。△，協議，助言，意見等に限られる。日本については，公園計画策定における関与を示している。

援が明文化されている点が特徴的である。

　以上の管理目的から各公園の性格をまとめると，ドイツの国立公園は原生的自然の保護や科学研究に重点をおくタイプの保護地域であるといえる。これに対して，イギリスの国立公園，特別自然景勝地域，ドイツの自然公園，イタリアの州立自然公園は，ドイツの国立公園とは異なり，文化的価値の保護，地域発展に力点をおくタイプの保護地域であると考えられる。また，イタリアの国立公園は中間に位置し，これらを包含するものとなっている。

　これらを踏まえながら，以下では対象地域における管理運営への関係主体の関与の実態を詳しく見ていくことにする。

　表7-4は，各事例地における主体ごとの関与状況を整理したものである。イギリスのピークディストリクト国立公園，コッツウォルズ特別自然景勝地域では，国のほか地方自治体であるカウンティ，ディストリクト，さらに最小単位の基礎自治体であるパリッシュの代表が，評議員として管理運営の意思決定に直接関与している。また，国によって指名される評議員として，学識経験者に加えて環境NGOの関係者が加わることもしばしばある。

　ドイツのバイエリッシャー・ヴァルト国立公園は，100％が州有地である

ことから基本的に州による管理運営となっており，郡，ゲマインデといった下位レベルの地方自治体や環境NGO，学識経験者は助言という形での関与にとどまっている。一方，ザール・フンスリュック自然公園では，郡，ゲマインデによる総会が組織されており，意思決定への直接的関与が見られる。しかし，環境NGO，学識経験者の関与はやはり助言という形にとどまる。イタリアのアブルッツォ，ラツィオおよびモリーゼ国立公園では，国，州，県，山岳共同体，コムーネが組織する評議会が，管理運営の意思決定に直接関与している。また，環境NGO，学識経験者も評議員として関与している。一方，シレンテ・ベリーノ州立自然公園では国の関与は見られないが，他の主体はアブルッツォ，ラツィオおよびモリーゼ国立公園と同じように評議会の構成員として意思決定に関与している。

源氏田[16]は，国と地域との"距離感"という点から管理運営組織についての検討を行っている。それによると，イギリスの国立公園は国の関与が弱く地域寄りのタイプであり，イタリアの国立公園はイギリスと比べて国の関与が強く地域からの距離がやや弱いタイプと評価されている。同様の観点から今回の6事例について見てみると，ドイツのバイエリッシャー・ヴァルト国立公園は，実質的な最上位レベルの行政主体である州の関与が強く，下位レベルの行政主体の関与が弱いタイプといえる。一方，イギリスのピークディストリクト国立公園，コッツウォルズ特別自然景勝地域では国から準基礎自治体であるパリッシュの代表まで幅広い行政レベルでの関与が見られるが，国によって指名される代表の多くは地域に居住する学識経験者等である。イタリアのアブルッツォ，ラツィオおよびモリーゼ国立公園は，国から最小の基礎自治体であるコムーネまでが関与しており，すべての行政レベルの関与が見られる。

以上のことから，イギリスよりもイタリアの国立公園の方が国との距離が近い，つまり国の影響力が強い組織構造になっていると考えられる。ドイツの自然公園の管理運営は郡とゲマインデによって構成される組織，イタリアの州立自然公園は州やコムーネを中心とする組織によって行われており，距離感という点では両者とも地域寄りであるといえるが，イタリアの州立自然

公園よりもドイツの自然公園のほうが下位レベルの行政主体を中心に組織構成が行われていることから，どちらかと言うとより地域に密着した制度であると考えられる。

　では，国と地方との距離感という視点から見た場合，なぜこのような違いが見られるのだろうか。これは，公園が管理対象とする資源の価値に着目すると理解しやすい。たとえば，ドイツのバイエリッシャー・ヴァルト国立公園は100％州有地であり，原生的自然という希少な価値を保護することを主目的に管理が行われていることから州の関与が強い。イタリアのアブルッツォ，ラツィオおよびモリーゼ国立公園は原生的自然の保護とともに文化的景観の保全や地域振興にも軸足をおいていることから，国から地域まで幅広いレベルでの協働管理が必要となっていると考えられる。イギリスのピークディストリクト国立公園，コッツウォルズ特別自然景勝地域は，国を代表する文化的景観の保全とともに地域振興もめざしていることから，すべての行政レベルの関与が見られるが，保全対象としているのは必ずしも希少性が高いとは言えない田園景観であることから，管理は地域が主体となっている。ドイツのザール・フンスリュック自然公園，イタリアのシレンテ・ベリーノ州立自然公園では，地域レベルで重要な文化的景観の保全と地域振興が主目的となることから，国レベルでの直接的な関与は見られず，地域を主体とした管理体制となっている。

　このように，保全対象となる資源の保全すべきレベルによって，公園管理に対する国と地方との関与の度合いに違いを見出すことができる。なお，ドイツのバイエリッシャー・ヴァルト国立公園以外の公園では，パリッシュ，ゲマインデ，コムーネといった，より地域に密着したレベルでの関与が見られる。公園の管理目的から分かるように，これらの公園では文化的価値の保護が目的のひとつとなっているが，そのためには農林業のような伝統的土地利用やコミュニティの維持など，地域により近いレベルでの活動が不可欠だからである。

　次に，比較検討という視点からわが国と各国との相違について見ておきたい。わが国の場合，自然公園管理に関する重要な事項は公園計画で定められ

表7-5 各国の基礎自治体の規模比較

|  | 人口(万人) | 基礎自治体数 | 平均人口(人)[2] |
|---|---|---|---|
| イギリス | 5270.0[1] | 11265(パリッシュ) | 2000 |
| ドイツ | 8226.0 | 14574(ゲマインデ) | 5600 |
| イタリア | 5178.7 | 8000(コムーネ) | 6500 |
| 日本 | 12771.0 | 1782(市町村) | 71700 |

注1：イングランドとウェールズの数値。全人口の41%がパリッシュが設置された地域に居住する。
注2：人口を基礎自治体数で割ったおおよその数値。
出典：山田光矢『パリッシュ——イングランドの地域自治組織の歴史と実態』北樹出版，2004年，Office for National Statistics, Census 2001 Key Statistics for parishes in England and communities in Wales, 2004.

る。公園計画の策定は，国立公園の場合は国，国定公園，都道府県立自然公園の場合は県が主体となって実施することとなっており，市町村の関与は意見を述べるというレベルにとどまっている[17]（表7-4）。実態としては，公園施設の整備や管理運営，各種保全活動など実際的な面では市町村が果たしている役割は大きいものの，公園計画策定過程で市町村が意思決定に直接関与する制度にはなっていないのである。

各国の公園管理に関与する基礎自治体の規模について見てみると（表7-5），イギリスのパリッシュ，ドイツのゲマインデ，イタリアのコムーネの平均人口は2000-6500人程度であるが，これはわが国の市町村よりもはるかに小さい人口規模である。ヨーロッパでは伝統的な集落規模のコミュニティが基礎自治体として位置づけられており，ドイツの国立公園を除いて，このような規模の自治組織の代表が公園の管理運営に直接関与しているのである。とくに，イギリスやイタリアでは「国立」の公園といえども，地域の基礎自治体による管理への直接参加が制度的に保障されている点は注目に値する。この背景として，国立公園設置の目的ともなっている文化的価値の保全を図ることは，上述のような地域の関与なしには困難であるとの認識があるからである。また，地域の持続的発展が公園管理上の目的のひとつとなっているのも，公園管理に対する地域の主体的な参加を促すうえで重要な点である[18]。文

化的価値の保全を目的とした管理運営が求められる公園では，伝統的な農林業活動の維持や保全活動など，地域の様々な主体の能動的な関与が不可欠であり，そのためには地域の積極的な協力を管理運営に取り込む必要がある。そこで，地域振興といった地域社会にとってプラスとなるような目的を，自然公園管理の目的として明確に位置づけることが，非常に重要な意味をもっているのである。

これに対してわが国では，市町村はおろか，集落レベルのコミュニティが自然公園の管理に直接関与する制度とはなっていない。わが国の自然公園地域においても，文化的景観や地域レベルで重要な自然環境など，地域が主体となって保全していくべき資源は数多く存在する。しかし，保護という側面だけでは地域の積極的な関与を引き出すのは困難である。そこで，農林業や地域産業の振興など，地域の持続的発展への寄与を公園目的の重要な柱のひとつとして明確に位置づけ，公園管理への地域の主体的な関与を促すような制度づくりが求められる。この点で，ヨーロッパの自然公園制度から学ぶべき点は多い。

## 7.5. 日本の国立公園が進む道

ここまで，統合アプローチをとるヨーロッパの自然公園制度の特徴を明らかにしてきたが，ヨーロッパと同様，多様な土地所有と土地利用のうえに成り立つ地域制を採用するわが国の自然公園は今後どのような方向を標榜すべきであろうか。

わが国の自然公園は，ゾーニングの観点から見ると規制(転用規制によるゾーニング)を中心とする制度となっているが，自然公園のゾーニングは様々な土地利用上のひとつのレイヤーにしかすぎない[19]。自然公園地域内の多くの関係者にとって，現状の自然公園という制度は土地利用上のひとつの制約条件でしかないのである。規制というネガティブな側面のみの制度に，地域の関係者の協力や理解を得ることは果たして可能だろうか。

上で述べたように，自然公園管理には分離アプローチと統合アプローチの

7. 自然公園の将来展望　377

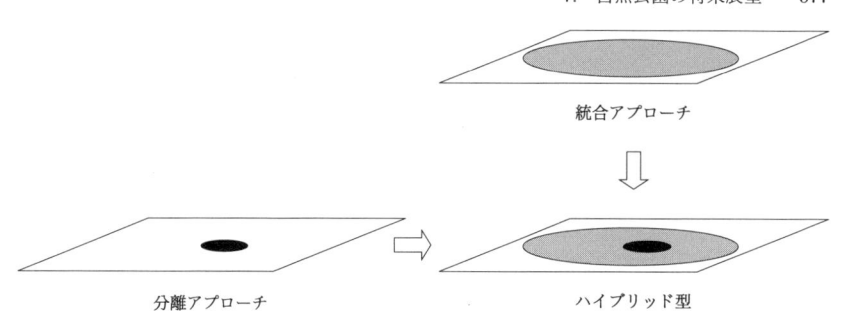

図7-3　2つのゾーニングによる保護地域のタイプ
分離アプローチ型保護地域は小面積，統合アプローチ型保護地域は大面積が一般的。ハイブリッド型では分離アプローチ型の区域がコアゾーンの役目を果たしている。

2つのタイプがあるが，大雪山国立公園，中部山岳国立公園など自然性の高い地域を長期的に保護することが重要である公園では分離アプローチが主流だろうし，吉野熊野国立公園，阿蘇くじゅう国立公園など伝統的な土地利用によって作られた景観を保護することが重要な公園では，統合アプローチが中心となるだろう。もちろん両者が混在するハイブリッド型の公園もある（図7-3）。保護すべき対象が人為との関係でどのように形成されてきたのかを踏まえながら，望ましい保護管理の方向づけをあたえていくことが必要である。言い換えれば，人的行為の規制による保護（受動的保護）と人的行為の働きかけによる保護（能動的保護）の2つのアプローチによる公園管理である。これこそが規制と誘導による公園管理，つまり転用規制と内部制御の2つのゾーニングにもとづく公園管理に他ならない。

　自然公園には国有林や都道府県有林などの公有林に加えて，多くの私有地が含まれている。統合アプローチが求められる公園では，伝統的な営農行為や林業経営によって維持されてきた景観，自然環境の保全に農林業が重要な役割を担っていることから，ときとしてこれらの土地所有者にも自然公園の管理に積極的に関わってもらう必要がある。また，地域のコミュニティや観光事業者は自然公園からの経済的便益を期待するだろうし，自然環境の維持には地域のボランティアの協力も必要になる。縦割り行政や異分野間の垣根を超え，関係者が自然公園の管理運営をともに担っていく意識を共有すると

ともに，関係者間の利害を調整しお互いが協働することによって便益が行き渡るようなしくみづくりが不可欠である。これには，規制という受動的な側面からの公園管理のみでは不十分であり，何らかのインセンティブを付与した能動的な公園管理のしくみが必要である。これこそが内部制御的ゾーニングとしての自然公園制度の意義である。

　ヨーロッパの自然公園では地域が主体となった組織が作られ，国や州，EUからの資金を得て管理運営にあたっているが，このように行政当局ではなく関係者の集合体によるネットワーク型の組織が管理運営の主体となっている点は，わが国においても参考にすべきであろう[20]。それと同時に，伝統的な農林業によって維持されてきた文化的景観を保護するためのインセンティブ付与のあり方や，景観保全に関わるボランティアやNGOなどに対する活動支援策についても熟考の必要がある。

　もうひとつ，今後十分な検討を要すると思われるのが，里地・里山保全における自然公園の役割である。これまで，自然公園制度の中心的な目的は比較的自然度の高い自然地域の保全であり，里地・里山の保全は主眼とはなっていなかった。しかし，丹後天橋立大江山国定公園における里地・里山への区域拡張のような例も見られるようになってきており，人為によって形成された文化的景観を再評価する意識がわが国でも高まってきている。その一方で，本論の冒頭で述べたように，自然公園制度の中でペーパーパーク化の危機に現在最もさらされているのが都道府県立自然公園である。このような中，国を代表するほど傑出した自然景観ではないが，身近な自然である里地・里山を保全するための手段として都道府県立自然公園を一層活用していくことを考えていかなければならない。ヨーロッパでは自然公園の多くが農林業景観を主体とする地域に指定されており，条件不利地域の地域振興にも役立っている。里地・里山という身近な文化的景観の保護と利用を通した，中山間地域における地域振興を図るためのツールとして，都道府県立自然公園制度の再構築と可能性を検討すべきである[21]。

　しかしながら，自然公園制度の再構築を考えるにあたっては，ヨーロッパと日本の自然公園を取り巻く制度的状況が異なることに注意する必要がある

ことはもちろんである。ヨーロッパでは EU という上部組織による農村地域開発支援を，自然公園の管理運営組織が受け皿として担っているという事実を十分に認識すべきである。自然公園の役割を狭義の自然保護に限定しようとする限りは，新たな自然公園制度の再構築は難しい。自然公園の管理運営組織を中山間地域における地域振興の担い手のひとつとして位置づけ，法制度面，財政面でのサポート体制を整えない限り，地域に期待される自然公園制度への脱却は困難であろう。

アメリカで最初の国立公園が指定されてからおよそ 140 年が経過した。将来世代にわたって残すべき自然度の高い地域を保護するために，国立公園に代表される保護地域が世界各地で設立された。その一方で，ヨーロッパや日本では，観光目的以外の利用を排除するというアメリカの国立公園とは異なる制度が採用された。その後，徐々にではあるが，ヨーロッパの自然公園制度は独自の発展を遂げてきた。そしてヨーロッパでは，自然環境の保全のみならず地域の持続的発展を視野に入れた，新たな自然公園の時代が訪れようとしている。それは地域環境ガバナンスという，地域の関係主体の協働による地域環境管理をめざした意欲的な取り組みである。まさに自然公園のルネッサンスといえよう。

新たな時代におけるわが国の自然公園は，単に「〜自然公園」という名称をあたえられた区域という存在にとどまらずに，自然保護や景観保全，地域資源を活用した地域活性化を軸に，地域の関係主体が協働で中山間地域の持続的発展を進めていくためのひとつの有機的単位として，さらなる役割を果たすことになるだろう。日本における自然公園のさらなる発展に期待したい。

〈注〉
1) 鍛冶哲郎「三位一体の改革の概要」国立公園 631 号（2005 年）6-7 頁。
2) この措置により，国立公園の特別保護地区および第一種特別地域の 51.5 万ヘクタール，国定公園の 134 万ヘクタールについては国費の投入対象となったが，残る国立公園の第二種，第三種特別地域，普通地域の 155 万ヘクタール，および都道府県立自然公園 196 万ヘクタールへの国費投入は原則的になくなり，自然公園地域の半分以上が国費による補助対象外となってしまった。

3) 高橋佳孝「自然公園を守る多様な主体のかかわり——阿蘇における農村・都市の交流活動にみる合意形成」国立公園 657 号 (2007 年) 4-7 頁。
4) 国立公園制度の草創期に遡れば，急ごしらえに作られた安上がりの制度というところにも問題点の発端を窺うことができる。詳しくは，村串仁三郎『国立公園成立史の研究——開発と自然保護の確執を中心に』(法政大学出版局，2005 年) 105-139 頁を参照。
5) IUCN, *The Protected Landscape Approach: Linking Nature, Culture and Community* (IUCN, 2005).
6) M. Lockwood and A. Kothari, Managing Protected Areas‐A Global Guide (Earthscan, 2006) pp. 715-723. 本リストに掲載されている保護地域のうち，ここでは IUCN カテゴリーに分類されているもののみを分析対象とした。なお，日本の保護地域のうち 40.5%が未分類となっている。この中には国有林における保護林や都道府県立自然公園などが含まれていると思われるが，都道府県立自然公園の多くが V 型に相当するものと考えられることから，日本における V 型の割合は本文中の数値よりも高くなるものと推察される。
7) この数値は，IUCN が独自に集計したものであり，各国政府が公表している数値と必ずしも一致しない。また，IUCN カテゴリーに分類されていない保護地域も加えた場合，国土に占める保護地域面積の割合が高くなる国としては，オランダ 33.2%，イギリス 32.7%，デンマーク 28.0%，イタリア 20.2%，アイルランド 20.0%，ギリシア 17.9%などがある。ちなみに，未分類のものも含めた日本の値は 14.3%である。
8) 畠山武道「地域指定制公園における財産権の規制と補償」国立公園 652 号 (2007 年) 4-7 頁。
9) 古井戸宏道「ゾーニングをめぐる諸問題——林地利用に対する公的関与」林業経済 633 号 (2001 年) 15-29 頁。
10) ほかに，源氏田尚子「欧州の国立公園がめざすもの」国立公園 634 号 (2005 年) 10-14 頁も参考になる。
11) I. Mose and N. Weixlbaumer, A New Paradigm for Protected Areas in Europe?, in I. Mose ed, *Protected Areas and Regional Development in Europe* (Ashgate, 2007) pp. 3-19.
12) この点については，序章でも言及した通りである。
13) 途上国の保護地域においても，同じことが言えるようである。詳しくは，原田一宏「保護地域に求められているもの——保護地域は環境破壊を防ぐための新たなパラダイムとなり得るのか」林業経済 56 巻 1 号 (2005 年) 15-25 頁を参照。
14) もちろん，分離アプローチによる保護地域であっても，周辺の様々な関係者とのコンセンサスの形成が重要であることには変わりはない。
15) 環境に配慮した農業や森林認証，バイオマスエネルギーや風力発電などの自然エネ

ルギーの導入なども，自然公園の重要な取り組みとなっている例が多い。
16）源氏田尚子「欧州の地域制国立公園の管理運営体制について――イギリス，イタリア，フランスの事例を通して」『2006年度環境法政策学会学術大会論文報告要旨集』(2005年) 35-39頁。
17）自然保護団体などの環境 NGO による関与は，原則としてパブリックコメントによる意見提出に限られる。
18）Mose and Weixlbaumer, supra note 11, pp. 3-19.
19）八巻一成「国立公園管理と協働」森林科学53号(2008年)23-26頁。
20）ゴールドスミス，エッガース(城山英明，奥村祐一，高木聡一郎監訳)『ネットワークによるガバナンス――公共セクターの新しいかたち』(学陽書房，2006年)3-26頁は，ネットワーク型ガバナンスの重要性を説いたものであるが，本書の冒頭ではアメリカのゴールデンゲート国立保養地区が事例として紹介されている。公園管理におけるネットワーク型ガバナンスの重要性を示す一例といえよう。
21）日本において自然公園が国土に占める割合は約14.3%であるが，ドイツでは自然公園(Naturpark)のみで国土の27%を占めている。また，イギリスのイングランドでは国立公園が国土の8%，特別自然景勝地域が15%を占め，合わせて23%となっている。これらはいずれもⅤ型保護地域であるが，保護地域面積の拡充，身近な自然である里地・里山の保全の両面から，Ⅴ型保護地域としての都道府県立自然公園を有効に活用していく方策をもっと積極的に検討する必要がある。

付記：本章は，以下の論考をもとに，加筆修正を加えたものである。
八巻一成「地域制自然公園制度の現代的意義――ゾーニングの視点から」林業経済732号(2009年)1-13頁。
八巻一成「ヨーロッパの自然公園における関係主体の関与――イギリス，ドイツ，イタリアの事例」林業経済研究56巻3号(2010年)1-10頁。

## 8. 座談会──国立公園・自然公園の可能性を求めて
　　　　　　　　（ヨーロッパから日本へ）

　　　　　　　　参加者：柿澤宏昭，交告尚史，土屋俊幸
　　　　　　　（50音順）畠山武道，広田純一，八巻一成

　本書の執筆者らは，3年間にわたる現地調査を終え，その成果を話し合うべく，座談会を開催した。本章はその記録である。また，執筆者らは，これまで日本の国立公園制度について様々な調査・研究を重ねてきた実績を有することから，ヨーロッパの国立公園・自然公園制度と日本の現在の国立公園政度を比較対照し，ヨーロッパの国立公園などから日本が学ぶべき点について，積極的な提言を試みることにした。今後の日本の国立公園・自然公園の発展に向け，何らかの示唆を提供することができれば幸いである。

　　　　　　　　　　　　　　＊

**土屋**　それでは，イギリスを中心に，ヨーロッパの国立公園が日本の国立公園もしくは地域づくりにあたえる示唆について，座談会を行いたいと思います。一番始めの議題として，公園の管理組織，次に公園計画制度，計画実行のあり方，権限の付与の仕方など，制度的な面を議論し，日本への示唆ができたらと思います。

〈国立公園管理組織のあり方〉
**広田**　イギリスの場合，公園毎に国立公園庁があり，計画権限を付与された強力な管理団体になっています。土地利用計画の権限があるということで，日本から見ると地方自治体のような団体かと思います。それに対して日本の場合，自然保護官事務所という名が示しているとおり，自然保護行政の執行

機関，出先機関ですから，組織の基本的な性格が大きく違っています。

　論点としては，イギリス流に公園毎に独立性の高い管理団体をめざして組織の強化を進めていくべきか，それとも日本ならではの組織のあり方を追求するのかという点があろうかと思います。

**柿澤**　イギリスでは国立公園庁が土地利用計画権限をもっていますので，そういう面で言うと独立した組織です。しかし，その他の権限は地方自治体に属しており，土地利用計画権限以外に関わることについては地方自治体と連携しなければなりません。そういう点を押さえて日本を考えると，国立公園のタイプにもよりますが，知床は国有地も多く，また世界遺産になっているから独立した組織を作りやすいかもしれないですね。一方で，瀬戸内海や伊勢志摩となるとちょっと話は別になり，それこそAONB(特別自然景勝地域)タイプになるかもしれません。

**土屋**　日本の国立公園は，土地所有も含めて知床のような国有地が多くしかも原生的自然が多くを占めるところと，瀬戸内海のように民有地が多く里山的なところとに，タイプが2つに大きくわかれてしまうので，そういう意味で管理組織の機能に違いがでてきてしまうのかもしれないですね。

**八巻**　ドイツの例ですと，国立公園と自然公園では全然形態が違っています。たとえば，バイエルン州にあるバイエリッシャー・ヴァルト国立公園の場合は100％が州有地で，州政府直轄の公園局が管理しています。この点でアメリカ型の営造物に近い管理形態ですが，一方で自然公園の方は，イギリスに近い地域主体のシステムです。その意味でドイツの場合は，営造物型と地域協働型のものが混在している状態です。日本でもそういうものを参考に，全部一律のシステムではなく，土地利用や利害関係者を考慮した，地域に合った柔軟な制度設計が必要だと思います。

**土屋**　私は広田さんの示した論点について言うと，公園管理組織の強化をすべきだと思います。どうしてかと言えば，ひとつの国立公園ないし自然公園にひとつの事務所があるということは，住民とか利害関係者にしてみれば，意見を集約しやすいと思うからです。ところが，今の日本みたいに，地方環境事務所が複数の公園を管轄する一方で，現場レベルでは分散型で各自然保

護官事務所にひとり位しか配置されていない現状では，どうしても外の人達の意見を集約する場所が見えにくいんですね．管理主体として各国立公園に明確な主体があって，そこがいろいろな意見を取り入れながら管理していくということをまず示していくことが必要だと思います．

**柿澤** あえて議論をさせていただきますと，国立公園区域のおおまかな土地利用計画とか，地域のツーリズムや活性化にしても，現在の地方環境事務所や自然保護官事務所は何か権限をもっているわけではありません．権限をもっていないのに，いろいろ言われても困りませんか．

**土屋** それは，イギリスのAONBがある意味で同じ状態で，制度的にどれだけ権限が担保されるかは別に，たとえば委員会(ボード)を作って皆で計画を作りましょうというだけの機能でもいいと思うんです．もちろん，権限があるほうがいいとは思いますが．

〈協議会方式による運営の可能性〉

**柿澤** そういう意味で言うと，イギリス風の国立公園庁というよりも，オフィシャルではなくてももっと調整的なネットワーク的組織というのは考えやすいかとは思います．

**広田** イギリス流の国立公園庁となると，然るべき権限をもったボードの存在が特徴的だと思うんです．土屋さんが言われたことだけであれば，協議会方式でも良いのではないかと思います．もっと権限の強い組織までは必要ないのではないですか．

**八巻** 日本でも市町村レベルの長が集まって，国立公園協議会を作ってやっていますが，それが形骸化している例が多いように思います．だから，なぜ形骸化してしまったかを，イギリスを見て考える必要があるのではないでしょうか．

**土屋** 学生が，ある国立公園の協議会について研究をしました．そこでは，いろいろな問題点はありますが，協議会でちゃんとルールを作ったりして前に進んでいるんです．ではなぜ協議会ができたかと言うと，県がかなり前に出てきてまとめる方向を作っているんです．それを環境省出身の大学の先生

がまとめているんです。そういう意味で，要するにコーディネーションという機能を誰かがもたないと，場ができても動かないというひとつの例だと思うんです。コーディネートをするのはやはり環境省でしょうか。

**畠山** イギリスの場合は，国立公園庁が恒常的な機関として設置されており，その運営には，公園区域内の市町村からの代表がメンバーとして参加しており，話し合いで決定する。そして決定したことを独自の予算とスタッフを用いて実施する。このように決定したことを実行するというシステムがないと，利害関係者の参加した協議会を作っても，後は誰が，誰の金でやるんだということになってしまう。

イギリスでも，最初は国立公園庁に権限らしい権限がなく，法律を次第に改正することによって，管理機関の権限を少しずつ高めて，今のような高い権限と独立性があたえられる機関になった。こういう漸進的なプロセスを参考にしてみたらどうか。ただし，日本の現状では，知事や市長とは別に，公園管理機関に土地利用規制権限まであたえるのは難しいかもしれません。

**土屋** 確かに，権限がないとやれることには限界がありますね。

**広田** そこなんですが，国立公園の管理に限らず，地域づくりなどでも協議会を設置して活動を推進するというやり方は一般的であり，ともすれば形骸化しやすい協議会を実質化することは普遍的な課題です。当初は体制づくりということで，形式的なものでもともかく何か組織を立ち上げ，走りながら考えるというケースも少なくありません。それを実質化するひとつの方法として，協議会のメンバーが丁寧な参加型方式によって計画とか構想を一緒に作り，それを達成するために皆で役割分担して実践的な活動をやっていくという方法があります。

**土屋** その場合，権限で実行を担保するのではなくて，皆でいっしょに決めたのだからやりましょうというコンセンサスで，実質的に担保するということですか。

**広田** そうです。制度化された構想とか計画というものがあればなお良いと思います。国立公園についても，もしも都市計画マスタープランのように，様々な利害関係者の共通の目標になりうるものが制度化されていれば，組織

としては権限がなくても協議会方式で実効性のある計画を作っていくことができると思います。

**八巻** 日本の国立公園でも関係者は公園計画の作成に形式的には参加することができます。しかし，実質的には参加が担保されているわけではありません。つまり，彼らが参加して共通のコンセンサスやビジョンを含んだような計画が作られていないことが，根本的な問題じゃないかと思うんです。

**土屋** 林野庁などの他省庁から横槍がもしあっても，それこそ住民参加などで議論して作ったものだということで対抗力はつくわけです。環境省内部だけで作ったものというのでは林野庁から文句を言われるでしょうね。

〈公園管理のビジョンをどう作るか〉

**柿澤** イタリアに行ったときに，関係自治体で作る公園共同体という組織があったじゃないですか。ああいうものの方が良いのではないでしょうか。公園計画を地元の人達で一緒に作りましょうと言ってもあまり興味をもたれないのではないでしょうか。公園共同体では，関係自治体が社会経済計画を作り，それらのうち何人かは公園管理に関わります。地域をどうするかという話し合いで共通の認識が作られ，そこから管理に参加するという形式をとっています。たとえば，日本であれば，今の公園管理計画にビジョンとかが書かれていませんが，それは法律でも決められていません。地域づくりの中に公園をどう位置づけるか，そういう話を公園計画とどうやって結びつけるのかという話をしていかないといけない。今あるリジットな状態で，現在のしくみにあれこれ押し込んで考えるのは無理です。

**広田** あるいは，公園計画の中にビジョン的なものを導入するぐらいであれば，そんなに難しい制度改正ではないんじゃないですか。

**土屋** 法律ではビジョンを記載するようにはなっていませんが，知り合いのイギリス人研究者が，環境省に行ってそのことを聞いたんです。要するに，公園管理計画があまりにもお粗末なので，何とかならないかっていうことを言ったら，担当者から公園計画は法定計画なので，他省庁に全部回さなくちゃいけないから，そこで意欲的なことを書くと全部つぶされてしまうので，

なるべく何も書かないらしいです。その代わり，管理計画については法定計画ではなく環境省内部で全部できるので，そこを充実させると言われたらしいです。それを聞いて，彼らは分からなくなっちゃって，公園計画がマスタープランなのに何で実施計画のところで詳しく書くのか，ぜんぜん理解できなかったみたいです。たぶんそれがお役人的に言うと，論理としてはあるんでしょうね。

**広田** スタートとしては，非法定のビジョンのようなものを，関係者を拘束しないという条件で作っていくのはどうでしょうか。都市計画マスタープランも最初はそうだったんだと思うんです。法律で規定されるのは最終段階であって，それまでは条例か何かで，あるいはそういう根拠もないまま，皆で共通のビジョンを作るところから始める。日本の国立公園でもそこからスタートするのが良いのではないでしょうか。どこかの公園で先進的取り組みとして，ビジョンのある計画を作ってみたらいいと思います。

**土屋** 北と南では公園の規模もおかれた状況も違うから，2タイプくらいあるといいですね。

**八巻** 阿蘇とか瀬戸内海のようなところでは，環境省は土地をもっているわけではありませんので，法律に則った目的を達成するために利害関係者を集めて調整する，いわばコーディネーター的立場にいるわけです。そのための場を作って調整すべき立場なのに，必ずしもそうはなっていないですよね。

**土屋** 誰をコーディネーターにすべきかが一番問題です。自然公園については環境省がコーディネーターになれるんですから，非常に重要な立場にいると思います。

**広田** やっぱり環境省がやるべきでしょうね。しかし，そこに踏み切れないのは権限の制約なのか，自主規制なのか……。

**柿澤** コーディネーターは役職でなくて，その地域に何年もいて信頼関係を築いて初めて機能するのであり，信頼関係を作る期間と資質があって初めてうまくいくものです。そういうシステムを今，環境省はもっていないということではないでしょうか。

**土屋** ただし，コーディネーション機能をやるのであれば，専門的な技術を

もったスタッフが必要です。
　論点が公園計画の方に随分入ってしまっているので，広田さんの論点に戻すと，日本の公園計画は計画といえるのか，これからどうしたらいいのか，ですね。総合的なビジョンを明示できるような計画を参加型で作るべきであるということでよろしいですね。

〈参加方式による公園計画づくり〉
**広田**　何年か前に柿澤さんから依頼されて，林業経済学会で土地利用に関わるいろいろな行政計画を比較したことがあるんです。そこでつくづく思ったのは，計画の策定プロセスを参加型でやっていろいろな関係者が関わってやったものというのは，やっぱり実質的な重みをもつということです。ところが，農業とか森林計画とかは，関係部局の職員しか関わらないから，誰も知らないし，重みがないというか，実効性がない。それに対して，後発ですが環境基本計画は，行政以外の人も含めていろいろな参加プロセスを経て作られます。参加した人たちは作った以上，どうやって実行するかまで意見を言いますから，行政の方もそれなりの予算をつぎ込んでやらざるをえない。ということで，もしも国立公園の共通ビジョンみたいなものを作るときには，参加型かどうかというのがすごく重要だと思うんです。そういうやり方で作った以上は環境省とか林野庁だけの問題じゃなくなる。
**土屋**　すごく疑問なんですが，この環境基本計画というのは環境省の所管ですね。一般的に環境省は住民参加をとても意識してやっているのに，なぜ，こと公園計画に関しては非常にクローズにやっているのでしょうか。
**柿澤**　自分の権限がないからじゃないでしょうか。たとえば生物多様性国家戦略にしても，森林関係は林野庁の出してきたプランを貼り付けるわけでしょ。そういう意味で言えば，自分達でできるところは熱心にやるけれど，権限が及ばないところはできない。環境基本計画も各自治体で権限のある範囲でやるということでないでしょうか。
**土屋**　広田さんの意見が正しければ，環境省は参加型の計画づくりによって自分の権限をちょっと広げることができるのではないですか。

柿澤　もしかするとパンドラの箱を開けるような事態が生じるかもしれません。中途半端な参加制度を入れると、どうしようもなくなってしまう……。

畠山　建前を言っても仕方ありませんが、自然公園法は、戦後何度も改正されていますが、そもそも体系、理念が古いですね。国が国民に保健・休養の機会をあたえてやるという思想から脱却できていない。そこで、地元の観光業者などの意見は聴くが、広く国民の意見など聴く必要がない、お上が一方的に決めれば良いのだという発想です。森林法はちょっと違って、都道府県森林審議会と意見書提出の手続がある。鳥獣保護法にも、都道府県審議会や公聴会の規定があります。自然公園法には、公園計画や公園事業の決定について、住民の意見書提出も公聴会の規定もないのですね（国定公園の事業計画については都道府県審議会への諮問がある）。国の環境審議会で了承すればすべて終わり。公聴会が良いかどうかは別として、一部の地権者、観光業者だけでなく、住民や利用者の意見を広く聞くという手続は必要です。ご存知のように、地方環境事務所・自然環境事務所や自然保護官事務所が、実際にはパブリックコメントの募集や地元説明会などを開いています。ただ、自然公園法にまったく規定がないのは摩訶不思議です。

〈地元の利益と全体的な公益との調整〉

交告　調整ということを言われましたが、イギリスの国立公園では市町村レベルの利益と国益を、どういう利益になるのが良いと考えて調整しているのですか。日本でなかなか調整しようという動きが出ないのは、どのあたりに落としどころをもって行って良いのかの見極めが難しいからではないでしょうか。つまり、環境省はたぶん国立公園の国益というのを考えていて、そこに市町村あたりの利益とどのように混ぜ合わせて良いのか、その辺の見通しがまだ立たないんだと思うんです。また、カウンティなど地域の代表は、地域コミュニティの利益を代表するのか、それとも大局的に考えることまで要請されているのか、そこのところはどうなんですか。要するに、中心となる人物はどれ位のレベルの利益を考えないといけないのですか。

広田　国立公園庁のメンバーは、昔はそれぞれの選出母体の利益を考えなけ

ればいけないということでしたので，全体を見た合意形成は難しかったけれど，今は少人数になって公園全体の利益を見ることができるようになったということのようです。

**畠山** 委員の数が多いときは自分の意見ばかり述べていたが，メンバーの数が減った結果，緊密な議論をするようになり，皆全体のことを考えるようになってきたという話でしたね。法律には国立公園庁の任務が書かれており，任務の中には地域の発展ということもきちんと書かれてある，メンバーはその義務に従って議論するという当たり前のことが可能になった。

**広田** 選出母体の利害をメンバーは意識はしているだろうし，そういう意見もするでしょうけど，それだけじゃないという感じですね。

**土屋** 要するにミックスでしょうね。

**柿澤** 以前に調査に行ったときにメンバー達が言っていたのは，基本的には公園全体の立場に立つけれど，自分達の利害に関係するようなところは，実際に事務局と話をして，自分の態度を決める……その辺は全体を見ながらのようです。

**土屋** 畠山さん，交告さんの発言ですが，今の現状からすると，かなり広域のカウンティ（日本の県と同程度の規模），それとディスリクト，パリッシュという3つのレベルからメンバーを選出していますが，あの考え方というのは最初からうまくいったのでしょうか。かなりどんぶり勘定というか，いろいろなレベルの人達をいっしょにして皆で議論しましょうということですが……。

**畠山** 都市農村計画や他のいろいろな再開発計画など，メンバーに自治体の議員や直接選挙で選ばれた住民が参加するのは，よく見られる例ですね。しかし，国立公園のようにいろいろの行政レベルから選ばれた議員や代表者で構成された組織で管理していることはそうないと思います。パリッシュ代表者が，国立公園庁以外にどのような委員会に参加を認められるのか，興味のあるところですね。

**土屋** 日本では，県レベルの議員さんと市町村レベルの議員さんが一緒になって作るというのは，あんまり考えられないですよね。

〈独立管理官制度の可能性〉

**交告** イギリスではよくインスペクターと呼ばれる人がいますね。日本でも，環境大臣が国立公園主事という独立性の高い職を設けて，その人を中心として環境省に国益を代表させて，しかし，後は様々な利害を代表するいろいろな人で構成された組織を作るというのはどうでしょうか。

**広田** 国立公園主事に意思決定の権限をもたすのではないですよね。関係するステークホルダーの意見をまとめるってことですね。

**交告** 要するに，北海道の国立公園に関しては，たとえば，畠山先生に主事をお願いして畠山先生に取り仕切っていただくということです。ただし，主事個人に決定権があるわけではありません。ただ協議会を取り仕切るだけです。主事の役割は，国立公園の国益を代表しつつ，全体の落とし所を付けてあげるということです。

**土屋** その場合は，北海道全体ということですか。各国立公園だけではなくて。

**交告** 公園ごとに主事を任命すると，つまり主事になる人間が多ければ多いほど権限が小さくなるじゃないですか。北海道国立公園主事というのは，大臣の次ぐらいの地位をあたえたいんです。

**広田** それだと，国の力が強くなり過ぎませんか。

**交告** それは，われわれが利益調整に慣れていないということではないでしょうか。スウェーデンでは知事は全部官選です。しかし，県庁に相当する組織の中に14名のメンバーからなる委員会があって，そこで国益と県レベル，コミューンレベルの利益との調整を行っています。

**広田** 取りまとめという機能は分かるのですが，法律に則って国立公園の利害を代表する主体と，コーディネーターがいっしょになっているというのは，何となく違和感を感じるのですが。

〈国立公園はなぜ「国立」公園なのか〉

**交告** 以前土屋さんがある報告で，なぜ国立公園は国立なのかというお話をされたことがありました。そのときはっきり認識したのですが，国立には国

立たるゆえんがあると思います。

**広田** それは国レベルの重要な自然美を守るということですか。

**交告** イギリスにコールイン(call-in)という制度があります。これは都市農村計画法に書いてあるしくみで，本来自治体が権限をもっている案件でも，国がこれは国がやるべきだと思ったものについては，自分のところに呼び戻すことができるというしくみです。呼び戻す案件はそれほど多くはありませんが，まんざらないわけでもないのです。まあ地方分権との関係から言うとちょっと問題のありそうなしくみですので，減らそうという方向にはあるようです。現在の実数は確か1500件くらいのうちの1割程度。この1500という数字ですが，自治体から国にそちらでやってくれという要望を出した案件もありますが，どういう案件を国に戻すかについては一応ガイドラインがあるようです。協議会の議題となるものは，自治体から国に情報が行くらしいんです。その1割位を国に呼び戻しているということです。

そこで私が考えたのは，国立公園の近くで自治体が開発許可を出そうとする場合は，協議会もそれを良しとしたということになりますが，そういうときに，そんな許可を出すんじゃないと国が横槍を入れるということがありうるのではないかということです。国立公園を例としたものがあるかどうかは知りませんが，EUの生息地指令に関しては，大臣が指令に反するといって許可をやめさせることはあるらしいです。

**柿澤** それは最後の手段であって，それをもとに制度設計するんじゃないですよね。

**交告** それはそうですが，要するに，そこに国として守らなければならないものがあるということなんです。国立公園の場合に，ここの地方らしい美というものがあって，イギリスとして守らなければならないかどうかという話ですよね。国益をいかに通すかということですね。

**土屋** 前に，メンバーの中に大臣から指名された者がいるのは同じような意味だと環境・食糧・農村省(DEFRA)が言っていました。実際には国の職員ではありませんが，国全体の利益，意向を代表する人を指名し，彼らが評議会の中の意思決定過程で国の立場からの意見を言う機会をもっていることが，

国立のゆえんだと言っていました。

**畠山** コールインかどうかは分かりませんが，1958年，イギリス政府は，国立公園委員会（NPC）の反対を押し切って，ペンブロークシャ海岸国立公園の石油精製施設とスノウドニア国立公園の原子力発電施設の建設を認め，批判を受けています。これはあまり良い前例とはいえないようです。都市農村計画法によるコールインについては，50万3000件の計画許可について119件のコールインがなされたという記録（1998-99年）がありますが，国益優先の中身を確かめる必要がありますね。

〈国立公園を含めた地域のビジョンが必要〉

**柿澤** 今までの話でもかなり出ていますが，国立公園の管理を環境省が今まで通りにやるのではなく，周辺自治体だとか地域住民とか，そういう人達がいかに参加をするかということになってくると，それは今の公式な取り組みだけではなく，それこそ広田さんが言われた地域の非公式なビジョンづくりだとか，地域づくりとかそういったものと，自然公園の管理を結びつけていくことが必要です。そういう意味では，地域ガバナンスという話にどうしてもならざるをえません。

　そういうことを考えていくと，自然公園だけの話ではなくなります。もう日本にも地域をベースにした，様々な活動が行われており，そういうところにとってイギリスの国立公園やAONBがやっていることはもしかしたら参考になるかもしれない。たとえば，富良野の田園景観と大雪山の山岳景観の保全と地域活性化を結びつけるといった取り組みです。そういう意味で，ヨーロッパの国立公園は持続可能な自治体のモデルとしても考えられます。

**八巻** 地域からの視点で見た場合は，柿澤さんが言われるように国立公園にこだわる必要はないと思います。ただ逆に，保護地域政策という視点で見た場合には，制度で保護される地域は，少ないよりもたくさんあったほうがいい，ということになります。ヨーロッパでは規制の緩やかな自然公園が多く指定されており，イギリスは20％，ドイツでは国土の25-6％位あります。ところが日本の自然公園は14％程度です。ヨーロッパのようにもっと増や

してもいいだろうと思うんです。そうしたときに，今みたいな規制をかけるだけの手法だともうこれ以上増やしにくい。そのような中で，保護地域の管理に地域に主体的に関わってもらえるような，地域振興，地域発展まで踏み込んだ保護地域制度を構築すべきだし，そういった観点からすると，必然的に地域振興と密接に関わってくる保護制度を構築すべき必要があると思うんです。

**土屋** はたして，「保護地域(protected area)」という言葉が良いのでしょうか。保護地域じゃないほうが良いのかもしれませんね。持続的発展を守る枠組みということでね。そうすると矛盾しないです。そのためにはどこかをオーソライズしたほうが分かりやすい。

**交告** そうそう，前にデンマークの研究も引き受けると申しましたが，今の話があるからそれはやめようと思いました。どうも枠組みが違うようなので。深く研究しないと分かりませんが，デンマークではどうも「保護地域」という考えが強くないようなので。どこでも守りましょうという感じ，ただ保護の程度が違う。

**広田** 八巻さんの議論を進めると，今の国立公園のゾーンをもうちょっと里山的なものにまで広げていくということですか。

**八巻** そうです，それも意識しています。たとえば，里山の自然と言ったときに，いろいろな保全の方法があると思うんですけど，そのひとつのツールとして，もしかしたら，持続的発展ということを視野に入れた保護地域制度というものを使って，いろいろなことをやれる可能性はあるんじゃないかと。たとえば，東北の北上山地のような農林業によって作られた景観を見て何とか保全する手はないかなと考えたときに，イギリスとかドイツのような規制の緩やかな公園制度が使えないかと。そのメリットとしては，やり方によりますが，自然公園に指定されることで地域の主体が集まって，様々なPRができると思うんです。個別の市町村ではなかなかできないものも，これならできそうに思います。

**広田** その方向は今はむしろ，文化庁の文化的景観とか，景観法の枠組みにもとづいて進められていますね。岩手県遠野市全体を文化的景観として，そ

の中のいくつかを重要文化的景観として選定しようとして調査が進められ，同市の荒川高原が重要文化的景観に選定されました。それは早池峰国定公園と隣接しており，一種の保護地域の拡大になります。自然公園法とは別の枠組みで進んでいるんです。

**土屋** そこは深い谷間になってしまいますね。アメリカのナショナルパークサービス（国立公園局）だって別に区切っていません。アメリカのナショナルパークサービスは，歴史的・文化的遺産にまで食い込んでいますが，日本は法律上はそっちには行けない。

**柿澤** さっきの話ですが，国立公園当局がコーディネート機能を果たすという話でしたが，そういう話だと，むしろ自治体がコーディネート機能を果たす，幾つかの自治体が協力し合って地域全体として整合性を図るということも考えられるのではないか。

**広田** いわゆる中央分権，地方集権ということですね。

**土屋** 地方も広域になってきているから，できるかもしれませんね。

〈重層的な保護システムが必要〉

**八巻** ドイツを見てみると，自然保護地域という自然公園とは別の制度的な網を被せることで，スポット的な重要地域をがっちり保護して，その他を自然公園として活用するという2段構成となっています。しかし，地域の管理や保全を全部地元にやらせてしまうと，保護すべき所を短期的な視点でのみ扱ってしまうおそれもある。そうしたときに，ある程度ナショナルレベルでの規制をかけつつ，それを上手に保全しながら利用してもらうという意味合いでは，法的にある程度担保された制度のもとで，保護もしながら利用もするというしくみが必要です。

**広田** 文化的景観は実質的にそのような形になっていますが，規制は別の制度で行います。重要文化的景観の場合，人がそこで生活しているから凍結保存は求めない，というか求められない。その中に希少種がいた場合は，別のツールで規制をかけていくという形です。規制の手法は都市計画法や農地法，農振法などいろいろあります。管理計画を作るのでヨーロッパの自然公園に

近い形です。日本の自然公園制度よりよっぽど気が利いているかもしれません。

**畠山** イギリスもそうですね。学術上特に重要な保護地域(SSSI)は，国の専門機関が学術的な観点から全国一律の基準で指定し必要な規制をすると同時に，必要に応じて，国立公園，AONB，国指定自然保護区，地方指定自然保護区などの地域指定を被せる。そこでSSSIを全国で6500カ所も指定しています。日本にも天然記念物制度があり，比較的小さなものもこまめに指定している。しかし，国は指定するだけでほとんど何もしない。管理は自治体の教育委員会任せで，国立公園や自然環境保全地域などでフォローアップするしくみがない。

**広田** 八巻さんが言ったように，国立公園とか国定公園の網だけを実効的な管理計画もないままに拡げていってもほとんど意味がない。

〈国立公園のガバナンス〉

**土屋** ちょっと論点を戻していただいて，現状の日本の国立公園管理をガバナンスの面からどう見るかということですが，たとえばプロジェクトベースでは，事実上やっているのではないかという気がします。ガバナンスをやろうと思ってやっているのではなく，いろいろな県や市町村，住民団体，NGO，NPOが仕方なくやっている結果，全体を見ると何とかやっていっているという感じ。何とかパートナーシップやガバナンスをやっているということは，一応評価してあげないと。問題はそれをいかに自覚的に，制度的に担保していくかということです。

**畠山** 非公式な協議を住民や自然保護団体とやるのは良いのですが，公的な保障(法的根拠)がないと，いざ参加したいというときに参加できない。また，事実上参加し重要な役割を果たしても，非公式な参加ということで意見を尊重してもらえない。やっぱり公式に参加資格を認めることに意味があると思うんです。

**広田** その場合，責任はどうなるのでしょうか。非公式だから責任が伴わないし，気軽だし，参加しやすいという面もあるように思うのですが。

土屋　三位一体改革で行ったような国立公園は国，国定公園は都道府県というような，国か都道府県かというような振り分けは必要ない。「国立」かどうかは国としての重要性をどう認識するかの違いだけであって，どの公園でもパートナーシップでちゃんと管理できるように制度を整える必要がある。

柿澤　イギリスでは個々のプロジェクトにもマスタープラン的なビジョンがあって，その共有したビジョンをもとにそれぞれの主体が自分達のやりたい分野とか場所でガバナンスを構築しているんです。

八巻　日本のパートナーシップは，柿澤さんが言われたように，連携，協力関係があっても，ビジョンがあるとは必ずしも言えません。ガバナンスはビジョンがないとだめです。方向性をもった自覚的なガバナンスが必要です。

広田　そこは微妙な議論になりそうですね。自覚的なガバナンスにしていくほうが良いかというのは。ちょっと文学的な表現ですが，あいまいな日本だからこそ動く部分もあるじゃないですか。無自覚的なものの良さもあって，自覚的なものにすると，かえって日本人的な妙な潔癖さ・細かさが出てしまい，良さが消えちゃう部分もあるかなって。

土屋　それだと，問題対処型にならざるをえないから，後手後手になってしまいます。

広田　確かに。無自覚的ガバナンスの問題はやっぱりありますね。

畠山　きれいごとを言うと，なぜ「国立」公園なのかということですね。それは世界遺産になぞって言うと，国立公園は国民全体の遺産であって，一地方だけのものではないということです。だから国民全体で守る必要があるから国費を出すということです。地方だけの遺産だったら国が費用を負担する根拠がない。国民全体の遺産を国のお金で守るというのが国立公園です。だから公園毎のパートナーシップができても，国全体の利益を考えるビジョンが必要でしょうね。

八巻　地域資源の中には，国全体で守るべきである一方，地域の人の所有権や利用権が絡んでくる場合ありますよね。ある地域の資源が，国民的な価値をもつと同時に個人に帰属している場合があって，国立公園の管理問題を非常に複雑にしています。だからこそ国も地域も関わって，その資源をどう

やって管理するかというコンセンサスを得る必要があるんです。

## 〈特別自然景勝地域（AONB）の管理体制〉

**土屋** 国立公園を中心に議論がはずみ，AONB（特別自然景勝地域）の話が出てきませんでしたが，ガバナンスやパートナーシップとの関係で，AONBの方に話を移しましょう。というのは，これまでの議論の中でも，AONBのような規制の緩やかな制度のほうが日本には参考になるという議論もあったと思うのですが。

**広田** AONBのほうが参考にはしやすいとは思います。ただ，コッツウォルズAONBで感じたのは，やはり国立公園に比べると権限，スタッフ，予算が圧倒的に少なくて，地域の住民にとってはAONBはかなり影が薄いという印象です。日本の国立公園が直接の参照にしやすいことは確かですが，日本の国立公園の課題とか今後めざすべき方向を明確にするには，やはりイギリスの国立公園を参考にすべきでしょう。

ただ，AONB自身も成長していて，管理組織もしっかりしつつあって，日本が向かうべき方向の途中にあるものとしてAONBが日本の国立公園に非常に示唆的だとはいえると思います。

**柿澤** コッツウォルズの場合，管理主体に権限がないから，コーディネートが重要になる。そういう意味で，コーディネート面をどのようにやっていく，少ない予算と人員の中でどうやっていくかという意味で，AONBと日本の国立公園と課題を共有しており参考になると思います。

**広田** コッツウォルズは結構うまく行っていると言っていいと思います。日本の国立公園が難しいのは，許認可権限がなまじあるから，そちらの方の管理にも勢力を取られている点です。AONBにはそれがないから，コーディネートだけを一生懸命やればいいということがある。そのうえで，かなり彼らは一生懸命やっている。いろんな利害関係者に，日常的に顔をつないでやっているのはすごく参考になる。

**土屋** AONB制度の行く先として，そういった規制権限までももつということにはならないのでしょうか。

柿澤　今のところはないでしょう。コッツウォルズAONBは多数の自治体にまたがっていますが，自治体の土地利用計画権限は絶対に渡さないという合意ができたうえで，AONB保全委員会が作られました。

広田　コッツウォルズが国立公園になることはありうるのかということを，確かナチュラルイングランドで質問した覚えがあります。それはないって，はっきり言われた記憶があるのですが。

柿澤　AONBが土地利用計画権限をもたない限り，管理は無理でしょう。そのためにはたくさんの人数が必要になりますが，コッツウォルズAONBには担当者がひとりしかいない。一方，コッツウォルズ内のディストリクト議会(自治体)には土地利用計画を作るためのスタッフが20-30人はいます。

広田　逆に言うと，日本の今の自然保護管事務所では開発許可などの許認可業務でアップアップですが，それにイギリスのAONBが果たしている機能を持たせるべきだというふうに言えるんじゃないでしょうか。

土屋　権限はなくしてしまう？

広田　いやいや，権限はなくすわけにはいかないでしょう。むしろ，コーディネーション機能を一層充実させる。そのためにはスタッフもいる。人数が少なくてもうまくやれているという点で，AONBはすごくいい見本だと思うんです。

柿澤　AONBはビジョンが書き込まれたマネージメントプランをもっています。アクションということで言うと，権限を持っていないからたいしたことは書けませんが，でも全体をカバーする体系で考えています。

八巻　権限はありませんが，AONBのあり方についてコンセンサスを得たものであり，AONB管理の根拠にはなっています。

〈AONBにおける土地利用規制のしくみ〉

交告　質問です。AONBの場合，権力的な規制の手段はないということですが，それは本当に規制に役に立っていないということですか。

広田　いや，そんなことはないと思います。自治体が作る土地利用計画にもどんどんサブミッションを出して，規制を強める方向に誘導しようとしてい

ます。

**交告** 私の疑問は要するに，日本では家を建てたいときに建築確認をもらうことになりますが，素晴らしい眺めが損なわれるというときにも，建築法令に適合していれば，建築確認を出さざるをえない。イギリスではAONBに指定されていると建築確認を拒否できるのですか。

**柿澤** それはないです。土地利用計画権限は自治体がもっていますので。コッツウォルズAONBの場合，ひとつは，自治体が土地利用計画を作る際にはその策定段階の重要な段階すべてにおいて，必ずAONBに案を示して協議をしてもらう。もうひとつは，AONBにとって死活的な問題，今言われた開発許可申請に関しては，AONBに相談するようになっています。そういう形で，AONBは各自治体と，土地利用計画の策定や計画許可申請に関与できることになります。ただ，そういうところは限定的だし，AONBにとって死活的なところだけ意見を言うということです。いろいろな問題について，意見が言えるようにはなっていません。

**交告** 今の話を聞くと，計画許可の考慮事項の中にAONBの要望を取り込んでも，裁量の瑕疵にはならないと思うのです。要するに，イギリスの行政法を研究している人の中に，計画許可の考慮事項論を研究している人がいて，社会的考慮事項というカテゴリーの中にどういうものを取り込めるかという議論をかなりしておられます。今のお話を聞いていて，社会的なものに関しては情報がかなり入るので，AONBのことを重要な考慮事項にしてほしいとディストリクト議会(自治体)に頼むことができると思ったのです。計画許可権限をもっているところが「分かった」と言って保護するようなことがあるのではないか。計画許可権限者がもっている裁量の中で，AONBに関する事項はかなり影響力があるのではないでしょうか。

**柿澤** はい，影響力はもっていると思います。もうひとつは，自治体の土地利用計画の中にも，AONBに関してこういう事項について特に考慮しなければならない，というようなことが土地利用計画に組み込んであるので，許可をする人間がそれを使って，今言われた裁量権の中でAONBのことをどれだけ考えるかということだと思います。

交告　日本の開発許可のしくみは，法律でがちがちになっていて，裁量の余地が小さいんでしょうね。

広田　ただ，AONBだから許可基準が違うということはありません。

柿澤　全域一括の土地利用計画の中にAONBに関してはこれこれを考慮する，という書き方がされているだけです。

広田　考慮するというのと，必ず守らなければならないというのとは違うのでは。

交告　考慮されているというだけでもかなり大きいことですね。日本ではそれを考慮してはいけないと考えてしまうので。

畠山　AONBは最終的な規制権限をもたないけれども，2000年の改革でボードを作って，その地域のマネージメントプランを作るということになりましたが，そこのマネージメントプランについては自治体は権限を失ったと考えていいのでしょうか。

柿澤　いや，マネージメントプランというのはほとんどビジョン的なもので，そこで，具体的な権限に関わることはほとんど書いてありません。自治体が十分納得するような内容となっています。

広田　自治体の地域振興のビジョンと相反するものについては，そもそも自治体が認めないでしょう。逆に言うと，そこに書かれてしまうと，自治体も拘束されてしまうようなプランではあります。

柿澤　だからそういう自治体が拘束を受けそうなものに関しては書かれていません。たとえば，マネージメントプランの中で「地域の経済活性化に関する唯一の計画は，ローカルディベロプメントフレームワークによってのみ規定をされる」という書き方がされています。逆に言うと，それは自治体が決めるものであって，それについてはAONBは関与できませんということです。

〈イギリスと日本――国立公園成立の背景〉

土屋　次に，制度的，文化的背景という点に行きたいと思うのですが，これまで何回も出てきたように，イギリスの国立公園というのは，戦後になって

できたが，最初は非常に弱い制度で，時代とともに成長し，その中で，今のような地方分権的で内実のある組織に変わってきたわけです。AONBも今，成長している。こうした制度の成長がイギリスでは起きているのですが，日本はそれに比べると制度の成長がかなり遅い。というか，方向性がよく見えない。では，なぜそうなのか，日本の国民にそういう駆動力があるのかというも議論しておかないといけないのではないか。イギリスの研究者が言っていたのはそのことで，イギリスでは直接的には自然保護団体やレクリエーション団体の力が強くて，そういう団体が政党に対して常に圧力をかけている成果ということもあると思います。それについてはどうですか。

**八巻** ピークディストリクトでは，キンダースカウト事件のように，近隣都市の労働者階級が楽しみのためのアクセスの確保を求めて動いたことが，国立公園指定の大きなきっかけとなっています。そういう意味でかなり国民の生活に国立公園は根付いているんじゃないかと思いました。日本の国立公園制度は，経済不況時の外貨獲得のためとか，どちらかと言うと国民の生活から離れて設けられたものなので，未だに国民の生活に根付いていないのかもしれません。今も多くの人が，どこが国立公園に指定されているかも分からない。イギリスでもそういうことはあるかもしれませんが，イギリス人にとっては，国立公園が大事というよりも，自分たちの田園アクセスの確保が動機になって国立公園ができたわけです。けれど日本の国立公園はそうではなく，未だにお上が作ったものとして国民との距離が離れているのではないでしょうか。

**畠山** ヨーロッパでは一部の貴族，政治家，行政官などの上流階級の人も国立公園の設置を主張しましたが，都市の中流階級，労働団体なども，国立公園設置を強力にプッシュしています。イギリスでは，すでに1930年頃，ランブラークラブの全国連絡組織の会員が4万人，ユースホステル協会の会員が8万3000人で，300のホステルが参加したとされています。

**土屋** 労働者の要求が国立公園に結びついたというのは日本の場合はないですね。日本の場合は，地方の名士たちが国立公園の運動を指揮したんですからね。

畠山　イギリスだけではなく，1910年頃には，スイス，イタリアなどにもすでに多数の自然保護団体や学会組織があり，それが国立公園設置の原動力になっています。

〈国立公園への理解を深める〉
柿澤　日本では住民からの運動がなかったと言うとそれまでになってしまいますが，イギリスでは，法律に，国立公園の目的として楽しみ(enjoyment)と啓発(understanding)が書かれており，啓発に関わる活動を相当熱心にやってきているわけです。いろいろな計画書にも「なぜこれが国立公園なのか」「国立公園にはどういう意味があるのか」が書いてあり，それを地方自治体にも教えていこうという意識を国立公園側がもっていたのは大きいと思います。

広田　人々が公園のことを理解し，それを楽しめるように推進することというのが目的になっていますが，国民に理解させるように努力もしたということですね。皆，国立公園の目的をちゃんと知ってますしね。

土屋　これから日本で，国立公園や自然公園に対する国民の意識を高め，制度的な議論を進めていくためには結局どうすればいいのでしょうか，教育ですかね。

広田　もう少し具体的な策があってもいいですね。ひとつは，自然保護団体との連携があります。自然保護団体にもいろいろありますが，もう少し彼らに国立公園の意義とか目的を知ってもらって，いっしょにできるプロジェクトを協働でやってくのが必要でしょうね。

土屋　国立公園と言うと，アメリカの国立公園を理想としてイメージすることが多く，自然保護のツールとしては，やはりヨーロッパよりも優れています。そこで，自然保護団体の性格もかなり変わってきていると思いますが，日本の地域制自然公園のあり方について，彼らの認識がしっかりしているかどうかについては，かなりあやしいものがあって，それこそわれわれが議論を仕掛けていくようにしないと。

八巻　今まで日本の国立公園と言うと，自然保護地域というよりも観光地と

いうイメージが強かったと思います。イギリスもそうかもしれませんが，日本の自然公園というのは富士山の5合目が典型的ですが，大自然の中に人工的なものが雑多にあり，国立公園に対する日本の国民の多くはそういうイメージです。そうした意味では，ちゃんと国立公園の意義を国民に正しく理解させることも必要でしょう。

〈日本型カントリーサイドの可能性〉
**畠山** 先ほども広田さんが指摘されていましたが，イギリスではカントリーサイドと言うとそれで分かりますが，日本では適当な訳がなくて，農村ということになってしまいます。しかし，それでちょっとニュアンスが違います。カントリーサイドというと，学術的に貴重なものもあるし，景観的，歴史的，文化的に重要なものもある。いろいろなものが層になり，まだら模様になっていて，そのひとつとして，ナショナルパークというのがあるのです。日本で国立公園と言うと，国のお役人が管理しているものですから，敷居が高いですよね。子供の頃から自然に接していく中で国立公園にも意識を向けていくということでないと本当はだめなんでしょうね。

**土屋** カントリーサイドの訳がないというのは，まあ，われわれが概念をつければいいのかな。

**畠山** 里山とか。

**八巻** 先ほど柿澤さんから美瑛の話がありましたが，美瑛は自然公園にはなっていませんが，皆さん守ろうという意識があります。ただし，それは景観という面でしかありません。一方で，ビオトープだとか希少な生態系のようなものを守る枠組みがあまりない。そうしたときに，ヨーロッパ型の制度が応用できれば，景観を守りながら観光などに利用しつつ，しかも生物多様性や環境も保全していくことができるのではないでしょうか。

**柿澤** 生物多様性などは，自然保護政策の方からアプローチすることでもいいと思います。ひとつの制度しくみで完結するのではなく，いろいろな制度仕組みが補完しあっていくということであれば，農業行為がうまく景観保全と結びついて，そこを訪ねる人がうまくそれを支えられるようにすることが

いいと思うんです．食べ物でつなげていくということがやっぱり重要です（笑）．

**八巻** 要するに，AONB型のコーディネーション機能のようなものがあれば，いろんな既存の制度を活用してやってもらいながら，それを関係者が集まってコーディネートしていけば，景観を守るだけではなくて，多面的に関係者によるガバナンスができるんじゃないかなと思うわけです．

**広田** 美瑛の場合は景観行政団体として景観計画を作っていますね．自然公園ではありませんが，それはそれでいいと思います．

**八巻** その場合に，コーディネーション機能はあるんですか．

**広田** 景観法自体が推進法とまではいきませんが，行政だけでなく多様な主体の責任が書いてあり，協議会もあります．ただし，自治体単位ですが．

### 〈イギリス国立公園の住民参加は本当に機能しているか〉

**土屋** 最後に，どなたか本日の議論をまとめていただけますか．あるいは感想でも結構です．

**交告** イギリス人研究者たちと参加のあり方について議論をした際に感じたのですが，彼らはかなり高いレベルの参加を理念としてもっているように見えます．しかし，彼ら自身は，現実にはそこまで行っていないと感じている．この点については，われわれはもっと突き詰めてみる必要があると思います．たぶん，われわれは，国益，市町村益とかレベルの違う利益を調整することに慣れていないのに対し，彼らはもっと慣れているか，そこはもうちょっとうまくできるという意識をもっているように思います．

**広田** ピークディストリクト国立公園に行き，国立公園庁のメンバーである地元議員さんと話した際，一般論として国立公園庁当局というのはガチガチで融通がきかないと言ってました．今はだいぶ良くなってきたともおっしゃってましたが，あまり言うことを聞いてくれないっていうイメージをもたれていることを垣間見た感じがして印象的でした．

**土屋** では国立公園庁当局の態度がかなり変わってきているということ．

**畠山** 国立公園庁における議論というのは良好なのですか．日本のイメージ

で言うと，計画は事務局が作って，住民の意見は参考程度にしか聞かない，たしか上智大学でわれわれが開催したイギリス人研究者とのミニシンポジウム(2008年3月)のときに，draft is final(原案で決まり)と言っているのを聞いたことがあります。最近はどうなのでしょうか。

**柿澤** 今はすごく変わってきたので，draft is final というのはあまりないと思います。広田さんの話で言うと，コミュニティレベルの話になっていくと，自分たちのコミュニティにとって重要なことを反映できる組織かって言うと，どうもそこらへんは……。

**八巻** ハサーセイジというコミュニティのビレッジプラン作成を国立公園庁が積極的に支援していましたよね。

**広田** ああいう計画は地域にとってはいいことだと思うのですが，じゃあ公園庁がその計画に盛り込んだことをどれくらい尊重してくれるかとなると，まだ公園庁自身も明確な方針をもっていない気がします。実際，この点を公園庁のディレクターに質問したさいにも，これからの課題だというような回答だったように思います。むろん公園庁がコーディネーターを雇って，コーディネーターを中心に住民参加を通じて地域の計画を立てるというスタイルをとり始めたことは，大いに評価すべきだだとは思いますが。

**八巻** 交告さんのご質問に戻りますが，私の個人的な見解として，管理組織には地元のパリッシュも入ってコンセンサス形成ができるという意味では，形式上はそれなりのレベルになっているのだろうと思います。ただ現実には，頑固な国立公園庁がいたりするので，実際には意見が反映されず，そこが彼らの期待と現実の乖離につながっているのではないでしょうか。

〈日本で住民参加を向上させる方途は〉

**広田** 日本の住民参加のレベルはもっと下ということでしょうかね。

**八巻** 逆にもっと上かもしれません。制度上，日本ではパートナーシップは避けて通れませんから。現状としてはやっていないということではありませんが，もっとより良いものにするための制度改善が必要でしょう。イギリスの制度をそっくりそのままもってくるわけにはいきませんが，いろいろなア

イデアは参考になるのではないかと思います。

**広田** スタッフと予算を大幅に増やすべきです。イギリスの国立公園やAONBと日本の国立公園とを比較しながら，日本の国立公園のやるべきこととか，あるべき姿を改めて考えると，先ほど言った協働とかコーディネーターとか，それをやるだけであっても人と金が相当にいる話なわけで。結論的には，スタッフと予算を大幅に増やすべきと考えます。権限については，スタッフと予算を増やす中で，活動の領域を広げ，質を高める中でだんだんとついてくるものじゃないかと思います。実績を作っていくことが重要です。

**柿澤** お金も人も増えず，制度が変わらないとすると，すでに言われていることですが，個別的でいいから，市町村がもっているまちづくりと自然公園をリンクさせることを考えていって，地域の中で自然公園というのを位置づけて展開ができたらいいなと。そこで食べ物なんですが，私はイギリスの方は印象がなくて，むしろイタリアのほうはよかったです(笑)。食べ物を利用するというのもひとつのアイデアですね。地域との結びつきを考えることが必要だと思います。

〈国立公園管理と市民団体の役割〉

**土屋** ピークディストリクト国立公園とレイクディストリクト国立公園には，だいぶ前から行っていますが，やはり印象に残っているのが，レイクディストリクト国立公園の場合だと湖水地方の友(Friends of Lake District)という非常に強力な市民団体とシビックトラストと一般に言われている町場のほうの団体です。このふたつについては，スタッフの人達と何回も会ったんですが，国立公園に対してしっかりとした考えをもっていて，彼らなりにどう変えていったらいいかというビジョンをもっている。ああいう存在というのは非常に良くて，別の言い方をすると，国立公園庁の方からすれば非常に怖いんです。彼らが怖いからこそ意見を言って，意見を尊重するということになるんです。ということは，日本の場合，たとえば制度が天変地異で変わったとして，それにこたえるような市民団体や住民団体がどれくらいあるかということです。非常に少ないのではないでしょうか。

これはまあ，にわとりと卵みたいな話ですが。たとえば今，国内では国立公園の公園管理団体も3つか4つしかないでしょう。これはまさにそういう制度がないということもあるんですが，やはりその辺のところは国の制度を変えるだけではなくて，国民，市民レベルで変わっていく手立てを考えていかなきゃいけない。日本のこの現状は恥ずかしい。イギリス人研究者とのミニシンポジウムの時もそうでしたが，説明するときに恥ずかしくないものであってほしいと強く思います。本日は大変に良い話ができました。長時間にわたりご議論をいただき，どうもありがとうございました。まだまだ話題はつきませんが，これで終わらせていただきます。

（2009年5月23日に実施した座談会に，その後の動向を踏まえ，最低限の補正を施したものである）

# あ と が き

　今から 10 年ほど前になるが，私が初めてドイツのザール・フンスリュック自然公園を訪問し，関係者へのインタビューを行った時の驚きは今でも忘れられない。ドイツの自然保護政策について調査する一環としての訪問だったのだが，その時に聞いたドイツの自然公園の実態は，私が推測交じりに想像していたものとはおよそ異なるものだったからである。

　それまでも，ヨーロッパの自然公園制度については文献などである程度の情報は得ていたし，国立公園発祥の地であるアメリカの国立公園については現地で聞き取り調査を行ったことがあった。しかし，実際に現地を訪れてじかに話を聞き目にふれたドイツの自然公園では，自然エネルギーの導入や地場産品の PR が積極的に取り組まれており，私のイメージの中にあったいわゆる「自然保護」とは異なるものに映ったのである。本書の中でも述べられているように，ドイツの自然公園はわが国と同じく，多くの民有地を含む地域を公園として指定する制度を採用している。しかし，わが国の制度とは異なり，自然公園制度自体は自然保護のために土地利用を規制するしくみを有しておらず，文化的景観の保全やレクリエーション利用を図ることが，制度の中心的な目的となっていた。当然ながら，このような制度で自然保護が図れるのだろうかという疑問が湧き，その実態解明に強い興味を抱いた。

　そこで，ドイツの自然公園制度についてさらに詳しく調べてみたところ，地域の持続的発展を支援するためのモデル地域として，様々な取り組みが進められていることを知ったのである。その後，ヨーロッパの自然公園全体について情報を集めていくうちに，自然保護と地域の持続的発展を両立させようとする制度構築が，ドイツだけではなくヨーロッパ各地で進められていることを知った。このようなヨーロッパの自然公園制度の実態をさらに明らか

してみたいと思っていたところ，畠山先生を代表とする研究プロジェクトの立ち上げに参加させていただく機会を運よく得，今回このような成果として取りまとめることができた。

　本書はイギリスに中心的な焦点をあてたものではあるが，その先にはヨーロッパ全体の自然公園制度の実態を明らかにすること，わが国の自然公園制度への何らかの示唆を提供することの2つの目標がある。これまで，アメリカのように国立公園局が自ら土地を所有し管理を行うのが理想であって，日本やヨーロッパの自然公園はそれには及ばないいわば劣等生であるというのが，一般的な認識とされてきた。しかし，ヨーロッパの自然公園がアメリカの国立公園とは異なる思想にもとづいた制度として着実に進化している現状が，多少なりとも明らかにできたのではないかと思う。本書は，研究プロジェクトに参加され本書執筆にあたられた学界を代表する研究陣の共同による成果であるが，上記の目標がどの程度達成されたのかについては，読者諸氏の判断を待つことにしたい。

　昨年の2010年は，生物多様性条約第10回締約国会議 COP 10 が名古屋で開催され，自然公園を含む保護地域政策についてひとつの大きな節目となった年である。COP 10 では，各国とも陸域の保護地域を17%，海洋の保護地域を10%以上確保するという新たな目標が掲げられた。この新たな目標に向けて，わが国の保護地域システムの中で最も中核的な制度である自然公園制度には，ますます大きな役割が期待されている。わが国のように長年にわたって人為の影響を受けてきた自然が成立している地域では，ときには人間が自然に対して積極的に手を加えていくこともまた，生物多様性の保全に必要な行為である。この点で，地域の自然環境や生物多様性を保全しながら地域の持続的発展を図ろうとする日本やヨーロッパの自然公園制度は，これからますます重要な意味を持つといえるだろう。

　さて，2011年3月11日に発生した東日本大震災は，東北地方を中心とする津波による未曾有の大災害，またその後に続いた原発事故による放射能汚染をもたらし，日本国民のみならず世界に大きな衝撃をあたえた。震災から少したった頃，盛岡在住時に度々足を運んだことがある岩手の沿岸地域を訪

れる機会があった。ここには，陸中海岸国立公園に指定されている美しいリアス式海岸が広がっていたが，私の目に飛び込んできた光景はあまりにも凄惨なものであった。かつて海辺のさわやかな風を感じた松原や，人々の生業が見事に調和していた美しい風景は，津波の前に荒土と化していた。その一方で，わが国随一ともいわれる北山崎の展望台から望む陸中海岸の風景は，震災前と何ら変わらず無常すぎるほどの美しい風景をとどめていた。この天と地ほどの差を前に，「国立公園」はいったいわれわれに何をなし得ることができるのだろうか。今の私は，まだ明確な答えを持ち合わせないままでいるが，折しも青森県から宮城県の海岸部にかけて設置されている陸中海岸国立公園を中心とするいくつかの自然公園を再編して，三陸復興国立公園を設置しようとする構想が進んでいるという。この新たな国立公園構想が，震災復興を視野に入れながら，生物多様性保全と地域の持続的発展を両軸とする地域環境ガバナンスの構築へ向けて，いかなる可能性を提示し得るのか，今後に期待したい。

　最後になるが，諸般の事情によって原稿の完成から2年遅れでの出版となってしまった。そのため，最新の情報が十分にはフォローできていない点があるかもしれない。また，震災復興対応に多忙を極めた執筆者がいる中で，編集作業は困難を極めた。しかしながら，どうにか本書を世に送り出すことができた。これも，作業が遅々として進まないわれわれに対して，辛抱強く対応してくださった北海道大学出版会の滝口倫子氏のお陰である。編著者を代表して感謝申し上げたい。

2011年12月27日　　　　　　　　　　　　　　　　　　八巻一成

# 訳語・略語一覧

agreement　　協定
affordable house　　アフォーダブル住宅，少額所得者用住宅
amenity　　アメニティ
Area of Outstanding Natural Beauty (AONB)　　特別自然景勝地域
board　　委員会，ボード
borough　　バラ，自治都市
call in　　強制介入，コールイン
community strategy (CS)　　コミュニティストラテジー
conservation board　　保全委員会
council　　議会，カウンシル
country　　カントリー，農村
Countryside Act 1968 (CA 1968)　　1968年カントリーサイド法
Countryside Agency (CA)　　カントリーサイドエージェンシー
Countryside Commission (CC)　　カントリーサイドコミッション
county　　カウンティ
Countryside and Rights of Way Act 2000 (CROWA 2000)　　2000年カントリーサイド・歩く権利法
Department for Communities and Local Government (DCLG)　　コミュニティ・地方政府省
Department for Environment, Food and Rural Affairs (DEFRA)　　環境・食糧・農村省
district　　ディストリクト
down　　丘原，ダウン
dry stone wall　　石垣
English Nature (EN)　　イングリシュネーチャー
Environmental Act 1995 (EA 1995)　　1995年環境法
Environmental Quality Mark (EQM)　　環境認証マーク
Environmentally Sensitive Area (ESA)　　環境保全地域
Forestry Commission　　フォレストリーコミッション
heath　　ヒース，ヒース荒地
hedgerow　　ヘッジロー，生垣
Heritage Coast　　国民遺産海岸
inspector　　インスペクター，計画審査官
Landscape Character Assessment (LCA)　　景観特性評価
local development document (LDD)　　ローカルディベロプメント文書

local development framework (LDF)　　ローカルディベロプメントフレームワーク
local development scheme (LDS)　　ローカルディベロプメントスキーム
Local Government Act　　地方政府法
Local Nature Reserve (LNR)　　地方指定自然保護区
local plan　　ローカルプラン
Local Planning Authority　　地方計画行政機関
Local Government, Planning and Land Act 1980 (LGPLA 1980)　　1980年地方政府・計画・土地法
management agreement　　管理協定
marshland　　沼沢地
master plan　　マスタープラン
meadow　　牧草地
moor　　ムア，荒地，丘陵荒地
moss　　泥炭湿地
mountain　　山地，山岳
National Nature Reserve (NNR)　　国指定自然保護区
National Parks and Access to the Countryside Act 1949 (NPACA 1949)　　1949年国立公園・カントリーサイドアクセス法
National Park Authority (NPA)　　国立公園庁
National Parks Commission (NPC)　　国立公園委員会
National Trust　　ナショナルトラスト
Natural England (NE)　　ナチュラルイングランド
Natural Environment and Rural Community Act 2006 (NERCA 2006)　　2006年自然環境・地方コミュニティ法
Nature Conservancy (NC)　　ネーチャーコンサーバンシー
Nature Conservancy Council (NCC)　　ネーチャーコンサーバンシー協議会
nature reserve (NR)　　自然保護区
parish　　パリッシュ
pasture　　放牧地
Peak District Biodiversity Action Plan (BDBAP)　　ピークディストリクト生物多様性行動計画
planning advisory group (PAG)　　計画諮問団体，計画諮問会議
Planning and Compensation Act 1991 (PCA 1991)　　1991年計画・補償法
Planning and Compulsory Purchase Act 2004 (PCPA 2004)　　2004年計画・強制収用法
planning permission　　計画許可，開発許可
policy　　政策，方針
public inquiry　　公開審問
public footpath　　公衆フットパス
rambler　　ランブラー
region, regional　　地域，地域圏，広域圏

Regional Planning Body (RPB)　　地域計画機関
Regional Spatial Strategy (RSS)　　地域空間戦略
Sites of Special Scientific Interest (SSSI)　　学術上特に重要な保護地域
Statement of Community Involvement (SCI)　　コミュニティ参加声明書
structure plan　　ストラクチャープラン　※2005年以降廃止
supplementary planning document (SPD)　　補足計画文書
Sustainable Development Fund　　持続的発展基金
Town and Country Planning Act (TCPA)　　都市農村計画法
unitary authority　　単一自治体，統合自治体
Wildlife and Countryside Act 1981 (WCA 1981)　　1981年野生生物・カントリーサイド法

# 索　引

## あ 行

IUCN　　→国際自然保護連合
アクセス協定　81
アクセスランド　82
アジェンダ 21　305, 327, 368
アディソン・レポート　26
アディロンダック州立公園　5
アフォーダブル住宅　137, 142, 146, 184, 224, 231
アブルッツォ　266
アブルッツォ国立公園　285, 290, 296
アブルッツォ，ラツィオおよびモリーゼ国立公園　296, 371
アメニティ　25, 94, 117
アメリカ型国立公園　5, 14, 26, 31, 237, 367
RSS　　→地域空間戦略
アルバート国立公園　251
RPG　　→地域計画ガイダンス
RPB　　→地域計画機関
アルポート管理計画　147, 149
アルポート渓谷　149
アレマンスレット（万民自然享受権）　308
EA　　→環境庁
ESA　　→環境保全地域
ESS　　→環境管理スキーム
EN　　→イングリッシュネーチャー
EMAS　305
ELC　　→ヨーロッパ景観条約
イエローストン国立公園　241, 242, 287, 289
EQM　　→環境認証マーク
EQM 認証制度　178
イギリス森林補助金スキーム　183
イギリス生態学会　21, 34, 48
生垣　230
イーザル峡谷協会　259
石垣　123, 230

イーストミッドランズ地域計画　138
イタリア山岳会　265
イタリアツーリングクラブ　266
イタリアの自然公園制度　289-307
一般的に許容された開発命令　103
EU　　→ヨーロッパ連合
EU 共通農業政策（CAP）　107, 177
EU 指定保護地域　225
イングランド国立公園庁のレビュー　132
イングランド農村振興プログラム　183
イングランド農村保存協議会（CPRE）　26
イングリッシュネーチャー（EN）　76, 115, 179
ウェスト・オックスフォードシア・ディストリクト　218
ウェールズカントリーサイド評議会　76, 83, 85
ウルル・カタジュタ国立公園　247
営造物型国立公園　272, 287
営造物公園　14, 358
AONB　　→特別自然景勝地域
AONB 委員会（ボード）　85
エグモント国立公園　246
SSSI　　→学術上特に重要な保護地域
SCI　　→コミュニティ参加声明書
SCNP　　→国立公園常任委員会
SPNR　　→自然保護区推進協会
SPD　　→補足計画文書
NR　　→自然保護区
NE　　→ナチュラルイングランド
NNR　　→国指定自然保護区
NC　　→ネイチャーコンサーバンシー
NCC　　→ Nature Conservancy Council
NDPB　　→非政府公共機関
NPA　　→国立公園庁
NPC　　→国立公園委員会
FEP　　→農場環境計画
MAB　349, 368

LNR　→地方指定自然保護区
LMI　→ランドマネジメントイニシアティブ
LCA　→景観特性評価
LDS　→ローカルディベロプメントスキーム
LDF　→ローカルディベロプメントフレームワーク
LDD　→ローカルディベロプメント文書
エルトン　49
王立自然保全協会　254
王立鳥類保護協会　19, 171
オーストリア国立公園　263
オープンカントリー　82
オルデサ国立公園　267

## か 行

海域公園　364
開発許可・計画許可　3, 78, 90, 95, 101, 212, 219
開発コントロール・特定地域政策　131
カウンティ　35, 40, 43, 46, 64, 100
学術上特に重要な保護地域(SSSI)　3, 51, 86, 89, 112, 196
ガバナンス　154
ガラッソ法［イタリア］　291
環境・運輸・地域省　61
環境価値の高い地域の保護のための法律［イタリア］　291
環境管理スキーム(ESS)　233
環境支払　178
環境・食糧・農村省(DEFRA)　61, 132, 208
環境スチュワードシップスキーム　151, 182
環境増進スキーム　184
環境庁(EA)　63, 174
環境と開発に関する国連会議(地球サミット)　327, 368
環境認証マーク(EQM)　170
環境法典［スウェーデン］　307
環境保全型農業　178
環境保全地域(ESA)　196
監査・パフォーマンス委員会　128
カントリーサイドエージェンシー(CA)　76, 83, 179
カントリーサイドコミッション(CC)　39, 42, 48, 75, 155
カントリーサイドプラン　147
管理協定　90, 92
規制計画　364
　保護——　364
　利用——　365
北アイルランド　65
規範委員会　128, 199
強制収用命令　90, 93
協働　137, 358, 379
郷土保護運動　252
郷土保護連盟　258
キンダースカウト　24, 126
国指定景観地域　72
国指定自然保護区(NNR)　3, 36, 86, 112, 196
国・州間計画契約制度　346
グラン・パラディーゾ　266
グラン・パラディーゾ国立公園　290, 291
クリューガー国立公園　250
グリーンラインパーク　5
クロスコンプライアンス　178
ケアンゴーム国立公園　74, 108
計画委員会　128
計画協定　212
計画許可　95
計画契約制度　346
計画方針ガイダンス(PPG)　96
景観戦略　155
景観地域（スコットランド）　110
景観特性評価(LCA)　155, 160, 227
景観保護地域　2
景観保護地域［ドイツ］　314
景観保全　2
景観保存に関する法律［イタリア］　252
景観を食する運動　179
ケープコッド国立海岸　6
ゲマインデ　326, 373, 375
圏域　337
厳正自然保護区　268
コアゾーン　368
公園共同体　294
公園局長［イタリア］　294

公園庁会議　128
公衆フットパス　19, 36, 58, 80, 129
交通対策　186
口蹄疫　177
合同諮問委員会　197
国際自然保護連合(IUCN)　2, 349, 359
国定公園[日本]　357
国土整備[フランス]　346
国民遺産海岸　48
国立公園　1, 68
　　アメリカの——　240, 280, 358
　　アフリカ諸国の——　248
　　イギリスの——　108, 362
　　イタリアの——　265
　　オーストラリアの——　246
　　カナダの——　243
　　北アイルランドの——　71
　　スイスの——　263
　　スウェーデンの——　268, 307
　　スコットランドの——　72
　　スペインの——　267
　　ドイツの——　314, 321
　　日本の——　357
　　ニュージーランドの——　245, 277
　　ノルウェーの——　268
　　フインランドの——　268
　　フランスの——　337
　　メキシコの——　276
国立公園委員会(NPC)　10, 34, 38, 43, 77
国立公園管理計画　130
国立公園局[アメリカ]　241
国立公園局[ドイツ]　324
国立公園区域内の農業・林業　11, 36, 40, 79, 104, 119, 120
国立公園計画策定委員会　77
国立公園常任委員会(SCNP)　28
国立公園・スコットランド調査　72
国立公園政策のレビュー　69
国立公園設置法[イタリア]　268
国立公園庁(NPA)　3, 11, 27, 38, 44, 74, 77, 127
国立公園の選定基準　69
国立公園保護区[カナダ]　244
国立・国定公園の指定及び管理運営に関する提言　357

国連人間環境会議(ストックホルム会議)　368
コッツウォルズAONB管理計画　200
コッツウォルズAONB保全委員会　197
コッツウォルズ環境保全地域　196
コッツウォルズ・グリーンツーリズム・プロジェクト　234
コッツウォルズ・ディストリクト　214
コッツウォルズ特別自然景勝地域　13, 193-234, 371
コッツウォルズをまもる　209
コバドンガ　267
コミュニティ参加声明書(SCI)　99, 131
コミュニティストラテジー(CS)　133
コミュニティ・地方政府省(DCLG)　61, 63, 224
コミュニティ・プラニング　187
コミューン　346, 353
コムーネ　294, 296, 305, 373, 375
コモンズ　19, 124
御猟林　238
コールイン(強制介入)　79, 114
コンヴェンツ　260, 269, 283
混合組合　347

**さ　行**

採石業・採石場　206
サウスダウンズ国立公園　108
里地・里山　357
サービス委員会　128
ザール・フンスリュック自然公園　329, 333, 371
山岳アクセス法　25, 55
山岳共同体　294, 351, 373
サンドフォード委員会　69
サンドフォード原則　41, 57, 69
サンドフォード・レポート　41, 57, 79, 82
三位一体改革　357
CA　　→カントリーサイドエージェンシー
CS　　→コミュニティストラテジー
CAP　 →EU共通農業政策
CC　　→カントリーサイドコミッション
施設計画　364
　保護——　364
　利用——　364

索 引　421

自然記念物および芸術的価値のある地区保護法[イタリア]　252
自然記念物保護法[フランス]　267
自然公園　4, 14
自然公園[ドイツ]　4, 314, 316, 328
自然公園[ドイツ，オーストリア]　362
自然公園法[日本]　357
自然地域　141
自然美の保護に関する法律[イタリア]　290
自然保護および景観保全に関する法律[ドイツ]　314
自然保護区(NR)　48, 238
自然保護区推進協会(SPNR)　21, 34, 48, 254
自然保護公園協会(VNP)　263, 367
自然保護地域[ドイツ]　314
自然保護地域[スウェーデン]　5
持続可能性　137
持続可能な開発　7
持続的農業と食料に関する政府戦略　179
持続的発展　316, 327, 369
持続的発展基金　208, 233
自動車利用適正化(マイカー規制)　365
CPRE　→イングランド農村保存協議会
重要考慮事項　101
州立自然公園[イタリア]　362
受動的保護　377
条件不利地域　369
植栽規制地区　365
シルキン　33, 37
シレンテ・ベリーノ州立自然公園　300, 371
審査官(inspector)　119
森林憲章[フランス]　343, 349
スイス国立公園　263
スイス自然保護連盟　265, 284
スウェーデンの自然保護地域制度　307
スウェーデンの文化保護地域　310
スコットランド　65, 72
スコットランド自然遺産庁　73, 76, 85
スコット・レポート　30, 79, 107
スタネッジ・フォーラム　175
ストラクチャープラン　96, 130
生活・勤労サブコミッティー　199

生息域・種生物多様性グループ　163
生態系保護指令　353
生物圏保存地域　368
生物多様性　8, 364
全国山と森の会　266
先住民　245, 247
セント・ジェイムズ・パーク　272
総会[ドイツ]　328
ゾーニング　101, 141, 295, 298, 324, 346, 363, 364, 369, 376
ゾーニング型自然公園　4, 7

た 行

ダーウェント渓谷　148
ダーウェント渓谷上流部樹林再生計画　147
宝くじ基金　173, 200
立入り規制地区　364
楽しみ・理解サブコミッティー　199
田村剛　5
ダワー　30
ダワー・レポート　30, 72
単一自治体　65
タンスレー　21, 48, 49
地域環境ガバナンス　153, 358, 379
地域空間戦略(RSS)　97, 130, 207
地域計画ガイダンス(RPG)　96
地域計画機関(RPB)　99, 100
地域自然公園[フランス]　4, 337, 362
地域自然公園連盟　348
地域振興・地域の発展　8, 15, 137, 176, 187, 230, 305, 333, 343, 370, 378
地域制公園　287, 358
地域制国立公園　272
地域制自然公園　363
地種区分　364
地方計画行政機関　37, 46, 52, 99
地方自治体国立公園協議会　326
地方指定自然保護区(LNR)　196
地方生物多様性行動計画　147
中核戦略　131
鳥類保護協会　254
鳥類保護指令　353
鳥類保護連盟[ドイツ]　259
直接支払制度　177

ツーリズム　140, 235, 244, 267, 280, 328
DCLG　→コミュニティ・地方政府省
TCPA　→都市農村計画法
ディストリクト　41, 64, 100
DPD　→ディベロプメントプラン文書
ディベロプメントプラン　79, 95, 102
ディベロプメントプラン文書（DPD）　99, 101
デカップリング　178
DEFRA　→環境・食糧・農村省
テムズ上流部支流域環境保全地域　196
天然記念物　260
転用規制　366
ドイツ環境・自然保護同盟　260
ドイツ自然公園連合　328
ドイツ鳥類保護協会　259
ドイツの自然公園制度　311
統合アプローチ　7, 369, 376
動物虐待防止協会　254
動物放出規制地区　365
動物保護協会　259
登録コモンランド　82
特別自然景勝地域（AONB）　12, 45, 70, 84, 109, 362
特別地域　364
特別保護地区　364
都市農村計画　93, 106, 222
都市農村計画法（TCPA）　4, 11
トディントン　208
都道府県立自然公園　357
ドナナ国立公園　285
ドラッヘンフェルス　282
ドロミティ・ベルネッジ国立公園　302
トンガリロ国立公園　246, 277

## な 行

内部制御的ゾーニング　366
ナショナリズム　242, 250, 257, 267, 270, 280
ナショナルトラスト　19, 47, 124, 255, 281
ナショナルトレール　126, 149, 210
Natura2000　314, 343, 350
ナチュラルイングランド（NE）　63, 75, 76, 85, 88, 115, 155, 208
ナッシュ　242

ニューフォレスト　238
ニューフォレスト国立公園　69
ネイチャーコンサーバンシー（NC）　10, 50
Nature Conservancy Council（NCC）　85
ネットワーク　378
ネプチューン運動　47
農業・漁業・食糧省　61
農業振興委員会　76
農場環境計画（FEP）　183
能動的保護　377
乗入れ規制地区　364

## は 行

バイエリッシャー・ヴァルト国立公園　314, 324, 368, 371
バイエリッシャー・ヴァルト自然公園　333
バイエルン自然保護同盟　260
ハサーセイジ　188
ハックスレー　21, 49
ハックスレー・レポート　36, 86
バッファーゾーン　300, 368
パートナーシップ　16, 85, 123, 129, 137, 153, 154, 163, 197
パリッシュ　66, 188, 208, 372, 375
ハルツ国立公園　323
バンフ国立公園　243, 244
万民自然享受権　309
BSE（牛海綿状脳症）　177
PNRブランドマーク　349
ピークディストリクト国立公園　12, 38, 77, 82, 101, 123-188, 371
ピークディストリクト国立公園管理計画　130, 146
ピークディストリクト国立公園景観戦略・行動計画　156, 161
ピークディストリクト持続的ツーリズム・フォーラム　180
ピークディストリクト生物多様性行動計画（PDBAP）　163
ピークディストリクト生物多様性パートナーシップ　164
ピークディストリクト土地管理普及サービス（PDLMAS）　152, 180

索　引　423

ピークディストリクト友の会　153, 180
ピークバードプロジェクト　171
ピコス・デ・オイロパ国立公園　285
ヒース　123
非政府公共機関(NDPB)　63, 113
PDLMAS　→ピークディストリクト土地管理普及サービス
PDBAP　→ピークディストリクト生物多様性行動計画
ビデゾット　291
PPG　→計画方針ガイダンス
評議会［イタリア］　294
ファーマーズ・マーケット　232
VNP　→自然保護公園協会
フォレスト　272
フォレストリーコミッション　33, 126, 149
普通地域　364
プライス　55
ブラックストーン川流域国立遺産回廊　6
フランケンヴァルト自然公園　335
ブローズ行政庁　44, 99, 100
ブローズ国立公園　71
プロテクト・ルーラル・イングランド運動　180
文化遺産戦略　147
文化的景観　311, 333
フンボルト　257
分離アプローチ　7, 369, 376
ペイ　346, 354
ヘッジロー　22
ペニンウェイ　126
ペーパーパーク　358
保護区［カナダ］　244
保護区に関する枠組み法［イタリア］　292
保護地域における持続的ツーリズム憲章　335
保護地域のカテゴリー分類(IUCN)　2, 358
ポジションステートメント　222
補助金サブコミッティー　198
保全・管理サブコミッティー　198
補足計画文書(SPD)　144, 226
補足計画ガイド　141
ホブハウス・レポート　34, 46, 72, 80
ボランタリーワーデン　210

ボランティア　129, 210, 297, 377
　ピークパーク保全──　129

## ま 行

マオリ　277
マルガ　305
三好学　283
ムア　123
ムアの未来のためのパートナーシップ　152, 173
ムアランド協会　174
無価値な土地　242, 269, 275, 276

## や 行

野外レクリエーション資源調査委員会　5
野生生物執行委員会　163
野生動物サンクチュアリ　248
ヤンチャップ国立公園　247
UNESCO　314, 368
ヨセミテ国立公園　267
ヨーロッパ議会　155
ヨーロッパ景観条約(ELC)　155
ヨーロッパ地域振興基金　187
ヨーロッパ保護地域連合　335, 347
ヨーロッパ連合(EU)　314

## ら 行

ラスキン　252
ラムゼー・レポート　72, 108
ランテ　242
ランドマネジメントイニシアティブ(LMI)　180
ランブラー　22, 23, 83
ランブラー協会　25
リージェント・パーク　273
LEADER　349, 370
リューネブルガー・ハイデ　262, 312, 367
猟園　238
利用調整地区　365
林学　239
ルドルフ　252, 257
ルーラル・アクション・ゾーン　180
レイクディストリクト国立公園　38, 77, 101
レミス　308

連邦自然保護法［ドイツ］　327
ローカルディベロプメントスキーム（LDS）
　　99, 102, 131, 144
ローカルディベロプメントフレームワーク
　　（LDF）　97, 130, 132, 138, 207
ローカルディベロプメント文書（LDD）
　　99, 102, 225
ローカルプラン　96, 130, 141, 214
ロスチャイルド　21, 254
ロックローモンド・トゥロサックス国立公園
　　74, 108
ロマン主義　20, 256, 282
ロンダーネ国立公園　269

## わ 行

ワーズワース　20

## 法令索引

1947年都市農村計画法（TCPA1947）　95
1949年国立公園・カントリーサイドアクセ
　　ス法（NPACA1949）　2, 8, 37, 51, 68,
　　79, 127
1968年カントリーサイド法（CA1968）
　　39, 48, 52
1972年地方政府法　40, 62, 131
1980年地方政府・計画・土地法　96
1981年野生生物・カントリーサイド法
　　（WCA1981）　52, 79, 87
1985年地方政府法　64
1988年住宅建設法　101
1988年ノーフォーク・サフォーク・ブロー
　　ズ法　71
1990年都市農村計画法（TCPA1990）
　　78
1994年地方政府（ウェールズ）法　65
1995年環境法（EA1995）　12, 42, 67, 77,
　　127, 154
1997年都市農村計画（スコットランド）法
　　110
2000年カントリーサイド・歩く権利法
　　（CROWA2000）　52, 82, 84, 89, 92,
　　127, 197, 200, 212
2000年国立公園（スコットランド）法　72,
　　73
2000年地方政府法　133
2004年計画・強制収用法（PCPA2004）
　　80, 97, 108, 130
2006年自然環境・農村コミュニティ法
　　（NERCA2006）　70, 202
2008年計画法　98

# 執筆者紹介

  \*は編著者，執筆順，氏名の後の〈 〉は執筆箇所

\*畠 山 武 道(はたけやま たけみち)〈はじめに，0.4，1，2.1.1，2.2-2.4，5〉
　　1944 年生まれ
　　現在　早稲田大学大学院法務研究科教授
　　著書　『アメリカの環境訴訟』(北海道大学出版会，2008 年)，『環境法入門』[第 3 版]〈共著〉(日本経済新聞社，2007 年)，『生物多様性保全と環境政策——先進国の政策と事例に学ぶ』〈共編著〉(北海道大学出版会，2006 年)，『自然保護法講義』[第 2 版](北海道大学出版会，2004 年)ほか

\*土 屋 俊 幸(つちや としゆき)〈0.1-0.3〉
　　1955 年生まれ
　　現在　東京農工大学大学院農学研究院教授
　　著書　矢口芳生・尾関周二編『共生社会システム学序説——持続可能な社会へのビジョン』〈分担執筆〉(青木書店，2007 年)，『生物多様性保全と環境政策——先進国の政策と事例に学ぶ』〈共著〉(北海道大学出版会，2006 年)，山本信次編著『森林ボランティア論』〈分担執筆〉(日本林業調査会，2003 年)，地球環境戦略研究機関(IGES)監修・井上真編集『アジアにおける森林の消失と保全』〈分担執筆〉(中央法規出版，2003 年)ほか

\*八 巻 一 成(やまき かずしげ)〈3.1，4.1，6.3，7，コラム「スタネッジ・フォーラム」，コラム「持続的発展基金による地域支援」，あとがき〉
　　1966 年生まれ
　　現在　独立行政法人森林総合研究所北海道支所グループ長
　　著書　森林総合研究所編『森林大百科事典』〈分担執筆〉(朝倉書店，2009 年)，林業経済学会編『林業経済研究の論点』〈分担執筆〉(日本林業調査会，2006 年)，石井寛・神沼公三郎編著『ヨーロッパの森林管理』〈分担執筆〉(日本林業調査会，2005 年)ほか

　交 告 尚 史(こうけつ ひさし)〈2.1.2，6.2〉
　　1955 年生まれ
　　現在　東京大学大学院公共政策学連携研究部教授
　　著書　『環境法入門』[補訂版]〈共著〉(有斐閣，2007 年)，『生物多様性保全と環境政策——先進国の政策と事例に学ぶ』〈共著〉(北海道大学出版会，2006 年)，『処分理由と取消訴訟』(勁草書房，2000 年)ほか

　柿 澤 宏 昭(かきざわ ひろあき)〈3.2，3.3.2，4.2，6.1〉
　　1959 年生まれ
　　現在　北海道大学大学院農学研究院教授
　　著書　『森林のはたらきを評価する——市民による森づくりに向けて』〈共編著〉(北海道大学出版会，2009 年)，『生物多様性保全と環境政策——先進国の政策と事例に学ぶ』〈共編著〉(北海道大学出版会，2006 年)，『ロシア——森林大国の内実』〈共編著〉(日本林業調査会，2003 年)，『エコシステムマネジメント』(築地書館，2000 年)ほか

広 田 純 一(ひろた じゅんいち) 〈3.3.1, 3.4, コラム「ハサーセイジ・アウトシージ集落プラン」, 4.3, 4.4〉
 1954 年生まれ
 現在 岩手大学農学部教授
 著書 山路永司・塩沢昌編『農地環境工学』〈分担執筆〉(文永堂出版, 2008 年), 水谷正一編著『水田生態工学入門』〈分担執筆〉(農山漁村文化協会, 2007 年), 『生物多様性保全と環境政策——先進国の政策と事例に学ぶ』〈共著〉(北海道大学出版会, 2006 年), 辻雅男編著『農村再構築の課題と方向』〈分担執筆〉(農林統計協会, 2006 年), 山崎耕宇ほか監修『新編農学大事典』〈分担執筆〉(養賢堂, 2004 年)ほか

古井戸宏通(ふるいど ひろみち) 〈6.4〉
 1961 年生まれ
 現在 東京大学大学院農学生命科学研究科准教授
 著書 河野正男・小口好昭編著『会計領域の拡大と会計概念フレームワーク』〈分担執筆〉(中央大学出版局, 2010 年), 白石則彦監修『世界の林業——欧米諸国の私有林経営』〈分担執筆〉(日本林業調査会, 2010 年)ほか

山 本 美 穂(やまもと みほ) 〈6.4〉
 1966 年生まれ
 現在 宇都宮大学農学部准教授
 著書 石井寛・神沼公三郎編著『ヨーロッパの森林管理』〈分担執筆〉(日本林業調査会, 2005 年), 出村克彦・但野利秋編著『中国山岳地帯の森林環境と伝統社会』〈分担執筆〉(北海道大学出版会, 2006 年), 熊本学園大学付属産業経営研究所編『グローバル化する九州・熊本の産業経済の自律と連携』〈分担執筆〉(日本評論社, 2010 年), 佐藤宣子編著『日本型森林直接支払いに向けて——支援交付金制度の検証』〈分担執筆〉(日本林業調査会, 2010 年)ほか

イギリス国立公園の現状と未来——進化する自然公園制度の確立に向けて

2012年2月29日　第1刷発行

編著者　　畠山武道
　　　　　土屋俊幸
　　　　　八巻一成

発行者　　吉田克己

発行所　北海道大学出版会
札幌市北区北9条西8丁目 北海道大学構内（〒060-0809）
Tel. 011(747)2308・Fax. 011(736)8605・http://www.hup.gr.jp

アイワード／石田製本　　Ⓒ 2012　畠山武道・土屋俊幸・八巻一成

ISBN978-4-8329-6759-5

|  |  |  |
|---|---|---|
| 生物多様性保全と環境政策<br>―先進国の政策と事例に学ぶ― | 畠山武道<br>柿澤宏昭 編著 | A5判・436頁<br>定価5000円 |
| 自然保護法講義[第2版] | 畠山武道 著 | A5判・352頁<br>定価2800円 |
| アメリカの環境訴訟 | 畠山武道 著 | A5判・394頁<br>定価5000円 |
| アメリカの環境保護法 | 畠山武道 著 | A5判・498頁<br>定価5800円 |
| 森林のはたらきを評価する<br>―市民による森づくりに向けて― | 中村太士<br>柿澤宏昭 編著 | A4判・168頁<br>定価4000円 |
| アメリカ環境政策の形成過程<br>―大統領環境諮問委員会の機能― | 及川敬貴 著 | A5判・368頁<br>定価5600円 |
| アメリカの国有地法と環境保全 | 鈴木 光 著 | A5判・426頁<br>定価5600円 |
| アメリカの国立公園法<br>―協働と紛争の一世紀― | 久末弥生 著 | A5判・240頁<br>定価2400円 |
| 環境の価値と評価手法<br>―CVMによる経済評価― | 栗山浩一 著 | A5判・288頁<br>定価4700円 |
| サハリン大陸棚石油・ガス開発と環境保全 | 村上 隆 編著 | B5判・448頁<br>定価16000円 |

〈定価は消費税含まず〉

――――北海道大学出版会――――